Seifeddin Najmabadi, Wolfgang Knauth

Das Qābusnāme
Ein Denkmal persischer Lebensweisheit

Das Qābusnāme

Ein Denkmal persischer Lebensweisheit

Übersetzt und erklärt
von
Seifeddin Najmabadi
in Verbindung mit
Wolfgang Knauth

Oluf Krückmann †
zugeeignet

Dr. Ludwig Reichert Verlag Wiesbaden 1988

CIP-Titelaufnahme der Deutschen Bibliothek

Kaikā'ūs Ibn-Iskandar:
Das Qābusnāme : e. Denkmal pers. Lebensweisheit / [Kaikā'ūs Ibn-Iskandar]. Übers. u. erkl. von Seifeddin Najmabadi in Verbindung mit Wolfgang Knauth. – Wiesbaden : Reichert, 1988
Einheitssacht.: Qābūs-nāma <dt.>
ISBN 3-88226-442-X
NE: Naǧmābādī, Saif-ad-Dīn [Übers.]; HST

Inhaltsverzeichnis

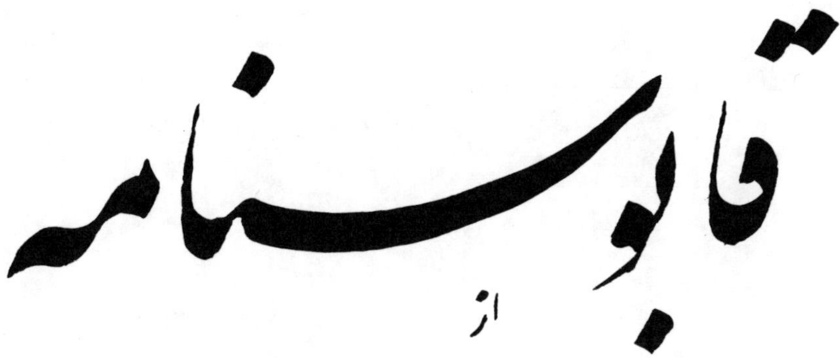

از

عنصر المعالی کیکاوس پسر اسکندر پسر قابوس پسر وشمگیر پسر زیار

Vorwort

Die vorliegende Übersetzung des Qābusnāme ist die erste in deutscher Sprache, die nach dem persischen Original vorgenommen wurde. Die einzige frühere deutsche Übersetzung von Diez* erfolgte aus dem Türkischen und ist fast 170 Jahre alt. Zweck unserer Arbeit ist es, dem deutschen Leser einen Einblick zu vermitteln in eines der interessantesten und eigenartigsten Erzeugnisse der mittelalterlichen iranischen Literatur. Wie wohl kaum anderswo werden in diesem Buche in 44 Kapiteln „alle göttlichen und menschlichen Dinge" (homerisch gesprochen) — und zwar von den erhabensten bis zu den trivialsten — in einer fast idealen Vollständigkeit abgehandelt. Hier beschenkt uns ein Mann in fürstlichem Range, der sich als nüchterner, scharfblickender Beobachter und Kritiker aller Gebiete des menschlichen Lebens erweist, mit einer erstaunlichen Fülle kluger Ratschläge. Sie sind aus langer Erfahrung und einer illusionsfreien Betrachtung des Lebens gewonnen und durch die Weisheit des Alters geprägt. Denn der Verfasser hatte das sechzigste Lebensjahr überschritten, als er sein Buch abschloß. Zahlreiche eingestreute, reizvolle Anekdoten und kurze Sprüche in Versform untermalen und beleben den Gedankengang.

Der Inhalt des Buches ist natürlich zum großen Teil bedingt durch die besonderen geschichtlichen Verhältnisse, unter denen der Verfasser lebte, sowie durch die in seiner Epoche, dem elften Jahrhundert n. Chr., vorherrschenden Anschauungen der islamischen Welt. Vieles ist längst veraltet und nur noch für den Historiker des betreffenden Spezialgebietes von Interesse, wie z. B. die Ausführungen über die Medizin, die Astrologie u. a. Zahlreiche seiner Ratschläge und Bemerkungen sind aber noch heute aktuell und nützlich, teilweise auch amüsant zu lesen. Denn der Grundcharakter der menschlichen Wesensart bleibt doch immer der gleiche. Darin liegt, abgesehen von der Bedeutung des Buches für unsere Kenntnis der iranischen Kultur- und Sittengeschichte der frühislamischen Zeit, der allgemeine und überzeitliche Wert dieser Schrift. Er rechtfertigt es, dieses Denkmal persischer Lebensweisheit auch einem über das Fachgebiet der Iranistik und der Islamkunde hinaus für Lebensfragen und praktische Lebenskunst aufgeschlossenen Leserkreis zugänglich zu machen.

Von den verschiedenen *Handschriften* des Qābusnāme, die sich in Europa finden, ist die zuverlässigste und verhältnismäßig älteste: L = Leiden Cod. 449 Warn. Kat. vol. IV p. 207 (no 1954). Diese Handschrift wurde als Mikrofilm der vorliegenden Übersetzung zugrundegelegt. Um diesen Film hat sich liebenswürdigerweise Herr Professor Dr. *Daiber* bemüht, dem wir an dieser Stelle unseren verbindlichsten Dank aussprechen.

Wo diese Handschrift nicht völlig eindeutig und klar war, haben wir andere Textausgaben zu Rate gezogen und zwar:

1. Die persische Ausgabe des Qābusnāme von Gh. H. *Yusofi** Lt. Dr. Tehran 1967. Dieser Text gründet sich auf eine Handschrift, die in der Bibliothek Fateh in Istanbul unter der Nummer 5297 registriert worden ist. Weitere Angaben siehe bei Yusofi, S. 30, Einl.

2. die persische Ausgabe von *Sa'id Nafisi**: Naṣiḥat-Nameh ma'ruf be Qābusnāme — Tehran 1312 H = 1934. Dieser Text gründet sich auf eine Handschrift, die im Jahre 750 H = 1344 n. Chr. abgeschrieben wurde und die der Bibliothek Malek in Teheran gehört.

Bei der *Übersetzung* bemühten wir uns, unter möglichster Wahrung der persischen Vorlage eine dem deutschen Sprachgefühl angemessene Sprachgestalt zu finden. Dabei waren wir uns wohl bewußt, daß es so gut wie unmöglich ist, eine Übersetzung zu bieten, die allen Ansprüchen auf wortgetreue Textwiedergabe in Verbindung mit einem flüssigen und gefälligen Deutsch in vollem Maße genügt. Um der guten Lesbarkeit willen mußten wir oft eine ziemlich freie Übertragung — gelegentlich eine Paraphrasierung — bevorzugen oder erläuternde Ergänzungen in den deutschen Text aufnehmen. Besondere Fachausdrücke — z. T. fremdsprachliche — sowie Eigennamen für Personen, geographische Bezeichnungen und Sachen wurden, gegebenenfalls mit Erklärungen, im *Register* verzeichnet. Im Text bedeutet ein * hinter dem betreffenden Wort beim erstmaligen Auftreten: Hinweis auf das Register. Besonders beachtenswerte Stellen wurden durch Kursivstellung hervorgehoben.

Die Verdeutschung des Qābusnāme darf an eine ehrwürdige Überlieferung anknüpfen. Diese hebt an mit dem Bildungserlebnis *Goethes** bei seiner Begegnung mit dem klassischen Schrifttum der Perser. Hierbei nahm der Dichter die Gelegenheit wahr, sich unter Führung des Orientalisten H. F. von *Diez* eindringlich mit dem Qābusnāme zu beschäftigen. Wir hielten es daher für unsere Pflicht, der Beziehung des Dichters zu diesem so bedeutsamen Stück der persischen Literatur ein besonderes Kapitel zu widmen.

Die Vergleichung der Handschriften sowie die inhaltliche Wiedergabe des persischen Textes stammt von S. *Naǧmabadi.* W. *Knauth* hat die Aufgabe der deutschen Sprachgestaltung übernommen und das Kapitel „Goethe, Diez und das Qābusnāme" verfaßt.

Bei dem *medizinischen* Kapitel hat Herr Prof. Dr. Dr. H. *Schipperges** von der Universität Heidelberg, bei den *islamisch-mystischen* Ausführungen — hauptsächlich im 44. Kapitel — Herr Prof. R. *Gramlich** von der Universität Freiburg i. Br. in Form von Beratung und Mitwirkung wertvolle Hilfe geleistet. Das Kapitel über *Astrologie* wurde von Herrn Dipl.-Phys. *Gehlken** neu bearbeitet sowie mit Anmerkungen und Kommentar versehen. Herr cand. phil. G.

*Kristen** war dank seiner orientalistischen Ausbildung imstande, ein sauberes und fehlerfreies Manuskript zu liefern.

Allen diesen Mitarbeitern sprechen wir an dieser Stelle unseren verbindlichsten Dank aus.

Das Buch ist als ein Zeichen des Dankes *Oluf Krückmann** († 6. April 1984), dem Altorientalisten der Albert-Ludwig-Universität in Freiburg i. Br. gewidmet. Er hat uns von Anfang an in selbstloser Weise durch wertvolle Ratschläge unterstützt.

Seifeddin Najmabadi
Wolfgang Knauth

Zum Gedenken

Dieses Buch ist ein Gedenken an Herrn Dr. Wolfgang Knauth (1896-1986), den vielseitigen Wissenschaftler: Kulturhistoriker, Sprachwissenschaftler, Philosophen und Gräzisten, meinem gelehrten und gelehrigen Freund, der mir 1970 vorgeschlagen hatte, das Qābusnāme zu übersetzen. Er hat bis zum letzten Atemzug diese Arbeit nie aufgegeben. Daß die Übersetzung nun in der vorliegenden Gestalt erscheint, ist vor allem sein Verdienst. Der einleitende Teil „Goethe, Diez und das Qābusnāme" stammt nach Form und Inhalt gänzlich aus seiner Feder.

Infolge mehrerer Verzögerungen im Laufe von fünf Jahren war es ihm nicht mehr vergönnt, das Erscheinen dieses Buches zu erleben. Er ging von uns und wurde „den siebentausendjährigen gleichgesetzt."*) Obwohl er das hohe Alter von 89 Jahren erreichte, hatte man den Eindruck, das Leben war für ihn zu kurz gewesen.

In dankbarer Erinnerung an diesen wertvollen Freund habe ich die Aufgabe übernommen, das Buch in seiner jetzigen Gestalt dem Publikum vorzulegen.

S. N.

*) Omar Chajjam

Zur Umschrift

Da es sich um die Übertragung aus dem Persischen handelt, wurde — abgesehen von den unten genannten Ausnahmen — die Umschrift des persischen Alphabets nach dem *Persisch-Deutschen Wörterbuch von Heinrich F. J. Junker* und Bozorg Alavi** (Leipzig 1965 — VEB Verlag Enzyklopädie) verwendet.

Es steht also:

einheitlich s für die arabischen Buchstaben ث (ṯā), س (sīn), ص (ṣād).

einheitlich z für die arabischen Buchstaben ذ (ḏāl), ز (zāi), ض (ḍād), ظ (ẓā).

einheitlich h für die arabischen Buchstaben ح (ḥā) und (hā) ه, ﻫ.

einheitlich t für die arabischen Buchstaben ت (tā) und ط (ṭā).

einheitlich x für den arabischen Buchstaben خ (ḫā).

Die Vokale i und u sind immer lang, die Vokale e und o sind immer kurz auszusprechen.

Von dem oben genannten Grundsatz wurde in folgenden Fällen *abgewichen*:

1. Für das Zeichen ء (arabisches Hamza) im Wortinnern und im Wortausgang steht ' (der griechische „spiritus lenis"), während das Zeichen ᶜ (der griechische „spiritus asper") der Wiedergabe des — im Persischen stummen — arabischen ع (ᶜain) vorbehalten bleibt. Das Wörterbuch verwendet in beiden Fällen das Zeichen ᶜ, was uns unzweckmäßig erschien.

2. Die beiden arabischen Buchstaben غ (ġain) und ق (qāf), die im Persischen den gleichen Lautwert haben, werden im Wörterbuch gleichermaßen durch ġ umschrieben. Wir schreiben jedoch für ق q, also Qābus (nicht ġābus).

   Wo es uns zweckmäßig erschien, ist im Register die *arabische* Schreibweise nach den Regeln der Deutschen Morgenländischen Gesellschaft in Klammern beigefügt worden, z. B. Ramazān (Ramaḍān), Ebne Moqle (Ibn Muqla). Allgemein bekannte Namen und Begriffe sind in der herkömmlichen „eingedeutschten" Schreibweise wiedergegeben wie z. B. Kalif, Bagdad u. a.

   Bei Eigennamen und Fachausdrücken, deren Aussprache nicht genau feststeht, wurde die Orthographie des persischen Textes beibehalten.

Für die mittelpersischen Wörter war maßgebend die Schreibweise von H. *Nyberg* in seinem Werke „ A Manual of Pahlavi" I. Band 1964, II. Band 1974.

Koran-Zitate
werden gegeben nach folgender Übersetzung:

Der Koran — Übersetzung von Rudi Paret — Stuttgart 1966, Verlag W. Kohlhammer

Datierung

Bei den Angaben der Jahreszahlen wurde zugrundegelegt:

„Zeitrechnung der römischen Kaiserzeit, des Mittelalters und der Neuzeit für die Jahre 1-2000 nach Christus", hrsg. von H. Litzmann und K. Aland in „Sammlung Göschen" Bd. 1085

Übersetzungen des Qābusnāme

1. *In türkischer Sprache:*

a) von *Marğomak Aḥmad ibn Iljās**. Sie wurde angefertigt für Sultan Murad II.* vielleicht um 1432 n. Chr. (= 836 H.). Sie enthält ein Lobgedicht auf den türkischen Sultan. Vgl. darüber D 179, der sie benutzt hat.

b) Eine Überarbeitung von a) von *Naẓmī zāde Mortaḍā**, verfaßt um 1705 n. Chr. (= 1117 H.) für den damaligen Gouverneur von Bagdad, Ḥasan Pāšā.* Vgl. D 180, der sie ebenfalls benutzt hat.

2. *In deutscher Sprache:*
von Diez, siehe S. 29

3. In französischer Sprache:
„Le Cabous Namè ou Livre de Cabous Onsor El Moali, souverain du Djordjan et du Guilan, traduit pour la première fois en Français, avec des notes par A. Querry, Consul de France à Trébizonde" — Paris Ernest Leroux 1886, erschienen in der Bibliothèque Orientale Elzevirienne. (Zugrunde liegt die Ausgabe von RiḍāQuli Chān Hidājat*

4. *In englischer Sprache:*
Reuben, Levy, A Mirror for Princes ,The Qābus Nâma by Kaikâᶜûs ibn Iskandar, Prince of Gurgân, Translated from the Persian, London 1951 by the Cresset Press — unter Zugrundelegung seiner eigenen Ausgabe

5. *In russischer Sprache:*
Je. E. Bertels, Kabus-Name — Perevod, Stat'ja i Primečanija (= Übersetzung, Abhandlung und Anmerkungen. Izdatel'stvo Akademii Nauk SSSR. (Herausgegeben von der Akademie der Wissenschaften der SSSR. Moskau (Moskwa) 1953. Mit einem wichtigen Nachwort (posleslovije S. 213-247).

6. *In arabischer Sprache:*
Kitāb An Nasihat al maᶜrūf bism Qābūsnāma, ta'līf al'Amīr Unṣur al Maᶜāli Kaikāus b. Iskandar b. Qābus b. Vašmgīr b. Ziyār. Taᶜrib Muḥammad Ṣādiq Naš'at*, Dr. Amīn 'Abd al Mağīd Badavī*, Miṣr 1378 H. (1958)

Einleitung

Das weit über die Zeit seiner Abfassung und über die Grenzen seines Entstehungslandes hinaus unter dem Namen „Qābusnāme" bekannte, literarisch wie kulturgeschichtlich bedeutsame Werk heißt mit seinem eigentlichen und sachgemäßen Titel „*Buch der Ratschläge*", persisch: *nasihat-nāme**. Sein Verfasser stellt sich uns, dem üblichen Brauche der islamischen Schriftsteller folgend, im Eingange seines Buches unter Beifügung der Namen seines Vaters, Großvaters und Urgroßvaters folgendermaßen vor:

> „Also spricht der Sammler dieser Ratschläge, Amir (= der Emir) 'Onsoro-l-Ma'āli* Kej Kāwus, Sohn des Eskandar*, Sohnes des Qābus*, Sohnes des Wošmgir* ..."

Er stammt aus einer alten iranischen Fürstenfamilie und ist stolz darauf, sein Geschlecht auf eine hohe, ruhmreiche Ahnenreihe zurückführen zu können, die mütterlicherseits bis zu dem weitberühmten Sasanidenkönig Xosrou Nušīrwān* reichen soll. Sich ihrer würdig zu erweisen, ist sein selbstverständliches Anliegen, denn die Tradition zu wahren ist gut iranisch. Seinen der arabischen Sprache entlehnten Beinamen (Onsoro-l-Ma'āli — das heißt etwa „Ursprung der Hoheit"), soll er von einem abbasidischen Kalifen verliehen bekommen haben; solche Ehrennamen waren seit sasanidischer Zeit gebräuchlich, wie denn auch seine Vorfahren ähnliche Bezeichnungen trugen.

Von seinem Vater Eskandar wissen wir nichts weiter als daß er dem Sohne die so nützliche Schwimmkunst beibringen ließ. Geschichtlich greifbar ist dagegen der Großvater Qābus, dem zu Ehren das Buch wohl den Namen trug. Er führte den Ehrentitel Šamso-l-Ma'āli* („Sonne der Hoheit") und regierte die am Südufer des Kaspischen Meeres gelegenen Provinzen Gorgān* und Tabarestān*, die etwa den antiken Landschaften Hyrkanien und Tapurien entsprachen. Sie wurden von einer Bevölkerung bewohnt, die auch damals noch die altertümliche iranische Überlieferung hütete und von mehr oder weniger unabhängigen Kleinfürsten regiert wurde. Es handelt sich um die heutigen Regierungsbezirke (Ostāne) Gilān* und Māzandarān.*

Die hier herrschenden Fürsten entstammten einem Zweige der Familie der Dejlamiten*, deren Heimat am Südwestufer des Kaspischen Meeres in der Gegend des heutigen Rescht (Rašt) gelegen war. Dieser Zweig waren die Zijāriden*, deren Herrschaftsbereich sich zu Zeiten westöstlich vom Kaspischen Meer bis zur Grenze von Chorasan* , nordsüdlich von Hamadan* bis Isfahan* erstreckte.

Einer von ihnen, Mardāwiğ*, stand im Dienste der Samaniden*, hatte sich eines größeren Teiles von Nordiran bemächtigt und wurde schließlich durch seinen türkischen Leibwächter ermordet. Wošmgir, sein Bruder, folgte ihm nach; sein Machtbereich beschränkte sich auf die Kaspischen Provinzen. Dessen Sohn und Nachfolger, der schon genannte Q̣ābus, stellte eine im Orient nicht ungewöhnliche Verbindung von ausgeprägter Königsmacht und literarischem Interesse dar. Der Enkel selbst nennt ihn einen „mordlustigen Mann“ und berichtet im 20. Kapitel seines Buches eine für den Charakter des Herrschgewaltigen bezeichnende Anekdote (s. S. 131) Q̣ābus, der Großvater, verfaßte Gedichte und machte sich als Schriftsteller einen Namen durch seine Meisterschaft im Briefstil, wobei er sich jedoch der arabischen Sprache bediente, während der Enkel, ein Vertreter der iranischen Renaissance, Persisch schrieb. Q̣ābus fand einen gewaltsamen Tod, er wurde das Opfer einer Rebellion der eigenen Truppen. Vom Vater unseres Autors, Eskandar, hören wir nur das, was der Sohn von im im 27. Kapitel erzählt (s. S. 155); es ergibt sich daraus, daß er ein auf das Wohl des Sohnes bedachter und lebenskluger Mann war.

Kej Kāwus*, der Verfasser des Q̣ābusnāme, ist um 1021/22 n. Chr. (= 412 H.) geboren und genoß die für die persischen Fürstensöhne seit Jahrhunderten vorgeschriebene Erziehung, bei der eine Synthese von ritterlichen und geistigen, vornehmlich religiösen Tugenden erstrebt wurde. Das überlieferte altiranische Ideal der Fürstenerziehung war in dieser frühislamischen Epoche offenbar noch durchaus lebendig. Seine Mutter war eine Tochter des durch Ferdousi* berühmt gewordenen Sultans Mahmud* von Ġazna (Ghasna)*, der damals der mächtigste Herrscher im Orient war und dessen Hof einen glanzvollen Mittelpunkt für die iranische Geisteskultur, für Dichtung und Wissenschaft bildete, Eroberer und Mäzenat zugleich.

Kej Kāwus ist offenbar niemals König gewesen. Er erzählt, daß er eine Weile in Arrān* bei dem Fürsten Abo-l'Aswār* dessen Gesellschaft genossen habe. Für diese Stellung als „Tischgenosse“, deren Voraussetzungen und Verhaltensregeln er genauestens beschrieben hat, wird er sich wegen seiner weltmännischen Gewandtheit und seiner vielseitigen Bildung verzüglich geeignet haben. Er nahm eine einem Krieg gegen Rum* (= Byzanz) teil und mag hierbei die militärischen Erfahrungen gesammelt haben, deren Niederschlag seine strategischen Anweisungen und seine Betrachtungen über das Amt eines Heerführers im 41. Kapitel waren. An einer anderen Stelle sagt er, daß er acht Jahre lang in Ġaznin verbrachte, wo er sich als Höfling am Hofe des Sultans Moudud* — eines Enkels von Mahmud — aufhielt. Mit ihm zusammen hat er wahrscheinlich einen Feldzug nach Indien mitgemacht, und zur Zeit des Kalifen Al Q̣ā'em be Amr-ellāh* unternahm er die Pilgerfahrt nach Mekka.

Im Jahr 1082/83 n. Chr. (= 475 H.) schrieb er sein Buch. Es war sein geistiges Testament, das er seinem Sohne Gilānšāh* hinterließ; und die warmherzigen, von väterlicher Sorge und Liebe erfüllten Worte, mit denen er seine Ratschläge einleitete, berühren den Leser noch heute sympathisch. Der Schreiber war damals über sechzig Jahre alt und meinte schon von ferne den Ruf des Todes zu vernehmen. Diese Stimmung klingt in den Worten der Widmung an den Sohn an, und daneben eine milde Resignation und der Zweifel, ob der junge Mann den erhofften Gebrauch von der väterlichen Altersweisheit machen werde. Er mag wohl wie der uralte Teufel Mephistopheles dem vom gärenden Moste der Jugend überschäumenden Baccalaureus gegenüber empfunden haben:

„Wenn man der Jugend reine Wahrheit sagt,
Die gelben Schnäbeln keineswegs behagt,
Sie aber hinterdrein nach Jahren
Das alles derb an eigner Haut erfahren,
Dann dünkeln sie, es käm aus eignem Schopf;
Da heißt es denn: Der Meister war ein Tropf."

Faustisch bzw. mephistophelisch ist auch der Grundsatz, die „kleine und die große Welt" durchzustudieren. Das hatte seinen guten Grund, denn der „Kronprinz", der keiner war, hatte durchaus nicht sicher mit der Regierungsübernahme und mit dem Genusse fürstlicher Macht und Pracht zu rechnen; es war für ihn nötig, sich später in den verschiedensten Lebenslage, auch den bescheidensten, zurechtzufinden. Darum beschränken sich die Anweisungen und Ratschläge des umsichtigen Vaters keineswegs auf die Regierungskunst, und die Themen der einzelnen Kapitel behandeln nicht nur das für einen künftigen Thronerben notwendige Wissen, sondern greifen weit darüber hinaus.

Der Leitgedanke der väterlichen Predigt ist vielmehr: „Du bist vor allem ein *Mensch*, und darum darf dir nichts Menschliches fremd sein"; man denkt an den berühmten Satz des römischen Komödiendichters Terentius*: Homo sum, humani nil a me alienum puto." Der Erbe sollte erzogen werden als ein Mann, der, wie Diez treffend zusammengefaßt hat,

„für alle Stände gerecht seyn sollte, für Handwerk wie für Königthum, für Kunst und Kaufmannschaft wie für gelehrte Zunft und Kriegsstand. Nirgends im ganzen Buche sagt er (= der Verfasser) seinem Sohne, daß er ein Recht auf Thron und Reich habe; er zeigt ihm nicht einmal eine Hoffnung dazu in der Nähe, um ihn desto besser als einen Zögling behandeln zu können, welchen er für alle Zustände und Abwechselungen des menschlichen Lebens bilden und geschickt machen wollte; für Armuth und Reichthum, für Niedrigkeit und Hoheit, für Herrschen und Dienen, kurz für jedes Schicksal, das über ihn verhängt werden möchte."

Diese fast ohne Beispiel in der orientalischen — und wohl auch abendländischen — Literatur dastehende Universalität im Stoffe unterscheidet das Buch durchaus von den sonstigen „Fürstenspiegeln", die in Asien wie in Europa seit Jahrhunderten einen bemerkenswerten Zweig des politischen Schrifttums bilden. Wie ganz anders im Tone und in der Zielsetzung wirkt das etwa um die selbe Zeit (1091/92 n. Chr. = 484 H.) erschienene „Sijāsat-Nāme"*, d. h.

„Buch der Staatskunst", dessen Verfasser, der seldschukische Wesir Nezāmo-l-molk* ein Kompendium der im engeren Sinne politischen Weisheit bot, geschrieben von einem Staatsmann und bestimmt für Herrscher.

Unser Qābusnāme denkt völlig nüchtern und illusionslos; es berücksichtigt die Tatsache, daß die Lage der das Zeitalter des fürstlichen Feudalismus in diesen Gebieten repräsentierenden Kleinkönige bereits unhaltbar geworden ist. Das für uns Widersprüchliche und zugleich Charakteristische in diesem eigenartigen „ Testament" eines immerhin fürstlichen Vaters an seinen fürstlichen Sohn scheint mir die *Verbindung von feudal-aristokratischem Stolze* — den er im Grunde niemals abgelegt hat — mit einem, der Not und nicht dem eignen Triebe gehorchenden *Demokratismus der Praxis.* Offensichtlich fand der Verfasser den Abstieg in eine sozial niedere Sphäre, wenn es nur vorteilhaft war, genau so wenig entehrend, wie das schmeichelnde Umkriechen der augenblicklichen, nicht einmal national-iranischen Machthaber.

In früheren Zeiten der iranischen Geschichte galten die sozialen Rangunterschiede und die damit verbundenen ökonomischen Verhältnisse als „gottgewollt" (vgl. die Ausführungen im 4. Kapitel auf S. 72). Die geringe Achtung des Handwerkerstandes in achämenidischer und sasanidischer Zeit bezeugen sowohl Herodot* wie das Schahname. Das Qābusnāme dagegen empfiehlt ausdrücklich die Erlernung eines Handwerks auch für Fürstensöhne und zeigt, wozu sie zweckmäßig ist. Hinter dieser sozialen Deteriorisierung schimmert freilich immer wieder der traditionelle aristokratische Hochmut gegenüber den Armen und niedriger Stehenden durch. Wenn auch jede nützliche Tätigkeit um der Sicherung der Existenz willen bejaht wird: Obenan steht doch die von dem feudalen Herrn ungleich höher bewertete Lust an ritterlichen Übungen und Vergnügungen.

Der Thematik des Qābusnāme entspricht in mancher Hinsicht das Werk von Ġazāli*, „Elixier der Glückseligkeit", z. B. in den Ausführungen über die Erkenntnis Gottes, über das Wesen des Prophetentums, über den Handel, über Tischsitten, Gestfreundschaft, Eheschließung. Zu vergleichen ist auch das Werk von *Nezāmi 'Aruzi**, „Die vier Abhandlungen", in dem, wie im Qābusnāme, über die Berufe des Schreibers, des Dichters, des Astrologen und des Mediziners gehandelt wird.

Von dem jungen Mann, an den sich dieses geistige Testament richtet, Gilānšāh, ist uns übrigens nichts bekannt, und wir müssen wohl annehmen, daß mit ihm die Dynastie der Miniatur-Souveräne am Kaspischen Meer erloschen ist.

Das Werk ist ein Zeugnis für den erwachenden *iranischen Nationalismus,* obschon der Verfasser seine politischen Ansichten nirgends deutlich ausspricht: Dazu war er doch vielleicht zu sehr Diplomat. Der persische Adel seiner Zeit hatte begonnen, sich von dem übermäßig vorherrschenden Einfluß des Arabertums innerlich loszulösen, das man im Grunde als fremd und sogar wohl als minderwertig empfand. Mit der Religion des Islam hatte man sich zwar abgefunden; aber den Verlust der national-iranischen Eigenwüchsigkeit gedachte man nicht hinzunehmen. Die Bewegung, die den Wiederanschluß an die ruhmvolle, von dem großen Nationalepiker Ferdousi zu neuem Leben erweckte, teils mythisch-legendäre, teils historische Vergangenheit erstrebte, ist unter dem Namen der Šo'ubija* bekannt.

Auch das Qābusnāme zeigt sich davon berührt, so wenn der Weisheit des größten der sasanidischen Könige, Xosrou Nuširwān od. Nōšinravān (mp: Anōšakruvān „von unsterblicher Seele") ein eigenes Kapitel eingeräumt wird (Kap. 8: Die Ratschläge des Königs an seinen Sohn). Dieser von der Tradition wegen seiner Macht und seiner Weisheit verherrlichte Herrscher soll seinen Untertanen Ratschläge und Mahnungen in einer in Pahlawi verfaßten Schrift mit dem Titel „Handarz i Xusrav i Kavātān" d. h. „Belehrungen des Xusrav, des Sohnes des Kavāt" hinterlassen haben. Es ist anzunehmen, daß unser Autor mit seinem „Buch der Ratschläge" die alte Pahlaviliteratur solcher Art wieder aufnehmen wollte. In dieser spielte die didaktische moralisierende Literatur eine große Rolle. Praktische Ratschläge für eine richtige, den Vorschriften der Ethik entsprechende Lebensführung gab es in der zoroastrischen Literatur unter der Bezeichnung „handarz"* und „Pand-nāmak"* (Buch der Ratschläge). Man wollte vor allem die zu künftigen hohen Stellungen im Staate bestimmten Leute dadurch gut und tüchtig machen, indem man ihnen beibrachte, „was man machen darf und was man nicht darf", wie es im Titel einer solchen Schrift heißt.

Diese *Spruch- und Lebensweisheit*, als deren Fortsetzung man das Qābusnāme vielleicht betrachten darf, war seit frühen Zeiten im ganzen alten Orient weit verbreitet und beliebt, wofür sich Beispiele aus der altägyptischen, der babylonisch-assyrischen und der hebräischen Literatur aufzeigen lassen. Auch in der sogenannten „Kyroupädie"* wird eine solche Spruchsammlung erwähnt, die ein Perser namens Gobryas (= altpers. Gaubaruva) verfaßt haben soll und aus welcher er ein Zitat anführt. Möglicherweise haben wir es mit einer Vorstufe der im Pahlawi erhaltenen, schon im 6. Buche des Dēnkard* vertretenen Weisheitslehren zu tun. Man schrieb diese gern bestimmten, legendären oder geschichtlich nachweisbaren Persönlichkeiten von besonders hohem Range zu. Der berühmteste von ihnen war der angebliche Minister und Berater des ersten Xosrou, Bozorgmehr* (im Pahlawi: Vazurg-mihr), der auch im Qābusnāme mehrfach erwähnt wird. In diese literarische Kategorie gehört unser Buch. Ihr weitaus bedeutendster Vertreter war der große Dichter *Sa'di* aus Schiras (im 13. Jh. n. Chr.)*. Seine Methode, ethische Maximen mit Versen und erläuternden Anekdoten zu durchsetzen, ist die gleiche wie im Qābusnāme. Hier wie dort finden wir die „praktische, verstandesmäßige Zielsetzung", die „*Philosophie des gesunden Menschenverstandes*", die dieser Literatur eine so große Volkstümlichkeit und allgemeine Beliebtheit verschafft hat. Mich erinnert sie manchmal an Schopenhauer „Paränesen und Maximen“, wo ja auch Sa‘di mehrfach zitiert wird.

Für Goethe „boten“ die Lehren solcher Bücher „reiche Möglichkeiten, die Produktion von Spruchgedichten auch auf das Gebiet des Orients auszudehnen, dem Goethe sich seit einem halben Jahr genähert hatte“. Wohl unter dem Eindruck dieser morgenländischen Moraldichtung schrieb der Dichter die Verse

> „Und Blum' und Früchte weiß ich euch
> Gar zierlich aufzutischen,
> Wollt ihr *Moralien* zugleich,
> So geb ich von den frischen.“

Daß Goethe hier „Blumen“ und „Früchte“ im Zusammenhang mit „Moralien“ nennt, erinnert an Sa‘di, der seine ethisch-didaktischen Hauptwerke „Obstgarten“ (Bustān) und „Rosengarten“ (Golestān) genannt hat und in dem zuletzt angeführten Werke schrieb:

> „Wozu brauchst du einen Korb von Blumen?
> Nimm von meinem Rosengarten ein Blatt!
> Die Rose bleibt nur fünf oder sechs Tage;
> *Dieser* Rosengarten aber bleibt immer schön.“

(Über die Beziehungen Goethes zum Qābusnāme vgl. das Kapitel „Goethe, Diez und das Qābusnāme)

Die auf Seite 23 f. nach Sachgebieten geordnete Übersicht zeigt uns, wes Geistes Kind der Verfasser des Qābusnāme war: *ein Weltmensch* im umfassenden Sinne dieses Begriffs. Er war gewiß kein Gelehrter, wohl aber ein Denker, und der

> „Unterschied zwischen Gelehrten und Denkern beruht darauf, daß jene bloß in den Büchern, diese aber im *Buche der Welt* gelesen haben.“ (Schopenhauer)

Er wußte nicht nur überall Bescheid und wollte in allen Sätteln gerecht sein, sondern er besaß vor allem die *Meisterschaft in der Lebenskunst* und verstand es, diese in lehrhafter und zugleich unterhaltsamer Weise an den Sohn und weiterhin an alle, die ihrer bedurften und sie nutzen wollten, weiterzugeben. Der „Charakter des Autors“, meint der russische Übersetzer Bertel‘s*, stellt sich dar als ein eigentümliches Gemisch von Schlauheit und Biedersinn, von Skeptizismus und Frömmigkeit.“ Dieses Urteil trifft zu, weil es den Zwiespältigkeitscharakter des Buches richtig erfaßt. Dieser zeigt sich vor allem auf ethischem Gebiete: Die Moral, die der Verfasser lehrt, ist zwar nicht rein egoistisch, aber sie geht von der richtigen Beobachtung aus, daß die Selbstliebe, d. h. eine von der Vernunft diktierte Abwägung des für das eigene Ich Vorteilhaften und Nachteiligen, neben der Anlage für das Soziale eine wesentliche Triebfeder für unsere sogenannten „moralischen “ Handlungsweisen ist. Im Qābusnāme wird, so urteilt schon Diez richtig,

„Selbstliebe an den menschlichen Handlungen praktisch entwickelt und mit der Wohlfahrt anderer Menschen oder mit der Nächstenliebe in Verbindung gesetzt ... Niemandem kann es schwer werden, nur das Gute zu wollen, weil es ihm auf diese oder jene Art nützlich sein wird.“

„Auf diese oder jene Art“, das hieß für den gläubigen Moslem, der unser Autor sein wollte oder sein mußte: in dieser oder jener Welt. Propagiert wird die Lohn- und Strafe = Ethik. Die Moral wird im wesentlichen utiliaristisch begründet, und an ihrer Wiege stehen zwei Paten: Einmal die unumstößlich gültigen Vorschriften der *Religion*, deren Einhaltung belohnt, deren Verletzung bestraft wird; zum anderen der *egoistische Eudämonismus* des Wirklichkeitsmenschen, für den Gut-Handeln das persönliche Wohnbefinden befördert. Der Verfasser weiß aus Erfahrung, daß man in dieser so unvollkommenen Welt durchaus nicht alle Übelstände beseitigen kann — Weltverbesserungstheorien lagen ihm fern —, sie aber doch mit einem gewissen Wohlwollen, mit Klugheit und einer nicht auf die Spitze getriebenen vorsichtigen Beachtung der sittlichen Gebote zu mildern vermag. Die Humanität, die er uns anrät, begnügt sich mit dem Erreichbaren und berührt uns gerade darum wohltuend, weil sie im Rahmen des Möglichkeiten bleibt und sich von jeder Ideologie und von jedem Doktrinarismus fernhält. Will man eine Formel dafür, so möchte ich sagen: Der Verfasser des Q̄ābusnāme vertritt einen *humanen Vitalrealismus.*

Vergleicht man ihm mit den Koryphäen der klassischen persischen Literatur, so wird man ihm einen bescheidenen Platz *hinter* den großen Geistern einräumen müssen. Er besaß nicht den erschütternd großartigen Pessimismus eines *Ferdousi*, für den die Welt der gewaltigsten Begebenheiten und der imposanten Königs- und Heldengestalten ihrem Wesen nach nur „Trug und Wind“ ist. Man spürt bei ihm nicht wie im Epos die tragische Untergangsstimmung und die schmerzliche Einsicht in die Nichtigkeit und Vergänglichkeit aller Dinge, alles Großen, Schönen und Guten.

Er war auch weit entfernt von dem hedonistischen Skeptizismus eines ‘Omar Xajjām*, der angesichts der ihn bedrückenden Rätselhaftigkeit der göttlichen Weltregierung nur im Genusse der flüchtigen Gegenwart, im Liebes- und Weinrausch Trost suchte und fand. Den Verfasser des Q̄ābusnāme verführt die Einsicht in die Mängel der Tatsachenwelt keineswegs zur Kritik an den Grundlehren seines Glaubens oder zum Agnostizismus. Er ist zu klug, um sich als Zyniker zu geben; den Beruf der Theologen achtet er, obschon er ihre Praktiken durchschaut. Er empfiehlt die Weltlust, hofft aber wohl auch auf den verheißenen Lohn im Paradies für den, der die vorgeschriebenen religiösen Übungen erfüllt, ohne sich dabei übermäßig zu strapazieren. Wie alle Mosleme teilt er die Auffassung von der Unberechenbarkeit des Schicksals, das wahllos Gutes und Schlimmes verhängt und dessen unwiderruflichen Beschlüsse mit Gleichmut zu ertragen sind. Seine poetische Kunst entspricht den damals gültigen Regeln, die er selbst beschrieben hat. (vgl. Kap. 35). Von der bezaubernden Anmut eines Hafis freilich fehlt ihm jede Spur.

Gleichwohl ist dieses Buch angenehm und erfreulich zu lesen. Denn es ist ein echtes und rechtes *„menschliches Dokument"*, wie es Bertel's am Schlusse seines, im übrigen sehr kritisch gehaltenen „Nachwortes" nennt. Mit Recht rühmt der sowjet-russische Forscher die „Weichheit und Zärtlichkeit" dem Sohne gegenüber, die dem Buche einen „intimen Ton" verleihe und den Eindruck von einer persönlichen Unterhaltung mit dem Verfasser-Vater erwecke; mit Recht auch die reizvolle Schlichtheit der hübschen Anekdoten und die auf Schmuck verzichtenden Einfachheit der Erzählungskunst.

Diese Vorzüge und vor allem die in dem Buche enthaltene Fülle an Weisheit und Wahrheit, an wertvollen Ratschlägen für die mannigfaltigsten Lebenslagen waren es, die das Werk einem Goethe zu einer Quell der geistigen Freude gemacht haben, aus dem er gern Belehrung und Erquickung schöpfte.

Über die Fülle der im Qābusnāme behandelten Themen soll uns eine vorläufige, nach *Sachgebieten* geordnete Übersicht orientieren*):

I. Teil: Religionslehre und religiöse Vorschriften:

Erkenntnis Gottes (1)
Erschaffung und Sendung des Propheten (2)
Dankbarkeit gegenüber Gott (3)
Religiöse Leistungen (4)

II. Teil: Ethische und pädagogische Vorschriften:

Pflichten gegenüber den Eltern (5)
Naturanlage und Ausbildung (6)
Beredsamkeit (7)
Alter und Jugend (9)
Bewahrung eines anvertrauten Gutes (22)
Kindererziehung (27)
Verzeihen und Bestrafen (30)

III. Teil: Wissenschaften und Künste:

Theologie und Jurisprudenz (31)
Medizin (33)
Astronomie, Astrologie und Geometrie (34)
Dichtkunst (35)
Musik (36)

*) In Klammern das betreffende Kapitel

Stammtafel der Zijāriden

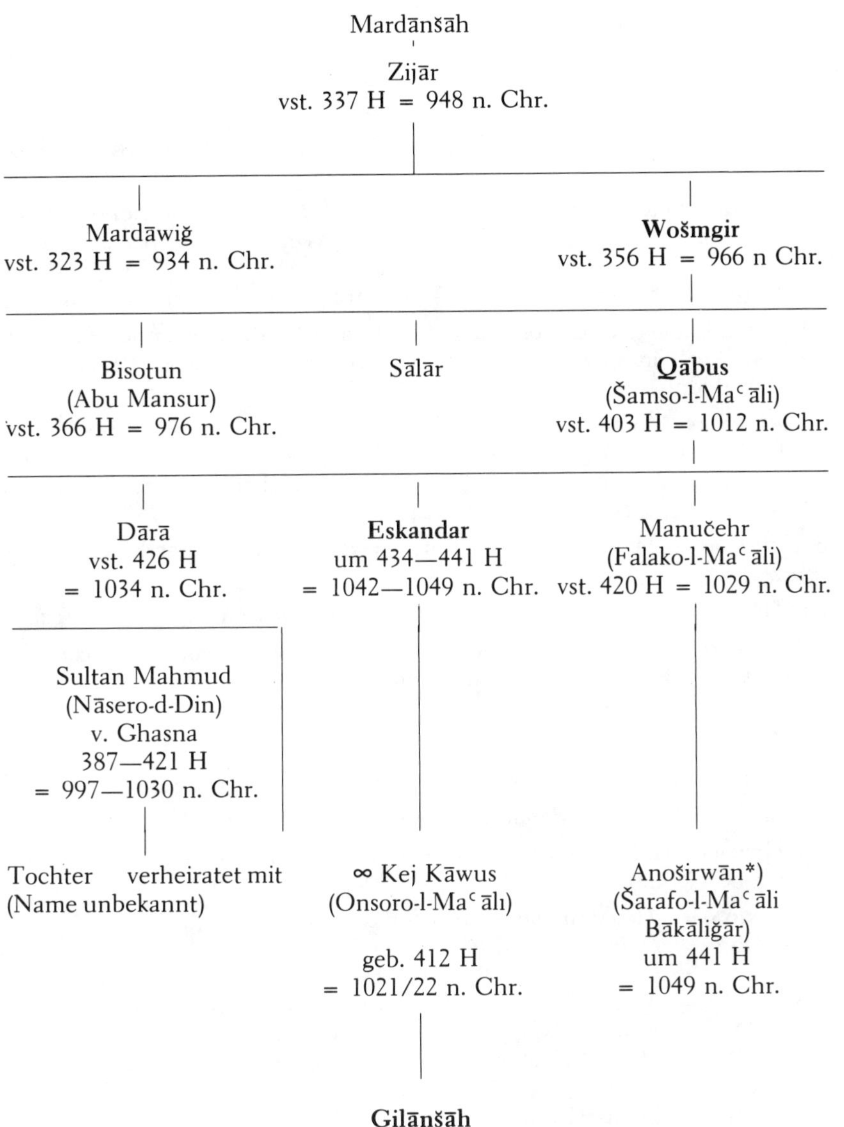

Goethe, Diez und das Qābusnāme

Vorbemerkungen

Das vorliegende Kapitel stützt sich in erster Linie auf folgende Untersuchungen:

1. Franz Babinger, „Der Einfluß von Heinrich Friedrich von Diezens „Buch des Kabus" und „Denkwürdigkeiten von Asien" auf Goethes „Westöstlichen Divan"" = Germanisch-Romanische Monatsschrift, V. Jahrgang, Heft 11 (November 1913) S. 577-592. Im folgenden zitiert: BA Einfl.
2. Franz Babinger, „Ein orientalischer Berater Goethes: Heinrich Friedrich von Diez", in: Goethe-Jahrbuch 34. Band, Frankfurt a. M. 1913, S. 83 ff. (Mit Bildnis von H. F. v. Diez). Zitiert: BA Ber.
3. Katharina Mommsen, „Goethe und Diez — Quellenuntersuchungen zu Gedichten der Divan-Epoche", aus: Sitzungsberichte der Deutschen Akademie der Wissenschaften zu Berlin, Kl. f. Sprachen, Literatur und Kunst — Jhrg. 1961, Nr. 4 (Akademie-Verlag Berlin 1961) zitiert: MO

Sonstige benutzte Werke und Aufsätze werden in den Anmerkungen angeführt.

Die Gedichte des Westöstlichen Divans sind zitiert nach folgender Ausgabe:

Hans Albert Maier, „Goethe — Westöstlicher Divan — Kritische Ausgabe der Gedichte mit textgeschichtlichem Kommentar"

1. Text — zitiert MAI T
2. Kommentar — zitiert MAI K

Beide erschienen im Verlag Max Niemeyer, Tübingen 1965

die in diesem Werke verwendete Orthographie wurde beibehalten.

Die einzelnen Bücher des Westöstlichen Divans sind durch folgende Abkürzungen bezeichnet:

MoN = Moganni Nameh (Buch des Sängers)
HaN = Hafis Nameh (Buch Hafis)
UN = Uschk Nameh (Buch der Liebe)
TeN = Tefkir Nameh (Buch der Betrachtungen)
RN = Rendsch Nameh (Buch des Unmuts)
HiN = Hikmet Nameh (Buch der Sprüche)
TiN = Timur Nameh (Buch des Timur)
SuN = Suleika Nameh (Buch Suleika)

SaN = Saki Nameh (Das Schenkenbuch)
MaN = Mathal Nameh (Buch der Parabeln)
PN = Parsi Nameh (Buch des Parsen)
ChN = Chuld Nameh (Buch des Paradieses)
Nl = Aus dem Nachlaß
NK = Najmabadi — Knauth: Seiten des vorliegenden Werkes

Goethes „Noten und Abhandlungen zum Westöstlichen Divan“ sind zitiert nach folgender Ausgabe:

Welt-Goethe-Ausgabe, 5. Bd., West-östlicher Divan, Noten und Abhandlungen zum besseren Verständnis des West-östlichen Divans, Herausgegeben von Konrad Burdach; zitiert BU (bei den Gedichtstellen neben MAI angeführt), bzw. BU NuA

Für seine orientalistischen Studien zur Vorbereitung des Westöstlichen Divans benutzte Goethe außer dem Qābusnāme eine umfangreiche Literatur, die MAI K S. 67 f. angegeben hat. Sie hat uns hier nicht zu beschäftigen. Die Stellen, die Goethe bei den einzelnen Gedichten als Vorlage gedient haben oder die ihn angeregt haben, sind von Maier jedesmal genannt und behandelt worden. Dem Thema entsprechend beschränke ich mich hier auf die Stellen aus dem Qābusnāme.

Über sein Verhältnis zum ersten deutschen Übersetzer des Qābusnāme, H. F. v. Diez, hat Goethe sich in den „Noten und Abhandlungen zum Westöstlichen Divan“ folgendermaßen geäußert

„Von Diez“

„Einen bedeutenden Einfluß auf mein Studium, den ich dankbar erkenne, hatte der Prälat von Diez. Zur Zeit, da ich mich um orientalische Literatur näher bekümmerte, war mir das *Buch des Kabus* zu Händen gekommen und schien mir so bedeutend, daß ich ihm viele Zeit widmete und mehrere Freunde zu dessen Betrachtung aufforderte.

Durch einen Reisenden bot ich jedem schätzbaren Manne, dem ich so viel Belehrung schuldig geworden, einen verbindlichen Gruß. Er sendete mir dagegen freundlich das kleine Büchlein über die Tulpen. Nun ließ ich, auf seidenartiges Papier, einen kleinen Raum mit prächtiger, goldener Blumeneinfassung verzieren, worin ich nachfolgendes Gedicht schrieb:

Wie man mit Vorsicht auf der Erde wandelt,
Es sei bergauf, es sei hinab vom Thron,
Und wie man Menschen, wie man Pferde handelt,
Das alles lehrt der König seinen Sohn.
Wir wissens nun durch dich, der uns beschenkte;
Jetzt fügest du der Tulpe Flor daran,
Und wenn mich nicht der goldne Rahm beschränkte,
Wo endete, was du für uns getan!

Und so entspann sich eine briefliche Unterhaltung, die der würdige Mann bis an sein Ende mit fast unleserlicher Hand, unter Leiden und Schmerzen getreulich fortsetzte.

Da ich nun mit Sitten und Geschichte des Orients bisher nur im allgemeinen, mit Sprache so gut wie gar nicht bekannt gewesen, war eine solche Freundlichkeit mir von der größten Bedeutung. Denn weil es mir, bei einem vorgezeichneten, methodischen Verfahren, um augenblickliche Aufklärung zu tun war, welche in Büchern zu finden Kraft und Zeit verzehrenden Aufwand erfordert hätte, so wendete ich mich in bedenklichen Fällen an ihn und erhielt auf meine Frage jederzeit genügende und fördernde Antwort. Diese seine Briefe verdienten gar wohl wegen ihres Gehalts gedruckt und als ein Denkmal seiner Kenntnisse und seines Wohlwollens aufgestellt zu werden ..." (BU 297 ff.)

Goethe gibt dann nach einigen historischen Bemerkungen über den Verfasser des Qābusnāme einen Überblick über dessen Inhalt nach den einzelnen Kapiteln und bemerkt dazu:

„Wie man nun aus einem Buche solchen Inhalts sich ohne Frage eine ausgebreitete Kenntnis der orientalischen Zustände versprechen kann, so wird man nicht zweifeln, daß man darin Analogien genug finden werde, sich in seiner europäischen Lage zu belehren und zu beurteilen." (BU 302)

Der Gesichtspunkt des Vergleichs mit seiner eigenen Zeit beschäftigt Goethe; wir hören ein andermal von ihm:

„Das Verhältnis zu *von Diez* befestigte sich; das Buch *Kabus* eröffnete mir den Schauplatz jener Sitten in einer höchst bedeutenden Zeit, der unsrigen gleich, wo ein Fürst gar wohl Ursache hatte, seinen Sohn in einem weitläufigen Werke zu belehren, wie er allenfalls bei traurigstem Schicksale sich doch noch in einem Geschäft und Gewerbe durch die Welt bringen könne."

Wenden wir uns nun dem Manne zu, durch dessen Vermittlung Goethe mit diesem von ihm so hochgeschätzten Denkmal der persischen Lebensweisheit bekannt gemacht wurde.

Heinrich Friedrich von Diez — seit 1786 geadelt — wurde am 2. September 1750 zu Bernburg in Anhalt geboren. Er studierte an der Universität Halle Rechtswissenschaften und war elf Jahre bei der Regierung in Magdeburg tätig. Im Jahre 1784 wurde er von König Friedrich II. von Preußen zum „Geschäftsträger" (charge d'affaires) bei der Hohen Pforte, d. h. der Regierung des Sultans in Konstantinopel, ernannt. In einer zweistündigen Audienz erhielt Diez vom König persönlich die nötigen Instruktionen. Mit diesem Auftrage war für Diez ein sehnlicher Wunsch, nämlich den Orient aus eigener Anschauung kennenzulernen, in Erfüllung gegangen. Er verblieb in seinem diplomatischen Amte bis 1790. Wie aus einem Briefe an seinen Gönner, den Geheimen Archivrat Christian Wilhelm Dohm, in Berlin hervorgeht, hatte Diez bei seinem Abschied von Konstantinopel das Gefühl, sich das Vertrauen der Orientalen in hohem Maße erworben zu haben, da er sich mit ihrer Sprache genau bekannt gemacht hatte und sich ihren Sitten weitgehend anpaßte. Da er aber eine eigenmächtige, dem zuständigen Minister Graf v. Hertzberg allzu türkenfreundliche Politik trieb, die nach Ansicht der Regierung das Verhältnis zu Rußland gefährdete, wurde er zum Leidwesen der türkischen Regierung abberufen. Der Nachfolger Friedrichs des Großen, König Friedrich Wilhelm II. von Preußen, verlieh ihm den Rang eines Geheimen Legationsrates mit einem Gehalt von 10 000 Talern jährlich und erhob ihn in den Adelsstand. Sein letzter Rang war der eines „außerordentlichen Gesandten und bevollmächtigten Ministers".

Nach seiner ehrenvollen Entlassung aus dem Staatsdienst konnte er sich ganz seinen heißgeliebten orientalistischen Studien widmen; ein beträchtliches Vermögen gab ihm die Mittel dazu. Seine Privatbibliothek enthielt zum Teil sehr kostbare Handschriften und eine reichhaltige Sammlung morgenländischer Literatur; auch hatte er zeitweise einen türkischen Diener. Er kaufte sich ein kleines Gut in Philippsthal bei Saarmund, unweit Potsdam (DDR), hielt sich von 1798 bis 1807 in Kolberg auf, wo er im Domkloster eine Pfründe besaß (die ihn zur Führung des Titels „Prälat" berechtigte) und verließ diese Stadt kurz vor dem Beginn der berühmten Belagerung durch die Franzosen. Den Rest seiner Jahre verbrachte er in Berlin, wo er sich im „Stralauer Viertel" ein an der Spree gelegenes Parkgelände erworben hatte. Die Räume seines Hauses hatte er in den verschiedenen Stilarten der asiatischen Länder ausschmücken lassen: So besaß er ein türkisches, ein persisches und ein chinesisches Zimmer und sah fast täglich geistig hochstehende Gäste an seiner Tafel. Er hatte eine eigenartige religiöse Entwicklung durchgemacht und sich vom Spinozisten und Freigeist zum streng orthodoxen Lutheraner durchgemausert, worüber sein Freund und Gönner Goethe begreiflicherweise wenig erbaut war.

Im Jahre 1811 veröffentlichte Diez seine Übersetzung des Q̄ābusnāme; der Titel lautete:

> „Buch des Kabus oder Lehren des persischen Königs Kjekjawus für seinen Sohn Ghilan Schach.
>
> Ein Werk für alle Zeitalter aus dem Türkisch-Persisch-Arabischen übersetzt und durch Abhandlungen und Anmerkungen erläutert von Heinrich Friedrich von Diez, Königl. Preussischem Geheimen Legations-Rath und Prälaten, ehemals ausserordentlichem Gesandten und bevollmächtigten Minister des Königs am Hofe zu Konstantinopel.
>
> Auf eigene Kosten.
>
> Berlin, in Commission der Nicolaischen Buchhandlung 1811."

Der Übersetzung voran ging ein „Vorbericht des Uebersetzers in drey Abschnitten", von denen der erste über „Veranlassung und Zweck des Buchs des Kabus" handelte, der zweite eine „Geschichte der Dilemiten" bot und der dritte „Betrachtungen über das Buch des Kabus" enthielt.

Gleich die ersten Seiten des Buches, im „Vorbericht", stehen, wie ich glaube, unter dem noch frischen Eindruck der Genialität seines früheren Landesherren, Friedrichs des Großen: so, wenn er schreibt, daß

> „bisweilen den Thronen würklich so ausserordentliche Geister beschieden gewesen, welche, als Schutzengel ihrer Völker, den königlichen Beruf selbst in seiner Vollkommenheit auf Erden kein Traumbild haben bleiben lassen. Wenn denn solche Könige sich noch die Mühe geben, Bücher zu schreiben, um ihren Zeitgenossen und den kommenden Geschlechtern zu melden, was sie über alles gedacht und erfahren haben: so dürfen wir davon etwas erwarten, was uns nützlicher sey und uns weiter bringe als Bücher anderer Menschen; denn es sind Schriftsteller, die alles gesehen, alles erlebt und ins Grosse wie ins Kleine zu gehen sich geübt haben. Und jemehr Bücher der Könige von so umfassendem Inhalte zu den grössten Seltenheiten gehören, destomehr haben wir Ursache, sie als kostbare Kleinodien in Ehren zu halten und aufzubewahren. Von dieser Art ist das Buch des Kabus, was ich der Welt vorlege."

Diez schreibt die umfangreichen einleitenden Abschnitte in einem für unser heutiges Gefühl überaus weitschweifenden und umständlichen Stile von dem wir eben eine Probe gegeben haben —, und er bemüht sich, seine für die damalige Zeit ungewöhnlich große Belesenheit und Kenntnis des Orients glänzen zu lassen. Er bemerkt ausdrücklich, daß das Buch ursprünglich in Persisch geschrieben sei, er selbst jedoch den Text in der Originalsprache nicht gesehen habe.

Er benutzte drei Handschriften einer *türkischen* Übersetzung; freilich wußte er selbst, daß es mißlich sei, Übersetzungen von Übersetzungen zu machen und versuchte dies zu rechtfertigen. Außer dem Qābusnāme verfaßte er in den Jahren 1813-1815 die „Denkwürdigkeiten aus Asien in Künsten und Wissenschaften, Sitten, Gebräuchen und Alterthümern, Religion und Regierungsverfassung" mit dem Untertitel „Aus Handschriften und eigener Beobachtung gesammelt." Das Werk wurde von Goethe ebenso benutzt wie das Qābusnāme und ein weiteres Werk von Diez:

> „Über Inhalt und Vortrag, Entstehung und Schicksale des königlichen Buchs, eines Werks von der Regierungskunst, als Ankündigung einer Uebersetzung nebst Probe aus dem Türkisch-Persisch-Arabischen des Waasi Aly Dschelebi, Berlin 1811".

Es kam dann schließlich zu einer sehr unerfreulichen literarischen Fehde zwischen Diez und dem damals bedeutendsten Orientalisten Joseph Freiherr von Hammer-Purgstall (1774—1856), dem Begründer der historischen Osmanistik. Dieser hielt als hervorragendster Fachmann die Arbeiten von Diez nicht für wissenschaftlich genug; auch hatte er, im Gegensatz zu Goethe, ein sehr ungünstiges Urteil über das Qābusnāme ausgesprochen, das er für „unbedeutend und langweilig" und für eine „Rhapsodie von äußerst abgetragenen moralischen Gemeinplätzen" erklärt hatte. Diez starb am 7. April 1817 und hinterließ eine umfangreiche Bibliothek von 17 000 Bänden und 835 Handschriften sowie eine seltene Münzsammlung, was er alles der Königlichen Bibliothek in Berlin vermachte.

Zweifellos war Diez ein hervorragender Kenner der türkischen Sprache, was ihn befähigte, sich in den letzten Jahren seines Lebens mit einer Übersetzung der Bibel ins Türkische zu beschäftigen. Wie weit er Persisch und Arabisch konnte, läßt sich nicht mehr feststellen. Über seine Methode läßt er sich selbst (S. 181 ff.) aus; natürlich ist es nicht korrekt, wenn er die Sprache des von ihm übersetzten türkischen Textes aus den drei Islamsprachen Türkisch, Arabisch, Persisch „zusammengesetzt" sein läßt. Er wußte aber, daß diese drei Sprachen, abgesehen von den durch die Islamisierung bedingten weitgehendsten Übereinstimmungen im Wortschatz, nichts miteinander gemein hatten. (Das Arabische gehört dem semitischen, das Persische dem iranischen Zweige des Indogermanischen, das Türkische dem ural-altaischen Sprachstamm an. Es ließe sich hier allenfalls der von Trubetzkoy eingeführte Begriff eines „Sprachbundes" — ähnlich etwa wie bei den Balkansprachen — verwenden.)

Wie hoch Diez das Qābusnāme einschätzte, geht aus folgenden Bemerkungen hervor:

> „Ich trage daher auch kein Bedenken, hier dankbar das Zeugnis abzulegen, dass ich aus wenig, wenig Büchern einen gleich grossen Nutzen gezogen als aus diesem Werke ...
>
> Dies ist die Ursache, warum ich es für Unrecht gehalten, den großen Nutzen, welchen es mir geleistet, nicht der ganzen Welt darzubieten, indem ich bedachte, dass vielleicht nach mir ebenso viele Jahrhunderte verfliessen möchten, als vor mir vergangen sind, ehe es jemandem in die Hände falle, der berufen sey, es den Europäern getreulich und unverfälscht zu überliefern."

Goethe hat nachweislich in den Jahren 1815 bis 1819 wiederholt in der Diezschen Übersetzung gelesen. In einem Schreiben an Diez vom 1. Februar 1816 bemerkt er:

> „Die daraus gewonnene Belehrung ist uns unschätzbar, und so konnte ich auch früher Ew. Hochwohlgeboren Arbeiten als die Basis ansehen, worauf sich meine Kenntnisse des Orients gründeten, indem Genauigkeit und Sicherheit die köstlichen Eigenschaften Ihrer Werke sind."

Ein andermal nennt er die Arbeiten seines orientkundigen Freundes den „Ankergrund in diesem für mich noch immer sehr stürmischen orientalischen Meerbusen". Freunden las Goethe viele Abende lang aus dem Buche vor und empfahl die Lektüre desselben, wie aus verschiedenen Briefen hervorgeht. Am 20. Mai 1815 schrieb er an Diez:

> „Das Buch Kabus vereinigt mich und meine Freunde schon geraume Zeit in der angenehmsten Unterhaltung, indem darin die verschiedensten Schicksale, Beschäftigungen und Liebhabereyen auf die vernünftigste Weise geregelt werden,

es sey nun von Zuständen die Rede, die uns nur historisch und analog interessieren oder sich bis auf unsere Zeit wirklich fortsetzen ..."

Goethe erwarb für sich verschiedene Exemplare des Buches von seinem Weimarer Buchhändler, einige davon verschenkte er an Freunde und nannt in den Widmungen das Buch „ein königliches Buch orientalischer Weisheit". Diez wie Goethe beschäftigten sich auch mit der Frage nach der besten Übersetzungsweise. (BU 304 ff.) Dabei vertrat Diez den Standpunkt, man müsse die Morgenländer so geben, „wie sie sind, ohne sich um die Idioten zu kümmern, welche selbige so übersetzt wissen wollen, wie sie im Deutschen gedacht und geschrieben haben würden." Ein andermal schreibt er:

„Ich darf meinen Worten zu gefallen nicht die fremden Gedanken verändern, vielmehr muß ich diesen Gedanken zu Liebe die Worte wählen, welche von der Treue der Übersetzung gefordert werden."

Katharina Mommsen ist dankenswerterweise als erste (soweit mir bekannt) der Frage nachgegangen, *welche Einflüsse der Diezschen Übersetzung des Qābusnāme sich in Goethes Westöstlichem Divan feststellen lassen.* Da diese Beziehungen für den deutschen Leser und besonders für den Goethefreund von besonderem Interesse sind, die Mommsensche Abhandlung aber nicht so leicht zugänglich ist, gebe ich hier die bemerkenswertensten *Vergleichsstellen* (mit einigen Ergänzungen) wieder. Freilich läßt sich nicht in allen Fällen mit Sicherheit ausmachen, ob der Dichter aus dem Qābusnāme oder aus anderen orientalischen Quellen geschöpft hat. Denn Goethe hat sich, noch bevor er den Divan begann, eine für seine Zeit ungewöhnliche Kenntnis des Morgenlandes im weiteren Sinne, speziell des islamischen Orients und hier wieder des *persischen Schrifttums* — man denke an seine Begeisterung für Hafis! — angeeignet, für die ihm nun die Lektüre der Diezschen Übersetzung eine erwünschte Ergänzung und Vertiefung bot.

Unnötig zu bemerken, daß der Divan in eine völlig andere literarische Kategorie gehört als das Qābusnāme. Er ist, wie wir aus der schönen Deutung von *H. A. Korff* gelernt haben, ein Evangelium (*„frohe* Botschaft"!) der freien, ästhetischen Religiosität des Dichters. Seine beiden Brennpunkte sind die *Liebe* — und hier war für Goethe, abgesehen von den persönlichen Erfahrungen, die Begegnung mit dem persischen Dichter Hafis entscheidend — und der *Ein-Gott-Glaube,* der ihm in der Gottergebenheit des Islams als der „natürlichen Religion" wesentlich besser gewahrt erschien als in dem ihm völlig fremden und von ihm abgelehnten trinitarischen Dogma des Christentums.

Was den Dichter nun aber am Qābusnāme besonders angezogen haben wird, das war, wie ich glaube, die ihm kongeniale „liebevolle Betrachtung der Welt in allen ihren Einzelheiten, und zwar bis zu den kleinsten hinab." (Korff)

„Als Goethe zu Anfang des Jahres 1815 den ersten Teil der Diezschen Denkwürdigkeiten von Asien und das Buch des Kabus kennen lernte, mußten ihm Dietz'

> Publikationen besonders willkommen sein. Boten sie doch reiche Möglichkeiten, die *Produktion von Spruchgedichten* (v. m. g.) auch auf das Gebiet des Orients auszudehnen, dem Goethe sich seit einem halben Jahr genähert hatte." (MO, S. 6)

Die aus dem Leben geschöpfte und für das Leben zur Beherzigung bestimmte *Spruchweisheit* war es, die Goethe besonders anzog und beflügelte. Die Bücher des Divan sind — und hier sehe ich die *Verwandtschaft mit dem Qābusnāme* —

> „eingebettet in eine große Masse allgemeiner Weisheit in verschiedenster Form, die nicht aus dem Augenblick entspringt, sondern die Summe eines langen, reichen Lebens ist."

Weitgespannte Vielseitigkeit vom Hoch-Erhabenen bis zum Ganz-Alltäglichen, von Gedanken über Gott und Welt bis zum Verhalten in den trivialsten Situationen des Lebens, dargeboten in der abgeklärten und ein wenig resignierten Weisheit des Alt-, aber durchaus nicht Stumpf- und Weltfremd-Gewordenen (Goethe fühlte sich im Beginn eines neuen „Aufbruchs, einer Art dritten Jugend — Korff) — das ist wohl das Gemeinsame, was den fünfundsechzigjährigen Dichter des Divans mit dem dreiundsechzigjährigen Verfasser des Qābusnāme innerlich verband, obschon die Zielsetzung und die literarische Gestaltungskunst bei beiden eine gänzlich verschiedene, ja heterogene war.

Ich kommen nun zu den Einzelbeispielen:

1. MoN I 6 = MAI T S. 15, MAI K S. 92 bringt einen *Vergleich zwischen Liebe und Feuer* (Gedicht „Geständniß"), die beide „schwer zu verbergen" sind. Der Vergleich findet sich des öfteren, braucht also nicht aus dem 14. Kapitel des Qābusnāme entlehnt zu sein, wo es bei D 467 heißt: „Verliebte leben immer im brennenden Feuer" usw.
2. MoN I 15 = MAI T S. 24, MAI K S. 106 ff. (BU 23)

   Derb und Tüchtig
   Vers 4:

   Auch ist gut Bescheidenheit
   Spricht ein weiser Mann,
   Der von *Zeit und Ewigkeit*
   Mich belehren kann!

MAI K, a.a.O:

> „Daß mit dem ... ‚weisen Mann' *der Verfasser des Buches Kabus* gemeint sei, hat Wurm gesehen. Auf S. 352 — nicht 312, wie Wurm angibt — heißt es im Buch Kabus:
>
> > „... wenn es unter einem Volke einen Propheten giebt, alle Zweifel in *Angelegenheiten der Zeitlichkeit und Ewigkeit* von diesem

Propheten aufgelöst werden: ebenso müssen auch Greise die Auflöser der Zweifel ihres Stammes seyn.' Verachte also die Greise nicht und beraube dich nicht ihrer Wohlthaten.'"

Die Stelle stammt aus dem 6. Kapitel (s. S. 81); in unserem Texte heißt es jedoch lediglich: „Den Alten deines Stammes bezeuge Ehrfurcht."

3. Zu den *berühmten Liebespaaren* der orientalischen Poesie gehören die in UN III 2 erwähnten *Wamik und Asra*: (= BU 39)

Man wird, so gut wie vom Propheten,
Von *Wamik* und von *Asra* reden.—
Nicht reden wird man, wird sie nennen,
Die Namen müssen alle kennen.
Was sie gethan, was sie geübt
Das weiß kein Mensch! Daß sie geliebt
Das wissen wir. Genug gesagt!
Wenn man nach Wamik und Asra fragt.

(= MAI T. S. 48, MAI K. S. 139 ff., Gedicht „Noch ein Paar")

In verschiedenen orientalischen Quellen hatte Goethe die Aufzählung berühmter Liebespaare gefunden; im vorangegangenen Gedicht „Musterbilder" (UN III 1 = MAI T 47, MAI K 158 f.) erwähnt er deren sechs. 'Azrā und Wāmiġ werden in den uns vorliegenden Texten erwähnt in einem Gedichte im 14. Kapitel (NK 119, aber bei D 473 stehen die Namen nicht, so daß Goethe sie nicht aus dem Qābusnāme entlehnt haben kann, sondern aus einer anderen Quelle. (Worüber: MAI K, a.a.O.)

4. UN III 3 = MAI T 49, MAI K 140 ff. (BU 40)

Lesebuch

Wunderlichstes Buch der Bücher
Ist das Buch der Liebe;
Aufmerksam hab' ich's gelesen:
Wenig Blätter Freuden,
Ganze Hefte Leiden,
einen Abschnitt macht die Trennung.
Wiedersehn! ein klein Capitel
Fragmentarisch. Bände Kummers
Mit Erklärungen verlängert,
Endlos ohne Maas.

Nach MAI K a.a.O. hat Goethe die Anregung aus dem Zweiten Teil der „Denkwürdigkeiten ..." (s. S. 30) gefunden, den Diez im Dezeber 1815 dem Dichter zuschickte. (S. 371)

Doch finden sich die gleichen Gedanken im Qābusnāme D 462:

„Verliebtseyn ist eine Plage, die mit keiner andern Plage zu vergleichen ist. So ist zum Beyspiel die Ruhe von eines Jahres Vereinigung des Schmerzens und Verdrusses von eines einzigen Tages Trennung nicht werth, besonders da der Liebe *Trennung und Vereinigung* von einem Ende bis zum anderen nur Schmerz und Pein sind."
(14. Kap., NK S. 116)

5. TeN IV 2 = MAI T 64, MAI K 164 — Daselbst zu Z. 5 *„Ein Bösewicht gelangt zu keiner Größe"* (BU 49)

   „Zu der deutschen Fassung von V. 5 mag der Satz ‚Ein niederträchtiger Mensch wird niemals zur Größe gelangen', der auf S. 357 des *Buches Kabus* steht, also deutsch von Diez stammte, beigetragen haben."

Im persischen Texte (Kap. VI, NK S. 78) findet sich der Satz nicht in dieser Fassung.

6. TeN IV 7 = MAI T 66, MAI K 169 f. (BU 51)

   Den Gruß des Unbekannten ehre ja!
   Er sey dir werth als alten Freundes Gruß.
   Nach wenig Worten sagt ihr Lebewohl!
   Zum Osten du, er westwärts Pfad an Pfad —
   ...
   Nun tauschet Waar um Waare, theilt Gewinn!
   ...
   Der erste Gruß ist viele tausend werth,
   Drum *grüße freundlich jeden, der begrüßt.*

   MAI K a.a.O.:

   „Für das *Bild vom reisenden Handelsmann* hat K. Mommsen das 32. Kapitel des Buches Kabus als Vorlage wahrscheinlich gemacht." (MO S. 132 ff.)

   D 671

   „(Ein Kaufmann) muss jeden, der ihm auf der Strasse vorkömmt und begegnet, *mit freundlichem Gesicht* grüssen"

   (NK 184):

   „Wenn dem Reisenden einer unterwegs begegnet, dann soll er ihm mit freundlichen Gesicht den Friedensgruß bieten ...)

   Hierzu die Anmerkung von Querry (S. 308, Nr. 8)

   „Les voyageurs observent religieusement cette coutume et ne se rencontrent pas sans echanger des souhaits d' heureuse arrivée"

7. TeN IV 11 = MAI T 70, MAI K 179 ff. (BU 52 f.)

   Frage nicht durch welche Pforte
   Du in Gottes Stadt gekommen,
   Sondern *bleib' am stillen Orte,*
   Wo du einmal Platz genommen.

   MAI K a.a.O.:

   „Als Quelle für den Anfang des Gedichts hat K. Mommsen das 9. *Kapitel des Buches Kabus* wahrscheinlich zu machen gewußt." (MO S. 122 ff.)

   „Für andere Teile hatte bereits Wurm auf das gleiche Buch (Kap. 37, Kap. 40) als Goethes Vorlage hingewiesen."

   D 423:

   „Wenn du dann alt geworden bist, mein Sohn! so trachte, irgendwo einen *festen Sitz* zu haben ..."

   D 424 empfiehlt die Regel „ubi bene, ibi patria" und bemerkt dazu:

   „Wenn also auch du einen vortheilhaften Ort gefunden: so such nicht, dich wieder davon zu entfernen, sondern *verbleib daselbst beständig.*"

In den folgenden Versen des gleichen Gedichtes ist vom *Dienst bei den Fürsten* (bei „Mächtigen, die befehlen") die Rede, wofür Goethe vielleicht durch Qābusnāme Kap. 37 (bei D 734 ff. „Regeln für diejenigen, welche im Dienste des Kaisers sind") und Kap. 40 (bei D 772 ff.) angeregt wurde. Indes wird Goethe hier wohl an sein glückliches, in Jahrzehnten bewährtes Verhältnis als Freund und Berater des Großherzogs Karl August von Sachsen-Weimar gedacht haben, wenn er schrieb:

   Und der Fürst erkennt die Treue,
   Sie erhält die That lebendig ... (V. 4),

während im 40. Kapitel des Qābusnāme („Vorschriften der Wezirschaft") — typisch orientalisch — Furcht und Vorteil als maßgebende Motive für das Verhältnis des „Dieners" zum „Herrn" erscheinen.

8. Von *Herrenrecht und Dienstpflicht* handelt auch TeN IV 20 = MAI T 75, MAI K 190 f. (BU 55):

   Wer befehlen kann wird loben
   Und er wird auch wieder schelten,
   Und das muß dir, treuer Diener,
   Eines wie das andre gelten.

   Man hat hier als Vorlage eine Stelle aus Sa'dis Golestān angenommen, der Goethe durch die Übersetzung des Adam Olearius (1654) bekannt geworden war, in der es heißt: „Man fürchtet den König mehr als Gott" (S. 33). Furcht vor der Unberechenbarkeit des regierenden Herrn empfiehlt auch das Qābusnāme D 777:

> „Vor dem Kaiser sei immer in Furcht. Gesetzt auch, dass du niemals eine Untreue begehen möchtest, so musst du doch in jedem Fall nicht sicher sein ..."

Solche Gedanken lagen Goethe fern. Er war kein „Fürstendiener" im Sinne des orientalischen Despotentums, wie ihn der Verfasser des Qābusnāme beschreibt.

9. TeN IV 21 = MAI T 76, MAI K 191 ff. (BU 56)

An Schach Sedschan und seines Gleichen

Durch allen Schall und Klang
der *Transoxanen*
Erkühnt sich unser Sang
Auf deine Bahnen!
Uns ist für gar nichts bang,
In dir lebendig,
Dein Leben daure lang
Dein Reich beständig.

Wieder geht es um Fürstenverehrung. Diese Verse sind ganz offensichtlich angeregt durch folgende Stelle aus dem 36. Kapitel des Qābusnāme (Musik betreffend) D 130 f.

> „Wenn du in Gesellschaft von Sipahi's und Kriegsobristen kömmst: so musst du Stücke aus den *Ländern jenseits des Oxus**, die sich auf Herzhaftigkeit und Unerschrockenheit beziehen, und fröhlich machende Melodien spielen, die sich für Handlungen der Krieger und Kriegsobristen schicken."

(NK S. 211: Wenn du Leute aus dem Kriegerstande ... siehst,
dann singe die Vierzeiler aus Transoxanien ...")

Hierzu gibt Diez eine ausführliche Anmerkung über das Land, in der es u. a. heißt:

> „Die Länder jenseits des Oxus haben in der Geographie den Namen Mawerainnechr (welches jenseits des Flusses heisst) oder die Provinz Transoxana ... Heutzutage nennt man das Land gewöhnlich das Land der Usbeks ... Nach unserm Verfaser muss die Musik daselbst ehemals einen sehr kriegerischen Charakter gehabt haben und die sogenannte Janitscharen-Musik*, die unter uns nicht ohne Nachahmung geblieben ist, scheint aus Transoxanien gekommen zu seyn." (S. 731, Anm. 1)

Der von Diez genannte Name heißt im Neupersischen ماوراءالنهر
(= māwarā'-on-nahr*, d. i. „jenseits des Flusses"); damit ist der Oxus (= Āmudarja) gemeint; das Land ist die heutige Sowjetrepublik Usbekistan. Es handelt sich um türkische Militärmusik, bei der Blas- und Schlaginstrumente, Triangel, große Trommel, Becken und Schellenbaum verwendet wurden; Mozart hat davon im Singspiel „Die Entführung aus dem Serail" Gebrauch gemacht.

Der *Segenswunsch an den Schah* ist wörtlich dem Texte bei Diez („Betrachtungen über das Buch des Kabus", S. 240, wo Diez sich über asiatische und europäische Komplimente äußert); er findet sich in Pahlawitexten und u. a. im Schahname.

10. RN V 11 = MAI T 95, MAI K (BU 67)

„Sich selbst zu loben ist ein Fehler"

Als Quelle betrachtet man die „Denkwürdigkeiten ..." von Diez; doch findet sich im 7. Kapitel des Q̱ābusnāme (D 393) der Satz „lobe dich doch nicht selbst".

Vom *Eigenlob* spricht auch das Gedicht RN V 2:

„Keinen Reimer wird man finden
Der sich nicht den besten hielte ..."

11. RN V 12 = MAI T 96, MAI K 217: (BU 68)

„Glaubst du denn von Mund zu Ohr
Sey ein redlicher Gewinnst?
Ueberlieferung, o! du Thor!
Ist auch wohl ein Hirngespinnst.
Nun geht erst das Urtheil an.
Dich vermag aus Glaubensketten
Der Verstand allein zu retten,
Dem du schon Verzicht gethan."

„K. Mommsen (MO 164 ff.) hat gezeigt, daß das Gedicht Goethes Erwiderung auf antirationalistische, religiös-orthodoxe Behauptungen Diezens in dessen Einleitung zum Buche Kabus darstellt. in seinem frommen Eifer gebraucht Diez die Vokabeln ‚*Hirngespinst*' (S. 189, 205) und ‚*Ueberlieferung*' (S. 208) mehrfach; Goethe knüpfte also an Diezens Terminologie an."

An der genannten Stelle (D 192) bemerkt Diez:

„Es kann ... ohne Beziehung auf Gott als Oberherrn und auf dessen Offenbarungen gar keine verbindliche Moral geben und alle Theorien, welche man bey uns unterm Namen natürlicher oder philosophischer Moral herumträgt, sind nichts als Erdichtungen und *Hirngespinste*, wodurch man Kinder und Jünglinge irre führt ..."

S. 205 rühmt es Diez am Verfasser des Qābusnāme, daß er „alles schuldige Thun und Lassen der Menschen als Diener auf Gott als ihren Oberherrn zurückführt und zwar nicht durch unbündige Schlüsse einer sogenannten natürlichen Religion, welche nur ein *Hirngespinst* ist, sondern durch die Offenbarung als einen wörtlich erklärten Willen Gottes ..."

12. HiN VI 4 = MAI T 105, MAI K 234 f. (BU 74)

    Wenn der schwer gedrückte klagt:
    Hülfe, Hoffnung sey versagt,
    Bleibet heilsam fort und fort
    Immer noch ein *freundlich Wort.*

    K. Mommsen (MO 112 f.) hat auf eine *mögliche Quelle im Buche Kabus* (D 699 f.) hingewiesen. (MAI K, a.a.O)

    Es handelt sich um *eine für den Arzt bestimmte Mahnung* im 33. Kapitel (Medizin), wo es heißt:

    „Wenn er (= der Arzt) zum Kranken kömmt, muß er ein *freundliches Gesicht* zeigen ..."

    Die Annahme einer Beziehung zum Qābusnāme ist nicht zwingend.

13. HiN VI 7[1] = MAI T 108, MAI K 240 (BU 75)

    Jeder sollte freylich grob seyn
    Aber nur *in dem, was er versteht.*

    Bei D 387 wird gewarnt, auf eine Wissenschaft „Ansprüche zu machen", in welcher man nicht unterrichtet ist, und

    *„der Wissenschaft, welche du nicht verstehst, such auch nicht zu erwähnen"**

    Beziehungen zum Qābusnāme fraglich!

14. HiN VI 7[3] = MAI T 108, MAI K 241 f. (BU 76)

    Will der Neid sich doch zerreißen,
    Laß ihn seinen *Hunger speisen.*

    Außer der bei MAI a.a.O. angeführten Stelle läßt sich an D 626 (im 7. Kapitel) denken:

    „... überlass deine *Neider* und Feinde dem Gram, bis ihnen vor Verdruss des Unwillens *das Fleisch schmilzt* und die Kräfte schwinden."

15. HiN VI 7[4] = MAI T 108, MAI K 242 (BU 76)

    Sich im Respect zu erhalten
    Muß man recht borstig sein.

Alles jagt man mit Falken,
Nur nicht das wilde Schwein.

Für die beiden letzten Zeilen gibt MAI a.a.O. als mögliche Quellenangabe eine Stelle aus Tome III der Voyages p. 42 an.

Für die beiden ersten Zeilen ist wenigstens vergleichbar D 796: „Der König darf nicht mit Verbrechern Mitleid haben. Er muß sich Menschen gegenüber *furchtbar* zeigen."

Dieser Rat wird dem Herrscher im 42. Kapitel mehrmals gegeben. (D 796, D 807: drittes Hauptstück der Kaiserschaft ist es, Furchtbarkeit zu zeigen).

16. HiN VI 9² = MAI T 110, MAI K 246 (BU 77)

Laß dich nur in keiner Zeit
Zum Widerspruch verleiten,
Weise fallen in Unwissenheit
Wenn sie mit Unwissenden streiten.

Diesem Vers liegt zwar eine Stelle aus den „Denkwürdigkeiten" zugrunde (DA II 236), doch finden sich auch im Qābusnāme die gleichen Gedanken, z. B, im 6. Kapitel, D 361:

„*Unwissende* ... rechne nicht für Menschen und *mit Unwissenden* und Erkenntnisslosen *halt keinen Umgang* noch sitze mit ihnen zusammen ..."

17. HiN VI 10¹ = MAI T 111, MAI K 246 (BU 77)

Was willst du untersuchen
Wohin die Milde fließt.
In's Wasser wirf deine Kuchen,
Wer weiß wer sie genießt.

Hierzu MAI K a.a.O.:

„Auf S. 344 des Buches Kabus fand Goethe: ‚*Thue Gutes, wirf das Brod ins Wasser,* eines Tages wirds dir vergolten werden.' Auch im ‚Ersten Theile' seiner Denkwürdigkeiten aus Asien kam v. Diez mehrfach darauf zurück (hauptsächlich S. 106 bis 116), wobei er auch eine türkische Version mitteilte (S. 115 f., wie schon auf der angegebenen Seite des Buches Kabus): ‚Thue Gutes, wirf das Brod ins Wasser, wenns der Fisch nicht weiss, so weiss es doch der Schöpfer.'" (D 344)

Die Stelle steht im 6. Kapitel (NK S. 81) und lautet wörtlich:

„Tu gutes und wirf es ins Wasser, damit es eines Tages Frucht bringe."

Diez hat diese Stelle mit einer ungewöhnlich ausführlichen Anmerkung versehen (S. 344-349!), worin er sich mit zahlreichen Parallelstellen auseinandersetzt, die uns hier nichts angehen.

18. HiN VI 11[4] = MAI T 112, MAI K 254 (BU 78)

Wer schweigt hat wenig zu sorgen,
Der Mensch bleibt unter der Zunge verborgen.

„Goethe scheint sich den Satz aus dem Buche Kabus (S. 383) notiert zu haben, denn in Saadis Baumgarten lautet er etwas anders." (MAI K, a.a.O.)

Im 7. Kapitel (D 383) steht der Satz wörtlich so wie bei Goethe. Im persischen Texte (= NK 90) wird der Hinweis auf ein arabisches Sprichwort hinzugefügt.

Bei D 392 heißt es ähnlich:

> „Wo du auch seyn magst, höre viel und rede wenig, indem man gesagt: *Schweigen ist die zweyte Gesundheit* ...

19. HiN VI 12[1] = MAI T 113, MAI K 254 (BU 78)

Ein Herre mit zwey Gesind
Er wird nicht wohl gepflegt.
Ein Haus worin zwey Weiber sind
Es wird nicht rein gefegt.

„Im Buch Kabus las Goethe auf S. 629: ‚Wenn du aber eine Sache befiehlst; so befiehl sie nicht zwey Menschen zugleich, damit der Sache kein Schade daraus erwachse, so wie man gesagt hat: ein von zwey Leuten gekochtes Essen wird entweder zu salzig oder zu ungesalzen, *und ein Haus, worin zwey Weiber sind, wird nicht rein gefegt.*'" (MAI K, a.a.O)

Die Stelle steht am Schlusse von Kap. 29 (= NK 169) und lautet im persischen Texte:

> „Wenn du eine Arbeit anordnest, dann weise sie nicht zwei Personen zu, weil aus einer solchen Doppelbeschäftigung Schaden entsteht. Denn es heißt: Ein Kessel wird von zwei Personen nicht zum Kochen gebracht, ebenso wie ein Haus von zwei Hausfrauen nicht gefegt wird."

Anschließend folgt noch ein Zitat des persischen Dichters Farroxi

20. HiN VI 12[2] = MAI T 113, MAI K (BU 78)

Ihr lieben Leute bleibt dabey
Und sagt nur: Autos epha!

Was sagt ihr lange Mann und Weib,
Adam, so heißts, und Eva.

„Auf S. 630 f. des Buches Kabus fand Goethe in einer von v. Diez stammenden Fußnote: ‚Im Worte Mensch liegt ein Wortspiel, weil es zugleich *Adam* heisst; denn im Arabischen, Persischen, Türkischen ... und in mehreren morgenländischen Sprachen ist *Adam nicht allein der Name des ersten Menschen, sondern er heisst auch Mensch überhaupt.* So ist denn also dies einzige Wort in so verschiedenen Sprachen und unter so vielen Völkern ... die unbestrittenste Ueberlieferung von der Wahrheit der Schöpfungsgeschichte, wie sie von Mose erzählt worden. Der Name der ersten Frau Hawa oder Eva findet sich auch in denselben Sprachen (MO 163)

Im Persischen heißen die beiden Namen: آدَم (ādam) und حوّا (ḥawwā).

21. HiN VI 12³ = MAI T 11³, MAI K 255 (BU 78)

Wofür ich Allah höchlich danke?
Daß er leiden und Wissen getrennt.
Verzweifeln müßte jeder Kranke
Das Uebel kennend wie der Arzt es kennt.

„Im 23. Kapitel (S. 685 ff.) des Buches Kabus fand Goethe Erklärungen der ‚Regeln und Vorschriften für Ärzte'. Jedoch erscheinen dort weder Goethes spezifische Gedanken noch Goethes spezifische Vokabeln.“ (MAI K, a.a.O.)

D 700 ist lediglich davon die Rede, daß der Arzt dem Kranken Trost spenden soll und keine hoffnungslosen Reden führe.

22. HiN VI 16¹ = MAI T 117, MAI K 264 f. (BU 80)

Betrübt euch nicht ihr guten Seelen!
Denn wer nicht fehlt weiß wohl wenn andre fehlen;
Allein wer fehlt der ist erst recht daran,
Er weiß nun deutlich wie sie wohl gethan.

„K. Mommsen (MO 110 ff.) nimmt an, daß ein Passus (S. 474 f.) im 14. Kapitel des Buches Kabus (‚erzählt die Eigenschaften der Liebe und der Liebenden' S. 461 ff.) Goethes Vorlage gewesen sei. Um eine poetische Vorlage, die uns hier interessieren würde, handelt es sich dabei nicht.“ (MAI, a.a.O.)

Von den Fehlern der Menschen und dem ungerechtfertigten Selbstbewußtsein der eigenen Fehllosigkeit handelt bei D (474 f.) folgende Stelle:

„ die Menschen hören nicht auf, *einer des anderen Fehler aufzusuchen.* Man fragte jemanden: hast du denn gar keine Fehler? Er antwortete: Ich habe keine! Man fragte weiter: ey! hast du denn nie an andern Leuten Fehler gesehn? Und da er sagte: sehr viel! so sprach man zu ihm: also hat es denn keinen Menschen gegeben, der mehr Fehler hätte als du? Glaub, daß es solcher Menschen viele giebt, die ihre eigenen Fehler nicht zu beobachten wissen."

Hier hat Goethe lediglich die Wendung übernommen, daß derjenige, der sich selber fehlerfrei fühlt, bestrebt ist, den Fehlern anderer nachzuspüren. Wilhelm Busch drückt es humoristisch so aus:

„Ein guter Mensch gibt gerne acht,
Ob auch der andre was Böses macht."

Der persische Text wendet es etwas anders als bei D steht.

Man vergleiche auch HiN IV 8 = MAI T 67, MAI K 171 ff (BU 51)

Haben sie von deinen Fehlen
Immer viel erzählt
Und fürwahr sie aufzuzählen
Vielfach sich gequält ...

23. HiN VI 16² = MAI T 117, MAI K 265 (BU 80)

Du hast gar vielen nicht gedankt
Die dir so manches Gute gegeben!

„Wiederum hält K. Mommsen (MO 209) eine Anregung durch das Buch Kabus (30. Kap., S. 636) für möglich, jedoch geht auch hier Goethes spezifische Wortwahl nicht auf das Buch zurück." (MAI K, a.a.O.)

An der betreffenden Stelle bei D ist lediglich unter Berufung auf ein Koranwort von der *Verpflichtung zur Dankbarkeit* die Rede. Von dem, was Goethe hier sagt, steht kein Wort da.

24. HiN VI 17 = MAI T 118, MAI K 268 (BU 81)

Vertrauter.

Du hast so manche *Bitte gewährt*
Und wenn sie *dir auch schädlich war*
Der gute Mann da hat wenig begehrt
Dabey hat es doch keine Gefahr.

Vesir.

Der gute Mann hat wenig begehrt,
Und hätt' ich's ihm sogleich gewährt
Er auf der Stelle verloren war.

K. Mommsen (MO 207 ff.) hat im zweiten Teil des 30. Kapitel des Buches Kabus (S. 633 ff.) die sachlichen Anregungen für Goethes Doppelspruch entdeckt. Sprachlich scheint Goethe nur die zwei Wörter *‚Bitte gewährt‘* aus der Vorlage übernommen zu haben.“ (MAI, a.a.O.)

Bei D steht (D 633 f):

> „Sollte jemand ein Anliegen an dich haben, wovon du wüsstest, dass *die Gewährung deinem ewigen und zeitlichen Wohl keinen Abbruch noch Schaden thun werde:* so schlag dem, der um Gold oder Silbergeld verlegen ist, *sein Anliegen nicht ab,* lass ihn nicht mit gebrochenem Herzen von dir gehn, *sondern gewähre seine Bitte, worin sie auch bestehn mag* ...“ (im 30. Kap., vgl. NK)

Mag Goethe bei der Wortwahl (Bitte gewähren, Schaden) und der Sachlage an die Stelle im Qābusnāme gedacht haben: jedenfalls sagt er gerade das Gegenteil von dem, was dort steht!

25. HiN VI 18 = MAI T 119, MAI K 269 (BU 81)

> Schlimm ist es, wie doch wohl geschieht,
> *Wenn Wahrheit sich nach dem Irrthum zieht;*
> Das ist auch manchmal ihr Behagen,
> Wer wird so schöne Frau befragen?
> Herr Irrthum wollt er an Wahrheit sich schließen
> Das sollte Frau Wahrheit baß verdrießen.

Diese etwas eigentümlichen Verse über das Verhältnis von Wahrheit und Irrtum könnten (!) angeregt sein durch eine Stelle bei D (im 7. Kapitel, S. 376), in der vom Verhältnis zwischen *Wahrheit und Lüge* die Rede ist. Es heißt dort:

> „Wahrheitsähnliche Lügen gefallen wohl, aber lügenähnliche Wahrheiten gefallen nicht wohl.“

Abgesehen davon, daß Goethe vom Irrtum, nicht von der Lüge spricht, ist auch sonst der Gedanke ein anderer.

Ob Goethe hier — in verschlüsselter Form — an die scheinbaren — weil auf einem Irrtum beruhenden — „Wahrheiten“ der von ihm auch sonst mißbilligten orthodoxen Theologen gedacht hat?

26. SuN VIII 21[1] = MAI T 154, MAI K 515 (BU 102)

> ...
> Was hat Liebesschmerz andern Grund
> Als seine Heilung zu suchen.

Als Fundstelle wird Diez DA II, S. 256 angegeben, doch kann man eine Parallelstelle im 14. Kapitel des Qābusnāme bei Diez S. 462 ff. und S. 465 hinweisen: Liebe ist eine Krankheit, für die man Heilung suchen sollte. Vgl. Nr. 4, S. 34 zu UN III 3!

27. SuN VIII 37 = MAI T 171, MAI K 339 f. (BU 113)

Laßt euch, o Diplomaten!
Recht angelegen seyn,
Und eure Potentaten
Berathet rein und fein.
Geheimer Chiffern Sendung
Beschäftige die Welt,
Bis endlich jede Wendung
Sich selbst in's Gleiche stellt.

Hierzu könnte Goethe sich durch die *Chiffrierungsgeschichte* im 39. Kapitel des Qābusnāme — Königliches Sekretariat — D 750 ff. (NK 221) haben anregen lassen. Über *Chiffren* vgl. BU NuA 245 ff.

28. SaN IX [1] = MAI T 182, MAI K (BU 119)

Sitz' ich allein,
Wo kann ich besser seyn?
Meinen Wein
Trink' ich allein ...

Um der Verführung durch die Trinkbrüder zu entgehen, ist es am besten, sich in die *Einsamkeit zurückzuziehen,* denn man hat gesagt:

„*Einsamkeit ist besser als schlechte Gesellschaft*"

(D 433, Zitat eines arabischen Sprichworts, im 11. Kapitel „Vom Weintrinken"). Aber Goethe hat den Gedanken, falls er überhaupt an diese Stelle gedacht hat, anders gewendet. Schopenhauer hat die Einsamkeit an vielen Stellen gepriesen; man habe, meint er einmal, in der Welt nur die Wahl zwischen Einsamkeit und Gemeinheit.

29. SaN IX 4[1] = MAI T 184, MAI K 354 f. (BU 120)

Trunken müssen wir alle seyn!
Jugend ist Trunkenheit ohne Wein;
Trinkt sich das Alter wieder zu Jugend,
So ist es wundervolle Tugend.
Für Sorgen sorgt das liebe Leben
Und Sorgenbrecher sind die Reben.

Die Verse haben als „Vorstufe" eine Notiz des Dichters auf einem Zettel, wo es heißt: „Verhältniß (günstiges) des Alters zur Jugend". Die Notiz ist durch *Goethes Lektüre* des Buches Kabus angeregt, wo es heißt:

„In der Jugend sind die Menschen ganz ohne Wein berauscht" (S. 419)

An der angegebenen Stelle D 416 f. im 9. Kapitel („Alter und Jugend") heißt es:

„Wie aber Aristoteles sagt: *Jugend ist eine Art von Raserey*, das heisst, es giebt vielerley Arten der Raserey, und eine Art davon ist die Jugend ...“

NK 100: „Die Jugend ist eine Art Wahnsinn“

Die Stelle bei Aristoteles habe ich nicht gefunden.

Das *Verhältnis von Alter und Jugend*, das hier angesprochen wird, hat Goethe ebenso beschäftigt wie den Verfasser des Qābusnāme, da sie eben beide alte Männer waren, die sich, wie die meisten über die Sechzig, über die unreife Unvernunft der noch nicht ausgegorenen Jugend ärgerten.

So heißt es bei Goethe

30. SaN IX 18³ = MAI T 196, MAI K 375 (BU 126):

Sag' mir nur *warum die Jugend*,
Noch von keinem Fehler frey
So ermangelnd jeder Tugend
Klüger als das Alter sey.

MAI, a.a.O.:

„... Weitere Anregungen zu dem Motiv ‚Jugend — Klugheit' sieht K. Mommsen in der Prosa des 9. Kapitels des Buches Kabus ‚Vom Zustand des Alters und der Jugend'.

Die Stelle bei D 419 lautet:

„Jünglinge haben zwar den Gebrauch, ihr eignes Wissen höher zu halten als das Wissen der Alten, auch über Alte zu scherzen und deren Reden zu verlachen, indem Jünglinge ihr eignes Wissen für besser rechnen als das Wissen aller andern Menschen.“

Hieran wird die Mahnung geknüpft:

„... hüte dich, mein Sohn, einer von den Jünglingen zu sein, die so gesinnt sind.“

(In unserem Text NK 101: „Obwohl die Jugendlichen sich für klüger halten als jedermann, so hüte dich doch, ein solches Wesen der Jugendlichen zu haben.“)

In diesem Zusammenhang erzählt der Verfasser des Qābusnāme eine Anekdote, die als Beispiel für die Verhöhnung des Alters durch Jugendliche steht: D 420 — NK 101

Aber sowohl Goethe wie auch der Verfasser des Qābusnāme waren nicht ohne Verständnis für die Jugend. So sehr ihnen die Anmaßung der Grünschnäbel auf die Nerven fiel — man lese dazu die köstliche Baccalaureus-Szene im II. Teil des Faust! —, so wußten sie doch auch:

„Die Jugend ist um ihretwillen hier,
es wäre töricht zu verlangen:
komm, ältele Du mit mir.“ (Goethe)

Die Einsicht, daß Jugend jung sein soll, bekundet auch der persische Autor, der, wenn auch mit Einschränkungen, den Sohn mahnt, das Vergnügen des Lebens zur Zeit der Jugend zu genießen zu suchen (D 417, NK 100 „Genieße deine Jugendzeit, so viel du kannst“) und im gleichen Kapitel 9 bemerkt:

> „Wer im Alter jugendlich thut, wird unter den Menschen bald verächtlich. Man muss die rechte Zeit beobachten, das ist, in der Jugend muss man jung seyn ...“ (= NK 101: „Solange du jung bist, sei auch richtig jung ...“)

Indessen ist die Einstellung der beiden alten Herren doch grundverschieden. Goethe meint:

31. So sollst du, muntrer Greis,
Dich nicht betrüben,
Sind gleich die Haare weiß,
Doch wirst du lieben.
(MoN I 9³ = MAI T 18 „Phaenomenon“) BU 19

Goethe hat das praktiziert: im Juli 1814

> „fährt er in seinem Reisewagen in die rheinische Heimat. Er fühlt sich in einer Verjüngung, auch seines Herzens begriffen ... In diesem Zustand erotischer Aufgeschlossenheit lernt Goethe im Spätsommer Marianne (von Willemer) kennen.“ Er tauft sie feierlich auf den Namen Suleika ... (Korff, S. 485)

Völlig anders der Autor des Qābusnāme! Im 14. Kapitel, das die „Eigenschaften der Liebe und der Liebenden“ behandelt, hätte der verliebte Greis Goethe lesen können:

> „Besonders zur Zeit des Alters ist Liebe und Verliebtseyn eine grosse Last; denn wer in der Jugend verliebt ist, wird von den Menschen entschuldigt ... Wenn aber Alte verliebt sind: so werden sie auf keine Art entschuldigt. Trachte also, mein Sohn! *zur Zeit des Alters dich nicht zu verlieben* ...“ (D 467 f. = NK 118)

Was nun von dem Genuß der Liebe gilt, das gilt nicht minder vom *Weingenuß*. Davon ist jetzt zu reden.

Es versteht sich von selbst, daß Goethe als echter Hafisschüler nächst der Liebe den Wein besingt; jener ist das Buch Suleika, diesem das *Schenkenbuch* gewidmet. Zunächst ist für Goethe klar, daß das Alter kein Grund ist, auf die Gabe des Bacchus zu verzichten. So meint der Dichter des Ergo-bibamus-Liedes:

32. *Trinkt sich das Alter wieder zur Jugend,*
So ist es wundervolle Tugend.
SaN IX 4[1] = (MAI T 184, BU 120)

Hier wie auch sonst zeigt sich deutlich der Gegensatz zwischen dem lebensfrohen, jeden Daseinsgenuß, vor allem die Liebe und den Wein, freudig und kräftig bejahenden Dichter — und dem alt, weise, endlich endgültig nüchtern gewordenen und dem Jenseits zugewandten persischen Weisen: Er ist Gott dankbar, daß Er ihm, nachdem er als junger Mann mit anderen wacker gezecht hat, im Alter von (schon) fünfzig Jahren die Gnade verliehen hat, „Buße zu tun", d. h. dem Trunke zu entsagen. Wer nicht trinke, der erwerbe sich die Zufriedenheit Gottes, er hat Vorteile „in beiden Welten"; er treibt keine Albernheiten und spart Geld. Wie philiströs mögen diese Altersweisheiten dem alt gewordenen und junggebliebenen „ munteren Greis" Goethe geklungen haben.

Zwischen der Goetheschen *Trinkpoesie* und dem, was der Verfasser des Qābusnāme im 11. Kapitel dem Ṣohne zu sagen hat, besteht natürlich ein himmelweiter Unterschied. Nachdem der letztere zunächst die Frage offen gelassen hat, ob man Weingenuß sich gönnen darf oder nicht, macht er dann doch kein Hehl aus seiner — religiös begründeten — Überzeugung, daß derjenige, der sich des Alkoholgenusses entschlagen hat, für das bessere Teil optiert hat (s. NK S. 107). Damit steht nicht im Widerspruch, daß er das Auftragen von Wein bei Gastmählern selbstverständlich findet.

Goethe, der auf religiöse Vorschriften keine Rücksicht zu nehmen hatte, dichtete Verse, die jedem gläubigen Moslem lästerlich erschienen wären; er meinte, für den Freund der Reben seien die religiösen Dogmen ein quantité négligeable:

33. Ob der Coran von Ewigkeit sey?
Darnach frag' ich nicht!
Ob der Coran geschaffen sey?
Das weiß ich nicht! ...

Daß aber der Wein von Ewigkeit sey,
Daran zweifl' ich nicht ...

Der Trinkende, wie es auch immer sey,
Blickt Gott frischer ins Angesicht.

(MAI T 183, MAI K 354 — BU 119)

In Bezug auf das im Orient wohl niemals durchgesetzte Weinverbot heißt es im „Divan":

34. SaN IX 4[2] = MAI T 184, MAI K 355 (BU 120)

> Da wird nicht mehr nachgefragt!
> Wein ist ernstlich untersagt.
> *Soll denn doch getrunken seyn,*
> *Trinke nur vom besten Wein:*
> *Doppelt wärest du ein Ketzer*
> *In Verdammniß um den Krätzer.*
>
> (Krätzer, auch „Rachenputzer" genannt: Ein Wein, der im Halse kratzt)

Die Anregung zu dem Spruch zeigt Goethes zweite Notiz auf dem ersten aufgeklebten Zettel von H[1]:

> „Sünde Wein Sündigen um des besten Wille(n) Buch Cabus 445" (MAI K, a.a.O)

Hierzu D 444 f.:

> „Hierzu kömmt, dass *Wein zu trinken Sünde ist. Wenn du also die Sünde begehst,* so begehe sie wenigstens *um des besten Weines willen; denn sonst würdest du theils die Sünde begehen, theils würdest du schlechten Wein trinken* ...
>
> Wenn du am jüngsten Tage gestraft werden wirst: so werde wenigstens wegen des Besten gestraft ..."

35. Wer das Weintrinken bejaht, bejaht damit auch den Zustand der *Trunkenheit,* des Rausches und dessen, was darauf zu folgen pflegt. Auch hier sind die Ansichten der beiden gegensätzlich. Während Goethe den Liebes- und Weinrausch geradezu die

> göttlichste Betrunkenheit,
> Die mich entzückt und plagt (SaN IX 10)

nennt (MAI T 189: „Sie haben wegen der Trunkenheit ...", MAI K 362, BU 122), denkt der Verfasser des Qābusnāme ganz anders.

MAI K, a.a.O. bemerkt:

> „Da sich Goethe hier in der persischen Gaselenform versuchte, sollte man einen besonders starken Einfluß orientalischer Literatur vermuten, jedoch ist es erst Katharina Mommsen gelungen, eine Quelle solchen Charakters aufzudecken, und zwar *im 11. Kapitel des Buches Kabus,* das vom ‚Verhalten beim Weintrinken' handelt (nicht nur in dem von Diez übersetzten Text, sondern auch in dessen eigenem Kommentar dazu) ... (MO, S. 114-118)

An der betreffenden Stelle des Qābusnāme wird aber *vor dem Übermaß gewarnt* — das freilich nach Goethe „auch gleich zu handen" ist (SaN IX 5 = MAI T 185, MAI K 356, BU 120) — und es heißt bei D 456:

„Wohlan denn, mein Sohn! sey beflissen, wenigstens *nicht bis zur Berauschung zu trinken*, indem das Trinken bis zur Berauschung zweyerley Folgen hat, die eine ist die *Verrücktheit* und die andere Krankheit ...“

Den physischen und moralischen Status nach dem Rausche nennt der Studentenausdruck *„Katzenjammer“* oder *„Kater“*: bi-damāġ بدماغ.

36. SaN IX 13[1] = MAI T 191, MAI K 367 f. (BU 123)

Schenke.

Welch ein Zustand! Herr, so späte
Schleichst du heut aus deiner Kammer;
Perser nennen's *Bidamag buden,*
Deutsche sagen Katzenjammer.

Wir haben hier den seltenen Fall, wo Goethe ein original persisches Wort gebraucht hat: Ist der Kater vom letzten Tage noch nicht aus dem Kopfe geschwunden, so ist der Verkaterte (also „Kranke“) (Bi-damāġ), wofür das Wörterbuch (J-A, S. 113 r.) „traurig, trübselig, übler Laune“ angibt. Es handelt sich also um das „delirium triste“, die Melancholie als Folge des übertriebenen Suffs. Dieselben persischen Worte finden sich in einem, wohl von Goethe übernommenen und von Nietzsche angeführten Zitat von David Strauß (Nietzsche, Unzeitgemäße Betrachtungen, I. Stück „David Strauß“, Abschn. 6, Schluß). Über Goethes Quelle für das Persische s. MAI K, S. 367 f.

37. SaN IX 12 = MAI T 190, MAI K 365 f. (BU 123) heißt es:

Was, in der Schenke, waren heute
Am frühsten Morgen für Tumulte! ...
Was gab's für Händel, für Insulte!

Quelle des ganzen Gedichts ist nachweislich Hafis (s. MAI K, a.a.O) Doch kann man vielleicht auch an eine Stelle im Qābusnāme denken, wo dessen Verfasser davor *warnt, am frühen Morgen schon zu trinken,* weil man sich da am meisten *Streit und Verdruss* zuziehe, wobei er die schlimmen Folgen des Frühtrunks anschaulich schildert. (D 436 ff.) Goethe dagegen freut sich, daß er, „Lust und Liebe voll“, selbst mit dabei gewesen ist.

38. SaN IX 8[2] = MAI T 1187, MAI K 359 f. (BU 121)

Von der *Knabenliebe* spüren wir, in verständlich zarter Andeutung, etwas in folgenden Versen:

Dem Schenken.

Du zierlicher Knabe, du komm herein,
Was stehst du denn da an der Schwelle?

Du sollst mir künftig der Schenke seyn,
Jeder Wein ist schmackhaft und helle.

Worauf der Junge antwortet (SaN IX 9[1] = MAI T 188, MAI K 360 ff., BU 121 f.)

Schenke spricht.

Du, mit deinen braunen Locken,
Geh' mir weg verschmitzte Dirne!
Schenk' ich meinem Herrn zu Danke,
Nun so küßt er mir die Stirne.

Auch in den folgenden Versen geht es um den „geliebten Knaben", der einen Kuß bekommt (SaN IX 11 = MAI T 191, MAI K 367 f., BU 124). Hierzu folgendes:

Während im alten Iran nach Ausweis der religiösen Texte und der antiken Schriftsteller die Päderastie strengstens verpönt war, wird sie im Qābusnāme — offenbar als fest bestehende Institution — arab. lewāṭ (لواط) — *vorausgesetzt.* Die Diezsche Übersetzung (deren türkische Vorlage ich allerdings nicht kenne) erwähnt sie vor allem im 14. und 15. Kapitel und sucht die fatale Sache zu umgehen; allerdings bemerkt der Übersetzer in einer Fußnote:

> „dass mehrere Stellen dieses Kapitels zugleich auf die sogenannte griechische Liebe gedeutet werden können, welche in Asien besonders in Persien leider! niemals unbekannt gewesen, denn das Wort ‚Geliebte' im Original heißt auch Geliebter und kann folglich sowohl auf ein schönes Mädchen, als auf einen schönen Jüngling gezogen werden." (D 462)

Beischlaf mit einem Knaben wird im Qābusnāme im 7. Kapitel (bei D 385 f., NK 91) erwähnt; von jungen Sklaven, die zu Günstlingen bei Fürsten aufstiegen, wird auch sonst berichtet.

39. SaN IX 18[5] = MAI T 196, MAI K 375 f. (BU 127)

Eben drum, geliebter Knabe,
Bleibe jung und bleibe klug ...

Wieder spricht Saki, der Schenke. Es ist durchaus möglich, daß Goethe den Wunsch, mit der natürlichen Frische der Jugend (die, wie wir sahen, alles zu wissen meint), die besonnene Klugheit des Alters zu verbinden (ein Wunsch, der wohl nur in den allerseltensten Fällen zur Wirklichkeit wird!), dem Eingang des 9. Kapitels vom Qābusnāme entnahm:

> „Ob du gleich jung bist, mein Sohn! so sey doch verständig und klug wie ein Alter." (D 416).
> (Der Satz steht auch im Schahname)

40. SaN IX 14 = MAI T 192, K 369 f. (BU 124)

> Jene *garstige Vettel,*
> Die buhlerische,
> *Welt heißt man sie* ..."

Dazu MAI, a.a.O.:

> „Die Welt als *männermordende Buhlerin* darzustellen, ist orientalische Gepflogenheit. Unter den allzuvielen von Wurm beigebrachten Belegstellen (S. 227-230) dürften für Goethe wichtig gewesen sein: Buch *Kabus* (S. 269 — Diezens Übersetzung und seine eigene Erläuterung) ..."

In der „Vorrede der türkischen Übersetzer Merdschimek und Mürteza", die Diez (S. 261-273) seiner Übersetzung des Qābusnāme vorangestellt hat, heißt es (S. 269):

> „so lange also das alte Lastthier der Erde still hält
> So lange die *alte Vettel* das Glücksrad drehen wird ..."

(Über das Wort „Vettel" vgl. Kluge-Mitzka, Etym. Wörterbuch der deutschen Sprache, 18. Auflage, S. 822 l.)

41. MaN X 6 = MAI T 208, MAI K (BU 134):

> Ein Kaiser hatte zwey Cassire (= Kassierer)
> Einen zum Nehmen, einen zum Spenden ...

Dazu MAI K a.a.O:

> „... Im 40. Kapitel des Buches Kabus wird der Sohn über die Pflichten eines Vezirs belehrt: ‚Du musst ein genauer *Rechnungsführer* seyn, das heisst, du musst die Rechnung von des Kaisers Einnahme und Ausgabe ... gut kennen ... Du musst dich auf den Handel verstehn, um zu wissen, *wem du zu nehmen und wem du zu geben hast* ..." (D 772)

Hier sind wiederum nur Anklänge (Kassierer, Nehmen und Geben) festzustellen.

42. Im PN XI 1 [18] = MAI T 215, MAI K 401 ff. (BU 141) ist die Rede von *„unsers Daseyns Kaisersiegel"*. MO 156 ff. hat auf den Ausdruck „Kaisers Siegel" hingewiesen. Davon mochte Goethe im 1. Kapitel des Qābusnāme bei D 287 gelesen haben. Des Kaisers Siegel ist nur ein *Abbild des Kaisers,* so wie Gott

> „das auf dem Siegelringe seiner Allmacht eingegrabene *Abbild seiner Vollkommenheit im Wesen des Menschen* dargestellt (hat), damit zu allen Zeiten jeder Mensch dies Bild sehe und *daraus den Bildner erkenne und* begreife." (D, a.a.O.)

Der Grundgedanke ist also bei Goethe und im Qābusnāme der gleiche, vom „Kaisersiegel“ symbolisch entnommene: *Der Schöpfer ist nur im Geschaffenen zu erkennen* (nicht unmittelbar!), das wie das Siegel eines Herrschers, nur dessen *Abbild* trägt — so wie das Licht einer Lampe ein Abglanz nur des höheren Lichtes, d. h. des Glanzes der Gottheit ist:

> Werdet ihr in jeder Lampe Brennen
> Fromm den *Abglanz höhern Lichts* erkennen ... (PN XI 17)

Man denkt hier wohl an die Szene „Anmutige Gegend“ im Anfang des II. Teiles von „Faust“ („Am farbigen Abglanz haben wir das Leben“).

D 285/286 steht übrigens etwas Ähnliches:

> „Wenn du indessen Gott erkennen willst, so erkenne erst dich selbst ...; denn wer sich selbst erkennt, der erkennt auch Gott.“

Es ist dies die Auffassung des *Sufismus*:

> „Wir erkennen Ihn (Gott) aus und durch uns ...“,

die sich aus vielen sufistischen Äußerungen belegen ließe.

„In mir liebt Ihn“ spricht Suleika (TeN IV 25 = MAI T 79, BU 57) und in den „Paralipomena zu den Gedichten des Westöstlichen Divans usw.“ bei BU S. 328 (Einzelne Motive und Sentenzen zur Fortsetzung des Divans Nr. 32) heißt es:

> Und wer sich selbst erkennt
> Erkennet seinen Gott.

Interessant ist, daß Goethe auch das Gegenteil gesagt hat:

> „Glaubst *dich* zu erkennen, wirst Gott *nicht* erkennen
> Auch wohl das Schlechte göttlich nennen.“

(hierüber vgl. die Ausführungen bei MO, S. 94-96 über „Gedichte zum Thema Selbsterkenntnis“)

Es ist möglich, aber nicht erweisbar, daß Goethe hier gegen die „seitenlangen Ausführungen “ (MO) polemisiert hat, die Diez dem Thema „Selbsterkenntnis = Gotteserkenntnis“ gewidmet hatte (vor allem D Anm. 1 zu S. 286). Goethe wandte sich hier gegen die Hybris der Gleichsetzung des Ich mit Gott, die wir zwar sowohl im (häretischen!) christlichen wie moslimischen Denken finden, die aber durchaus nicht, wie D a.a.O. behauptet, „eine der ersten Wahrheiten des ächten Christenthums“ ist. Dabei verwendet Goethe das gleiche Argument, wie u. a. Schopenhauer, der erklärte, man könne die „schrecklichen und scheußlichen Erscheinungen der Welt, einschließlich des ‚entsetzlichen angeborenen Wesens der Menschen‘ nicht als Theophanie ansehen“ (wie der Pantheismus).

Im übrigen hat Goethe *den religiösen Anschauungen* des sonst so hochgeschätzten Ratgebers Diez Kontra gegeben. Wir sahen schon (S. 29), daß er in Versen verschlüsselt die orthodoxe Geisteshaltung des „bekehrten" Prälaten mißbilligte. Dafür noch ein Beispiel: Während Diez in seiner Beurteilung des Islams (D 206 in den „Betrachtungen") die „unrichtige und sinnliche Vorstellung", die sich der Prophet von der Dreieinigkeit gemacht hat — „ob sie gleich bey vielen heutigen Christen nicht besser anzutreffen ist" — tadelt (vgl. auch D 291 f. Anm. 3), befand sich Goethe hinsichtlich der vom Koran verworfenen Lehre von der Trinität und der damit gegebenen athanasianischen Auffassung von der Gottheit Christi durchaus in Übereinstimmung mit dem Islam.
Wir lesen im „Divan":

> „Jesus fühlte rein und dachte
> Nur den *Einen* Gott im stillen;
> Wer ihn selbst zum Gotte machte,
> Kränkte seinen heilgen Willen."
> (Aus dem Nachlaß, BU S. 167)

Korff (GdG IV 502) meint geradezu, *der Islam sei die „Grundreligion"* des Divans. Denn der Islam

> „ist nach seinem Kern nichts anderes als das vom Paulinismus befreite und rein auf Christi natürliche Religion beschränkte Christentum. Im Gegensatz zu der Zwei- bzw. Drei-Götterei des letzteren ist der Islam wieder *reiner Monotheismus* und seine Frömmigkeit ist reine Gottergebenheit."

So heißt es denn entsprechend:

> „Und so muß das Rechte scheinen,
> Was auch Mahomet gelungen:
> *Nur durch den Begriff des Einen*
> Hat er alle Welt bezwungen. (a.a.O., S. 168)

Mit dem Begriffe der *Einheit* auf Seiten Gottes (arab. tauḥīd) und der *Ergebenheit* in Gottes Willen — islām, eigentlich: ‚Hingabe an Allah' — hat Goethe zweifellos das Kernstück des islamischen Glaubens richtig erfaßt:

> „Wenn *Islam* Gott ergeben heißt
> Im Islam leben und sterben wir alle."
> (HiN VI 13[4] = MAI T 113, MAI K 256, BU 79)

So werden die der Lehre des Korans völlig entsprechenden Ausführungen des Qābusnāme von der Erkenntnis Gottes im 1. Kapitel, die Goethe bei D 292 gelesen hatte, durchaus im Sinne seiner Religiosität gewesen sein. Da er selbst den traditionellen Dogmen des Christentums nicht nur mit voller Freiheit, sondern zum Teil auch mit starker innerer Reserve, ja Ablehnung gegenüberstand, verwarf er alle, die dem Glauben und der sogenannten „Offenbarung" gegenüber der Vernunft den Vorrang zusprechen wollten, distanzierte sich, wie wir sahen, von Diez, dem wiederum die auf dem Koran begründete Gesetzesreligion des Islam mit ihren strengen moralischen Vorschriften überaus sympathisch war. (vgl. D 192 ff.)

43. ChN XII 2 („Nach der Schlacht von Bedr ...), V. 3 = MAI T 222, MAI K 409 ff. (in dem Gedicht „Berechtigte Männer" — BU 146) wird von dem „*Wunderpferd*" gesprochen:

> Als das *Wunderpferd* mich augenblicklich
> Durch die Himmel alle durchgeführt.

Von diesem Wunderpferd namens *Düldül* mochte Goethe u. a. auch im Buche Kabus (im 25., dem „Pferde"-Kapitel S. 565 u. Anm., vgl. auch S. 721) gelesen haben.

Lediglich der Vollständigkeit halber sei noch erwähnt, daß Goethe in den Notizen „Entwürfe und Vorstufen zu nicht ausgeführten oder unvollendeten Divangedichten" „zum geplanten Buch der Freunde" das „Bruchstück eines Gedichtes an Diez" niedergeschrieben hatte, in dem es heißt:

> *Nicht nur als Kabus hast du mich belehrt*
> Als Oguz auch mir Weisheit zugekehrt,
> Als Chadsche (lies: Chodscha) nun gibst du mir zu be(deuten?),
> Wie Chadsch (lies: Chodscha) darf des Timurs Macht begleiten.
> (BU 326)

Unter „Titel und Widmung der älteren Gestalt des Westöstlichen Divans" steht (BU 333):

> Die *sittlichen Sternbilder*
> *Kabus* und Oguz
> fest im Auge

Das 33. Kapitel des Qābusnāme (bei D 685-707) handelt von der *Medizin*, und am Ende des 32. Kapitels (D 682) wird erklärt, die „Arzneywissenschaft" sei besonders edel und stehe der Religionswissenschaft am nächsten; im Anschluß an Kapitel 33 wird im folgenden Kapitel 34 von *Sternkunde und Mathematik* gehandelt (D 708-717). Ich halte es für denkbar, daß Goethe mit den folgenden Bemerkungen an diese beiden Kapitel gedacht haben könnte:

> „Doch zwei große Verzweigungen des menschlichen Wissens und Wirkens gelangten zu einer freieren Tätigkeit!

> Die *Medizin* sollte die Gebrechen des Mikrokosmus heilen, und die *Sternkunde* dasjenige dolmetschen, womit uns für die Zukunft der Himmel schmeicheln oder bedrohen möchte; jene mußte der Natur, diese der Mathematik huldigen, und so waren beide wohl empfohlen und versorgt." (BU NuA 204)

Erwähnt sei noch, daß Goethe ein „Buch der Freunde" plante — als Anhang zum Westöstlichen Divan? —, in dem er unter anderen Orientalisten, die ihn gefördert hatten, auch dem Übersetzer des Qābusnāme ein Denkmal der Dankbarkeit zu setzen gedachte.

Überblicken wir das Ganze noch einmal. Es ergibt sich, daß sich Goethe, wie wir es ja von ihm selbst hörten, außerordentlich intensiv mit dem Qābusnāme beschäftigt hat. Er hat die Früchte dieser Lektüre auf verschiedene Weise verarbeitet, wobei ich *drei Gruppen* von Gedichten und Bemerkungen unterscheiden möchte, in denen der Einfluß des Qābusnāme sich bemerkbar macht:

1. *Die erste Gruppe* umfaßt diejenigen Stellen, die der Dichter mit Bestimmtheit aus der Diezschen Übersetzung übernommen hat: Es sind dies folgende: 9, 17, 19, 29, 30, 34, 40.
2. Zur *zweiten Gruppe* gehören diejenigen, bei welchen eine Anregung Goethes durch das Qābusnāme wahrscheinlich ist, die er jedoch mit voller poetischer Freiheit verwendet hat. Dies gilt — mit allen durch die Ungewißheit in der Nachprüfung gebotenen Reserven — etwa von 2, 4, 6, 7, 16, 18, 20, 28, 39, 42, 43.
3. In der *dritten Gruppe* finden sich gewisse Anklänge — durchaus nicht immer sichere — an den Wortlaut der Übersetzung von Diez, z. B. 1, 3, 5, 8, 10, 12, 13, 14, 15, 21, 22, 23, 24, 25?, 26, 27, 41.

Es ergibt sich, daß Goethe nur in wenigen Stellen den Gedankengang seiner „Vorlage" einfach übernommen hat. In den meisten anderen wandelte er ab, ließ sich durch einzelne Worte und Hinweise anregen, bekannte sich zur Gegenansicht.

Von der hohen, einen weit umfassenden Umblick und Ausblick bietenden Warte des alt, reif und abgeklärt gewordenen Menschen, der die Höhen und Tiefen des wechselvollen Lebens mit wachen Sinnen und aufgeschlossenem Herzen durchmessen hat, sprechen beide zur Mitwelt und zur Nachwelt. Beide künden aus dem reichen Schatze ihrer Erfahrung dasjenige, was ihnen für die Aufgabe der Lebensgestaltung wichtig und wertvoll erschienen ist.

Indes mit ganz verschiedenem Ziele! Des Deutschen Dichtung zeigt uns, wie das Leben verklärt, erhöht, veredelt werden kann: durch die Liebe und den Geist. Abendsonnenglanz und ein frischer Hauch nie ganz aufgegebener optimistischer Weltansicht liegt über dem Goetheschen Divan.

Dem Verfasser des Qābusnāme geht es keinesfalls um die Verklärung, sondern um die Bewältigung des Lebens, wozu eine mehr oder weniger opportunistische Haltung bei nötig gewordener Beachtung gewisser sittlicher Grundlehren und religiöser Vorschriften, eine scharfe, nüchterne Beobachtung von Welt und Menschen, — frei von übertrieben optimistischen Täuschungen, — und nicht zuletzt ein vollgerüttelt Maß an Schlauheit gehören. Was der Perser uns bietet, ist nur zum kleineren Teile eigentliche Philosophie, zum größeren Teile das, was Schopenhauer *Eudämonologie* genannt hat, d. h. die praktische Anleitung zu der Kunst, das Leben möglichst angenehm, unbehelligt durch Skrupel und leidlich „glücklich" durchzuführen — bzw. durchzustehen.

Lebensverklärung und Lebensbewältigung: Das eine mag man als Sache des „Schwärmers", das andere als Sache des „Weltmanns" ansehen. Beide sind berechtigt, — und Goethe vereinigte beides in sich, so wie er abendländischen und morgenländischen Geist zu vereinigen gestrebt hatte.

Herrn
Geheimen Legationsrath
und Praelaten
von Diez
dem würdigen Übersetzer
des Buches Kabus
dem großen Förderer
Orientalischer Literatur
der vielfache Belehrung
verlangende
JWGoethe

Goethesches Widmungsblatt vom April 1815.

Buch des Kabus

oder

Lehren des persischen Königs Kjekjawus für seinen Sohn Ghilan Schach.

Ein Werk für alle Zeitalter

aus dem

Türkisch - Persisch - Arabischen übersetzt

und

durch Abhandlungen und Anmerkungen erläutert

von

Heinrich Friedrich von Diez

Königl. Preussischem Geheimen Legations-Rath und Prälaten, ehemals ausserordentlichem Gesandten und bevollmächtigten Minister des Königs am Hofe zu Konstantinopel.

Auf eigene Kosten.

Berlin,

in Commission der Nicolaischen Buchhandlung.

1811.

H. F. v. Diez. Pastellporträt vom Jahr 1791.

Eingang

Im Namen des barmherzigen gütigen Gottes!
Gott, bringe durch deine Gnade dieses Buch zu Ende!

Also spricht der Sammler dieser Ratschläge, Amir ʻOnsoro-l-Ma^{c}āli Kej Kāwus, Sohn des Eskandar, Sohnes des Q̱ābus, Sohnes des Wošmgir, Diener des Beherrschers der Gläubigen, zu seinem Sohne Gilānšāh:

Wisse, mein Sohn, ich bin alt geworden, und die Altersschwäche hat mich besiegt. Den Befehl zum Verlassen des Lebens sehe ich an dem weißen Haar über meinem Antlitz: Es ist dies die Schrift, welche die Hand derjenigen, die ein Heilmittel dafür suchen, doch nicht wegschaffen kann. Also, mein Sohn, da ich meinen Namen im Verzeichnis derer fand, die bald davon gehen müssen, so sah ich es als zweckmäßig an — noch bevor der Entlassungsbescheid an mich gelangt — ein Buch der Nachwelt zu hinterlassen über die Dinge, die in der Welt tadelnswert sind, sowie darüber, wie man sich darauf vorbereitet, aus einem guten Namen möglichst viel Nutzen zu ziehen.

Dir gebe ich, veranlaßt durch meine väterliche Liebe, etwas von diesem Nutzen weiter, damit du, bevor der Lauf der Zeit auch dich welk macht, selbst mit dem Auge des Verstandes in mein Wort blickst, aus diesen Ratschlägen Bereicherung findest und dir einen guten Namen in der Welt erwirbst. Möge dein Herz niemals vom Gehorsam gegenüber diesen Ratschlägen abweichen!

Damit habe ich das getan, was meine väterliche Pflicht erheischt. Solltest du selbst aus meinen Worten keinen rechten Nutzen ziehen, so mag es andere Leute geben, welche die günstige Gelegenheit wahrnehmen, meine Worte zu hören und sie in die Tat umzusetzen.

Freilich will es die Natur der Welt, daß kein Sohn sich den Rat des Vaters zu Herzen nimmt. Denn im Herzen der jungen Leute brennt eine Flamme, welche sie — infolge der Torheit ihrer Selbstüberschätzung — dazu bringt, daß sie ihr eigenes Wissen für höher einschätzen als das Wissen der Alten. Obschon mir dieses nun wohl bekannt war, so ließ es doch meine väterliche Liebe nicht zu, daß ich Schweigen bewahrte. Also habe ich von dem geistigen Gut, das ich bei mir selbst fand, in jedem der folgenden Kapitel einiges zusammengestellt und habe dasjenige, was mir am angemessensten und besten erschien, in diesem Buche niedergeschrieben. Wenn du es für richtig hältst, davon Gebrauch zu machen, umso besser! Wenn nicht, dann habe ich doch wenigstens meine väterliche Pflicht erfüllt. Denn man hat gesagt:

> „Dem Sprechenden liegt nichts weiter ob, als seine Meinung zu sagen. Will der Hörer diese sich nicht zu eigen machen, so soll man sich nicht darüber ärgern."

Wisse, mein Sohn, es ist Menschenart, sich eifrig darum zu bemühen, daß sie von dem Guten, das ihnen in der Welt zuteil geworden ist, einen Anteil der von ihnen am meisten geschätzten Person hinterlassen. *Mein* Gut in dieser Welt ist dieses mein Wort; und der liebste von allen mir Nahestehenden bist du. Da ich mich nun zur Ausreise rüsten muß, so habe ich dasjenige, was mir zugefallen ist, an dich weitergegeben, damit du nicht selbstsüchtig wirst, damit du dich fernhältst von den Unwürdigen und damit du dein Leben so führst, wie es sich für deine reine Abkunft geziemt. Denn deine Abkunft ist edel und von beiden Elternseiten her vornehm, und immerdar sind deine Ahnen Könige auf Erden gewesen.

Dein (Ur)großvater Malek Šamso-l-Maᶜāli Qābus Wošmgir, der Urenkel von Aġaš Wahādān*, war zur Zeit des Kej Xosrou Herrscher von Gilān. Seinen Lebenslauf hatte Abo-l-Mo'ajjad Balxi* im Schahname erwähnt. Die Herrschaft von Gilān hat er deinen Großvätern hinterlassen. Deine Großmutter, meine Mutter, war die Tochter von Malek-zāde je Marzbān*, dem Sohne des Rostam*, des Sohnes des Šarwin*. Marzbān war der Verfasser des Marzbān-Nāme*. Sein dreizehnter Ahn war Kājus*, der Sohn des Qobād*, der Bruder des Nuširwān des Gerechten. Deine Mutter war die Tochter des Malek e Ġāzi Mahmud, des Sohnes des Nāsero-d-Din*. Meine Großmutter war Tochter des Hasan, des Sohnes von Firuzān*, des Herrschers von Dejlamān.

Darum, mein Sohn, sei wachsam; erkenne den Wert deiner Abkunft und gehöre nicht zu den Leuten von niederer Abkunft. Obschon ich bei dir Anzeichen des Guten und des Glückes bemerke, sah ich es doch für notwendig an, meine Rede zu wiederholen. Denke daran, mein Sohn, daß der Tag meines Scheidens nahe ist und daß du bald meinen Spuren folgen wirst. Denn solange du heute in dieser vergänglichen Welt lebst, mußt du einen Reiseproviant mitnehmen, der sich für die unvergängliche Welt ziemt. Diesen Reiseproviant muß man sich in dieser irdischen Welt suchen. Denn diese Welt ist wie ein Saatfeld, und was du in ihm säest, das wirst du ernten. Niemand hat auf demjenigen Felde gegessen, von dem er geerntet hat; sondern man ißt von dem Geernteten erst später in seiner Wohnstätte. Die Wohnstätte auf dieser irdischen Welt ist vergänglich, während die auf jener Welt unvergänglich ist.

Die guten Menschen in dieser Welt haben die Würde von Löwen, die schlechten den Rang von Hunden. Denn der Hund frißt seine Beute ebendort auf, wo er sie findet; der Löwe dagegen auf einem anderen Platze. *Dein* Jagdgebiet, mein Sohn, ist diese vergängliche Welt, deine Jagdbeute das Wissen und das Guthandeln. Mache deine Jagd hier in dieser Welt, damit du, wenn die Zeit gekommen ist, um die Beute in jener Welt zu verzehren, dies umso leichter tun kannst.

Eine Analogie für denjenigen, der Gott und den Gehorsam gegenüber Gott sucht, ist das Feuer: Immer, wenn du es niederdrückst, strebt es danach, höher und stärker zu werden. Derjenige dagegen, der vom Wege und vom Gehorsam Gott gegenüber abweicht, gleicht dem Wasser: So viel du es auch in die Höhe zu bringen versuchst, so strebt es doch immer wieder nach unten. Also mache es dir zu Aufgabe, den Weg zum Erhabenen Gott zu erkennen.

Dieses Buch ist in 44 Kapitel eingeteilt.

Erstes Kapitel

Von der Erkenntnis des erhabenen Gottes

Wisse, mein Sohn: es gibt nichts im Bereich des Seienden, des Nicht-Seienden und des Möglichen, das für den Menschen, so wie es ist, nicht erkennbar ist — bis auf den erhabenen Schöpfer. *Zur Erkenntnis des Schöpfers bist du nämlich unfähig: Um ihn zu erkennen, gibt es keinen Weg.* Ein Erkennender Gottes bist du dann, wenn du aufhörst, ihn zu erkennen.

Ein Gleichnis für die Gotteserkenntnis ist eine Gravierung, und derjenige, der ihn erkennen will, ist dem Graveur vergleichbar. Solange nämlich auf einem Material keine Aufnahmefähigkeit für die Gravierung besteht, kann kein Graveur ein Bild darauf machen. Siehst du nicht, daß man aus dem Wachs, weil es zum Abdruck geeigneter ist als der Stein, Siegel herstellt, auf dem Stein aber keine macht? Ebenso besteht bei jeder sonstigen Erkenntnis als Voraussetzung die Aufnahmefähigkeit des Erkennenden: Der Schöpfer jedoch ist unerkennbar. *Du* betrachte bei deinem Nachdenken dich selbst; den Schöpfer betrachte nicht! Blicke in das Geschaffene, und in der Schöpfung erkenne den Schöpfer!

Gib acht, daß die lange Zeit, die der Bau braucht, dich nicht des Weges zum Erbauer beraubt! Denn lange Dauer jeder Art stammt aus der Zeit, und die Zeit ist vergänglich, und alles Vergängliche hat Anfang und Ende.

Diese Welt, die du verschlossen siehst, halte trotz ihrer Verschlossenheit nicht für sinnlos, sondern zweifle nicht daran, daß einmal ihre Schranke nicht mehr verschlossen sein wird.

In seinen Wohltaten und in seinen Gnadengaben betrachte den Schöpfer. Aber ihn selbst in seiner Wesensart ergründe du nicht mit deinen Gedanken! Denn derjenige befindet sich am meisten auf einem Irrweg, der dort einen Weg sucht, wo keiner ist. Denn also hat der Prophet — ihm und seinem Geschlecht sei Gruß und Heil! — gesprochen: „Denkt an Gottes Wohltaten und denkt nicht an Gottes Wesen!"

Wenn unser Schöpfer nicht durch den Mund des Propheten Mohammad, welcher der Herr ist über das religiöse Gesetz, seinen Dienern den Mut dazu gegeben hätte, so würde überhaupt niemand die Kühnheit aufgebracht haben, über die Erkenntnis des Weges zum erhabenen Gott ein Wort zu sprechen. Denn jeder Name, mit dem du Gott bezeichnest, und jede Eigenschaft, die du ihm beilegst, stammen aus deiner eigenen Unfähigkeit und Hilflosigkeit und sind nicht ein Ausdruck seiner Göttlichkeit und Herrlichkeit. Denn du kannst

Gott nicht in würdiger Weise preisen; wenn du ihn aber so, wie es sich geziemt, nicht preisen kannst: Wie vermagst du ihn dann zu erkennen?

Willst du die göttliche Einheit ergründen, so wisse: Alles, was in dir unmöglich ist, das ist in der Gottesherrlichkeit wahrhaft da — wie die Einheit. Das heißt: Jeder, der die Einheit wahrhaftig kennt, ist frei von der reinen Vielgötterei. Denn eines ist in Wahrheit nur Gott, alles übrige ist Zweiheit.

Alles nun, was seiner Beschaffenheit nach aus Zweiheit besteht, das ist entweder Zweiheit durch Zusammensetzung, wie bei einem Körper; oder Zweiheit durch Zerlegung, wie bei einer Zahl; oder Zweiheit durch Summierung, wie bei den Attributen; oder es sind der Form nach zwei, wie die einfachen, d. h. die nicht zusammengesetzten Dinge; oder es sind durch Verbindung zwei, wie die Substanz; oder es sind durch die Herkunft zwei, wie Wurzel und Zweig; oder durch die Möglichkeit, wie das Akzidens; oder durch die Vorstellung, wie Verstand und Seele; oder durch Gleichmaß zwei, wie Natur und Form; oder durch Gegenüberstellung zwei, wie Gleiches und Ähnliches; oder es sind wegen des Aufbaus zwei wie Materie und Element; oder es sind hinsichtlich der Zahl zwei, wie der Ort; oder es sind durch Ausdehnung zwei, wie die Zeit; oder es sind durch Abgrenzung zwei, wie bei Meinung und Zeichen; oder es sind zwei durch Aufnahme einer Sache, wie die besondere Eigenschaft; oder es sind gegenüber der Vorstellung zwei, wie das Zweifelhafte; oder es sind andere Seiende als sie (tatsächlich) sind, wie das Gegenteil und der Unterschied. Und alles außer Gott hat seine Wieheit (Qualität), wie das Vergleichbare.

Dieses alles sind Zeichen der Zweiheit; und keines von ihnen kann man in Wirklichkeit eines nennen. *Eines ist in Wirklichkeit nur der erhabene Gott.* Da es sich nun so verhält, so steht alles das Genannte, da es das Zeichen der Zweiheit trägt, außerhalb Gottes. Das Wesen der Einheit Gottes ist es, daß du dir dessen bewußt bist, daß alles, was in deinem Herzen ist, nicht Gott ist. Denn Gott ist der Schöpfer, frei von aller Zugesellung und Analogie.

Zweites Kapitel

Von der Erschaffung der Propheten — Gottes Friede über sie!

Wisse, mein Sohn, daß der erhabene Gott diese Welt weder darum erschuf, weil er ihrer bedurft hätte, noch, daß er sie ohne einen Zweck erschuf. Er erschuf sie gemäß der Gerechtigkeit, und er ordnete sie gemäß der Weisheit. Denn er wußte, daß das Sein besser sei als das Nicht-Sein, der Aufbau besser als der Zerfall, das Wachstum besser als das Abnehmen, das Gute besser als das Schlechte. Er besaß zwar die Verfügungsgewalt über beide Möglichkeiten und die Kenntnis von beiden. Aber er tat nicht das, was sich nicht geziemte; und dasjenige, was im Widerspruch zu seiner Weisheit stand, das machte er nicht. Er tat es zur rechten Zeit, und was er tat, das war der Gerechtigkeit gemäß und durfte nicht unweise und töricht sein. Demgemäß kam der Bau der Welt durch seine Weisheit zustande, so daß er sie so entwarf, wie es am schönsten war.

Gott war so mächtig, daß er auch ohne Sonne das Licht und ohne Wolken den Regen und ohne die einzelnen Elemente das Ganze des Kosmos und ohne den Einfluß der Gestirne das Gute und das Schlechte hätte ins Dasein rufen können. Da aber sein Werk auf der Weisheit beruhte, so brachte er nichts in Erscheinung ohne die „Mittelursachen"*, die „causae instrumentales". Diese machte er zur Grundlage des Werdens und Vergehens. Denn wenn diese aufgehoben würden, so würde zugleich die Erhabenheit der Rangordung (im Gefüge des Kosmos) verschwinden. Wenn es aber keine Rangordnung gibt, so gibt es überhaupt keine Ordnung; und für das Handeln ist die Ordnung unumgänglich. Folglich muß es auch die „Mittelursachen" geben.

Dieser Mittelursachen bediente sich Gott, damit der eine der Mächtige sei und der andere der Unterworfene, der eine der Brotnehmer und der andere der Brotgeber. Es ist richtig, daß diese Zweiheit (nämlich: Überordung und Unterordnung) Zeugnis ablegt von der göttlichen Einheit.

Wenn du nun also nur auf diese Mittelursachen hinblickst und nicht auf den Zweck, dann hüte dich davor, daß du nur die Mittelursachen bei deinem Urteil berücksichtigst. Ob etwas von geringer oder von starker Wirkungskraft ist, das erkennst du nicht aus den Mittelursachen, sondern nur durch den Herrn, der diese schuf.

Wenn beispielsweise der Boden keine Frucht bringt, dann schiebe die Schuld nicht auf den Boden; und wenn das Gestirn kein Horoskop gibt, welches der

Gerechtigkeit Genüge tut, dann schiebe die Schuld nicht auf das Gestirn. Das Gestirn weiß von Recht und Unrecht ebensowenig wie die Erde vom Fruchtbringen. Ebenso wie die Erde nicht Gift als Frucht hervorbringen kann, wenn du den Samen des Ungiftigen streust, ebenso kann das Gestirn von sich aus weder Gutes noch Schlechtes hervorbringen.

Da nun die Welt mit Weisheit geordnet ist, so mußte diese Ordung auch schön geschmückt sein. Betrachte nun diese Welt damit du ihre Schönheit erkennst: in der Pflanzenwelt wie in der Tierwelt, in den Nahrungsmitteln wie in den Möglichkeiten der Bekleidung, in allen Arten von guten Dingen. Dies alles zeugt von einer Schönheit, die gemäß der Weisheit geschaffen wurde. Dann also hat Gott in seinem Worte gesprochen:

> „Wahrlich, wir haben die Himmel und die Erde und was zwischen beiden ist, nicht zum Scherz erschaffen, sondern wir haben sie um der Wahrheit willen erschaffen." (Sure 44, 39)

Wie du erkannt hast, schuf Gott keine Gnadengabe in der Welt vergeblich. Vergeblich aber wäre es, wenn diese Gnadengabe nicht gemäß der Gerechtigkeit verteilt würde. Die Gerechtigkeit bei der Verteilung des täglichen Brotes besteht darin, daß man es demjenigen gibt, der es essen soll. Damit das Recht auf die Zuteilung des täglichen Brotes ausgeübt werde, schuf Gott die Menschen, die es essen sollten.

Als Gott die Menschen schuf — und dies geschah, um der Vollkommenheit der Gnade Genüge zu tun —, waren sie einer Regierung und Ordnung bedürftig. Die Menschen müssen eine Regierung haben, und Ordnung unter ihnen ist unvollkommen ohne Führung.

Denn jeder, der zwar sein Brot empfängt, es aber ohne Recht und Ordnung verzehrt, stattet Gott nicht den gebührenden Dank ab. Nun könnte man diesen Fehler der Menschen Gott, dem Brotgeber, anlasten mit der Begründung, er habe damit auch den Unwissenden und den Undankbaren das Brot gegeben. Da aber Gott, der Brotgeber, frei von Fehlern ist, so hat er den Menschen, den Brotnehmer, über den göttlichen Willen nicht in Unwissenheit gelassen, wie er es in seinem Buche, dem Koran, geoffenbart hat:

> „und Menschen habe ich nur erschaffen, damit sie mir dienen." (Sure 51, 57)

Unter die Menschen sandte er die Propheten, damit sie den Weg zur Erkenntnis, die Ordnung beim Verzehren des täglichen Brotes und die Danksagung an den Schöpfer die Menschen lehren sollten und damit so die Schöpfung der Welt auf der Gerechtigkeit beruhe.

Die Vollendung der Gerechtigkeit besteht in der Weisheit, und das Zeichen der Weisheit und der Gnade ist der Mensch, der Brotempfänger. Die vollkommene Gnade findet sich bei den Nahrungsempfängern, d. h. bei den Menschen, und unter ihnen am vollkommensten bei den Propheten, die den Weg zu Gott weisen. Von dieser Ordnung der Dinge darf man nichts wegnehmen. Sie muß bleiben, damit sie in Wahrheit eine Wegweisung sei.

Vom Standpunkt der Vernunft her betrachtet ist es so: Alles, was der Mensch an Ehren, an Nachsicht und an Wunscherfüllung von Gott empfängt, das verpflichtet ihn, Gott als seinen Wegweiser anzuerkennen und ihm als dem Spender des Brotes ebenso Dankbarkeit zu erweisen wie seinen Gesandten. Er soll sie preisen und soll alle Propheten von Adam bis auf Mohammad, unseren Propheten — Gott segne ihn und gebe ihm Heil! — als wahrhaftige Zeugen erkennen. Er soll der Religion gehorsam sein; er soll nicht nachlassen in der Dankbarkeit gegenüber seinem Wohltäter; er soll seine Pflicht in der Ausführung der Vorschriften des religiösen Gesetzes einhalten, damit er so einen guten Namen erlangt und gepriesen werde.

Von Gott kommt der Erfolg!

Drittes Kapitel

Von der Dankbarkeit für die Güte gegenüber dem Herrn

Wisse, mein Sohn, daß die Dankbarkeit für die Güte gegenüber dem Herrn eine Pflicht für alle Menschen ist. Sie ist es auf Grund seines Befehls, nicht etwa auf Grund seiner Verdienste uns gegenüber. Denn wenn einer sich auch ganz und gar dem Danke widmet, so ist damit noch nicht ein Tausendstel an Dankbarkeit erfüllt. Er kann vielmehr nur so viel tun, wie ihm befohlen worden ist. Wenn Gott für seine Güte nur wenig Dank verlangen würde, so wäre das für den Menschen schon zuviel.

So hatte Gott das Maß der religiösen Pflichten auf fünferlei festgesetzt: Zwei von diesen Verpflichtungen sind im besonderen für die Wohlhabenden bestimmt, die drei anderen für die Gesamtheit. Eine von diesen drei ist das Bekenntnis mit der Zunge und die Bestätigung des Glaubens mit dem Herzen. Die zweite ist das Gebet zu den fünf dafür vorgeschriebenen Zeiten. Die dritte ist das dreißigtägige Fasten.

Mit der Ablegung des Glaubensbekenntnisses bezeugt man, daß es außer Gott keine Realität gibt. Mit dem Gebet bekräftigt man die Pflicht zur Dienstbarkeit Gott gegenüber. Mit dem Fasten bestätigt man das Bekenntnis zur Göttlichkeit des Herrn.

Wenn du erklärt hast „Er ist Gott", dann mußt du unter dem Befehle Gottes stehen. Wenn du willst, daß dein Diener dir Gehorsam zollt, darfst du dich selbst nicht der Gehorsamspflicht Gott, deinem Herrn, gegenüber entziehen. Wenn du nämlich deiner Pflicht zum Dienste entfliehst, dann darfst du nicht von deinem Diener Gehorsam erwarten. Denn deine Güte dem Geringeren gegenüber ist ja nichts mehr als Gottes Güte dir gegenüber. Sei also Gott gegenüber kein ungehorsamer Diener. Ein solcher ist derjenige, welcher selbst nach der Herrschaft strebt; und ein solcher wird schnell dem Verderben verfallen. Es heißt:

> „Erlaubt ist es, dem Diener die Gurgel abzuschneiden, der selbst nach der Herrschaft strebt."

Denke daran, daß das Gebet und das Fasten für Gott bestimmt sind und laß dir darin keine Nachlässigkeit zuschulden kommen. Denn wenn du deinen Verpflichtungen Gott gegenüber nicht genügst, dann wirst du auch in deinen weltlichen Obliegenheiten zurückbleiben.

Bezüglich des Gebetes wisse: Der Herr des religiösen Gesetzes (der Šari^{c}at*) hat das Gebet mit der Gesamtheit des Glaubens gleichgesetzt. Wer mit dem

Gottesdienst aufgehört hat, der hat mit der Religion überhaupt gebrochen. Für den Gottesleugner aber ist in dieser Welt der Tod und der „Verruf" als Strafe festgesetzt. In jener Welt wird er die Bestrafung durch den erhabenen Gott empfangen.

Darum hüte dich, mein Sohn, in dein Herz den Gedanken einzulassen, daß man das Gebet vernachlässigen dürfe. Denn, ob du es vom Standpunkte der Religion oder der Vernunft aus betrachtest: Du mußt wissen, daß das Gebet mehrere Vorteile hat. Erstens: Wer das Pflichtgebet verrichtet, muß Körper und Gewand rein haben, und Reinheit ist auf alle Fälle besser als Unreinheit. Zweitens: Ein Beter ist frei von Hochmut; denn *die Grundlage des Gebetes ist die Demut.* Ist nun die menschliche Seele an Demut gewöhnt, dann ist auch der Körper der Demut unterworfen.

Fernerhin: Allen Wesen ist wohlbekannt, daß jeder, der sich einer Gruppe anschließen will, im Umgang mit den Angehörigen dieser Gruppe stehen muß. Wer z. B. mit Unglücklichen Verkehr hat, wird selbst unglücklich. Wer Glück und Wohlstand erstrebt, muß sich den Glücklichen und Reichen unterordnen. Es ist nun die übereinstimmende Überzeugung aller Verständigen, daß es keine gewaltigere Macht gibt, als die Herrschaft des Islams und daß es keine andere Befehlsgewalt gibt als die des Islams. Willst du nun fortdauernd mit Reichtum, Glück und Ruhe gesegnet sein, dann suche den Verkehr mit den Inhabern der Macht und füge dich ihnen. Das Gegenteil vermeide, damit du nicht unglücklich und elend wirst.

Ferner hüte dich, mein Sohn, beim Gebet Leichtfertigkeit und Spott zu treiben. Wenn du z. B. die Knie beugst, um die roku[c]* zu verrichten, oder wenn du dich niederwirfst, dann darfst du dabei keinen Spaß machen; denn eine solche Gewohnheit vernichtet die Religion und das Leben.

Was nun das Fasten anlangt, so wisse, mein Sohn: Dies ist eine Obliegenheit, die jährlich einmal stattfinden soll. Es wäre daher pflichtvergessen, darin Nachlässigkeit zu zeigen; denn das dulden die Verständigen nicht. Hüte dich hierbei aber auch vor dem Übereifer! Denn gerade der Fastenmonat ist nicht frei von Handlungen des Fanatismus; solche vermeide beim Beginn und beim Abschluß der Fastenzeit.

Wenn du erfährst, daß fünf auserwählte, gläubige und gottesfürchtige Männer, der Kadi, der Prediger und der Mofti* der Stadt, das Fasten beginnen, dann beginne auch du es mit ihnen; beendige es auch mit ihnen. Kümmere dich hierbei nicht um das Gerede der Toren. Sei dir bewußt: Der erhabene Gott braucht weder dein Sattsein, noch dein Hungern. Vielmehr ist dies der Sinn des Fastens:

Es ist gleichsam ein göttliches Siegel. Dieses Siegel drückt Gott — als der Herr seines Besitztums, nämlich des gesamten menschlichen Leibes — diesem auf;

und zwar nicht nur einem Teile desselben, sondern dem gesamten Körper: der Hand, dem Fuß, dem Auge, dem Mund, dem Ohr, dem Bauch und den Geschlechtsteilen. Diese alle müssen der Vorschrift gemäß „versiegelt" werden, und zwar deshalb, damit du sie rein erhältst. Diese deine Körperteile halte demnach frei von ungebührlicher Unzucht, damit du das Gesetz des Fastens erfüllt hast.

Wisse auch: Die größte Leistung beim Fasten besteht darin, daß du, wenn du die Nahrung für den Tag auf den Abend verschiebst, den für den Tagesbedarf bestimmten Anteil den Bedürftigen gibst. Denn dann wird der Nutzen deiner eigenen Enthaltsamkeit offenbar, wenn deine Barmherzigkeit und die Vorteile deines Fastens den Notleidenden zugute kommen.

Hüte dich, in diesen drei allgemein geltenden Vorschriften deine Pflicht zu versäumen. Denn für eine Nachlässigkeit in diesen drei Gehorsamspflichten gibt es keine Entschuldigung. Aber für die beiden anderen, die ganz besonders für die Vermögenden gelten, — nämlich die Vermögenssteuer und die Pilgerfahrt, — ist bei den Mittellosen ein Versäumnis entschuldbar.

Über dieses Thema wäre noch viel zu sagen, aber das Notwendigste habe ich hiermit ausgesprochen.

Gott ist der Helfer für den richtigen Weg!

Viertes Kapitel

Von der Erweiterung des religiösen Pflichtenkreises bei erhöhter Leistungsfähigkeit

Wisse, mein Sohn: Der allmächtige und erhabene Gott hat zwei religiöse Pflichten den Reichen und Mächtigen in besonderem Maße auferlegt: Erstens die Wallfahrt nach Mekka, zweitens die Vermögenssteuer, die zakāt*; und er befahl, daß jeder, der dazu in der Lage sei, das Haus Gottes, die Kaaba, als Pilger aufsuche. Aber für diejenigen, die keine Mittel dazu haben, befahl er die Pilgerfahrt nicht. Ähnlich ist es ja auch sonst: Siehst du nicht, daß in der Welt der Zutritt zum Königshofe auch nur den Bemittelten gestattet ist?

Den unbemittelten Leuten die Pilgerfahrt anzubefehlen, wäre nicht weise; denn ohne die genügenden Mittel eine solche Reise zu machen, wäre katastrophal. Wenn du aber die nötigen Mittel hast und machst eine solche Reise nicht, dann hättest du die Freude und das Vergnügen an den Gütern der Welt nicht in vollem Maße gefunden und ausgekostet. Denn der Höhepunkt des Lebens besteht doch darin, daß man das bisher noch nicht Geschaute zu sehen bekommt, das bislang noch nicht Genossene verzehren darf und das noch nicht Entdeckte findet; und dies ist nur auf Reisen der Fall. Denn Reisende sind weltkundig, geschäftserfahren, glücklich und weise, eben weil sie das bisher nicht Geschaute gesehen und das noch nicht Gehörte vernommen haben.

Es sagt ja ein arabisches Sprichwort:

> „Kein Bericht gleicht dem, was man selber gesehen hat."
> „Einen welterfahrenen Mann haben die Edlen nicht gleichgesetzt demjenigen, der nicht weltkundig ist."

Somit hat also Gott der Schöpfer das Reisen für die Besitzenden bestimmt, damit sie ihm gegenüber ihre Schuld abtragen, von ihrem Hab und Gut in der rechten Weise Nutzen ziehen, seinem Befehle nachkommen und die Wallfahrt zu seinem Hause unternehmen. Den Armen aber, die ohne Wegzehrung und ohne sonstige Ausrüstung sind, hat er das nicht befohlen. Das habe ich in einem Vierzeiler folgendermaßen ausgedrückt:

> „Wenn der Freund mich nicht rief und mich an seiner Seite nicht
> Platz nehmen ließ,
> Wenn er mich so meiner Armut wegen erniedrigte,
> So ist er entschuldigt. Denn auch der Schöpfer der beiden Welten
> Hat die Armen nicht zu seinem Hause gerufen."

Wenn ein Armer eine Pilgerfahrt macht, so hat er sich damit einer Gefahr ausgesetzt. Denn jeder Arme, der sich wie ein Reicher gebärdet, gleicht einem Kranken, der sich wie ein Gesunder verhält.

Als Beispiel diene die Geschichte jenes Mekkapilgers:

Erzählung

Ich hörte, daß der Fürst von Boxarā (Buchara) einmal eine Pilgerfahrt nach Mekka plante. Er war ein wohlhabender Mann, und in jener Karawane war niemand besser ausgerüstet als er. Mehr als hundert Maultiere (oder: Kamele) trugen sein Gepäck. Fröhlich und charmant schaukelte er sich in seiner Sänfte, und eine Menge Volks von reichen und armen Leuten befand sich mit ihm auf der Reise.

Als er in die Nähe von 'Arafāt*, einem Hügel östlich von Mekka, gelangt war, kam da ein armer Mann, barfuß, hungrig und durstig und voller Blasen an den Füßen. Der sah den Fürsten in all seiner Eleganz und Behaglichkeit sitzen. Er kehrte sich zu ihm und sagte: „Werden am Tage der Vergeltung mein Lohn und der deine der gleiche sein? *Du* reisest in einer solchen Annehmlichkeit — und *mir* geht es so schlecht!"

Der Fürst gab zur Antwort: „Oh, nein! Der erhabene und ruhmreiche Gott möge keinesfalls am Tage der Vergeltung mir und dir den gleichen Lohn geben! Hätte ich gewußt, daß mir und dir einmal der gleiche Rang vor Gott zuteil würde, dann wäre ich niemals in dieses Wüstengebiet gekommen." Der Arme fragte: „Wieso das?" Der Reiche erwiderte: „*Ich* bin hierher auf Gottes Befehl gekommen; *du* aber im Widerspruch zu Gottes Befehl. *Mich* hat man gerufen, und ich bin hier ein Gast; *du* bist ein Schmarotzer. Wie kann die Würde eines Gastes der eines Schmarotzers gleichen? Der erhabene und allmächtige Gott befahl die Pilgerfahrt den Reichen. Zu den Armen aber sprach er:

> ‚Stürzt euch nicht mit eigenen Händen ins Verderben!' (Koran, Sure 2/195)

Du bist ohne den Befehl des erhabenen Gottes in die Wüste gekommen, hilflos und hungrig, und hast dich selbst in Gefahr gebracht. Wie darfst du dich mit denen vergleichen, die dem Befehle Gottes gehorsam sind?!"

* * *

Jeder also, der die nötigen Mittel hat und die Pilgerfahrt macht, hat die göttliche Gnade in der rechten Weise vergolten und den Befehl Gottes erfüllt. Wenn du also die Mittel zur Pilgerfahrt besitzest, so versäume nichts in der Erfüllung dieser Pflicht. Solcher Mittel gibt es fünf: erstens Vermögen, zweitens Zeit, drittens eine angesehene Stellung, viertens eine gesicherte Reise, fünftens die nötige Ruhe. Wenn du nun das alles zusammenhast, dann bemühe dich um die Durchführung der Wallfahrt. Wenn du aber diese Absicht auf das nächste Jahr verschiebst, dann wird die Liebe des Emām* zu dir aufhören.

Aber die Vermögenssteuer (zakāt) ist (gleichfalls) eine religiöse Obliegenheit, deren Versäumnis keine Entschuldigung zuläßt. (Denn wisse:) Der erhabene

Gott hat diejenigen, welche die Vermögenssteuer zahlen, zu seinen besonderen Freunden berufen. Denn ein Mann, der die zakāt entrichtet, ist inmitten der übrigen Menschen (gleichsam) wie ein König inmitten seiner Untertanen. *Er* ist ja der Brotgeber, die übrigen sind die Brotnehmer. Wisse auch, daß der erhabene Gott die Macht hat, um alle Menschen reich zu machen. Aber in seiner Weisheit bestimmte er, daß einige reich sein sollten und andere arm, damit so die Unterschiede im Rang und in der Würde der Menschen offenbar würden und man die Höherstehenden deutlich erkenne.

Das ist ebenso wie bei einem König: Er erhebt den einen unter seinen Sklaven zum Brotgeber, d. h. zum Herrn über das Volk. Wenn dieser aber später sein Brot selbst verzehrt, ohne den anderen etwas davon abzugeben, so kann er nicht sicher sein vor des Königs Zorn. Ebenso kann ein Reicher, der sein Brot selbst verzehrt, ohne die zakāt zu zahlen, vor dem Zorne Gottes nicht sicher sein. Die zakāt soll man im Jahre einmal zahlen. Dies ist eine Pflicht.

Das Almosengeben ist eine Erweiterung des religiösen Pflichtenkreises. Es ist zwar nicht unbedingt vorgeschrieben, aber doch ein Zeichen von edler und humaner Gesinnung. Darum gib, so viel du geben kannst, und laß dir auch hierin keine Nachlässigkeit zuschulden kommen. Denn wer Almosen spendet, steht unter Gottes Schutz; und das ist doch wohl ein Glücksumstand.

Hüte dich, bezüglich der (Pflicht zur) Pilgerfahrt und der Vermögenssteuer in dein Herz Zweifel einzulassen. Tu und sage nicht sinnlose Dinge, wie z. B. solchermaßen zu fragen: Wozu denn dieses Laufen, dieses Sich-nackt-Ausziehen, wozu dieses Verbot, sich Nägel und Haare abzuschneiden? Wozu muß man von zwanzig Dinaren einen halben Dinar abgeben? Wozu das Opfer von Schaf und Kamel? Und weshalb bringt man den Qorbān* dar?

Von all diesen Bedenken halte dein Herz rein! *Glaube nicht, daß etwas, was du nicht verstehst, deshalb nicht gut ist!* Denn das Gute ist eben das, was wir nicht verstehen. Du sei bestrebt, die Befehle Gottes auszuführen; mit dem Wie und Warum hast du nichts zu schaffen.

Wenn du nun die Befehle des erhabenen Gottes erfüllt hast, dann mußt du auch deine Pflichten gegenüber Vater und Mutter erkennen. Denn auch das gehört zu den Befehlen Gottes.

Gott ist der Helfer zur Wahrheit!

Fünftes Kapitel

Von der Erkenntnis der Pflicht gegenüber den Eltern

Wisse, mein Sohn: Da der Schöpfer die Erde bewohnbar machen wollte, schuf er als Ursache für die Erzeugung der Nachkommenschaft den animalischen Geschlechtstrieb und legte so in die Eltern den Grund für das Dasein des Kindes. Weil es ihnen das Leben verdankt, ist es des Kindes Pflicht, seinen Erzeugern Ehrfurcht zu erweisen. Du darfst nicht sagen: „Was für einen Anspruch haben Vater und Mutter auf mich? Für sie war ja das Motiv nur der Geschlechtstrieb; und das Ziel war nicht ich.“ Vielmehr: Abgesehen von der Tatsache der Befriedigung der geschlechtlichen Wollust kommt noch die dauernde Freundlichkeit der Eltern hinzu; diese ist so groß, daß sie sich um deinetwillen sogar dem Tode preisgeben.

Das geringste Recht der Eltern dir gegenüber liegt schon darin begründet, daß sie die „Mittelursachen“ sind zwischen dir und dem Schöpfer. Darum geziemt es sich, daß du deinen Eltern das gleiche Maß an Ehrfurcht bezeugest wie dem Schöpfer selbst. Und solange ein Kind sich vom Verstande leiten läßt, muß es auf das Recht Rücksicht nehmen, das sich die Eltern (ihm gegenüber) durch ihre Liebe erworben haben.

Der erhabene Gott sagt in seinem ewig-gültigen Buche:

> „Seid gehorsam gegenüber Gott, gegenüber dem Propheten und ihren Befehlsträgern über euch (den Eltern).“ (Sure 4/59)

Diesen Vers hat man mehrfach kommentiert. In einer Version dieser Kommentare heißt es: „Mit den Befehlsträgern sind Vater und Mutter gemeint. Denn das arabische Wort „'amr“* hat zwei Bedeutungen. Erstens bedeutet es „Befehl“ (Befehlsgewalt) und zweitens „Macht zu tun“. Befehlsträger ist derjenige, dem sowohl der Befehl übertragen ist, wie auch die Macht zur Durchsetzung des Befehls. Deine Eltern haben die Macht, dich zu erziehen (= die „elterliche Gewalt“); sie haben auch den Befehl (erhalten), dich gut auszubilden. Darum, mein Sohn, achte die Sorge nicht gering, die sie sich im Herzen um dich machen. Denn der erhabene Gott wird dich auf Grund des Rechtes, das die Eltern auf dich haben, zur Verantwortung ziehen.

Der erhabene Gott befiehlt, „daß du nicht zu ihnen sagest ‚Pfui‘ oder sie sonst schmähest, sondern ehrfurchtsvoll mit ihnen sprichst.“ (Sure 17/23)

Es wird überliefert, man habe Ali, den Beherrscher der Gläubigen — Gott bringe sein Antlitz zu Ehren! — einmal gefragt: „Was ist das Anrecht der Eltern an das Kind?“ Und er habe geantwortet: „Dies ist das rechte Verhalten (der Kinder gegenüber den Eltern), wie es der erhabene Gott beim Tode der Eltern des Propheten festgesetzt hat (Gott segne ihn und gebe ihm Heil!): Wenn nämlich die Eltern des Propheten die Zeit (seines Wirkens) noch erlebt hätten, dann wäre es die Pflicht des Propheten gewesen, sie höher zu stellen als sich selbst, ihr Recht anzuerkennen und ihnen kindliche Verehrung zu erweisen. Dann (aber) wäre jenes Wort hinfällig gewesen, das er sprach: „Ich bin der Herr der Söhne Adams, aber ich bin nicht stolz darauf."

Wenn du also Vater und Mutter nicht vom religiösen Standpunkt aus ansiehst, so betrachte sie (wenigstens) vom Standpunkte der Humanität und der Vernunft. Denn Vater und Mutter sind die Pflanzstätte deiner (eigenen) Tugend und haben die Grundlage für deine Erziehung gelegt. Wenn du in der Pflichterfüllung ihnen gegenüber eine Nachlässigkeit begehst, dann zeigt es sich, daß du keines Guten würdig bist. Denn derjenige, der dem Ursprung gegenüber sich nicht erkenntlich zeigt, wird auch das Gute an den Gliedern nicht würdigen. Undankbaren Gutes zu erweisen, ist Torheit. Suche auch nicht nur deinen eigenen Vorteil (dabei) und verhalte dich deinen Eltern gegenüber ebenso, wie du es von deinen eigenen Kindern wünschest. Denn derjenige, der von dir gezeugt ist, begehrt von dir das gleiche, was du von deinem Vater erwartest.

Der Mensch ist vergleichsweise wie eine Frucht, die Eltern sind der Baum. Je besser du den Baum pflegst, umso bessere Frucht gibt er. Je mehr Ehrerbietung du deinen Eltern zollst, umso mehr erfährt ihr Gebet und ihr Segenswunsch für deine Belohnung schnelle Erhörung; umso mehr erwirbst du dir die Zufriedenheit Gottes.

Hüte dich auch, um der Erbschaft willen deines Vaters Tod zu wünschen! Denn auch ohne den Tod deiner Eltern wird deine Tagesration dir zuteil werden. Der Tagesbedarf ist ja vom Schicksal bestimmt. Jedem kommt das zu, was ihm von Ewigkeit an bestimmt ist. Durch Plackereien wird die tägliche Ration nicht größer. Man hat gesagt: „Das tägliche Brot hängt davon ab, daß man fleißig ist, aber nicht, daß man sich abschindet."

Wenn du willst, daß du — was das tägliche Brot angeht — mit dem erhabenen Gott zufrieden bist, dann blicke an jedem Morgen nicht auf einen, dem es besser geht (als dir), sondern auf einen, dem es schlechter geht, damit du immer mit dem erhabenen Gott zufrieden bist.

Wenn du an Vermögen arm bist, so bemühe dich, reich zu sein an Verstand. Denn Verstand ist besser als Reichtum. Mit dem Verstande kann man ja Vermögen herbeischaffen; aber mit dem Vermögen kann man sich keinen Verstand anschaffen. Ein törichter Mensch wird schnell bankrott, aber den Besitz eines Verständigen kann kein Dieb wegtragen. Weder Wasser noch Feuer können ihn vernichten. Wenn du nun Verstand (von Natur) hast, dann eigne dir Bildung an. Denn Verstand ohne Ausbildung (und ohne Tüchtigkeit in der Leistung) gleicht einem Manne ohne Gewand und einer Person ohne Gesicht und ist wie ein Körper ohne Seele. Man hat gesagt: „Bildung ist gewissermaßen die Form (die Gestaltung) des Verstandes.“

Gott ist der Helfer zum Erfolg!

Sechstes Kapitel

Von der Bereicherung der Naturanlagen durch die Ausbildung

Wisse, mein Sohn, daß die Menschen unbrauchbar sind, solange sie ohne Ausbildung sind. Sie gleichen dem Dornstrauch Moġīlān*, der zwar einen Stamm hat, aber keinen Schatten gibt und daher weder sich selbst noch anderen nützt. Zwar genießen vornehme Leute, auch wenn sie ungebildet sind, ein gewisses Maß an Respekt bei den Leuten. Schlimmer aber ist es, wenn sie weder eine edle Abkunft vorweisen können noch Bildung. Du aber mußt dir Mühe geben, daß sich die edle Art auch in deiner Persönlichkeit zeigt, obschon du von vornehmer Abkunft bist: Denn der *Adel der Persönlichkeit ist besser als der Adel der Abstammung.* Das arabische Sprichwort besagt: „Die Ehre beruht auf Verstand und Bildung, nicht auf der Abstammung und dem Geschlecht", d. h.: (Echte) Größe zeigt sich in der Vernunft und dem Wissen, nicht in der vornehmen Herkunft. Also bilde dir nichts ein auf den Namen, den dir deine Eltern hinterlassen haben; dieser ist ja nur ein äußerliches Zeichen. *Der wahre Name ist der, den du dir durch deine Bildung erworben hast:* Du kannst dann Eigennamen wie z. B. Aḥmad, Moḥammad, Mūsā, Ǧaᶜfar einen Ehrentitel wie „Meister", „Gelehrter", „Weiser" hinzufügen. Wenn ein Edelmann nicht eine gute Naturanlage und eine gute Ausbildung aufweist, dann verdient er nicht, daß man sich mit ihm abgibt. Wen du aber findest, der diese beiden Eigenschaften in sich vereinigt, den fasse an der Hand und laß ihn nicht los, denn er ist für jedermann von Nutzen.

Wisse: *Die beste von allen Künsten ist die Redekunst.* Das hat folgenden Grund: Unser erhabener Schöpfer schuf als bestes von allen seinen Geschöpfen den Menschen. Als der Mensch nun seine Überlegenheit über die übrigen Geschöpfe feststellte, fand er diese in zehn Eigenschaften, die zu seiner Person gehörten. Es waren fünf äußere und fünf innere. Die fünf im Innern sind: Denken, Lernen, Erinnerungsvermögen, Einbildungskraft, Unterscheidungs- und Sprechvermögen. Die fünf äußeren sind: der Gehörsinn, das Sehvermögen, der Geruchssinn, der Tastsinn und der Geschmackssinn. Alle diese Fähigkeiten haben auch die anderen Lebewesen, aber nicht in dem Maße, wie der Mensch, der Herrscher und der Sieger über die anderen Lebewesen.

Nachdem du davon dich überzeugt hast, bilde dich aus und bemühe dich regelmäßig um die Pflege deiner Sprache; vor allem gewöhne dich daran, daß du immer nur das Gute sprichst. Denn du drückst dich ja immer so aus, wie du es dir zur Gewohnheit gemacht hast. Denn es heißt: „Je feiner jemand redet, umso mehr Freunde suchen ihn." *Mit aller Kraft strebe danach, das rechte Wort am rechten Platz zu sagen;* denn wenn du auch noch so gut sprichst, aber dein Wort ist fehl am Platze, dann klingt es häßlich. Statt eines überflüssigen Wortes wähle Schweigen! Denn ein unnützes Wort ist schädlich. Ein Wort, aus dem nicht die feine Bildung herausklingt, bleibt besser unausgesprochen. Denn die Weisen haben das Wort mit dem Wein verglichen. Davon wird man berauscht, kann aber auch den „Katzenjammer" bekommen. Hüte dich davor, ein Wort zu sagen, nach dem man dich nicht gefragt hat! Vermeide ein törichtes Wort. Fragt man dich, so sage nur die Wahrheit! *Solange es jemand nicht wünscht, gib ihm keinen Rat, besonders nicht einem, der den Rat gar nicht hören will,* denn er wird schon selbst „hinfallen" (= seine schlechten Erfahrungen machen). In der Öffentlichkeit gib keinem einen Rat, denn es ist gesagt: *Ein öffentlich gegebener Rat wirkt wie ein Tadel.* Ist jemand von Natur krumm gewachsen, so bemühe dich nicht, ihn gerade zu machen; das kannst du doch nicht. Auch ein krumm gewachsener Baum, der schon Zweige ausgeschlagen hat und hochgewachsen ist, wird außer durch Beschneiden und Verstutzen nicht gerade. Wie du mit einem guten Worte nicht geizest, so geize auch nicht beim Schenken von Geld, soweit du dazu in der Lage bist. Denn *die Leute lassen sich durch Geld mehr bezaubern als durch Worte.* Nimm dich vor einem verdächtigen Orte in acht! Fliehe einen „Freund", der Schlechtes denkt und Schlechtes lehrt. Setze dich an solche Plätze, an denen die Leute, die dich suchen, dich finden, ohne daß du dich darüber zu schämen brauchst. Wo du dich einmal hingesetzt hast, dort soll man dich wiederfinden. Über den Kummer anderer Leute freue dich nicht, damit die anderen sich nicht über deinen Kummer freuen. Sei gerecht, damit auch du gerecht beurteilt wirst. Sprich Gutes, damit auch du Gutes hörst. In einer Salzwüste säe nicht, denn sie gibt keine Frucht; undankbaren Menschen Gutes tun ist wie das Auswerfen von Saat in einer Salzwüste. Demjenigen aber, der Gutes verdient, dem enthalte es nicht vor. Selber sei ein Lehrer des Guten, denn es heißt im Arabischen: „Derjenige, der einen anderen zum Guten leitet, gleicht dem, der selbst Gutes tut." Wisse, daß derjenige, welcher Gutes tut, und derjenige, der es befiehlt zu tun, wie zwei Brüder sind, verbunden durch ein Band, das die Zeit nicht zerbricht.

Gutes getan zu haben, sollst du nicht bereuen; denn die Vergeltung für Gut und Böse wird gerade in dieser Welt dich treffen. Wenn du jemandem Gutes erweist, dann denke daran, daß zu demselben Zeitpunkt, da du es tust, ebenso viel Befriedigung, wie sie dem von dir Beglückten zuteil wird, auch in deinem Herzen sich kundgibt: Ruhe und Freude. Umgekehrt gilt: Wenn du jemandem Schlechtes antust, dann wird ebenso viel Schmerz, wie ihn trifft, in deinem eigenen Herzen erscheinen: Trauer und Kummer. In Wahrheit betrachtet: keinen trifft von dir ein Leid, ohne daß du selbst davon Kummer hast; und ohne daß du selbst darüber Freude empfindest, empfängt keiner von dir etwas Angenehmes. Es ist also wahr: Die Vergeltung für Gut und Böse findest du schon in dieser Welt, noch bevor du in jene gelangen wirst; ein Satz, den niemand leugnen kann. Denn jeder, der selbst in seinem Leben jemandem Gutes und Böses getan hat, weiß, daß ich recht habe. Darum darfst du niemandem das Gute vorenthalten; denn es bringt eines Tages Frucht.

Erzählung

So hörte ich es:

Zu jener Zeit, da Motawakkel* Kalif in Bagdad war, hatte er einen Sklaven namens Fatḥ*. Dieser war vom Schicksal begünstigt, hatte viele gute Eigenschaften und eine ausgezeichnete Ausbildung genossen. Motawakkel hatte ihn daher als Sohn angenommen und hatte ihn lieber als seinen eigenen Sohn. Dieser Fatḥ wollte schwimmen lernen. Matrosen brachten ihm diese Kunst im Tigris bei. Aber er war noch ein Kind und daher mit der Schwimmkunst nicht hinreichend vertraut. Wie es indes die Gewohnheit von Jungen ist, wollte er doch zeigen: Ich habe es gelernt! So ging er eines Tages allein ohne seine Lehrer schwimmen. Das Wasser floß sehr schnell und wirbelte den Jungen herum. Dieser merkte, daß er nicht Herr über die Strömung werden könne; so ließ er dem Wasser seinen Lauf, entspannte sich und ließ sich auf der Wasserfläche treiben, bis er den Augen der Menschen entschwunden war. Er war ein Stück stromabwärts geschwommen, da zeigten sich am Ufer des Flusses ausgehöhlte Löcher. Die Strömung des Wassers trieb ihn mit einem Male zu diesen Löchern hin. Der Junge strengte sich an und warf sich in eine dieser Öffnungen, dort setzte er sich nieder und sprach zu sich: „Was will Gott? Für jetzt habe ich jedenfalls mein Leben gerettet.“ Sieben Tage blieb er an dieser Stelle. Am ersten Tage danach überbrachte man dem Motawakkel die Nachricht, daß Fatḥ ertrunken sei. Da stieg er vom Throne, setzte sich in den Staub, ließ die Matrosen rufen und sagte: „Jedem, der mir den Fatḥ, wenn auch nur tot, wiederbringt, dem gebe ich tausend Dinar.“ Dann schwur er einen starken Eid des Inhalts: „Solange man den Fatḥ in welchem Zustand auch immer, nicht zu mir bringt und ich ihn wiedersehe, werde ich keine Speise zu mir nehmen.“ Hierauf stürzten sich die Matrosen in den Tigris, tauchten unter und suchten nach ihm, bis nach sieben Tagen einer von ihnen an jene Öffnung gelangte. Da erblickte er den Fatḥ, freute sich und sprach: „Ich gehe und hole ein Schiff.“ Dann lief er und kam zu Motawakkel und sagte: „Beherrscher der Gläubigen, wenn ich den Fatḥ lebendig bringe, was wirst du mir geben?“ Motawakkel sagte: „Fünftausend Dinar in bar!“ Der Matrose sprach: „Ich habe ihn lebendig gefunden.“ Hierauf holte man ein Schiff und brachte den Fatḥ. Motawakkel gab dem Matrosen die versprochene Belohnung und sagte zu seinem Wesir: „Geh in die Schatzkammer und gib die Hälfte von dem, was dort ist, den Armen!“ Hierauf befahl er: „Schafft Speise herbei, denn er war sieben Tage hungrig!“ Fatḥ aber sagte: „Beherrscher der Gläubigen, ich bin satt.“ Motawakkel fragte: Bist du etwa vom Tigris satt geworden?“ Fatḥ antwortete: „In diesen sieben Tagen kamen zwanzig Brote auf zehn Schalen zu mir geschwommen; ich mühte mich um sie und holte mir zwei bis drei davon, und davon fristete ich mein Leben. Auf jedem Brote aber stand geschrieben: „Mohammad, Sohn des Hasan-al-Askāf.“

Darauf befahl Motawakkel: „Macht folgendes bekannt: Wer ist jener Mann, der die Brote in den Tigris warf? Bringet ihn her und saget ihm: ‚Der Beherrscher der Gläubigen wird dir Gutes erweisen.'" Am nächsten Tag kam ein Mann und sagte: „Ich bin es." Motawakkel fragte ihn: „Wie kannst du das beweisen?" Er antwortete: „Dies ist der Beweis: Auf jedem Brote stand mein Name: Mohammad, Sohn des Hasan al-Askāf*. Diesen Beweis erklärte man für gültig.

Man fragte weiter: „Wie lange ist es her, daß du diese Brote in den Tigris warfst?" Der Mann gab zur Antwort: „Ein Jahr." „Was war denn deine Absicht dabei?", wurde er gefragt. Darauf sagte er: „Ich hatte gehört: Tu Gutes und wirf es ins Wasser, damit es eines Tages Frucht bringe. Ich wußte nichts anderes Gutes zu tun. Darum habe ich dieses immer wieder getan. Dann sagte ich mir: „Was wird daraus hervorgehen?" Da sagte Motawakkel: „Was du gehört hast, das hast du getan, und von deiner Guttat erntest du jetzt die Früchte."

Der Kalif gab dem Manne vor dem Tore von Bagdad fünf Dörfer. Der Mann begab sich auf die Dörfer und wurde ein angesehener Herr.

* * *

Als ich zur Zeit des Kalifen Al Q̱āʼem be Amr-ellāh* auf die Pilgerfahrt nach Mekka ging und der erhabene Gott mir diese Fahrt gelingen ließ, da sah ich die Enkel jenes Mannes in Bagdad. Diese Geschichte habe ich von den Alten gehört.

Darum höre nicht auf, Gutes zu tun, solange du es kannst, und zeichne dich durch gute Taten und Wohltätigkeit vor den Menschen aus. Handle nicht im Widerspruch zu deinen sonstigen Taten. *Sage nicht mit der Zunge etwas anderes als das, was du im Herzen hast,* damit du nicht einer bist, der Weizen ansagt und Hafer verkauft. Fang mit der Rechtschaffenheit bei dir selbst an; denn wer das tut, braucht keine Richter. Hast du irgendeine Sorge oder Freude, so sprich mit jemandem, der dieselbe Furcht vor einem Kummer oder dieselbe Freude hat wie du. Aber zeige deinen Schmerz, deine Sorge, deinen Gram wie auch deine Freude nicht jedermann offen. *Bei jedem Guten oder Schlechten, das dir zustößt, sei weder zu schnell fröhlich noch zu schnell traurig;* denn das ist Kinderart. Bleibe dir in jeder Lage selber treu, d. h. weiche nicht von deiner eigenen Natur ab! Denn verständige Leute gehen von dem, was sie für richtig oder falsch erkannt haben, nicht ab. *Jede Freude, deren Folge Kummer ist, rechne nicht als Freude.* Zur Zeit der Hoffnungslosigkeit sei umso hoffnungsvoller. Denn wisse, daß Hoffnungslosigkeit gekoppelt ist an Hoffnung, aber auch die Hoffnung an Hoffnungslosigkeit. *Denke daran, daß das Endergebnis aller Taten der Abschied von der Welt ist.* Verleugne nicht die Wahrheit. Wenn jemand mit dir streitet, dann bringe durch dein Schweigen seine Streitsucht zur Ruhe. Wisse: *Die Antwort an Toren ist — Schweigen.* Laß niemanden seine Mühe fruchtlos tun. Erkenne einen jeden nach seinem Verdienst an, besonders deine Verwandten. Den Alten deines Stammes bezeuge Ehrfurcht. Denn der Prophet — Gott segne ihn und gebe ihm Heil! — hat gesagt: „Der Scheich in seinem Stamme ist wie der Prophet in seiner Gemeinde." Hege keine besondere Vorliebe für deine Verwandten, damit du sowohl ihre Vorzüge wie ihre Fehler siehst. Wenn du vor Fremden dich nicht sicher fühlst, dann suche dich vor ihnen — je nach dem Grade deines Unsicherheitsgefühls — abzusichern. Hast du einen Verdacht, dann wiege dich nicht in Sicherheit; denn Gift zu essen in dem Glauben, es sei ein Heilmittel, ist ein Zeichen von Dummheit. Achte auf den Verstand und auf die Tugenden der anderen Menschen. Wenn du aber feststellst, daß du auch ohne Verstand und ohne Tugenden dir einen Namen und dein Brot erwerben kannst, nun, dann sei eben unverständig und untüchtig! Andernfalls aber lerne etwas Ordentliches und betrachte das Lernen und das Zuhören nicht als Schande, so wirst du dich von der Schande, nichts zu wissen, befreien.

Beobachte die Fehler und die Tugenden der verständigen Leute, stelle fest, worin der Nutzen oder Schaden dieser Tugenden und Fehler besteht und wie weit er sich erstreckt. Dann suche unter diesen Dingen das für dich Vorteilhafte aus; aber halte dich von allem fern, was die anderen Leute dem Verderben nahebringt. Du selber gewöhne dich daran, deine Bildung und deinen Charakter zu verbessern und lerne das, was du noch nicht weißt. Denn Sokrates sagt: *Kein Schatz ist besser als die Bildung; kein Ruhm ist größer als der Ruhm der Weisheit; kein Schmuck ist schöner als der Schmuck der Schamhaftigkeit; kein Feind ist schlimmer als ein schlechter Charakter.*"

Setze keine bestimmte Zeit für die Erweiterung deiner Bildung fest; denn keine Zeit und keine Situation darf man auch nur für eine Stunde vorübergehen lassen, ohne daß man sich Kenntnisse erwirbt. Wenn dir gerade in diesem Augenblick ein gelehrter Mann nicht zur Verfügung steht: Nun, du kannst auch von einem Ungebildeten etwas lernen. Denn allemal, wenn du „mit dem Auge des Herzens" auf den Unwissenden hinblickst und den „Scharfblick des Verstandes" auf ihn richtest, d. h. wenn du ihn auf jede Weise genau prüfst, dann wirst du wissen, daß du alles das, was dir an ihm nicht gefällt, auch selbst nicht tun darfst. Eskandar* hat gesagt: „Ich habe Gewinn nicht so sehr von meinen Freunden, sondern noch mehr von meinen Feinden gezogen. Denn wenn ich einmal etwas Verwerfliches getan habe, so verhüllen es meine Freunde aus Nachsicht mit mir, so daß ich es nicht erfahre; meine Feinde dagegen machen mich damit bekannt, eben weil sie Feinde sind, und dann nehme ich von dieser schlechten Handlung Abstand. So haben mir meine Feinde genützt." So hast du auch von jedem Ungebildeten etwas gelernt, nicht nur von einem Gebildeten.

Für die Menschen, seien es Hochstehende oder Niedrigstehende, ist es Pflicht, Tüchtigkeit und Bildung sich anzueignen. Denn man kann sich unter seinesgleichen eine höhere Stellung durch Gelehrsamkeit und Tüchtigkeit schaffen. Falls du an dir selbst eine Fähigkeit wahrnimmst, die du bei deinen Gefährten nicht siehst, so findest du dich ihnen immer überlegen; und auch die anderen Leute schätzen dich infolge dieser Vorzüge für höher ein als deine Gefährten. Wenn nun ein verständiger Mann sieht, daß man ihm eine solche Überlegenheit zuerkennt, dann gibt er sich umso mehr Mühe, noch gelehrter und tüchtiger zu werden. Immer wenn die Menschen sich so verhalten, dauert es nicht lange, bis sie den anderen überlegen sind. Wissen suchen heißt also: Nach Überlegenheit streben über Freunde wie über seinesgleichen. Auf das Streben nach Bildung zu verzichten, das bedeutet, man hat sich abgefunden mit seiner Unwissenheit und seiner niedrigen Stellung. Wenn man sich um Bildung bemüht und auch seinen Körper anstrengt, so hat man davon großen Nutzen. Denn es heißt: Faulheit richtet den Körper zugrunde. Wenn dein Körper dir nicht zu Willen ist, befindest du dich nicht wohl und zufrieden. Er versagt dir den Gehorsam aus Trägheit und Liebe zur Bequemlichkeit; denn von Natur aus kommt ihm die Bewegung gar nicht zu, vielmehr verrichtet er jede Bewegung, die er ausführt, erst auf Befehl und nicht aus eigenem Antrieb. Niemals, solange du es nicht willst und befiehlst, hat der Körper die Neigung, etwas zu leisten. Darum mußt du deinen Körper mit Gewalt zur Ausführung deiner Befehle veranlassen und ihn so zwingen, dir zu gehorchen. Denn keiner, der sich seinen eigenen Körper nicht gefügig machen kann, wird ein tüchtiger Mensch. Sobald du aber dir durch tüchtiges Training deinen Körper unterworfen hast, wird es dir hier und dort zum Segen gereichen.

Die Grundlage alles Guten ist: Das Wissen, die Bildung der Seele, die sittliche Reinheit, die Wahrhaftigkeit, der rechte Glaube, die Unbescholtenheit, die Geduld und die Schamhaftigkeit. Über die zuletzt genannte Tugend sagt das arabische Sprichwort der Überlieferung — dem hadis* — nach: „Die Schamhaftigkeit gehört zum rechten Glauben." Freilich gibt es viele Fälle, wo gerade die Schamhaftigkeit den Leuten lästig wird. Du darfst darum deine Schamhaftigkeit nicht so weit treiben, daß in wichtigen Angelegenheiten dir daraus Schaden und Nachteil erwächst. Denn es gibt viele Gelegenheiten, wo man ohne Scham, also mit Dreistigkeit, vorgehen muß; sonst erreicht man sein Ziel nicht. Schäme dich, ein Schimpfwort auszusprechen; schäme dich vor Ehrlosigkeit, unzüchtigem Verhalten und vor der Lüge! Aber halte dich nicht zurück vor redlichem Wort und rechtschaffenem Handeln! Denn es verhält sich so: Auf der einen Seite ist die Pflicht, Schamhaftigkeit zu üben, ein Ergebnis des rechten Glaubens; auf der anderen Seite ist eine dürftige Lage das Ergebnis einer übergroßen Schamhaftigkeit. Daher muß man wissen, wann es die rechte Zeit ist, schamhaft zu sein, und wann dreistes Auftreten am Platze ist. Dann muß man das tun, was dem rechten Handeln am nächsten kommt. Denn es heißt: „Die Schamhaftigkeit ist der Anfang des Guten und die Schamlosigkeit ist der Anfang des Bösen."

Einen Unwissenden halte für keinen rechten Menschen; einen Begabten mit Verstand für einen Weisen; einen Enthaltsamen, der nichts weiß, für keinen rechten Gläubigen. Mit unwissenden Leuten führe keine Unterhaltung; besonders nicht mit einem Unwissenden, der sich selber für gescheit hält. Mit deiner eigenen Unwissenheit darfst du dich nicht abfinden. Gespräche führe nur mit

Leuten, die in einem guten Ruf stehen; denn dadurch erwirbst du dir selber einen guten Ruf. Siehst du nicht, daß Sesamöl, wenn man es mit Rosen oder Veilchen vermischt und es so eine Weile stehen läßt, von niemandem mehr „Sesamöl" genannt wird, sondern eben Rosen- oder Veilchenöl. Wenn dir die Leute etwas Gutes erweisen, dann sei ihnen nicht undankbar; vergiß sie auch nicht. Den, der deiner bedarf, stoße nicht zurück, denn der Schmerz, den er über seine Notlage empfindet, ist ja schon Leides genug. Eine gute Gesinnung und Menschlichkeit sei der Inhalt deines Strebens. Von Leuten, deren Charakter nicht lobenswert ist, halte dich fern. Sei kein Verschwender, denn die Frucht der Verschwendung ist die Verarmung, und die Frucht der Verarmung ist die Erniedrigung. Bemühe dich, von den Verständigen gelobt zu werden, keinesfalls von den Toren. Denn wer von der Masse und den Toren gelobt wird, der wird von den erlesenen Geistern getadelt, wie ich es in einer Erzählung gehört habe:

Erzählung

Eines Tages, als Platon* inmitten seiner Schüler saß, kam einer der Vornehmen jener Stadt zu ihm, setzte sich und sprach über dies und jenes. Unter anderem sagte er dabei: „O weiser Mann, ich habe einen Mann gesehen, der von dir erzählte und dich dabei pries und lobte. Er sagte: ‚Platon ist ein großer Mann; einen wie diesen hat es niemals gegeben und wird es nicht mehr geben.' Ich wollte dir hiermit seine Dankbarkeit übermitteln." Als Platon diese Rede hörte, wurde er traurig und fing an zu weinen und nachzugrübeln. Da fragte ihn jener Mann: „O Weiser, was für Kummer hat dir dieses Wort gemacht, daß du so weinst?" Platon gab zur Antwort: „Edler Herr, von dir ist mir keine Kränkung widerfahren. Aber was für ein schlimmeres Unglück kann mich treffen, als daß ein törichter Mensch mich lobt und daß einem solchen mein Tun gefällt?! Sage mir, was für eine törichte Handlung habe ich begangen, so daß sie dem Geschmack jenes Toren entspricht und ihm gefallen hat und die ich zu bereuen habe. Darüber bin ich eben traurig, daß ich von einem Toren gelobt worden bin!"

Dabei fiel mir eine Erzählung im gleichen Sinne ein:

Erzählung

Moḥammad Zakarijja* ging eines Tages mit einer Gruppe von Schülern spazieren. Da kam ihnen ein Irrsinniger entgegen; der beobachtete niemanden anders als den Moḥammad Zakarijja und lachte ihm ins Gesicht. Als Moḥammad Zakarijja nach Hause kam, ließ er sich eine Brühe von einem Dotter kochen und trank sie. Seine Schüler fragten ihn: „Warum trinkst du dies?" Er antwortete: „Wegen des Gelächters jenes Verrückten! Denn hätte er nicht einen Anflug seiner eigenen Idiotie bei mir gesehen, so hätte er mir nicht ins Gesicht gelacht." Es heißt ja auf arabisch: „Jeder Vogel fliegt mit dem, der dasselbe Gefieder hat."

Nun weiter! Pflege nicht zu grob und zu schroff zu sein, aber sei auch nicht ohne Sanftmut. Allerdings darfst du nicht so weich sein, daß man dich wegen deiner Milde verschluckt und wiederum so hart, daß man dich nicht anfassen möchte. Sei mit allen harmonisch gestimmt, denn durch ein harmonisches Verhalten kannst du deine Absichten bei Freunden und Feinden erreichen. Niemanden lehre etwas Böses, denn das Böse zu lehren ist nur eine andere Form, es zu tun. Wenn dir jemand ohne böse Absicht einmal ein Leid zufügen sollte, dann bemühe dich, ihm nicht wieder weh zu tun; denn es heißt: „Die Stätte, da man Böses nicht mit Bösem vergilt, liegt dort, wo die Menschlichkeit zu Hause ist." Ursprung der Menschlichkeit ist das Bestreben, dem Nächsten keinen Schaden zuzufügen. Bist du also ein Mensch, so kränke den andern so wenig wie möglich. Der Mensch soll in einen Spiegel schauen: Findet er sein Antlitz schön, dann soll ebenso wie das Gesicht auch das Handeln schön sein. Denn vom Guten darf nichts Schlechtes kommen. Es ist ja auch nicht möglich, daß von der Weizensaat Gerste wächst und umgekehrt. Darüber habe ich zwei Verse verfaßt:

„Du, mein Liebling, tust uns alles Böse an,
Warum erhoffst du von uns etwas Gutes?
Geh, mein Herzchen, du befindest dich im Irrtum
Man kann nicht Weizen ernten, wenn man Gerste sät."

Findet er aber sein Gesicht häßlich, nun, dann muß er umso mehr das Gute tun. Denn wenn er auch noch das Schlechte tut, dann fällt das schlechte Äußere mit dem schlechten Handeln zusammen; und zweimal Schlechtes ist besonders schlimm.

Von Freunden, mit denen du harmonierst, nimm Ratschläge an und ziehe deinen Berater auch zu den geheimen Beratungen hinzu. Denn wenn du dich unter vier Augen berätst, wirst du besonderen Nutzen haben.

Wenn du nun diese Worte, die ich gesprochen habe, liesest und verstanden hast, und wenn du das Gelernte beherrschst, dann sei auf deine Kenntnis und auf dein Können nicht stolz und *bilde dir nicht ein, alles zu wissen*; rechne dich vielmehr zu der Menge der Unwissenden. Denn *du wirst gerade dann ein Weiser sein, wenn du dir deiner Unwissenheit bewußt bist.*

Erzählung

Als Xosrou* regierte und Bozorgmehr* sein Minister war, kam ein Gesandter von Rum (= Byzanz). Xosrou saß, wie es Brauch bei den Perserkönigen war, auf seinem Throne und empfing den Gesandten in Audienz. Er wollte sich dem Gesandten gegenüber brüsten (und sagte): „Ich, Xosrou, habe bei mir einen besonders gelehrten Minister." Daraufhin fragte der Gesandte den Minister: „Nun, Herr X, weißt du wirklich alles, was es in der Welt gibt?" Bozorgmehr sagte zum König: „Das weiß ich nicht, o mächtiger Gebieter der Welt!" Xosrou war über dieses Wort sehr verärgert und fühlte sich vor dem Gesandten blamiert und sagte: „Also, wer ist es dann, der alles weiß?" Bozorgmehr gab ihm zur Antwort: „Alles weiß nur die Gesamtheit aller Menschen; aber die Gesamtheit aller Menschen ist noch nicht von der Mutter geboren."

* * *

Darum rechne auch du, mein Sohn, dich mit unter die Masse der Unwissenden! Denn erst dann, wenn du deine eigene Unwissenheit erkannt hast, bist du weise geworden. Weise ist jemand, der sich seiner Unwissenheit und seiner Ohnmacht bewußt geworden ist. So hat Sokrates bei all seiner Weisheit gesagt: „Wenn ich nicht befürchten müßte, daß nach meinem Tode die bedeutendsten Philosophen mich tadeln würden, weil ich den Anspruch erhoben hätte, der Weiseste unter den Menschen zu sein — dann würde ich unbedingt sagen: ‚Ich weiß nichts und bin hilflos.' Aber gerade mit diesem Eingeständnis würde ich einen hohen Anspruch erheben, darum darf ich es nicht sagen." Bušakur Balxi* dagegen lobt sich selbst wegen seiner Weisheit, indem er sagt: „Soweit bin ich mit meinem Wissen gelangt, daß ich weiß, daß ich nichts weiß."

Darum bilde auch du, mein Sohn, dir auf dein Wissen nichts ein, wenn du auch noch so viel weißt. Hast du eine Aufgabe zu lösen, dann sei nicht eigenwillig, auch wenn du die Fähigkeit hast, sie zu bewältigen, denn *wer eigensinnig auf seiner Meinung beharrt, wird das immer bereuen. Ratschläge anzunehmen halte für keine Schande,* sondern frage verständige alte Leute und gute Freunde um ihren Rat! Denn obwohl Mohammad bei all seiner Weisheit und seinem Prophetentum von Gott (in seinem Amt) bestätigt und Gott sein Lehrer und Förderer war, fand er nicht (überall) Gottes Einverständnis und so erhielt er den ausdrücklichen Befehl: „Berate dich mit ihnen in dieser Angelegenheit, o Mohammad (Sure 3,159), d. h. „mit diesen Auserlesenen und Freunden pflege Rat", und Gott fügte hinzu: „Das Überlegen ist eure Sache; den Erfolg zu verleihen, kommt mir zu, denn ich bin Gott der Herr."

Wisse: *Die Meinung von zwei Personen ist nicht dasselbe wie die Meinung eines Einzigen,* denn ein einziges Auge kann nicht das sehen, was zwei Augen sehen. Siehst du nicht: Wenn ein Arzt krank wird und seine Krankheit verschlimmert sich, dann sucht er seine Hilfe nicht nur in seiner eigenen Behandlung, sondern zieht einen anderen Arzt hinzu und erst, nachdem er dessen Rat konsultiert hat, setzt er seine eigene Behandlung fort, selbst dann, wenn der hinzugezogene Kollege ein weniger guter Arzt ist als er selber.

Sollte dein Mitmensch in eine ausweglose Lage geraten, dann sollst du ihm deine Mühewaltung, deinen persönlichen Einsatz und die Unterstützung durch dein eigenes Vermögen nicht vorenthalten, auch wenn er dein Feind und Neider sein sollte. Denn wenn er dadurch, daß du ihm Hilfe bringst, seine Schwierigkeit meistert und aus dieser Notlage erlöst wird, dann kann sich die frühere Feindschaft in eine herzliche Freundschaft umwandeln.

Wenn beredsame, wortgewandte Leute zu dir kommen, um dich zu begrüßen, dann behandle sie mit Respekt und erweise ihnen deine Gunst, damit sie umso mehr darauf bedacht sind, dich durch ihren Gruß zu ehren. Denn der niederträchtigste Mensch ist derjenige, dem man den Friedensgruß nicht bietet.

Wenn du mit den Leuten redest, dann sei nicht übertrieben freundlich; allzuviel Milde schickt sich nicht für einen weisen Mann. *Weisheit, gepaart mit zuviel Weichheit, ist keine wahre Weisheit; und allzuviel weiche Worte verfehlen den Eindruck.*

Nunmehr erfahre die Bedingungen der Kunst des Redens und welcher Art sie sind.

Gott ist der Führer zum rechten Weg.

Siebentes Kapitel

Vom Streben nach Beredsamkeit

Man muß beredsam und redegewandt sein. Aber du, mein Sohn, sei bewandert im Reden, so sehr du kannst. Sprich keine Unwahrheit, und mache dich nicht als lügenhafter Mensch bekannt. Du sollst in dem Rufe stehen, die Wahrheit zu sagen, damit man, falls du doch einmal zu einer Notlüge gezwungen sein solltest, es dann dir leicht abnimmt. Was du auch immer sagst, es sei die Wahrheit! Aber sage nicht eine solche „Wahrheit", die einer Lüge ähnlich ist. Denn eine Lüge, die der Wahrheit ähnelt, ist immer noch besser als eine Wahrheit, die in Wirklichkeit einer Lüge gleichkommt. Denn diese „Lüge" wird angenommen, jene „Wahrheit" aber nicht. Hüte dich also, daß dir so etwas passiert, was mir mit dem Amīr Abo-l'Aswār zustieß.

Erzählung

Wisse: Zur Zeit des Amīr Abo-l'Aswār Šāwar, Sohn des Fadl — es war in jenem Jahre, da ich von der Pilgerfahrt zurückkehrte — zog ich in den „Heiligen Krieg" nach Ganǧe. — Ich hatte nämlich den „Heiligen Krieg" nach Hindostān oft mitgemacht und wollte ihn auch nach Rūm (= Byzanz) mitmachen. Amīr Abo-l'Aswār war standhaft, verständig, würdig, ein großer König, gerecht, tapfer, beredt, fromm und vorausblickend: Es war bei ihm so, wie es bei den gepriesenen Königen der Fall ist, alles war ernst und kein Scherz dabei. Als er mich sah, behandelte er mich sehr ehrenvoll. Er kam mit mir ins Gespräch und redete von allen möglichen Themen. Er fragte mich, ich gab ihm Antwort, und meine Worte gefielen ihm sehr. Er erwies mir viel Ehre und ließ mich nicht wieder fortziehen. Weil er mir soviel Gutes tat, schloß auch ich ihn ins Herz, und viele Jahre lang hielt ich mich in Ganǧe auf: Da war ich bei Speise und Trank in seiner Gesellschaft zugegen. Er fragte mich nach allerlei, bis eines Tages die Rede auf unser Land kam. Er fragte nach den Verhältnissen der Provinz Gorgān*, bis wir auf die Merkwürdigkeiten aller möglichen Länder zu sprechen kamen. Ich erzählte: In der Gegend von Sāwask* liegt ein Dorf, und die Wasserquelle des Dorfes liegt weit vom Dorfe entfernt. Die Frauen, die dorthin gehen, um Wasser zu holen, sammeln sich in einer Gruppe. Jede schöpft mit dem Krug das Wasser aus der Quelle, nimmt den (gefüllten) Krug auf den Kopf und kehrt zurück. Eine von ihnen geht vor ihnen und beobachtet den Weg. Eine Art grüner Würmer liegt auf dem Boden dieses Dorfes; überall nun, wo die Frau einen solchen Wurm sieht, räumt sie ihn aus dem Wege, damit von jenen wasserholenden Frauen keine aus Versehen ihren Fuß auf den Wurm setzt und der Wurm nicht unter ihren Füßen stirbt.

Wenn eine Frau ihren Fuß auf den Wurm setzt und jener stirbt unter ihrem Fuß, dann fängt das Wasser, das sie im Kruge haben, alsbald an zu stinken, so daß man es ausgießen muß. Die Frauen müssen nochmals zurückgehen, ihren Krug waschen und wieder das Wasser aus der Quelle holen.

* * *

Als ich diese Geschichte erzählt hatte, machte der Amīr Abo-l'Aswār ein finsteres Gesicht, wandte sich von mir ab und war ein paar Tage nicht mehr so freundlich wie vorher. So sprach schließlich Dejlamit Piruzan* zu mir: „Der Fürst hat sich über jene Erzählung geärgert und sagte zu mir: „Dieser Herr ist doch ein ernsthafter Mann. Warum muß er mir eine solche Geschichte erzählen, wie man sie den kleinen Kindern erzählt?"

Hierauf schickte ich sofort einen Boten von Gange nach Gorgān und ließ ein Protokoll ausfertigen, welches das Zeugnis des Ortsrichters, des Predigers, des Landrates und der Gelehrten jenes Bezirkes enthielt, um den Nachweis zu bringen, daß es jenes Dorf gibt und daß es sich mit jenem Wurm so, wie ich es erzählt hatte, tatsächlich verhielt. Vier Monate dauerte es, bis ich jenes Protokoll ordnungsgemäß vor mir hatte. Dann legte ich es dem Fürsten hin und las es ihm vor. Er lächelte und sagte: „Ich weiß selbst, daß von einem Mann wie dir keine Lüge kommt, besonders vor meinem Angesicht. Aber warum muß man eine solche Wahrheit aussprechen, für deren Feststellung man vier Monate Zeit braucht, um erst ein von den Honoratioren jenes Bezirkes beglaubigtes Protokoll anfertigen zu lassen — und all das nur, damit man dir diese Geschichte glaubt?"

* * *

Aber nun wisse folgendes, mein Sohn: Es gibt vier Arten der Rede, so, wie die Menschen vier Arten sind: Die erste Art betrifft Menschen, die sich dessen bewußt sind, was sie wissen. Ein solcher Mensch ist ein Gelehrter; man muß ihm folgen. Die zweite Art betrifft Menschen, die sich dessen bewußt sind, daß sie nichts wissen. Dieser Mensch kann ein Führer sein; ihn muß man lehren. Die dritte Art betrifft Menschen, die sich dessen nicht bewußt sind, daß sie wissen. Ein solcher Mensch ist gewissermaßen „eingeschlafen"; ihn muß man wecken. Die vierte Art betrifft Menschen, die sich dessen nicht bewußt sind, daß sie nichts wissen. Ein solcher Mensch ist ein Tor, von ihm muß man fernbleiben.

Die erste Art der Rede betrifft Dinge, die man nicht weiß und nicht sagen darf. Die zweite Art betrifft Dinge, die man sagen darf, aber nicht versteht. Die dritte Art betrifft Dinge, die man sowohl wissen als auch sagen darf. Die vierte Art betrifft Dinge, die man weiß, aber nicht sagen darf. Dinge, die man weder aussprechen darf noch wissen kann, sind solche, die für den Glauben schädlich sind. Dinge, die man sagen darf, aber deren Grund man nicht versteht, betreffen die Worte, die im Buche des erhabenen Gottes und in den Überlieferungen des Propheten — Gott segne ihn und gebe ihm Heil! — und in den Büchern der gelehrten Theologen stehen. Über deren Auslegung herrschen unter ihnen

Unduldsamkeit und Strittigkeit. Wenn nun jemand an eine solche Auslegung sein Herz bindet, so macht ihn der erhabene Gott dafür nicht haftbar.

Das, was man zugleich wissen kann und auch aussprechen darf, betrifft Dinge, die heilsam sind für den Glauben und auch für die weltlichen Angelegenheiten; sie bringen sowohl in dieser wie in jener Welt Nutzen. Denn vom Sprechen wie vom Hören solcher Worte hat sowohl der Sprechende wie der Hörer Vorteil. Eine andere Gruppe bilden die Dinge, die man zwar weiß, aber nicht aussprechen sollte: Dies ist bei denen der Fall, die Fehler von Respektspersonen oder von einem großen Herrn oder von Freunden betreffen, welche dir bekannt geworden sind. Oder es handelt sich um Dinge, bei denen es dir auf Grund deiner vernünftigen Einsicht oder auf Grund deiner Welterfahrung klar ist, daß sie unvereinbar sind mit der šari'at*, dem religiösen Gesetz. Solltest du doch etwas dieser Art verlautbaren, so ist die Folge für dich der Zorn jener Respektspersonen; oder es ist damit die Kränkung eines Freundes verbunden; oder man muß davon Aufregung und Tumult befürchten. So also steht es mit den Worten, die man nicht aussprechen darf, obwohl man die Sache weiß.

Auch hat jede dieser vier zwei Aspekte: einen guten und einen bösen. Jedesmal, wenn du deine Worte an die Menschen richtest, so tu das in der besten Form, damit deine Worte auf guten Boden fallen. Dann werden die Leute auch deinen Wert erkennen. Denn der Mensch ist unter seiner Rede verborgen, wie es im arabischen Sprichwort heißt: „Der Mann ist verborgen hinter seiner Zunge."

Von manchen Reden trübt sich das Gemüt beim Hören; und von einer dem Sinne nach gleichen Redeweise kann man, wenn sie in einer anderen Form ausgedrückt wird, sagen, daß sie den Geist erfrischt.

Erzählung

Also hörte ich es: Der Kalif ar-Rašid* sah einmal das folgende Traumgesicht: Es däuchte ihm, als seien alle seine Zähne ihm aus dem Mund gefallen. Am nächsten Morgen ließ er den Traumdeuter rufen und fragte ihn, was jener Traum zu bedeuten habe. Der Traumdeuter sagte: „Der Beherrscher der Gläubigen möge ein langes Leben haben! Herr, alle deine Verwandten werden vor dir sterben; so wird es geschehen, daß keiner dich überleben wird."

Hārun befahl: „Gebt dem Manne hundert Stockschläge! Denn mag es sich nun so oder so verhalten: Er hat mir dies Wort in so schmerzlicher Form ins Gesicht gesagt. Wenn alle meine Verwandten vor mir sterben, mit wem soll ich dann zusammenleben?" Dann ließ er einen anderen Traumdeuter holen und erzählte ihm denselben Traum. Der Mann sprach: „Aus dem Traum, den der Beherrscher der Gläubigen sah, ergibt sich klar, daß das Leben des Herrschers länger dauern wird als das aller seiner Verwandten." Hārun sagte: „Betrachtet man es vom Standpunkt der Vernunft, so ist diese Deutung nicht anders als die frühere, aber in der Ausdrucksweise liegt ein großer Unterschied", und er ließ dem Manne hundert Dinare geben.

* * *

Noch eine andere Geschichte habe ich vernommen; sie ist zwar für dieses Buch nicht recht passend, aber das arabische Sprichwort sagt: „Man soll nichts Seltsames auslassen"

Erzählung

Ein Mann schlief zusammen mit seinem Sklaven und sagte zu ihm: „Dreh deinen After her zu mir!" Der Junge meinte: „Aber mein Herr, das kann man doch besser ausdrücken!" „Wie soll ich's denn ausdrücken?", fragte der Herr. Der Junge entgegnete: „Sage so: ‚Wende dein Gesicht auf die andere Seite!' In beiden Fällen ist der Sinn das gleiche, nur hast du dich damit nicht so ordinär ausgedrückt." Der Herr sagte: „Ich habe es gehört und mir zu Herzen genommen; und ich lasse dich frei, um so die Schuld meiner ungehörigen Ausdrucksweise abzugelten."

* * *

Man muß also gewissermaßen die Rückseite und die Vorderseite einer Redeweise kennen und beachten. Alles, was du sagst, das mußt du in einer besseren Form ausdrücken; so zeigt sich, daß du die Worte nicht nur sprichst, sondern sie auch abzuwägen verstehst. Wenn du aber die Worte nur sprichst ohne sie wirklich zu kennen: Was ist dann für ein Unterschied zwischen dir und jenem Vogel, den man tuti (= Papagei) nennt, der ein Wort zwar nachspricht, aber ohne den Sinn zu verstehen?

Aber der Redeverständige muß alles, was er zu sagen hat, so ausdrücken, daß er allen Menschen verständlich ist, damit er zur Schar der Vernünftigen gehört. Denn im anderen Falle ist er nur ein Vieh in Menschengestalt.

Aber achte das Wort hoch, denn es kam vom Himmel. Mit keinem Worte, das du weißt, darfst du am rechten Platze geizen; aber du darfst ein Wort auch nicht durch unzeitigen Gebrauch abnutzen, damit du dem Sinne nicht Gewalt antust. Alles, was du sagst, sei der Wahrheit gemäß. Stelle keine unsinnigen Behauptungen auf! *In allen deinen Aussagen gib den Argumenten das größere Gewicht als den bloßen Behauptungen. Stelle keine Behauptungen auf* in einem Wissenszweige, den du nicht kennst. Einen solchen Wissenszweig darfst du dir nicht zum Broterwerb aussuchen; denn die Frucht von jener Wissenschaft und Fertigkeit kannst du nur einheimsen, wenn du sie verstehst. Verstehst du davon nichts, so erreichst du auch nichts.

Erzählung

Also erzählt man: Zur Zeit des Königs Xosrou kam eine Frau zu Bozorgmehr und fragte ihn nach etwas. Der Wesir dachte gerade an etwas anderes und sagte: „Das weiß ich nicht!" Darauf die Frau: „Wenn du das nicht weißt, wozu genießest du dann die Gunst des Herrschers? „Bozorgmehr antwortete: „Für das, was ich weiß; aber für das, was ich nicht weiß, gibt mir der König nichts. Wenn du das nicht glaubst, so komm, und frage den König selbst!"

* * *

Fernerhin: Überschreite in den Dingen nicht das Maß! Wisse: Übertreibung ist schädlich. In allen Angelegenheiten gehe den Mittelweg! Denn der Herr unseres Religionsgesetzes sagt: *„Das beste in allen Dingen ist die Mitte."*

Gewöhne dich in deinen Reden und deinen Taten an ein würdevoll gemessenes Verhalten. Und wenn man dich wegen deines gemessenen Wesens und deines bedächtigen Tuns tadeln sollte, so wisse: Das ist immer noch besser, als wenn man dich wegen deiner Hast und deiner Leichtfertigkeit lobt.

Begehre nicht, ein Geheimnis zu erfahren, das weder mit deinem Wohl, noch mit deinem Wehe etwas zu schaffen hat! Dein eigenes Geheimnis behalte für dich allein! Wenn du aber ein Wort darüber verlauten lässest, dann sieh es nicht mehr als ein Geheimnis an.

Vor anderen Menschen tausche mit niemandem ein Geheimnis aus. Denn obschon ein Wort seiner Absicht nach im Innern gut ist, so unterstellt man ihm doch nach seiner äußeren Form etwas Schlechtes. Denn die meisten Menschen sind gegenseitig vom Mißtrauen erfüllt. Bei allen Worten und Taten sei nach dem Maß deines Vermögens großzügig.

Alle Worte, die du sprichst, sollen deine Aufrichtigkeit bezeugen. Auch wenn du unter den Leuten als redegewandt und ehrlich giltst, gib in keiner Sache ein Zeugnis, wenn du dich nicht selber zugrunde richten willst. Wenn du aber doch Zeugnis ablegen sollst, dann übe Zurückhaltung bei der Aussage und gib sie nicht in Befangenheit. Höre dir jedes Wort an, das die Leute sagen; aber übereile dich nicht beim Handeln. Nichts, was du sagst, sage ohne Überlegung; dem Sprechen soll immer das Denken vorausgehen; andernfalls wirst du es bereuen. Denn vorherige Überlegung ist eine andere Weise, sich ausreichend abzusichern. Laß dich nicht verdrießen, ein Wort anzuhören, mag es dir nun von Nutzen sein oder nicht. Höre zu, damit dir „das Tor der Rede nicht verschlossen bleibt" und der Nutzen des Gesprochenen dir nicht entgeht. Sprich kein unfreundliches Wort aus, denn solch ein böses Wort ist der Same, aus dem die Feindschaft hervorgeht. Bist du ein Weiser, so zähle dich zu den Unwissenden; damit das Tor zum Weiterlernen dir offen ist. Ein gesprochenes Wort unterbrich nicht, noch lobe es voreilig, sondern warte erst, bis dir das Fehlerhafte und das Vernünftige davon klar geworden ist. *Bediene dich bei vornehmen Leuten einer edlen Sprache, zu einfachen Leuten sprich einfach,* damit du nicht aus dem Rahmen der Weisheit herausfällst, und damit deine Hörer durch deine Worte nicht unangenehm berührt werden. Ein Ausnahmefall ist: Wenn man von dem, was du sprichst, keinen Beweis und kein Argument anhören will, dann richte dich mit deinen Worten nach den Wünschen deiner Hörer, damit du ungeschoren aus der Gesellschaft weggehen kannst. Wenn du auch noch so redegewandt bist, so zeige dich selbst unter deinem wirklichen Können, damit du dann, wenn es um das Reden und Handeln geht, nicht den kürzeren ziehst, d. h. daß man dir weniger Beachtung schenkt als du verdienst.

Sei ein Mann, der vieles weiß, aber wenig spricht; nicht ein solcher, der viel redet und wenig weiß. Denn es heißt: Schweigen heißt doppelt sicher sein; Geschwätzigkeit ist doppelte Torheit. Dies gilt deshalb, weil ein Schwätzer, mag er auch noch so gescheit sein, von den Leuten aus dem Volke für unverständig gehalten wird und umgekehrt: Ein noch so unverständiger Mensch, wenn er sich schweigsam verhält, wird vom vulgus eben darum für verständig angesehen. *Bist du auch noch so fromm und ehrbar, so rühme dich dessen nicht selber, denn auf dein eigenes Zeugnis hört niemand.* Bemühe dich vielmehr, von den anderen gelobt zu werden, nicht von dir selber. *Wenn du auch noch so viel weißt, so sage doch nur das, was die Sache selbst erfordert; sonst machst du dir durch deine Rederei nur Unannehmlichkeiten.*

Ein Zeugnis dafür ist die Geschichte jenes Nachkommen des ʿAli aus Zangān*:

Erzählung

Wie ich vernahm, lebte zur Zeit des Sāheb* in Zangān ein alter Mann, ein Rechtskundiger von hohem Ansehen. Er gehörte zur Schule der Šāfe^{c}iten* (des Šāfe^{c}i — Gott erbarme sich seiner!) und war Richter (mofti)*, Prediger und Steuereinnehmer in Zangān. Es lebte auch dort ein junger Mann aus der Familie der ʿAliden*, der ein Sohn des Gouverneurs von Zangān war; auch er bekleidete das Amt eines Predigers. Andauernd suchten die beiden, sich bloßzustellen, ja sie verleumdeten sich gegenseitig von der Kanzel aus, dem Menbar*.

Eines Tages schimpfte jener junge Mann den Alten einen Heiden (Kāfer*). Als der Alte das erfuhr, nannte er den Jungen, gleichfalls von der Kanzel, einen Bastard, der in Sünden geboren sei. Diese Nachricht überbrachte man dem jungen Mann; dieser war außer sich und begab sich nach Rej. Dort beschwerte er sich vor Sāheb über jenen Alten, weinte und sagte: „Ziemt es sich, daß man zu deiner Regierungszeit einen Nachkommen des Propheten als Bastard beschimpft?“ Sāheb wurde zornig und schickte jemanden, der den Alten holen sollte. Darauf setze er sich auf den Richterstuhl, um die Klage zusammen mit den Rechtsgelehrten und anderen hohen Herren zu untersuchen.

Er sagte zu dem Alten: „Scheich, du bist ein Mann von den Emāmen aus der Schule der Šāfe^{c}iten, du bist ein Gelehrter und bist am Rande des Grabes angelangt. Es ziemt sich nicht, daß du einen Nachkommen des Propheten einen

Bastard schimpfst. Bezeuge jetzt die Wahrheit; sonst werde ich eine Strafe verhängen, wie es keine härtere gibt, damit es für alle Menschen, die Gott schuf, ein Warnungsbeispiel ist, und damit kein anderer eine derartige Beleidigung und Beschimpfung ausspricht. Denn so entspricht es dem religiösen Gesetz, der šari^{c}at."

Hierauf sagte der Alte: „Für die Wahrheit meiner Aussage ist mein Zeuge dieser 'Alide selbst. Einen besseren Zeugen als ihn verlange nicht! Nach meiner Ansicht allerdings ist er ein rein eheliches Kind, aber nach seiner eigenen ist er illegitim." Sāheb fragte: „Wie ist das gemeint?" Der Scheich antwortete: „Jedermann in Zangān weiß, daß ich die Eheschließung zwischen seinem Vater und seiner Mutter vollzogen habe. Nun aber hat er mich von der Kanzel aus einen Ungläubigen genannt. Wenn er dieses Wort ernst gemeint hat, nun, dann ist die von einem Ungläubigen vollzogene Eheschließung nicht rechtsgültig. Dann aber ist er nach seinem eigenen Worte ohne Zweifel ein uneheliches Kind. Hat er aber seine Worte ohne Überzeugung ausgesprochen, so ist er ein Lügner — und ein Nachkomme des Propheten darf nicht lügen. Nennt ihn also, wie ihr wollt! Auf eine der beiden Aussagen muß er sich festlegen, daran ist kein Zweifel." Da wurde jener 'Alide verlegen und konnte keine Antwort geben. So wurde sein unüberlegtes Wort für ihn zum Verhängnis.

* * *

Sei also ein Redner, aber sei kein Schwätzer! Denn Schwätzerei ist eine andere Art der Verrücktheit. Und mit wem du auch immer sprichst, paß auf, ob man dir dein Wort abkauft oder nicht. Wenn du einen „Käufer" dafür findest, nun, so „verkaufe" es ihm; andernfalls sage ihm das, was ihm angenehm ist, damit er es dir abnimmt. Mit gebildeten Leuten verkehre wie ein gebildeter Mensch; mit gewöhnlichen Leuten wie ein solcher; denn der eine ist so, der andere so. Jeder, der aus dem Schlaf der Sorglosigkeit erwacht, der gestaltet sein Leben so, wie ich es gesagt habe. Soweit als möglich verabscheue es nicht, dir eine Rede anzuhören, denn durch das Hören erwirbt man sich die Fähigkeit zum Reden. Der Beweis dafür ist: Wenn man ein kleines Kind, das eben erst von der Mutter geboren ist, in eine unterirdische Höhle bringt und es dort aufzieht, und dann weder die Mutter, noch der Vater, noch eine Wärterin mit ihm ein Wort sprechen und es auch sonst kein Wort hört, dann wird es, herangewachsen, stumm und vermag kein Wort zu sprechen, bis es erst nach längerer Zeit das Sprechen hört und dann auch erlernt.

Ein anderer Beweis ist folgender: Das von der Mutter geborene Kind kann zunächst kein Wort sprechen — und bemerkst du nicht, daß die Stummen auch taub sind? Die Weisen haben gesagt: Wenn die Könige ihre weisen Berater hören, so machen sie ihre Augen leuchtend hell; denn was die Salben — Antimon und Zinkoxyd — für die Augen sind, das ist die Weisheit für die „Augen des Herzens", d. h. für den Verstand. Demnach soll man die Worte der Leute mit den „Ohren des Herzens" hören und ihnen Vertrauen schenken.

Über dieses Thema sind mir einige gute Worte in Erinnerung; und zwar von den Aussprüchen Nušīrwāns* des Gerechten. Wir erwähnen sie in diesem Buche, damit du sie verwenden kannst.

Achtes Kapitel

Ratschläge Nušīrwāns des Gerechten

Solange Tag und Nacht kommen und gehen, wundere dich nicht über die Launen des Schicksals!

Warum bereuen die Menschen ihre Taten, da doch schon vor ihnen andere jene (selben) Taten bereut haben?

Wie kann jemand sorglos schlafen, der mit einem König Bekanntschaft gemacht hat?

Warum zählt sich jemand noch unter die Lebenden, dessen Leben im Widerspruch zu seinen Wünschen verlief?

Warum nennst du nicht denjenigen einen Feind, der seine „Tugend“ darin sieht, die Menschen zu quälen?

Warum nennst du denjenigen einen „Freund“, der ein Feind deiner Freunde ist?

Mit einem ungebildeten Menschen schließe keine Freundschaft, denn ein solcher verdient es weder dein Freund noch dein Feind zu sein.

Hüte dich vor einem Menschen, der sich selber für weise hält und doch unweise ist!

Gib dir selbst das Gesetz, damit du keinen Gesetzgeber nötig hast!

Sage die Wahrheit, auch wenn sie bitter ist!

Wenn du willst, daß dein Feind dein Geheimnis nicht erfahre, dann sage es nicht deinem Freunde!

Nörgelsucht ist sehr schädlich.

Menschen ohne Wert rechne nicht zu den Lebendigen!

Wenn du ohne Schatz reich werden willst, sei genügsam!

Kaufe nicht teuer ein, damit du nicht teuer verkaufen mußt!

Hungers sterben ist besser als vom Brot gemeiner Menschen satt werden.

Bei allem, was dir in den Sinn kommt, setze dein Vertrauen nicht auf unzuverlässige Leute; aber gib dein Vertrauen auf die Vertrauenswürdigen nicht preis!

Auf Verwandte angewiesen zu sein, die niedriger stehen als du, das halte für ein großes Unglück. Denn es ist besser, im Wasser zu sterben, als die Frösche um Sicherheit zu bitten.

Ein Sünder, der sich bescheiden aufführt und dem Diesseits anhängt, ist besser als ein Vorleser des Korans, der hochmütig ist und nach dem Jenseits strebt.

Es gibt keinen törichteren Menschen als den, der einen Mann, der es zu einer hohen Stellung gebracht hat, ebenso geringschätzig ansieht wie vorher.

Es gibt keine schlimmere Schmach als die, daß man über irgend etwas, wovon man nichts versteht, eine Behauptung aufstellt und dadurch zum Lügner wird.

Es gibt keinen Betrogeneren als den, der einen Fund vertauscht mit etwas anderem, was er nicht gefunden hat.

In der Welt gibt es keinen niedriger Gesinnten als denjenigen, der einen Bedürftigen auf dessen Bitte hin nicht unterstützt, obwohl er dazu in der Lage ist.

Halte jeden, der dich grundlos beschimpft, immer noch für entschuldbarer als einen, der solchen bösartigen Klatsch an dich weitergibt.

Derjenige, der vom Unglück eines seiner Lieben betroffen wird, erleidet nicht den Schmerz wie einer, der davon hört, ohne doch helfen zu können.

Von den verschiedenen Geschädigten ist derjenige am meisten betroffen, der durch den Blick der Augen Schaden erleidet.

Halte jeden Sklaven, den man kauft und verkauft, für freier als denjenigen, der ein Sklave seines Schlundes ist!

Soviel man auch weiß: Wenn mit dem Wissen kein Verstand gepaart ist, dann ist das bloße Wissen eine Last.

Bei keinem, den nicht die Lebenserfahrung weise macht, soll ein Weiser Mühe darauf verwenden, ihn zu belehren; denn diese Mühe wäre vergeblich.

Einen Toren kann man leichter vor allem anderen bewahren als vor sich selbst.

Wenn du willst, daß die Leute Gutes von dir sprechen, dann sprich du Gutes von den anderen Leuten!

Wenn du willst, daß deine für die Menschen aufgewendete Mühe nicht vergeblich ist, dann darfst du die Bemühungen der Menschen um dich nicht durchkreuzen.

Wenn du nicht willst, daß du nur wenige Freunde und Gefährten hast, dann sei nicht rachsüchtig!

Wenn du schweren Verdruß vermeiden willst, sei nicht neidisch!

Wenn du willst, daß dein Leben leicht verläuft, dann gehe deinen eigenen Weg.

Wenn du nicht unter die Verrückten gerechnet werden willst, dann suche nicht nach dem, was nicht zu finden ist.

Willst du geehrt sein, so sei bescheiden!

Willst du dich nicht selbst betrügen, dann halte das nicht für erledigt, was noch gar nicht getan ist.

Wenn du nicht willst, daß man dich bloßstellt, dann stelle andere nicht bloß.

Wenn du willst, daß dein Schleier nicht zerrissen wird, zerreiße nicht den Schleier der anderen!

Wenn du nicht hinter deinem Rücken verlacht werden willst, dann sorge für deine Untergebenen.

Wenn du langdauernder Reue entgehen willst, dann handle nicht nach den Gelüsten deines Herzens.

Wenn du zu den Klugen gehören willst, dann sieh dein eigenes Antlitz im Spiegel der anderen.

Willst du ohne Furcht sein, dann schade niemandem!

Willst du, daß man deinen Wert richtig einschätzt, dann erkenne den Wert der anderen an!

Wenn du willst, daß die anderen Leute nach deinen Worten handeln, dann handle selber nach deinen Worten!

Wenn du von den Leuten gelobt sein willst, dann mache dein Geheimnis nicht den Unverständigen kund; so predige den Narren keine Weisheit.

Wenn du höher stehen willst als die anderen, dann spende reichlich Brot und Salz.

Wenn du unter die Edlen gerechnet sein willst, dann gib der Habgier in deinem Herzen keinen Raum.

Wenn du zu den Gerechten gezählt sein willst, dann behandle deine Untergebenen so gut wie möglich.

Willst du dem Tadel des gemeinen Volkes entgehen, dann lobe dessen Taten, wie auch deren Wirkungen sein mögen.

Willst du dich bei den Leuten beliebt machen und ihre Feindschaft zu vermeiden wünschest, dann rede ihnen nach dem Munde.

Wenn du ein rechtschaffener Mann sein willst, dann darfst du bei keinem anderen das gutheißen, was du bei dir selbst nicht billigst.

Willst du deinem Herzen keine unheilbare Wunde zufügen, dann laß dich mit keinem Toren in ein Streitgespräch ein.

Willst du für den besten unter den Menschen gelten, dann verweigere niemandem etwas!

Wenn du willst, daß „deine Zunge lang ist“ (= daß du dreist sprechen kannst), dann „halte deine Hand kurz“ (= strebe nicht nach mehr und nimm nichts weg).

Dies sind die Aussprüche Nušīrwāns des Gerechten. Wenn du, mein Sohn, diese liesest, so halte sie nicht für verachtungswürdig! Denn von diesen Worten strömt ein Duft von Weisheit und ein Duft von Königswürde, weil es die Worte der Weisen und die Worte der Könige sind.

So las ich es in den Geschichten der früheren Kalifen. Einstmals besuchte der Kalif Ma'mun* das Grab Nušīrwāns des Gerechten. Er fand dessen Gliedmaßen auf dem Thron vermodert und zu Staub geworden. An der Mauer des Grabmals war eine Inschrift mit goldener Schrift und in Pahlawibuchstaben geschrieben. Da ließ Ma'mun pahlawikundige Schreiber holen, und diese übersetzten die Inschrift ins Arabische. Dieser arabische Text wurde dann ins Persische verdolmetscht.

Er lautete:

> „Zum ersten: Als ich noch am Leben war, standen alle Diener des Allmächtigen Gottes im Genusse meiner Gerechtigkeit. Niemand kam zu mir, der nicht an meiner Gnade Anteil gefunden hätte. (Zum anderen:) Als nun die Zeit kam, da ich dahinwelkte, wußte ich mir nicht anders zu helfen, als diese Worte an die Mauer hier zu schreiben. Wenn jemand kommt, um mein Grabmal zu besuchen, so soll er diese Worte lesen, sie verstehen, sich merken und in die Tat umsetzen. Dann wird er nicht enttäuscht werden, sondern für seine Mühe belohnt sein."

Neuntes Kapitel

Von Alter und Jugend

Mein Sohn, *obschon du noch jung bist, sei alt an Verstand!* Damit will ich nicht sagen, daß du dich nicht wie ein junger Mensch verhalten sollst. Indessen: Auch als Jüngling mußt du dich selbst beherrschen. Gehöre nicht zu den jungen Leuten, die schon verwelkt sind; denn es ist etwas Schönes um einen lebhaften Jüngling. Aristoteles sagt: „Die Jugend ist eine Art von Besessenheit." Sei aber auch keiner von den unvernünftigen jungen Burschen. Denn *aus einem lebhaften Temperament entsteht noch kein Unheil, wohl aber aus der Torheit. Genieße deine Jugendzeit, so viel du kannst;* denn wenn du alt geworden bist, kannst du nicht mehr viel leisten. Ein alter Mann sagte einmal: „So viele Jahre hat mich der Gedanke gequält und gepeinigt: Bist du erst einmal alt, dann mögen dich die hübschen Gesichter nicht mehr. Jetzt bin ich nun alt und mag sie selber nicht mehr. Und wenn ich es schon wollte, so würde es sich nicht ziemen."

Obschon du noch jung bist, mein Sohn, vergiß nicht Gott den Allmächtigen! Sei niemals sicher vor dem Tode, denn der Tod kennt weder alt noch jung, wie es 'Asğadi* sagt: „Der Tod kümmert sich nicht um Alter und Jugend; sonst würden nur alte Leute sterben und die jungen Menschen immer am Leben bleiben."

Erzählung

Man erzählt: In der Stadt Rej* lebte ein Schneider; der hatte seinen Laden am Tore des Friedhofs. Er hatte einen Krug an einem Nagel aufgehängt, und er hatte es sich zur Gewohnheit gemacht, bei jeder Leiche, die vom Stadttor aus hinein in den Friedhof gefahren wurde, einen Stein in jenen Krug zu werfen. Am Ende jedes Monats rechnete er danach aus, wie viele Leute in diesem Monat gestorben waren; dann leerte er den Krug aus. So warf er immer wieder Steine in den Krug, bis der nächste Monat kam. So ging die Zeit dahin, bis der Schneider selber starb. Da kam ein Mann und suchte nach dem Schneider; er wußte nämlich nicht, daß dieser gestorben war. Als er die Tür des Ladens geschlossen sah, fragte er die Nachbarn, wo der Schneider sei. Die Nachbarsleute sagten ihm: „Der Schneider ist auch in den Krug gefallen."

* * *

Du aber, mein Sohn, sei vernünftig und sei nicht stolz auf deine Jugend; und ob du nun fromme oder sündhafte Handlungen tust: In jedem Fall denke an den erhabenen Gott, suche die Vergebung und fürchte den Tod, damit du nicht plötzlich in den Krug fallest wie der Schneider mitsamt deiner schweren Sündenlast.

Verkehre auch nicht immer nur mit jungen Leuten; suche auch die Unterhaltung mit älteren. *Laß den Kreis deiner Vertrauten und Freunde aus alt und jung gemischt sein.* Denn wenn einmal ein junger Mensch im Rausch seiner Jugend etwas Törichtes sagt, dann macht ein Alter dich darauf aufmerksam, weil die alten Leute Dinge wissen, die die Jungen noch nicht wissen. Obwohl die meisten Jugendlichen über die Alten spotten, weil sie sehen, daß diese das Jungsein vermissen — aus diesem Grunde sind ja die Jungen den Alten überlegen und behandeln sie respektlos — und obwohl die Alten sich tatsächlich nach der Jugend zurücksehnen —, so sehnen sich doch zweifellos auch die Jugendlichen danach, alt zu werden — mögen sie nun das Alter erreichen oder nicht. Wenn du es also recht betrachtest, sind beide auf einander neidisch. Obgleich die jungen Leute sich klüger dünken als jedermann, so hüte *du*,mein Sohn, dich doch, ein solches Wesen der Jugendlichen zu haben. Erweise vielmehr den Alten Ehrfurcht und sprich zu ihnen kein unüberlegtes Wort; denn die Antwort der Alten wird grob ausfallen.

Erzählung

Folgendes hörte ich. Da ging einmal ein hundertjähriger, buckliger Greis auf seinen Stab gestützt dahin. Ein junger Mann lachte ihn aus und sagte zu ihm: „Scheich, für wieviel hast du dir diesen Bogen gekauft? Ich möchte mir nämlich auch einen kaufen." Der alte Mann gab zur Antwort: „Wenn du dich noch geduldest und selber alt sein wirst, dann bekommst du ihn gratis geliefert! Verdient hast du ihn freilich nicht."

* * *

Zu albernen Greisen setze dich nicht; denn die Unterhaltung mit verständigen jungen Leuten ist besser als die mit törichten Greisen. *Solange du jung bist, sei auch richtig jung; bist du alt geworden, dann verhalte dich deinem Alter entsprechend.* Denn für einen Alten ist es nicht schicklich, den Jungen markieren zu wollen. Ich habe es poetisch so ausgedrückt:

„Das ist wie das Blasen ins Horn auf dem Rückzug,
Wenn ein Greis im Alter den Jüngling noch spielt."

Sei kein gefallsüchtiger Greis und fliehe die unmoralischen und gewissenlosen alten Männer. Übe mehr Gerechtigkeit dem Alter gegenüber als der Jugend. Denn die Jugend hat noch die Hoffnung, alt zu werden; aber für das Alter gibt es keine andere Hoffnung mehr als den Tod. Wenn das Korn weiß geworden ist, so fällt es von selbst ab, wenn es nicht gemäht wird; ebenso ist es mit dem Obst, überreif fällt es vom Baume ab, wenn man es nicht pflückt. So heißt es im Gedicht:

„Magst du auch das Fundament deines Thrones auf den Mond stellen,
Magst du sein wie Salomo an Reichtum und Glück,
Wenn deine Lebenszeit zur Reife gelangt ist,
Dann mußt du deine Habseligkeiten packen —
So wie das Obst vom Baume fällt, wenn es reif ist."

So sagt auch ein arabischer Spruch:

„Wenn das Werk vollendet ist, wenn die Kräfte beginnen abzunehmen,
Dann warte auf die Vernichtung, wenn es heißt: Es ist zu Ende."

Und wisse: Du darfst nicht so bleiben, wie du jetzt bist. Wenn deine fünf Sinne nachlassen, dann schließt sich für dich das Tor des Sprechens, des Sehens, des Hörens, des Riechens, des Fühlens und des Schmeckens völlig. Du selbst wirst deines Lebens nicht mehr froh werden; niemand wird sich an dir erfreuen, und du wirst den Menschen zur Last fallen. Dann ist der Tod besser als ein solches Leben. Je älter du wirst, um so mehr mußt du dich von den Abgeschmacktheiten der Jugend loslösen; so geziemt es sich, je näher der Tod heranrückt. Das menschliche Leben ist der Sonne vergleichbar: *Der Sonnenschein der Jugend liegt im östlichen Horizont, der des Alters im Westen; dort neigt sich die Sonne zum Untergang.* So habe ich es im Verse gesagt:

„Kejkāwus, du bist schwach geworden in der Faust des Alters,
Bereite dich vor, die Welt zu verlassen,
Denn schon hast du dreiundsechzig Jahre vollendet.
Nun ist auf jeden Fall die Zeit gekommen für das Abendgebet;
Und wenn das vorbei ist, dann kommt schnell die Nacht."

Darum darf ein alter Mann weder in seinem Denken noch in seinem Handeln jung sein wollen. Aber immer soll man mit den alten Leuten voller Erbarmen sein. Denn ein Alter gleicht einem Kranken, bei dem kein Mensch mehr zu einem Krankenbesuch kommt; und *das Alter ist wie eine Krankheit, für welche kein Arzt ein Heilmittel weiß — es sei denn den Tod.* Denn der Alte wird sich von der Qual des Alters niemals erholen, bis er stirbt. Denn jede Krankheit, die den Menschen befällt, kann noch besser werden, falls er nicht daran stirbt, und es bleibt noch eine Hoffnung. Aber die Krankheit des Altwerdens wird immer schlechter, und für sie gibt es keine Hoffnung auf Besserung.

Ich habe nämlich in einem Buche folgendes gelesen: Der Mensch nimmt bis zum vierunddreißigsten Lebensjahre täglich an Kraft und körperlichem Wachstum zu und bleibt dann bis zum vierzigsten Lebensjahre unverändert, so daß weder eine Zunahme noch eine Abnahme der Lebenskraft erfolgt. Es ist wie bei der Sonne: Sie steigt aufwärts bis zur Mitte des Himmels, und dann läßt ihre Geschwindigkeit nach bis zur Zeit des Untergangs. Vom vierzigsten bis zum fünfzigsten Lebensjahre beobachtet man in jedem Jahre einen Rückgang, d. h. einen bestimmten Fehler, den man im vorangegangenen Jahre noch nicht bemerkt hatte; vom fünfzigsten bis zum sechzigsten Jahre entsprechend in jedem Monat, im Alter von sechzig bis siebenzig Jahre ist dies in jeder Woche der

Fall und von siebenzig bis achtzig Jahre an jedem Tage; sind achtzig Jahre vorübergegangen, dann sieht der Greis jede Stunde einen Schmerz und eine Qual, die er zuvor nicht hatte. Die Grenze für den Lebensgenuß bildet das vierzigste Lebensjahr; ist man so alt, so steht man auf der obersten Sprosse der Leiter. Ebenso wie du hinaufgestiegen bist, so wirst du zweifellos wieder hinabsteigen. Wie kann also jemand glücklich sein, der jede Stunde eine Pein und einen Schmerz sieht, den er vorher nicht hatte?

Nun, mein Sohn, du Labsal meines Auges, habe ich dir die Klage über das Alter lang und breit auseinandergesetzt, denn es macht mir ja Beschwerde. Und das ist auch kein Wunder, denn das Alter ist mein Feind, und wider den Feind muß man Klage erheben, so wie ich es in einem Verse ausgesprochen habe:

„Wenn ich mich über das Alter beklage, dann wundere dich nicht;
Denn das Alter ist ja mein Unglück, und von diesem Unglück
rührt meine Klage her."

Zusammen mit denen, die uns am nächsten stehen, klagt man über die Feinde; du aber stehst mir am nächsten. Ich hoffe zu Gott, dem Allmächtigen und Erhabenen, daß du einmal dieselbe Klage auch mit deinem Sohne anstimmen wirst; in diesem Sinne habe ich die folgenden beiden Verse verfaßt:

„O weh! bei wem soll ich Klage erheben über das Alter?
Habe ich doch für diesen Kummer keinen anderen Tröster als dich!
Komm, mein alter Gefährte, damit ich zusammen mit dir diese Klage erhebe!
Denn junge Leute haben ja von so etwas keine Ahnung!"

Den Kummer über das Alter kann ja keiner besser verstehen als einer, der selbst alt ist.

Erzählung

Unter den Pförtnern meines Vaters befand sich einer, der Moǧāhed Hāǧeb Kāmel* hieß. Es war ein Greis, der über achtzig Jahre alt war. Er wollte ein Pferd kaufen. Der Zureiter brachte ihm ein wohlgenährtes Pferd von guter Farbe und mit geraden Beinen. Der Alte betrachtete es, es gefiel ihm, und man handelte um den Preis. Aber als der Käufer sich die Zähne besah, da merkte er, daß das Pferd alt war. Da stand er von dem Kaufe ab, und ein anderer Mann kaufte das Pferd. Ich sagte zu ihm: „Pförtner, jenes Pferd hat der Herr Soundso gekauft; warum hast du es nicht gekauft?" Er gab mir zur Antwort: „Der Käufer ist ein junger Mann, der von den Plagen, dem Mißgeschick und der Schwäche des Alters keine Ahnung hat; ich aber habe davon Kenntnis. Würde ich nun jetzt einen alten Gaul kaufen, so wäre das von mir unverzeihlich."

* * *

Aber, mein Sohn, *wenn du alt geworden bist, dann sei bestrebt, dich an einem einzigen Orte aufzuhalten.* Denn im Alter ist das Reisen unvernünftig, besonders wenn jemand mittellos ist. Denn das Alter ist der eine Feind, und die Armut ist der andere. Also zeugt es nicht von Verstand, eine Reise mit zwei Feinden zugleich zu machen.

Gesetzt, es tritt der äußerste Notfall ein, und du bist gezwungen, eine Reise zu machen; du mußt also von deinem Hause fern bleiben. Wenn dir nun Gott der Erhabene auf deiner Reise und in jener fremden Gegend Gnade zuteil werden läßt und es dir gut geht, dann ist es besser für dich, als wenn du daheim geblieben wärest. Dann darfst du dich niemals nach Hause zurücksehnen, sondern sollst deinen Wohnsitz dort nehmen, wo du deine Interessen am besten vertreten siehst. *Erkenne den Platz als deine Heimat an, wo es dir gut geht!* Man hat zwar im Arabischen gesagt: „Das Vaterland ist die zweite Mutter", aber mach dir darüber nicht viel Kopfzerbrechen. *Sieh zu, wo dein Glück blüht!* Denn es heißt: „Der Glückliche strebt nach dem Guten; der Unglückliche sehnt sich nach der Heimat."

Aber sobald du dich selbst in einer glänzenden Lage gesehen und eine nützliche Beschäftigung gefunden hast, dann bemühe dich darum, daß du dich in dieser Tätigkeit stark machst und darin leistungsfähig wirst. Wenn du nun in dieser Tätigkeit erfolgreich geworden bist, dann strebe nicht nach mehr; denn *bei dem Streben, immer mehr zu erhaschen, erleidest du Verlust.* Denn es heißt: Eine Sache, die man gut hingestellt hat, suche nicht noch besser aufzustellen, damit du nicht bei der Gier nach dem Unmöglichen in eine schlimmere Lage gerätst. Aber in der Weise, wie du dein Leben verbringst, sei nicht ohne Ordnung.

Wenn du willst, daß du in den Augen von Freund und Feind in Ehren dastehst, dann muß dein Charakter und dein Rang vor den gewöhnlichen Leuten hervorragen.

Zehntes Kapitel

Von der Etikette beim Essen

Wisse, mein Sohn, daß die gewöhnlichen Leute bei ihren Angelegenheiten weder die (richtigen) Zeiten noch die (rechte) Ordnung einhalten. Ob es Zeit, ob Unzeit (für etwas) ist, darauf nehmen sie keine Rücksicht. Die Großen und Vernünftigen (dagegen) haben für ihre Beschäftigungen bestimmte Zeiten festgesetzt. Sie haben die vierundzwanzig Tag- und Nachtstunden für ihre Tätigkeiten genau eingeteilt. Für jede Arbeit haben sie einen (begrenzten) Termin und für jede Zeitspanne (ihrer Tätigkeit) ein bestimmtes Maß festgelegt, damit ihre Beschäftigungsweisen nicht durcheinander geraten. Auch ihren Dienern ist es bekannt, mit welcher Angelegenheit sie sich jederzeit befassen müssen, damit alle Arbeiten ihre bestimmte Ordnung haben.

Aber zuerst (wollen wir von der) Etikette beim Essen (sprechen). Wisse, daß es die Gewohnheit der Leute vom Bazar ist, am Abend zu essen. Das ist sehr schädlich, und sie leiden daher beständig an Magenbeschwerden. Die Leute, die im Heeresdienst stehen, haben die Gewohnheit, daß sie überhaupt keine bestimmte Zeit (zum Essen) einhalten: Zu jeder Zeit, die sie finden, essen sie. Das ist die Art der Tiere: Immer, wenn sie Futter finden, fressen sie. Die Leute von Rang und die Vornehmen speisen nicht mehr als einmal am Tage. Diese Selbstbeherrschung ist gut, aber der Körper wird schwach, und die Menschen sind dauernd ohne Kraft. Daher ist es richtiger, wenn die vornehmen Leute am Morgen in einem Privatraum ein wenig Speise zu sich nehmen, dann ihrer Tätigkeit im Haushalt nachgehen bis zum Mittagsgebet, daß dann das übliche Dinner aufgetragen wird und daß sie ihre Mittagsgäste (wörtlich: „diejenigen, die mit ihnen das Brot essen) herbeirufen und hierauf ihre Mahlzeit halten. Aber sie sollen nicht eilig essen, sondern langsam dabei sein. Auch sollen sie sich während der Mahlzeit mit ihren Gästen unterhalten, denn so ist es die Vorschrift im Islam. Aber halte während des Essens den Kopf gesenkt und beobachte nicht die Bissen der anderen.

Erzählung

Ich hörte folgendes: Einmal saß Sāheb Esmāʿil Sohn des ʿAbbād* bei der Mahlzeit mit seinem Gefolge. Ein Mann nahm einen Bissen aus der Schale, und in dem Bissen steckte ein Haar. Der Gast aber sah es nicht. Da sagte Sāheb zu ihm: „Herr Soundso, nimm dieses Haar von deinem Bissen!“ Der Gast legte den Bissen aus der Hand, stand auf und ging weg. Sāheb befahl, ihn zurückzuholen. Dann fragte er ihn: „Herr X., warum bist du halbsatt von unserer Tafel aufgestanden?“ Darauf sagte jener Mann: „Ich darf nicht das Brot eines Mannes essen, der in meinem Bissen ein Haar sieht.“ Sāheb aber schämte sich.

* * *

Du aber, mein Sohn, beschäftige dich (beim Essen) mit dir selbst. Zunächst habe es mit dem Essen nicht eilig. Nachher laß die Speiseschüsseln servieren. Es gibt in der feinen Gesellschaft hierbei zwei verschiedene Gebräuche. Manche lassen sich (als Gastgeber) zuerst selbst servieren und erst dann ihren Gästen; andere lassen zuerst ihren Gästen servieren. Dies ist die bessere Form; denn es ist ein Akt der Höflichkeit, die andere ein solcher des Herrentums.

Weiter gib folgende Anweisung: Wenn die Diener die Schüsseln bringen, dann sollen sie schnell verschiedene Gerichte auftragen. Denn es sind nicht alle Mägen gleich. So möge es sein: Wenn die Gäste sich von der Tafel erheben, dann sollen sowohl die Viel-Esser wie auch die Wenig-Esser gleichermaßen befriedigt sein. Sollte vor dir ein Gericht stehen, das vor den anderen nicht steht, dann mußt du den anderen etwas davon anbieten. Weiter: *Während der Mahlzeit mach kein mürrisches Gesicht!* Streite dich auch nicht über den Tisch mit dem Serviermeister herum, denn das ist keine gute Angewohnheit. Darüber mehr in einem anderen Kapitel!

Nachdem du nun die Etikette beim Essen kennengelernt hast, lerne nunmehr die Etikette beim Weintrinken.

Elftes Kapitel

Etikette beim Weintrinken

Was aber das Weintrinken anbelangt, so sage ich nicht: „Trinke Wein!“; ich kann aber auch nicht sagen: „Trinke keinen Wein!“; denn *junge Leute geben ihre Gewohnheit auf Grund der Ratschläge anderer nicht auf.* Auch mir haben viele das oft gesagt (als ich jung war), aber ich hörte nicht darauf, bis mir, als ich 50 Jahre alt war, Gottes Gnade Reue verlieh (und ich dem Weintrinken entsagte). Aber wenn du nicht trinkst, so wirst du den Nutzen beider Welten für dich haben: Du wirst die Zufriedenheit Gottes — er ist erhaben! — für dich gewinnen, und zugleich wirst du befreit sein von den Vorwürfen der Menschen, von den Gesprächen mit unverständigen Leuten und von unsinnigen Handlungen. Und für die Haushaltsführung ist es ein großer Gewinn. Also, von verschiedenen Gesichtspunkten aus betrachtet, wäre es mir lieber, wenn du nicht trinkst. Indessen, du bist noch jung, und ich weiß, daß deine Kameraden es nicht zulassen, wenn du nicht trinkst. Ein arabisches Sprichwort lautet: *„Einsamkeit ist besser als schlechte Gesellschaft.“* Also, wenn du trinkst, dann mache auf alle Fälle dein Herz auf spätere Reue gefaßt und bitte Gott — er ist erhaben! — um Erfolg deiner Buße. Bereue immer deine Handlungsweise! Möge Gott dir den Erfolg deiner aufrichtigen Buße in seiner Gnade gewähren!

Jedenfalls, wenn du (Dattel)wein trinkst, dann mußt du wissen, *wie* man ihn trinkt; denn wenn du es nicht weißt, dann ist das Trinken Gift, und wenn du es weißt, ein Gegengift. In der Tat werden alle Nahrungsmittel, Speisen und Getränke, die du zu dir nimmst, zu Gift, wenn du sie im Überfluß genießest, und daher hat man gesagt (Vers): „Das Gegengift wird zum Gift, wenn es im Übermaß genossen wird und sein Maß überschreitet.“

Du darfst nicht, wenn du Brot issest (= Speise zu dir nimmst) zur gleichen Zeit (Dattel)wein trinken, bis du nicht dreimal durstig gewesen bist; (erst dann) kannst du Wasser oder Gerstensaft (foqqā^c)* in Gebrauch nehmen. Bist du nicht durstig, so warte noch eine Spanne von drei Stunden nach der Mahlzeit, und zwar aus folgendem Grunde: Auch wenn dein Magen gesund und kräftig ist, so dauert es doch, nachdem er Speise und Trank zu sich genommen hat, sieben Stunden, bis er verdaut hat. Drei Stunden läßt er sie „kochen“ (ausreifen), drei weitere Stunden braucht es, bis die Kraft der Speisen absorbiert (verarbeitet) und in die Leber überführt ist, damit die Leber sie verteile auf die einzelnen Glieder, denn sie ist die Verteilerin. Eine weitere Stunde braucht es, bis die Leber die zurückgebliebenen Schlacken in die Gedärme gebracht hat. Die achte Stunde muß der Magen leer sein. Jeder Magen, der diese Leistung nicht aufbringt, ist ein Kürbis und kein Magen. Also, aus diesem Grunde sage ich: Erst wenn drei Stunden nach der Mahlzeit vergangen sind, trinke Wein, damit du sowohl vom Essen Nutzen hast als auch vom Trinken.

Fang mit dem Trinken erst nach dem Abendgebet an, damit es schon Abend geworden ist, wenn du berauscht bist und die Leute deine Trunkenheit nicht sehen. In der Trunkenheit gehe nicht hin und her; das ist nicht lobenswert. Denn man hat gesagt: „Das Hin- und Herlaufen (während des Rausches) ist eine Quälerei."

Im offenen Gelände und im Garten trinke keinen Wein; und wenn du doch trinkst, dann kehre deiner Trunkenheit wegen wieder in das Haus zurück und mach deine Trunkenheit zu Hause ab. Denn was man unter seinem Hausdache erledigen kann, das soll man nicht unter freiem Himmel erledigen; und der Schatten der Zimmerdecke ist besser als der Schatten des Baumes, darum, weil die Menschen in ihren eigenen vier Wänden sind wie der Kaiser in seinem Reiche, aber im Freien ist der Mensch wie ein Fremdling, und man weiß ganz genau, wie (wenig) weit die Hand eines Fremdlings reicht.

Auf jeden Fall erhebe dich vom Weingelage dergestalt, daß du noch für zwei Becher Platz hast. *Hüte dich auch, noch einen Bissen zu essen, wenn du satt bist, und wenn du trunken bist, noch eine Schale zu trinken.* Denn die Übersättigung und die Trunkenheit entstehen nicht aus dem Essen und Trinken im allgemeinen, sondern die Übersättigung beim letzten Bissen und die Trunkenheit bei der letzten Schale. Also nimm einen Bissen Brot und einen Becher Wein weniger zu dir, damit du vor dem Übermaß in jeder Sache gesichert bist. Bemühe dich immer, nicht trunken zu sein. Denn das Ergebnis bei den Weintrinkern ist zweifach: entweder Krankheit oder Tollheit. Denn wer Wein trinkt, wird entweder berauscht oder erschöpft (= bekommt den „Katzenjammer"). Ist er berauscht, so gehört er zur Schar der Verrückten, und wenn er den „Katzenjammer" hat, zu den Kranken. Denn der Katzenjammer ist eine Art Krankheit. Warum aber soll man nach etwas gierig sein, dessen Folge entweder eine Krankheit ist oder eine Tollheit?

Freilich weiß ich, daß du auf dieses Wort hin auf den Wein nicht verzichten wirst. Darum vermeide wenigstens nach Möglichkeit den Frühtrunk. Denn die Gewöhnung an den Morgentrunk wird von den Verständigen nicht gelobt. Zunächst ist das Unheil (beim Frühtrunk) dies, daß man das Morgengebet verpaßt. Das zweite Unheil ist dies, daß der Kater der gestrigen Nacht aus dem Kopf und dem Gehirn noch nicht vergangen ist und schon die Benebelung von heute sich zugesellt und das Ergebnis nichts anderes ist als der Zustand der Melancholie (das „ delirium triste"). Ferner: Zur Zeit, da die (anderen) Leute eingeschlafen sind, bist du wach; und wenn die (anderen) Leute wach sind, mußt du unbedingt schlafen. Da du den ganzen Tag (vorher) nicht schliefest und sicherlich auch die ganze Nacht wach warst, so sind alle deine Gliedmaßen müde und erschöpft. Nur selten gibt es einen Frühschoppen, bei dem es dann zu keinem wüsten Grölen kommt; nur selten tut man dabei etwas, aus dem dann keine Reue hervorgeht oder bei dem unnötige Kosten aufgewendet werden müssen. Aber wenn nun doch manchmal zu gewissen Zeiten ein Morgentrunk stattfindet, so mag es hingehen. Nur zur Gewohnheit darf es nicht werden, denn das ist nicht lobenswert.

Aber wenn du auch noch so gierig auf den Weingenuß bist, so mache es dir zur Regel, daß du in der Nacht vor dem Freitag nicht trinkst. Obschon der Wein an den beiden Tagen, dem Freitag und dem Sonnabend, verboten ist, so genießt doch der Freitag eine besondere Hochachtung; denn man hat Ehrfurcht vor der religiösen Versammlung (die an diesem Tage stattfindet). Und wenn du am Freitag keinen Wein trinkst, dann werden die Leute deinen Weingenuß während der (übrigen) Wochentage dir nachsehen und sie werden nichts Übles von dir reden können.

Es wird in jener Welt für dich verdienstlich sein; und in dieser Welt hat man so einen guten Namen gewonnen. Wenn nun dies der Fall ist, dann muß man an dem gewonnenen guten Namen festhalten.

Verschwendungssucht soll man nicht pflegen; es ist besser so.

Zwölftes Kapitel

Von der Gastlichkeit und dem Verhalten bei Einladungen

Mein Sohn! Lade nicht fremde Leute jeden Tag zu Gaste; denn jeden Tag kannst du in geziemender Form Gastlichkeit nicht ausüben. Beachte, wievielmal du in *einem* Monat Gäste bewirten kannst. Das, was du fünfmal machen könntest, das mach nur einmal; und das, was du für fünf Tage an Ausgaben machen würdest, das verausgabe nur für einmal, damit so deine Tafel von allen Mängeln frei bleibe. Dann wird die Zunge der Kritikaster zum Schweigen gebracht (wörtlich: gefesselt).

Wenn Gäste in dein Haus kommen, dann geh einem jeden Gast entgegen, behandle sie respektvoll und bewirte sie so, wie es sich für einen jeden gebührt. Wie Bušakur aus Balx es sagt (Vers):

„Ob der Gast ein Freund ist oder kein Freund,
Tag und Nacht soll man ihn bewirten."

Wenn die Jahreszeit für Obst da ist, dann setze deinen Gästen vor der Hauptmahlzeit Früchte zum Essen vor. Dann laß eine Stunde als Pause vergehen und hierauf das Essen servieren. Du selbst setze dich nicht, bevor nicht die Gäste dich aufgefordert haben: „Nimm doch Platz!" Aber sei ihnen behilflich und sage: „Gestattet, daß ich euch bediene!" Wenn sie ihre Aufforderung wiederholen, dann erst setze dich und speise mit ihnen. Aber setze dich auf den niedrigsten Platz; wenn aber der Gast ein sehr hochstehender Mann ist, dann darf man sich überhaupt nicht setzen. Bitte den Gast nicht um Entschuldigung; denn um Entschuldigung bitten ist eine Gewohnheit der Leute vom Markt. Sage nicht alle Augenblicke: „Iß doch ordentlich!", „Du issest ja nichts!", „Lege dir keine Zurückhaltung auf!" und „Ich bin nicht in der Lage, etwas zuzubereiten, das deiner würdig ist; vielleicht kann ich es ein andermal tun." Denn solche Phrasen werden nicht von vornehmen Leuten verwendet. So redet einer, der jahrelang nur einmal eine Einladung gibt. Solche Redensarten bringen deine Gäste in Verlegenheit, so daß sie nicht weiteressen können und sich halbsatt von der Tafel erheben.

Wir haben in Gilan einen recht guten Brauch: Wenn man die Gäste zur Tafel führt, stellt man Krüge zum Wassertrinken mitten auf die Tafel; der Gastgeber und sein Gefolge ziehen sich von dort zurück, und nur eine Person bleibt in der Ferne stehen, um die Schüsseln zu servieren. So können die Gäste sich nach ihren Wünschen bedienen.

Nach dem Händewaschen laß Rosenwasser und Parfüm bringen. Verpflege die Gefolgsleute und die Sklaven deiner Gäste gut, damit sie draußen einen guten Ruf von dir verbreiten. Zur Tafel laß viel „Espargam"* (duftendes Kraut) bringen. Hole auch meisterhafte Sänger mit schönen Stimmen heran. Solange der Wein nicht vorzüglich ist, setze ihn einem Gaste nicht vor. Denn *speisen* können die Leute ja auch bei sich zu Hause jeden Tag; Musik aber und Wein (bei dir) müssen gut sein, damit, falls bei der Tafel und den Speiseschüsseln eine Unzulänglichkeit eintreten sollte, dieser Fehler durch den Wein und die Musik ausgeglichen wird.

Ferner: *Weintrinken ist eine Sünde; und wenn du nun schon eine Sünde begehst, dann begehe wenigstens keine Sünde, ohne daß es gut schmeckt.* Der Wein, den du trinkst, sei der beste; und die Musik, die du hörst, sei die schönste. *Wenn du etwas Verbotenes tust, dann tu es (wenigstens) mit einer hübschen Person,* damit, falls man dich im Jenseits zur Rechenschaft zieht, du (doch wenigstens) im Diesseits nicht tadelnswert bist und nicht zu Schaden kommst.

Wenn du nun dies alles, was ich gesagt habe, befolgt hast, so glaube nicht, daß du das Recht hast, Ansprüche an deine Gäste zu stellen. Wisse (vielmehr), daß *sie* viele Ansprüche an dich zu stellen haben.

Erzählung

Also vernahm ich es: Der Ebn el Moġleh (Sohn von Moġleh)* gab dem Nasr, Sohn des Mansur* aus Tamim das Amt des Statthalters in Basra. Im nächsten Jahre ließ er den Nasr wieder zu sich rufen und verlangte von ihm die Abrechnung. Nasr war ein reicher Mann, und der Kalif war lüstern auf sein Vermögen. Nun machten sie die Abrechnung; dabei ergab sich, daß Nasr sehr viel Geld hatte. Der Sohn des Moġleh sagte zu ihm: „Entweder du lässest diese Summe zurück — oder du gehst ins Gefängnis!" Nasr sagte darauf: „Moulānā*, ich habe wohl Vermögen, aber es ist nicht hier zur Stelle. Gib mir einen Monat Frist; denn für eine solche Summe soll man doch nicht ins Gefängnis gehen." Der Sohn des Moġleh wußte, daß es dem Nasr nicht schwerfiel, dieses Geld (dem Kalifen) zu überlassen und daß er die Wahrheit sprach. Er sagte: „Vom Beherrscher der Gläubigen liegt kein Befehl vor, daß du nach Hause zurückkehren darfst. Hier in meinem Palast setze dich in ein Zimmer und sei für diesen Monat mein Gast." Nasr sagte: „Ich gehorche dem Befehl."

Nun saß er als Gefangener im Schlosse des Sohnes des Moġleh. Zufälligerweise war es am Anfang des Monats Ramadān. Als die Nacht anbrach, sagte der Sohn des Moġleh: „Bringet den Soundso her, damit er jede Nacht mit uns das Fasten bricht (= beendet)!" Nasr brach einen Monat lang mit ihm zusammen das Fasten. Als das Fest vorüber war und einige Tage danach vergangen waren, schickte der Sohn des Moġleh jemanden zu Nasr mit dem Auftrage zu sagen: „Das Geld kommt ja zu spät! Was ist jetzt zu tun?" Nasr antwortete: „Ich habe die Summe beschafft!" Der Sohn des Moġleh sagte: „Wem hast du es gegeben?" Nasr sagte: „Dir habe ich es gegeben!" Darüber war der Sohn des Moġleh entrüstet und sagte: „Mein Herr, wann hast du mir diese Summe gegeben?" Nasr antwortete: „Gold habe ich dir (zwar) nicht gegeben. Aber diesen Monat Ramadān habe ich dein Brot unentgeltlich gegessen und an deinem Tische das Fasten gebrochen. Jetzt, da das Fest gekommen ist, habe ich den Anspruch darauf, daß du kein Geld von mir (deinem Gaste) forderst." Der Sohn des Moġleh fing an zu lachen und sagte: „Nimm die Quittung und mach, daß du fortkommst! Denn dieses Gold habe ich dir (hiermit) als „Zahnlohn"* gegeben. Ich werde selbst die Summe dem Fürsten bezahlen." So geschah es, daß das Geld Nasrs der Beschlagnahmung entging.

* * *

Also nimm (auch du) vom Gast eine Gefälligkeit an und zeige ihm ein freundliches Gesicht. Aber trinke nicht viel Wein und sei nicht vor dem Gaste betrunken! Erst dann, wenn du überzeugt bist, daß alle Gäste halb betrunken sind, dann fang bei dir selbst mit dem Trinken an. Beginne damit, auf das Wohl deiner Freunde zu trinken. Zeige immer gute Laune und ein heiteres Antlitz. Trinke selber und gib anderen zu trinken. *Lache nicht sinnlos*; denn sinnloses Lachen ist eine Art von Irrsinn; wenig lachen dagegen ein Zeichen feiner Bildung. *Wenn ein Gast trunken ist und wünscht zu gehen, dann bitte ihn ein- oder zweimal in höflicher Form dazubleiben; aber das dritte Mal halte ihn nicht fest, sondern laß ihn in freundlicher Form sich entfernen.* Wenn deine Diener irgendeinen Fehler begangen haben, vergib ihnen und zeige nicht vor deinen Gästen ein finsteres Gesicht. Streite dich nicht mit den Dienern herum und sage nicht: „Das ist gut" und „Das ist nicht gut!" Wenn dir etwas nicht gefällt, dann laß das nicht ein zweites Mal so machen; aber das eine Mal habe Geduld. Und wenn einer von deinen Gästen tausenderlei unmögliche Dinge sagt oder tut, so nimm das hin (= stelle ihn deswegen nicht zur Rede), sondern behandle ihn (trotzdem) mit großer Hochachtung.

Erzählung

Ich hörte folgendes: Einmal befahl der Kalif Moᶜtasem*, einem Schuldigen, der vor ihm stand, den Kopf abzuschlagen. Der Delinquent sagte: „Beherrscher der Gläubigen! Bei dem Namen Gottes und dem Gesandten Gottes, gewähre mir Gastlichkeit und einen Trunk Wasser; dann laß vollziehen, was du willst. Denn ich bin sehr durstig." Auf Grund dieser beschwörenden Bitte befahl Moᶜtasem, ihm Wasser zum Trinken zu geben. Nach der Sitte der Araber sprach hierauf der Delinquent (arab.): „Möge Gott deine Wohlfahrt vermehren, Beherrscher der Gläubigen! Ich war dein Gast durch diesen Trunk Wasser. Jetzt nun, wenn es der Brauch der Menschlichkeit erlaubt, einen Gast zu töten, so laß mich hinrichten. Andernfalls verzeihe mir, damit ich auf deine Veranlassung hin (wörtlich: ‚durch deine Hand') Buße tue." Moᶜtasem sprach: „Du hast recht gesprochen. Das Gastrecht ist wichtig. Ich verzeihe dir. Tu Buße, damit du auch in Zukunft keine Sünde begehst." Jener Mann tat Buße, und der Kalif ließ ihn frei."

* * *

Also *wisse, daß man das Gastrecht aufrechterhalten muß, aber nur bei einem Gaste, der dieses Rechtes würdig ist*; und nicht etwa dergestalt, daß du jeden Unwürdigen in dein Haus bringst und ihm so viel Ergebenheit bezeugst, daß du sagst: „Dieser ist mein Gast!" Man muß wissen, wer es ist, dem man diese Höflichkeit und Freundschaft erweisen darf.

Ein (weiterer) Ratschlag: Wenn du zu jemandem als Gast gehst, dann geh nicht zu jedem beliebigen, denn das schädigt dein Ansehen. Und wenn du gehst, dann geh nicht allzu hungrig hin, aber auch nicht völlig satt. Denn wenn du nichts issest, wird der Gastgeber beleidigt; und wenn du übermäßig issest, dann ist es unanständig. Wenn du in das Haus des Gastgebers gehst, so nimm dort Platz, wo man dir den Platz anweist und wo (demgemäß) der dir zustehende Platz ist. Und wenn du auch in das Haus eines Bekannten gehst, wo du etwas Geschäftliches zu tun hast, dann spiele dich in diesem Hause nicht als Gebieter über Brot und Wein auf und sage nicht zu den Dienern des Hausherrn: „Du Soundso, setze diese Schüssel dorthin und jene Schüssel dahin!" Das würde heißen: Ich gehöre hier zum Hause. Sei kein zudringlicher Gast. Den anderen Gästen gegenüber verhalte dich nicht so, als ob deren Brot und Speiseschale dir gehörten (d. h. biete von ihren Speisen niemandem etwas an, als ob du der Gastgeber seiest). Gib deinen eigenen Dienern nichts zum Mitnehmen. Denn es heißt im arabischen Sprichwort: Solches Mitnehmen (von Speisen) verstößt gegen die guten Sitten. — Sei nicht total betrunken! Steh so (von der Tafel) auf, daß die Spuren deiner Trunkenheit unterwegs nicht sichtbar werden und daß dein Rausch dich nicht so beherrscht, daß du gar nicht mehr wie ein Mensch wirkst. Mach all deine Trunkenheit daheim ab. Wenn du zum Beispiel einen Humpen Wein getrunken hast und deine Untergebenen hundert Fehler begangen haben, so bestrafe sie nicht, auch wenn sie die Strafe verdient haben. Denn niemand hält das für einen guten Brauch, sondern man sagt: „Er tobt ja!" Alles, was du tun willst, das erledige, bevor du getrunken hast, damit man merkt, daß es Absicht ist und nicht (bloße) Toberei. Denn in diesem Zustande (der Trunkenheit) schreibt man alles dem Randalieren zu. So wie es im Sprichwort heißt (arabisch): „Der Wahnsinn hat viele Erscheinungsweisen." Und *die Trunkenheit ist eine Art Wahnsinn.* In der Trunkenheit viel zu sprechen ist Unfug, ebenso, viel in die Hände zu klatschen, mit den Füßen zu stampfen und zu viele Annäherungsversuche zu machen (zu schmusen). Halte dich also sowohl in der Trunkenheit, als auch wenn du nüchtern bist, von allem zurück, was ich dir als Unfug oder Wahnsinn genannt habe. Wenn du völlig betrunken bist, dann geh zu keinem Fremden, sondern nur zu deinen Verwandten und deinen Dienern. Von deinen Musikanten verlange keine leichten Melodien, damit man dich nicht den Lüstlingen und Frivolen zurechnet. Allerdings verlangen junge Leute leichte Melodien — und (manchmal auch) schwermütige.

Dreizehntes Kapitel

Kurzweil, Nard-* und Schachspielen

Wisse, mein Sohn, daß man auf arabisch gesagt hat: „Der Scherz ist der Vorläufer der Bosheit.“ Soviel du kannst, halte dich vom Scherztreiben fern, besonders von Albernheiten. Wenn du schon Scherze machst, dann tu es nicht im Rausche. Denn meistens entsteht (beim Scherzen) in der Trunkenheit ein Unglück. *Schäme dich, unfeine und unflätige Scherze zu machen, im trunkenen wie im nüchternen Zustande.* Besonders gilt dies für das Nard- und Schachspiel. Denn bei diesen beiden Beschäftigungen wird der Mensch mißmutig und ist wenig zu Scherzen aufgelegt.

Nard- und Schachspielen mach dir nicht zur ständigen Gewohnheit. Wenn du spielst, dann wähle die dazu geeigneten Zeiten. Spiele nicht um ein Pfand, es sei denn ein Huhn oder eine Mahlzeit oder um ähnliches dieser Art. Hüte dich davor, um Silber und Gold zu spielen. Denn: *Nicht* um Geld zu spielen ist schicklich. Um Gold und Silber spielen nur die Glücksspieler. Und wenn du auch gut spielen kannst, spiele nicht mit einem, der als Berufsspieler bekannt ist, weil auch du dann als ein Berufsspieler bekannt wirst.

Wenn du mit einem spielst, der höhergestellt ist als du, dann ist es bei allen beiden Spielen, dem Nard und dem Schach, Sitte, daß du nicht eher den Spielstein (oder die Schachfigur) berührest, als bis jener (dein Mitspieler) ihn angefaßt hat. Mit Betrunkenen, Streitsüchtigen, mürrischen Leuten spiele niemals um ein Pfand; sonst entsteht Streiterei daraus. Wenn es möglich ist, spiele nicht ganz ohne Pfand. Um die Bezeichnungen der beiden Würfel (beim Nardspiel) streite dich nicht mit deinem Partner. Schwöre auch nicht, daß du diese oder jene Zahl geworfen hast; denn wenn du auch die Wahrheit sprichst, so wird doch irgend jemand sagen: „Ihr lügt.“ Wisse, daß der Ursprung alles Übels und aller Streitereien die Spaßmacherei ist; darum *hüte dich davor, Scherz (im Übermaß) zu treiben, obwohl der Scherz (an sich) kein Laster und keine Sünde ist.* Denn auch der Prophet — Friede sei mit ihm! — hat Scherz getrieben. Von ihm wird folgendes überliefert:

Es war eine alte Frau im Hause von Aischa* (Gott möge mit ihr zufrieden sein!). Eines Tages fragte diese den Propheten — Friede sei mit ihm! —: „Gesandter Gottes, gehört mein Gesicht zu den für das Paradies oder zu den für die Hölle bestimmten?“ Der Prophet — Friede sei mit ihm! — sagte im Scherz: „Keine alte Frau wird ins Paradies kommen.“ Der Alten wurde das Herz schwer und sie weinte. Da sagte der Prophet — Friede sei mit ihm! —: „Weine nicht! Denn meine Aussage ist nicht unrichtig. Ich spreche die Wahrheit. Keine Greisin kommt ins Paradies, weil am Tage der Auferstehung alle verjüngt vom Grabe auferstehen werden." Da wurde jene Greisin froh.

Scherzhafte Worte dürfen sein, aber Beschimpfungen soll man nicht aussprechen. Wenn du Scherze sagst oder treibst, dann tu das nicht mit solchen, die geringer als du gestellt sind, damit du bei deren Antwort deinen Ehrenschild nicht einbüßest. Wenn ein Scherzwort unbedingt gesagt werden soll, dann sprich mit Gleichgestellten, damit es keine Schande für dich sei, wenn sie ebenfalls schimpfen. *Verbinde jedes Scherzwort mit einem ernsthaften Inhalt. Hüte dich vor solchen Scherzworten, die als Beleidigung empfunden werden,* obschon kein Scherzwort ganz frei von Spott ist. Denn das, was die Menschenwürde von allem am meisten der Verachtung preisgibt, ist der Spott.

Alles, was *du* sagst, das hörst du von den anderen Menschen wieder zurück. Darum erwarte von den Menschen das gleiche, was sie von dir empfangen. *Beginne mit keinem einen Streit, denn Streitereien gehören sich nicht für Männer von Würde, sie passen sich für Weiber und kleine Kinder.* Solltest du aber doch in einen Streit mit jemandem verwickelt werden, so rede nicht alles heraus, was du weißt und was du gegebenenfalls sagen könntest. *Mach deinen Streit so ab, daß du dir die Möglichkeit zur Versöhnung offenhältst.* Sei niemals unverschämt und unnachgiebig; wisse, daß es die Gewohnheit niedrig gesinnter Menschen ist, unverschämt und stur zu sein. *Wisse* ferner, *daß die beste Gewohnheit ein bescheidenes Auftreten ist,* denn Bescheidenheit ist eine Gnade Gottes, weil niemand auf einen bescheidenen Menschen neidisch ist. Sag auch nicht bei jeder Rede zu einem anderen: „Du, Mann!" (vgl. das vulgäre „Mensch"!), denn dieses wiederholte „Du, Mann!"-sagen nimmt dem Mann seine Manneswürde. — Aber: *Wein trinken und Spaß machen ist Sache junger Leute!* Wenn du die Grenze und das rechte Maß dabei einhältst, dann kannst du das in der besten Weise tun (d. h. ohne daß man dir Vorwürfe macht). Du kannst dich aber auch davon freihalten, wenn du deinem Verstande gehorchst.

Damit habe ich über das Weintrinken und Scherztreiben meine für dich bestimmten Ausführungen abgeschlossen. Nachdem ich mich über diese Dinge ein wenig ausgelassen habe, möchte ich nunmehr ein paar Worte über die Kunst des Liebens sagen, soweit meine Kenntnisse ausreichen. Denn es ist schwer, hierüber einen Urteilsspruch mit dem Gefühle (wörtlich: Mit dem Herzen) abzugeben.

Vierzehntes Kapitel

Flirten

Wisse, mein Sohn, solange man keine empfindsame Natur hat, kann man sich nicht verlieben; denn *die Liebe entspringt aus der Empfindsamkeit der Naturanlage.* Alles, was aus der sensiblen Gemütsanlage hervorgeht, trägt selbst den Charakter der Zartheit. Das ist der Fall bei der Liebe, die mit einer für die Zärtlichkeit empfänglichen Naturanlage zusammenhängt.

Siehst du nicht, daß sich die jungen Leute viel mehr verlieben als die alten? Das liegt daran, daß die jungen Leute von Natur aus mehr zur Zärtlichkeit neigen als die alten. Auch wird kein grobschlächtiger und kein schwerfälliger Mensch jemals ein Liebhaber. Denn *die Liebe ist eine Art Krankheit, die am meisten diejenigen befällt, die nicht widerstandsfähig genug sind.* Aber gib dir Mühe, daß du niemals ein (passionierter) Liebhaber wirst und hüte dich vor Liebelei. Denn das Tun des Liebhabers ist mit Unglück verbunden, besonders wenn er arm ist. Denn ein armer Liebhaber erreicht nicht das Ziel seiner Wünsche, zumal wenn er alt ist. Ein Erfolg stellt sich nämlich nur dann ein, wenn man Geld hat. Also geht (ein solcher Liebhaber) nur zu seinem eigenen Verderben ans Werk (wörtlich: „um sein Blut zu essen") So habe ich meine Ansicht darüber im Verse ausgesprochen:

> „Ich war ohne Geld, darum traf mich der Schmerz.
> Wegen meiner Armut blieb ich fern von deinem Anblick.
> Ich weiß ein Sprichwort, das für meine Lage zutrifft:
> Ohne Geld kommt ein Mensch leer vom Basar zurück."

Wenn es nun aber einmal der Zufall will, daß du mit jemandem eine schöne Zeit verlebst, sei nicht ein Gefangener deines Herzens und *gewöhne dein Herz nicht daran, beständig Liebesspiele zu treiben; folge auch nicht dauernd deinem Lusttrieb, denn so handeln nicht die verständigen Leute.* Der Grund dafür ist folgender: Ein Liebesverhältnis bringt für die Liebenden entweder Vereinigung oder Trennung. Ein Jahr nun, das man im Genusse des Vereinigtseins verbringt, wiegt nicht den Schmerz eines einzigen Tages auf, da man getrennt ist. Denn der Grundbestand der Liebe sind der Schmerz, das Herzeleid und die Qual. Obschon es eine lustvolle Qual ist, so lebst du doch, solange du von deinem Partner getrennt bist, immerhin noch in der Qual. Wenn du mit ihr vereint bist und die geliebte Person vom Zustand deines Herzens Kunde hat und wenn du dann ihre Ziererei, ihr törichtes Gebaren und ihren schlechten Charakter erkennst, dann weißt du nichts vom Genuß des Beisammenseins. Und wenn du mit ihr zusammen bist und dann später dich von ihr trennen mußt, dann ist das Beisammensein noch schlimmer als die Trennung. Und wenn auch beispielsweise deine Geliebte ein Engel ist, so wirst du doch niemals frei sein von der Klatschsucht der Leute, denn so ist deren Gewohnheit von jeher gewesen. Also hüte dich, solange du es kannst, vor der Liebe und nimm dich vor ihr in acht. Denn *außer den Vernunftmenschen kann sich niemand von der Liebe fernhalten.* Der Grund dafür ist folgender: Es ist unmöglich, daß sich jemand gleich beim ersten Blick verliebt. (Der Vorgang ist so:) Zuerst sieht das Auge (die Geliebte), darauf bedenkt sich das Herz; gefällt (der Anblick) dem Herzen, so entwickelt sich die natürliche Zuneigung, und nun entsteht alsbald das sehnsüchtige Verlangen, sie immer wieder zu sehen. Wenn du nun dein Gelüste dem Befehl des Herzens unterstellst, und das Herz ist gehorsam, dann fassest du den Plan, sie (die Geliebte) wieder und wieder zu sehen. Und alsobald, wenn es zu einem zweiten Anblick kommt, dann erhöht sich das natürliche Verlangen nach ihr, und der Drang des Herzens wird immer beherrschender. Bald nun verlangst du ein drittes Mal nach ihrem Anblick, und dann kommst du zum Gespräch.

Wenn du ein Wort sprichst und die Antwort hörest, dann ist es wie bei einem Kreisel, der von einer Schnur getrieben wird: Dein gesamter Verstand und deine Besinnung liegen in ihren (= der Geliebten) Fesseln, und du läßt in allen deinen Geschäften nach. Wenn du dann späterhin dich vor dieser Leidenschaft bewahren willst, dann kannst du es nicht, denn du hast es nicht mehr in der Hand; und mit jedem Tage wächst die Liebe, und dann muß man mit Notwendigkeit dem Herzen sich fügen.

Aber wenn du dich gleich beim ersten Anblick in acht nimmst und wenn dann das Herz (später) seinen Anspruch (auf Befriedigung des Gelüstes) anmeldet, dann bestellst du den Verstand zum Aufseher über das Herz, damit du (wörtlich: das Herz) nicht mehr daran denkst. Dann beschäftigst du dich mit etwas anderem und befriedigst dein Gelüst anderwärts. Nunmehr verschließest du deine Augen vom Anblick jener ersten Geliebten, und dann dauert das Herzeleid nur eine einzige Woche, und man hat bald keine Erinnerung mehr daran.

Schnell kannst du dich so aus dem Unheil retten. Aber freilich ist das nicht jedermanns Sache. *Es muß ein vernünftiger Mann dazu gehören, der mit einem vollkommenen Verstande begabt ist, damit er jene Krankheit heilen kann.* Denn die *Liebe ist eine Krankheit;* so hat es Mohammad, Sohn des Zakarijjā Rāzi* in seiner Schrift „Über die Einteilung der Krankheiten" überliefert. Er hat die Ursache der Liebeskrankheit und die Heilmittel dagegen erwähnt: ununterbrochenes Fasten, schwere Lasten tragen, weite Reisen machen und ähnliches dieser Art. Aber wenn du jemanden liebst, so daß du an seinem Anblick und an seiner Gegenwart Freude hast, dann sei dir das verstattet. Denn Abusa[c]id, der Sohn des Abo-l-xejr*, hat gesagt: „Für den Menschen sind vier Dinge unentbehrlich: erstens Brot, zweitens ein geflickter Mantel, drittens eine primitive

Wohnstatt, viertens eine Geliebte. Jedem sei nach dam islamischen Gesetz eine Geliebte gestattet, aber maßvoll und seiner Würde entsprechend."

Aber *die Freundschaft ist eine Sache und die Liebe eine andere.* Im Zustand des Verliebtseins hat niemand immer eine angenehme Zeit. Jener verliebte Mann spricht folgenden Vers über seinen Zustand aus:

> „Dieses Feuer deiner Liebe ist zwar angenehm,
> O du meines Herzens Entzücken,
> Aber sahest du einmal ein brennendes und (zugleich) angenehmes Feuer?"

Wisse: Bei einer Freundschaft ist der Mensch immer froh im Herzen; aber beim Verliebtsein ist er dauernd im Leid. Ferner: Wenn du als Jüngling ein Liebesspiel betreibst, so gibt es dafür zu guter Letzt eine Entschuldigung; man hat dafür Verständnis und man sagt: Er ist ja noch jung. *Bemühe dich aber, als alter Mann dich nicht zu verlieben;* denn für Greise ist dies unentschuldbar. Stammst du freilich aus der Masse des einfachen Volkes ab, so ist die Sache für dich leichter. Bist du aber ein Fürst und noch dazu ein Greis, so hüte dich, an so etwas (wie Liebe) auch nur zu denken. Binde dein Herz nach außen hin an niemanden. Denn für einen betagten Fürsten ist das Flirten eine mißliche Angelegenheit.

Erzählung

Man erzählt sich: Zur Zeit meines Großvaters Šams-ol-Maᶜāli hatte in Buchara* ein Kaufmann einen Sklaven im Werte von zweitausend Dinar. Ahmad Ǧaᶜdi* machte dem Emir folgenden Vorschlag: „Man muß jemanden schicken, um diesen Sklaven zu kaufen." Der Emir sagte: „Geh selbst!" Ahmad Ǧaᶜdi kam nach Buchara, sah den Sklavenhändler; man rief jenen Burschen herbei. Er kaufte ihn für 1 200 Dinar und brachte ihn nach Gorgān. Der Emir betrachtete den Sklaven, fand an ihm Gefallen und machte ihn zu seinem Handtuchhalter. Wenn der Fürst sich die Hände wusch, reichte er ihm das Handtuch, damit der Fürst sich die Hände abtrockne. So verging eine Zeit.

Eines Tages wusch sich der Fürst wieder einmal die Hände, und der Sklave gab ihm das Handtuch. Der Fürst reinigte sich die Hände und dabei sah er sich den Sklaven (genauer) an. Er gefiel ihm, und der Fürst gab ihm das Handtuch zurück. Danach verging wieder eine Zeit. Dann sagte der Emir zu Abō-l-ᶜabbās*, dem Gelehrten, der sein Wesir war: „Ich habe diesen Sklaven freigesprochen und habe ihm das und das Dorf geschenkt. (Ich sage dir das hiermit,) damit du es weißt! Schreibe für ihn den Lehnsbrief und bitte für ihn um die Hand der Tochter des Bürgermeisters. Dann sage ihm, er solle solange zu Hause bleiben, bis er einen Bart bekommt. Dann erst soll er wieder bei mir erscheinen."

Abō-l-ᶜabbās, der ein kluger Wesir war, sagte zum Emir: „Der Befehl meines Herrn ist recht. Aber falls der Herrscher es für erforderlich hält, so möge er seinem Diener (d. h. mir) sagen, was der Zweck dieser Maßnahme ist." Darauf antwortete der Emir: „Am heutigen Tage ereignete sich der und der (= vorhin erzählte) Vorfall. Es würde sehr unschicklich sein, wenn ein König sich nach siebzig Jahren verlieben würde. Ich muß mich nach siebzig Jahren damit beschäftigen, die Diener Gottes — er ist erhaben! — (= meine Untertanen) zu beschützen; ich muß an das Wohl meines Volkes, meines Heeres und meines Reiches denken. Würde ich mich mit Liebelei abgeben, so wäre ich weder in den Augen Gottes — er ist erhaben! — entschuldigt, noch in den Augen der Menschen."

* * *

Ein junger Mensch freilich ist für das, was er (in Liebesangelegenheiten) tut, entschuldbar. Aber man darf in Liebesdingen nicht alles öffentlich zeigen. Obwohl du jung bist, mußt du den Weg der Klugheit, der Würde und der geschickten Berechnung einschlagen, *damit du dir keinen Schaden zuziehst.*

Erzählung

Also hörte ich es von einem Großen:

Der Sultan Masᶜud* besaß zehn Sklaven. Sie hatten die besondere Aufgabe, die königliche Garderobe zu betreuen. Einer von ihnen hieß Nuštagin*. Masᶜud hatte ihn sehr lieb. Es vergingen einige Jahre, ohne daß jemand wußte, wen der Sultan besonders liebte. Denn die Geschenke, die er ihnen gab, waren für alle die gleichen. So vergingen fünf Jahre. Da befahl der Sultan eines Tages in der Trunkenheit: „Alles, was mein Vater (seiner Zeit) dem Ajāz* vermacht hatte, das schreibt dem Nuštagin zu." Da wurde bekannt, daß Nuštagin der Gegenstand seiner Neigung war.

* * *

Nun, mein Sohn, obwohl ich diese Geschichte (zur Warnung) erzählt habe, so weiß ich doch, daß du dich nicht nach meinem Worte richten wirst. Ich habe ja selbst in Hinblick auf meinen eigenen Zustand folgendes gedichtet:

„Jeder Mensch, der lebendig ist und vernünftig,
Der muß sein, wie ᶜAzrā* und Wāmeq* es waren (d. h. verliebt).
Wer nicht so ist, der ist ein Heuchler.
Ein Mensch ist der nicht, der sich nicht verliebt."

Obwohl ich so gesprochen habe, mache du von meinem Vierzeiler keinen Gebrauch. Bemühe dich vielmehr, dich niemals zu verlieben! *Falls du aber jemanden lieb gewinnst, so liebe wenigstens eine Person, die deiner Liebe wert ist.* Wenn sie auch kein Ptolemaeus und kein Platon ist, so sollte sie doch wenigstens etwas Verstand haben. Ich weiß auch, daß sie nicht Josef, Jakobs Sohn, sein kann, aber sie müßte doch auch etwas Schönheit haben, damit die „Zunge der Leute gebunden ist" (= damit die Leute nicht böswillig über dich reden) und sie dir eine Entschuldigung zubilligen. Denn die Menschen sind niemals davon frei, selber Fehler zu machen und die Fehler anderer aufzuspüren. Man sagte zu einem Menschen: „Hast du denn gar keine Fehler?" Er antwortete: „Nein, keine!" Man fragte weiter: „Hast du Leute, die an dir Fehler suchen?" Er sprach: „Viele." Man sagte: „So wisse, daß du am meisten von allen Menschen mit Fehlern behaftet bist."

Wenn du zu Gaste gehst, so nimm deine Geliebte nicht mit. Und wenn du sie doch mitnimmst, so beschäftige dich nicht vor Fremden mit ihr. Hänge dich nicht zu sehr an sie; niemand kann sie dir wegessen. Bilde dir nicht ein, daß sie mit den Augen aller anderen ebenso angesehen wird wie mit deinen Augen. Denn der Dichter sagt (Vers):

„O wehe mir, wenn du in aller Augen
Ebenso erscheinst wie in meinen Augen, des Armen!"

So wie sie in *deinen* Augen als die schönste von allen Geschöpfen erscheint, so könnte sie in den Augen der anderen als die häßlichste erscheinen. Gib ihr auch nicht immer Früchte zu essen und liebkose sie nicht immer. Rufe sie nicht alle Stunden und flüstere ihr nicht immer ins Ohr. Da ich dir Nutzen und Schaden (der Liebe) soeben erklärt habe, mußt du dich bemühen, daß die Menschen an dir keinen Fehler finden.

Fünfzehntes Kapitel

Geschlechtsgenuß

Wisse, mein Sohn, wenn du jemanden liebst, so wohne ihr (ihm) nicht dauernd bei, sei es im betrunkenen, sei es im nüchternen Zustand. Denn es ist bekannt, daß jener Same, der sich von dir ablöst, der Keim ist für eine Seele und eine Person. Also, wenn du jemandem beischläfst, so tu das nicht in der Trunkenheit, denn dann ist es schädlicher (als sonst). Aber in der Zeit des Katzenjammers (d. i. nach dem Rausche) ist es richtiger und besser. Und tu es auch nicht zu jeder Zeit, wenn es dir gerade einfällt. Denn so machen es die Tiere. Sie kennen keine bestimmte Zeit für eine solche Beschäftigung, sondern sie tun es zu jeder Zeit, die sie finden. Aber für den Menschen muß es eine festgesetzte Zeit geben, damit ein Unterschied sei zwischen Mensch und Tier.

Aber bei Frauen und Knaben beschränke deine Neigung nicht auf *ein* Geschlecht, damit du deine Lust an beiden Geschlechtern befriedigst (wörtlich: an beiden Anteil habest) und von diesen beiden nicht eines dein Feind werde (weil du es verschmäht hast). Aber, wie ich dir sagte, daß zuviel Geschlechtsverkehr schädlich ist, so ist auch andererseits das Unterlassen des Geschlechtsverkehrs schädlich. Du mußt es ferner jedesmal dann tun, wenn die Lust dazu dich überkommt, ja nicht unter Zwang, damit es umso weniger Schaden mit sich bringt. Aber — ob mit Lust oder ohne Lust — hüte dich (vor dem Geschlechtsverkehr) in der Zeit starker Hitze und starker Kälte. Denn in diesen beiden Jahreszeiten ist die Beiwohnung am meisten schädlich. Das gilt besonders für alte Leute. Von allen Jahreszeiten ist dafür der Frühling am geeignetsten. Denn das Wetter ist milde, die Quellen fließen reichlich, und die Welt zeigt ein freundliches Gesicht. Also, wenn die „ Große Welt" (= der Makrokosmos) so wird und die Kraft unseres Körpers — d. h. der „Kleinen Welt" (= des Mikrokosmos) — ebenso wird, dann gleichen sich die Temperamente, die in unserem Körper unterschiedlich sind, aus. Das Blut vermehrt sich in den Adern und das Sperma in den Geschlechtsdrüsen (wörtlich: im Rücken). Unbewußt benötigt der Mensch diesen sexuellen Verkehr. Wenn also die natürliche Lust sich befriedigt hat, dann ist die Beiwohnung am wenigsten schädlich.

Was nun das Zur-Ader-lassen betrifft, so unterlasse es, soweit du kannst, sowohl bei großer Hitze wie bei großer Kälte. Wenn du merkst, daß überschüssiges Blut da ist, so schaffe dir durch kalte Getränke Erleichterung. Im Sommer befriedige dein Gelüst bei den Knaben und im Winter bei den Frauen. Aber über diesen Punkt muß ich mich kurz fassen, „weil es die Sache nicht wert ist".

Sechzehntes Kapitel

Besuch eines warmen Bades

Wisse, mein Sohn, wenn du in die Badeanstalt gehst, darfst du nicht satt sein (= geh nicht mit vollem Magen baden!), denn das ist schädlich. Im Bade treibe keinen Geschlechtsverkehr, besonders nicht im heißen Bad. Mohammad, Sohn des Zakarijjā, aus Rei, sagte: „Ich wundere mich, daß jemand, der ins warme Bad geht und dort den Beischlaf betreibt, nicht unmittelbar danach stirbt."

Aber das Bad ist eine sehr gute Sache, und solange die Weisen Bauten errichtet haben, hat man nichts Besseres gebaut als Badeanstalten. Indessen, bei allem Guten ist es nicht vorteilhaft, jeden Tag ins Bad zu gehen, sondern es ist nachteilig. Denn das Bad läßt die Nerven und die Gelenke schlaff werden und nimmt ihnen die Kraft. Die Natur gewöhnt sich an den täglichen Besuch des Bades. Wenn du dann einen Tag nicht ins Bad gehst, fühlst du dich krank, und deine Gliedmaßen sind nicht gesund. Daher soll es so sein, daß du alle zwei Tage ins Bad gehst, damit es für den Körper vorteilhaft ist und man dich nicht für dumm hält. Wenn du im Winter oder im Sommer ins Bad gehst, dann nimm zunächst deinen Aufenthalt in der kühlen Vorhalle für eine Weile, solange dein Naturell Genuß daran findet. Sodann begib dich in den mittleren Raum und setze dich dort eine Weile nieder, damit du auch von diesem Raum Nutzen hast. Hierauf gehst du in den warmen Raum und halte dich dort eine Stunde auf, damit du auch die Annehmlichkeit des warmen Raumes findest. Wenn die Wärme des Bades auf dich gewirkt hat, dann gehst du in den privaten Raum, und dort wasch dir den Kopf. Du darfst überhaupt nicht zu lange im Bade verweilen. Auch sollst du nicht zu viel heißes und zu viel kaltes Wasser über dich strömen lassen, sondern das Wasser muß lauwarm sein. Wenn das Bad leer ist (und du dort allein bist), so halte das für einen großen Glücksfall, denn so betrachten es auch die Weisen. Wenn du aus dem Bade herausgehst, so beachte die gleichen Regeln wie beim Hineingehen. Das Haar muß gut getrocknet sein, und erst dann sollst du das Bad verlassen, denn so machen es die verständigen Leute. Auch die vornehme Welt verhält sich so. Aus dem Bade zu gehen und dann mit noch feuchtem Haar vor hochstehende Personen zu treten, ist eine Unhöflichkeit.

Nachteile und Vorteile des Bades habe ich nun dargelegt. Aber hüte dich, Wasser und Bier (foqqā^{c}) dort zu trinken, denn das ist sehr schädlich: Man bekommt davon die Wassersucht. Wenn du aber sehr unter den Folgen eines Rausches leiden solltest, dann mag es gestattet sein, ein wenig Wasser zu trinken, um damit den Katzenjammer zu beruhigen (oder: „die Trockenheit des Gaumens durch die Anfeuchtung zu beseitigen?), damit es weniger schädlich ist.

Siebzehntes Kapitel

Schlafen und Ausruhen

Wisse, mein Sohn, daß es bei den Weisen der Griechen (= Byzantiner) folgende Sitte gibt: Bevor sie aus dem Bade hinausgehen, schlafen sie erst ein Weilchen im Auskleideraum der Badeanstalt, und dann erst verlassen sie das Bad. Bei keinem anderen Volke findet sich dieser Brauch. Aber die Weisen nennen den Schlaf den „kleinen Tod“. Das tun sie deshalb, weil sowohl der Schlafende wie auch der Gestorbene von der Außenwelt gleichermaßen keine Kunde haben. Zwischen den beiden besteht ausschließlich folgender Unterschied: Der eine ist tot ohne das Lebensprinzip, die „Seele“ (nafs*), der andere ist (gleichsam) gestorben mit dem Lebensprinzip.

Zuviel zu schlafen ist keine lobenswerte Angewohnheit. Es macht den Körper schlaff, bringt die natürlichen Lebensfunktionen in Unordnung und verändert den Gesichtsausdruck. — Es sind sechs Dinge, die, wenn sie den Menschen treffen, in kurzer Zeit seinen Gesichtsausdruck wandeln und ihm ein verändertes Ansehen geben: erstens unerwartete Freude; zweitens plötzlicher Kummer; drittens der Zorn; viertens der Schlaf; fünftens die Trunkenheit; sechstens das Alter: Wenn die Menschen alt werden, dann wandeln sie sich in ihrer Gestalt — aber das ist eine Sache für sich.

Aber die schlafenden Menschen sind weder mit den lebendigen noch mit den gestorbenen gleichzusetzen. Man kann (z. B.) weder einen Verstorbenen noch einen Schlafenden verurteilen („mit ihm rechten“). Man hat gesagt (Vierzeiler):

> „Obwohl du mir durch deine Grausamkeit den Rücken gebeugt hast,
> Ist doch meine Liebe zu dir in meinem Herzen nicht geringer geworden.
> Von dir werde ich mich nicht trennen, du mein gepriesenes Götterbild;
> Du schläfst ja (jetzt), und mit einem Schlafenden rechtet man nicht.“

Denn wenn man einen Menschen 72 Stunden absichtlich nicht schlafen läßt und ihn mit Gewalt wachhält, dann besteht die Befürchtung, daß er plötzlich stirbt.

Aber alles hat sein Maß. Denn die Weisen haben gesagt: Tag und Nacht haben zusammen 24 Stunden. Zwei Drittel davon bist du wach und ein Drittel schläfst du. Acht Stunden soll man sich mit den Pflichten gegenüber Gott — er ist erhaben! — und mit den häuslichen Angelegenheiten beschäftigen; acht Stunden sich dem Vergnügen und den erlaubten Dingen widmen — dadurch soll man den Geist frisch erhalten — und acht Stunden ausruhen, damit die

Gliedmaßen, die 16 Stunden erschöpft waren, sich von der anstrengenden Bewegung erholen. Die Toren verschlafen von diesen 24 Stunden die Hälfte und bleiben die Hälfte wach; die Verständigen schlafen ein Drittel, und zwei Drittel sind sie wach. Bei dieser eben erwähnten Einteilung muß man sich alle acht Stunden in einem anderen Zustand verhalten. Wisse, daß Gott — er ist erhaben! — die Nacht zum Zwecke der Ruhe für seine Diener geschaffen hat, so wie er es in seinem Worte gesagt hat: „Wir schufen die Nacht zur Bedeckung und den Tag zur Tätigkeit." (Sure 78/10,11)

Wisse ferner diese Wahrheit: Alles Leben besteht durch Körper und Seele; der Körper ist die Wohnung, in welcher die Seele wohnt. Die Seele hat drei Zustandsformen: das Leben, die Leichtigkeit und die Bewegung. Drei Eigenschaften hat auch der Körper: den Tod, die Ruhe und die Schwere. Solange Körper und Seele an einem Ort (zusammen)bleiben, bewahrt die Seele vermöge ihrer Anlagen den Körper. Bald treibt sie ihn zur Tätigkeit, und bald hält sie ihn vermöge ihrer Veranlagung von der Tätigkeit zurück und führt ihn zur Lethargie. Jedesmal, wenn der Körper seine Natur zur Erscheinung bringt, dann ziehen der Tod, die Schwere und die Ruhe ihn nieder (d. h.: bringen diese Eigenschaften die Menschen zum Einschlafen). Und bei diesem Einschlafen ist es so, wie wenn ein Haus zusammenfällt. Dann wird jeder, der im Hause ist, von diesem Einsturz mit erfaßt. In ähnlicher Weise verschlingt der Körper, wenn er in den Schlaf versinkt, alle Sinne des Menschen: Dann hört das Gehör nicht mehr, das Auge sieht nicht mehr, der Geschmackssinn unterscheidet nicht mehr die verschiedenen Geschmacksweisen, der Tastsinn fühlt weder Schwere noch Leichtigkeit, weder Weichheit noch Härte, und die Gaben des Redens und des Schreibens, die ihre eigene Stelle im Körper haben, ruhen bei den Schlafenden, und der Schlaf umfaßt sie, so daß sie weder sprechen noch schreiben können. Das Gedächtnis und die Denkkraft, die räumlich nicht begrenzt sind, kann der schlafende Körper nicht bezwingen. Siehst du nicht, daß während des Schlafes der Mensch auf mancherlei Weise träumt und das Gedächtnis die Träume bewahrt, so daß beim Erwachen der Mensch sagt: So und so habe ich geträumt. Wenn nun diese beiden ebenfalls an einer bestimmten Stelle verharrten, dann würde der schlafende Körper auch sie bezwingen, und dann würde weder die Denkkraft Träume sehen noch das Gedächtnis sie behalten. Wenn aber auch die Rede und das Schreiben nicht an einer bestimmten Stelle (des Körpers) verharrten, dann könnte der Körper überhaupt nicht zum Schlafe kommen. Denn wenn er sich im Schlafe befände und dabei Worte spräche, dann wäre das gar kein rechter Schlaf. Ruhe und Erholung würden sich dann nicht einstellen. Denn bei allen Lebewesen geschieht ja die Erholung im Schlafen. Also schuf Gott — er ist erhaben! — alle Dinge mit Weisheit.

Den Schlaf am Tage aber zwinge dich von dir fernzuhalten. Kannst du es gar nicht, so schlafe höchstens ein kurzes Weilchen. *Denn den Tag zur Nacht machen zeugt nicht von Weisheit.* Aber die Sitte der Vornehmen und Reichen ist es, daß sie im Sommer ihr Mittagsschläfchen halten. Die übliche Weise für das Wohlbehagen ist dabei folgende: Sie ruhen sich eine Stunde aus, und dann unterhalten sie sich auf vertrauliche Weise mit jemandem; der ihnen die Zeit angenehm vertreibt, bis die Sonne sinkt und die Hitze nachläßt. Dann erst gehen sie aus.

Kurzum, du mußt dich bemühen, die meiste Zeit deines Lebens im Wachen zu verbringen. Denn es liegt noch viel Schlaf vor uns. — Aber, sei es am Tage, sei es in der Nacht: Jedesmal, wenn du schlafen willst, darfst du nicht allein schlafen. Du mußt mit jemandem zusammen schlafen, der deinen Geist erquickt. Denn: Ein Schlafender und ein Toter sind vergleichsweise dasselbe. Alle beide haben keine Kunde von der Außenwelt. Aber der Schläfer ist noch lebendig; der Tote hat kein Leben mehr. Nun ist zwischen beiden noch folgender Unterschied: Jener Verstorbene muß allein schlafen, denn er hat ja keine andere Möglichkeit; dieser (lebendige) Schläfer aber steht nicht unter solchem Zwang. Warum soll er ebenso allein schlafen wie derjenige, der zwangsweise nicht mehr am Leben ist? Vielmehr: Dieser Lebende muß beim Schlafen einen Bettgenossen haben, von dem er eine erfrischende Wirkung bekommt. Einen Gefährten in jenem letzten Bett, dem Grab, gibt es nicht mehr. So unterscheidet sich also das Schlafen eines Lebendigen von dem eines Toten.

Aber *an das Frühaufstehen mußt du dich gewöhnen:* Du sollst dich vor Sonnenaufgang erheben, so daß, wenn die Sonne aufgeht, du dein Morgengebet bereits verrichtet hast.

Wer erst beim Sonnenaufgang sich vom Schlaf erhebt, wird nur kärglich sein Brot verdienen; denn er hat die Zeit für den Gottesdienst verpaßt, und daher faßt ihn das Mißgeschick. Daher steh früh auf und verrichte das Morgengebet. Dann beginne deine Arbeit. Wenn du am Morgen keine Beschäftigung hast, und du wünschest auszugehen, dann sei es dir erlaubt, auf die Jagd zu gehen oder dich sonst mit einem Vergnügen zu beschäftigen.

Gott ist der Erfolgreiche!

Achtzehntes Kapitel

Jagd

Wisse, mein Sohn, daß Reiten und Jagen eine Sache der Edlen ist, vor allem in der Jugend. Aber jedes Ding hat seine Grenzen und sein Maß, und jeden Tag kann man nicht auf die Jagd gehen. Die Woche hat sieben Tage: Zwei Tage gehe auf die Jagd, zwei bis drei Tage verwende zum Weintrinken, und zwei Tage verwende für deine eigenen häuslichen Geschäfte.

Wenn du aber reitest, dann setze dich nicht auf ein kleines Pferd. Denn so ansehnlich der Reiter auch sein mag: Auf einem kleinen Pferde erscheint er verächtlich. Wenn ein Mensch auch sonst verächtlich erscheint: Auf einem großen Pferde erscheint er schön. Nur auf der Reise sitze auf einem Pferde, das „den Paßgang" geht, denn auf einem solchen Pferde nimmt der Reiter eine gebeugte Haltung ein. In der Stadt und in den Außenbezirken reite ein schnelles und feuriges Pferd, denn infolge der Lebhaftigkeit des Pferdes bewahrst du dich selbst vor Sorglosigkeit. Immer sitze gerade, damit du im Steigbügel keinen häßlichen Anblick bietest. Auf der Jagd reite keinen tollen Galopp, denn das tun Knaben und junge Burschen. Verfolge nicht reißende Raubtiere, denn das bringt keinen Erfolg, und man hat nichts weiter davon als Gefährdung des Lebens. So sind aus unserem Stamme zwei große Könige auf der Jagd nach Raubtieren umgekommen: Der eine ist der Großvater meines Vaters, Amir Wošmgir, und der andere der Sohn meines Onkels, Šarafo-l-Ma^{c}āli. Laß deine Untergebenen voraus reiten; es sei denn vor hohen Fürstlichkeiten. Denn da ist es zulässig, um sich einen Namen zu verschaffen und sich hervorzutun.

Also, wenn du ein Freund der Jagd bist, dann betreibe die Jagd mit Falken, Habichten, Königsfalken, Panthern und Jagdhunden; so hast du die Jagd gemacht und die Gefahr vermieden. Was du erbeutet hast, davon hast du Vorteil. Dies ist nicht der Fall bei der Jagd auf Raubtiere: Weder ist deren Fleisch eßbar, noch ist deren Fell für Kleidung verwendbar.

Was die Jagd mit Falken betrifft, so befolgen die Könige zwei Methoden: Die Könige von Chorasan lassen die Falken nicht aus ihren Händen fliegen, aber die Könige von ^{c}Erāq haben den Brauch, sie aus ihren Händen fliegen zu lassen. Beide Methoden sind gestattet. Bist du kein Herrscher, so mach es, wie du willst. Bist du aber ein Herrscher und willst die Falken selbst fliegen lassen, so sei es auch erlaubt. Laß aber keinen Falken mehr als einmal fliegen, denn Königen ist es nicht erlaubt, einen Falken zweimal fliegen zu lassen. Laß ihn einmal fliegen und beobachte ihn dann. Ob er jagt oder nicht: Nimm einen anderen

Falken und laß den Falkner nach der Beute laufen. Ziel und Zweck eines Herrschers bei der Jagd darf nur die Freude an der sportlichen Betätigung sein und nicht der Nahrungserwerb. Wenn der Herrscher mit dem Hunde jagt, darf er nicht selbst den Hund führen. Seine Diener binden in seiner Gegenwart die Hunde los, und er selbst schaut nur zu. Verfolge deine Jagdbeute nicht allzu hastig! Wenn du mit dem Panther jagst, dann plaziere den Panther nicht selbst hinter deinem Pferde. Denn es ist unschön, wenn der König selbst den Panther hält. Es gehört sich auch nicht, ein Raubtier im Rücken zu haben, besonders für Könige. Das ist alles, was die Jagd anbelangt.

Gott sei gepriesen, an dessen Hilfe wir uns genügen lassen.

Neunzehntes Kapitel

Polospiel

Wenn du Vergnügen am Polospiel hast, so gewöhne dich doch nicht daran, immer zu spielen; denn viele haben durchs Polospielen Unglück gehabt.

Erzählung

So erzählt man: 'Amr e Lejs* war auf einem Auge blind. Als er nun Fürst von Chorasan wurde, ging er eines Tages auf den Mejdān*, um Polo zu spielen. Er hatte einen Feldmarschall, der den Namen Azhar-Xar* hatte. Dieser, so heißt es, kam heran und hielt den Zügel des Pferdes (des Königs) fest. Dazu sagte er: „Ich dulde nicht, daß du Polo spielst.“ 'Amr e Lejs sprach zu ihm: „Was soll das heißen? *Ihr* schlagt den Ball, und *mir* wollt ihr das Polospiel nicht erlauben?“ Darauf antwortete der Feldmarschall: „Das geschieht deshalb, weil *wir* zwei Augen haben. Wenn der Ball in mein Auge fällt, dann werde ich auf *einem* Auge blind, und es bleibt mir ein anderes Auge, mit dem ich die Welt sehe. Du aber hast nur *ein* Auge. Wenn es sich unglücklicherweise ereignet, daß der Ball in dein Auge fällt, dann mußt du dich von der Herrschaft über Chorasan verabschieden.“ Darauf sagte 'Amr e Lejs: „Bei all deiner Eselsdummheit hast du recht gesprochen. Ich folge deinem Rat und werde, solange ich lebe, den Ball nicht mehr schlagen.“

* * *

Aber wenn du im Jahr ein- bis zweimal Lust hast, Polo zu spielen, so ist dies gestattet. Jedoch dürfen nicht allzu viele Reiter dabei sein, denn es ist gefährlich. Die Reiter sollen insgesamt nicht mehr als acht Personen sein. Dann ist es nötig, daß du selbst an dem einen Ende des Mejdān stehst und dein Partner am anderen. Die übrigen sechs Ritter schlagen in der Mitte den Ball. Jedesmal, wenn der Ball auf deine Seite kommt, mußt du ihn zurückschlagen. Galoppiere mit dem Pferd nahe heran und mache keine Scheinfluchtbewegungen, damit du dich vor Schaden bewahrest. Damit erreichst du auch deine Absicht und hast dabei deine Freude. Das ist die Methode des Polospielens bei den Vornehmen.

Zwanzigstes Kapitel

Krieg mit den Feinden

Wenn du im Kampfe bist, so darfst du dort nicht Schwäche und Zaudern zeigen. So muß es sein: Du sollst bei dem Feinde frühstücken, bevor er bei dir seine Abendmahlzeit einnimmt. Bist du in die Mitte des Schlachtfeldes gelangt, dann sei nicht nachlässig und schone dein Leben nicht. Denn derjenige, dem es bestimmt ist, im Grabe zu schlafen, der schläft nicht (mehr) in seinem Hause. Ich habe das in folgendem Vierzeiler zum Ausdruck gebracht:

„Mag der Feind auch ein Löwe sein, mag er offenbar sein oder verborgen,
Mit dem Löwen werde ich das Schwert sprechen lassen!
Wem es bestimmt ist, ohne Gefährten im Grabe zu schlafen,
Der kann nicht mehr im Hause schlafen mit seiner Gefährtin."

Solange du auf dem Schlachtfelde noch einen einzigen Schritt vorwärts gehen kannst, geh keinen Schritt zurück! Auch wenn du inmitten der Feinde eingeschlossen bist, so ruhe nicht vom Kampfe aus. Solange sie von dir erfolgreiche Bewegungen sehen, haben sie Furcht vor dir. In einem solchen Zeitpunkt söhne dein Herz mit dem Tod aus und zeige überhaupt keine Furcht, sondern sei tapfer: denn *ein kurzes Schwert wird lang in der Hand eines mutigen Mannes.* Im Kampfe laß nicht nach; denn wenn man an dir Furcht und Schwäche bemerkt, dann könntest du, auch wenn du tausend Leben hättest, nicht ein einziges heil davontragen, und der niedrigste Mensch würde über dich siegen. In diesem Falle wirst du entweder getötet oder du wirst ehrlos. Wenn du durch Feigheit unter den Männern berüchtigt wirst, wenn du an einem solchen Platze Schwäche und Nachlässigkeit zeigst, wenn du hinter deinen Kameraden zurückbleibst, dann stehst du beschämt da inmitten deiner Freunde und Gefährten. Weder ein guter Name noch Nachruhm werden von dir bleiben; und unter deinen Kampfgenossen wirst du ehrlos sein. Der Tod ist besser als ein solches Leben; und *mit einem guten Namen sterben ist edler als sein Leben in Unehre zu verbringen.*

Vergieße nicht rücksichtslos unschuldiges Blut, und halte es nicht für erlaubt, das Blut von Moslems zu vergießen, es sei denn das Blut von Wegelagerern, Dieben und solchen, die Leichen ausplündern; ebenso das Blut von denjenigen, bei denen nach dem religiösen Gesetz das Blutvergießen erlaubt ist. Denn für unrechtmäßiges Blutvergießen ereilt dich das Unheil in beiden Welten: Zuvörderst wirst du am Tage der Auferstehung dafür Vergeltung finden. In dieser (irdischen) Welt bekommst du einen schlechten Ruf; kein Untertan wird dir vertrauen; deine Diener werden jede Hoffnung auf dich aufgeben; die Leute werden dich verabscheuen und im Herzen dir feindselig gesinnt sein. Nicht alle Vergeltung für unschuldig vergossenes Blut wird (erst) in jener Welt stattfinden. Denn ich habe in Büchern gelesen und auch durch Erfahrung festgestellt, daß die Vergeltung für das Böse die Menschen auch schon in dieser Welt trifft. Wenn auch der Urheber selbst auf Grund seines Horoskops Glück hat, so trifft das Unglück doch unvermeidlich seine Kinder. Darum habe bei Gott Mitleid mit deinen Kindern und denke auch an dich selbst und vergieße kein unschuldiges Blut! Aber beim rechtmäßigen Blutvergießen, das durch die sittliche Ordnung gefordert ist, halte dich nicht zurück, denn aus solcher Nachlässigkeit geht Verderben hervor. So erzählt man sich von meinem Großvater Šamso-l-Maᶜāli*:

Erzählung

Er war ein mordlustiger Mann und konnte niemandem ein Vergehen verzeihen. Da er ein böser Mann war, wurden infolge seiner Grausamkeit seine Truppen von Rachsucht ihm gegenüber erfüllt und verbündeten sich mit meinem Onkel Falako-l-Maᶜāli*. Dieser kam und nahm seinen Vater Šamso-l-Maᶜāli gefangen. Das Heer hatte ihn in diese Notwendigkeit versetzt, denn es hatte zu ihm gesprochen: „Wenn du in dieser Sache nicht mit uns gemeinsam vorgehst, dann geben wir das Königreich einem Fremden." Da er wußte, daß das Königreich seiner Dynastie verloren gehen würde, so vollführte er, gezwungenermaßen um des Königreichs willen, diese Tat.

Ich komme nun zur Hauptsache: Als er (der Onkel) das getan hatte, ergriffen sie ihn (den Großvater), fesselten ihn, setzten ihn in eine Sänfte, vertrauten ihn einer Wachmannschaft an und entsandten ihn nach der Festung Ǧanāšak*. Unter seinen Wächtern befand sich ein Mann, der 'Abdollāh der Dromedarführer* hieß. Als sie nun unterwegs waren, da sagte Šamso-l-Maᶜāli zu diesem Mann: „O 'Abdollāh, weißt du überhaupt, wer das getan hat, wer es sich ausgedacht hat und wie ein derartig großes Unternehmen vor sich gehen konnte, ohne daß ich etwas davon erfahren habe?" Darauf antwortete Abdollāh: „Die Urheber dieser Unternehmung sind der und der." Dabei nannte er den Namen von fünf Generälen, welche diese Unternehmung gemacht hatten: „Diese haben das Heer verführt, und unter ihnen war ich, 'Abdollāh. Ich habe ihnen allen den Eid geleistet und die Sache bis hierher durchgeführt. Du aber schiebe die Schuld nicht auf mich. Du selbst bist schuld daran; denn es traf dich wegen deiner zahlreichen Mordtaten." Darauf sagte Šamso-l-Maᶜāli: „Du irrst dich. Das ist mir deshalb zugestoßen, weil ich die Leute nicht rechtzeitig habe hinrichten lassen. Denn hätte ich mich von meinem Verstande leiten lassen, dann hätte ich dich und diese fünf hinrichten lassen müssen. Hätte ich das getan, dann würde es jetzt um mich gut stehen, und ich wäre sicher vor euch."

* * *

Diese Geschichte habe ich deswegen erzählt, damit du in der Ausübung der Gerechtigkeit und in der Regierungskunst keinen Fehler begehst und dich nicht leichtsinnig verhältst, wenn strenge Maßnahmen unvermeidlich sind.

Du darfst es dir nicht zur Gewohnheit machen, jemanden kastrieren zu lassen. Denn das ist gleichbedeutend mit Blutvergießen, weil du, um deine eigene Lüsternheit zu befriedigen, einen Moslem der Möglichkeit beraubst, Nachkommen zu erzeugen, und eine schlimmere Sünde gibt es nicht.

Wenn du einen Kastraten brauchst, dann erwirb dir einen, der schon kastriert ist; dann hast du den Vorteil davon, die Verantwortung aber für die Sünde der Kastration liegt auf dem Rücken des anderen (= fällt dem anderen zur Last). Du selbst aber hast dich von einer solchen Schuld freigehalten.

Bezüglich der Kriegsführung verhalte dich so, wie ich es dir angeraten habe. Schone dich selbst nicht! *Denn wenn du deinen Leib nicht zum Fraße für die Hunde machen willst, wie kannst du dann einen Namen unter die Namen von Löwen* (= Helden) *bringen? Sieh es für gewiß an: Wer eines Tages geboren wird, wird eines Tages sterben.*

Es gibt drei Arten von Lebewesen: Erstens das Lebendige und zugleich Sprechende, aber nicht Sterbliche wie die Engel, zweitens das Lebendige und zugleich Sprechende, aber Sterbliche wie die Menschen, drittens das Lebendige, Nichtsprechende und Sterbliche wie die Tiere und das Geflügel. Ich habe in einem Buche der Parsen in Pahlavischrift gelesen, man habe dem Zarathustra die Frage nach den Lebewesen gestellt, und er habe dieselbe Antwort gegeben.

Nun ist es klargeworden, daß jeder, der lebt, stirbt. Also muß man im Kampfe auf den Tod gefaßt sein und muß sich bemühen, einen Namen und das Brot zu gewinnen. In einem überlieferten Spruch über den Tod sagt Ali, der Beherrscher der Gläubigen, Sohn des Abu Tāleb*, in einem kurzgefaßten Satz: „Ich starb an dem Tage, an dem ich geboren wurde."

Jedesmal gehe ich von einer Erzählung in eine andere über, und ich sage zuviel, mein Sohn. Man hat aber gesagt: „Wer zuviel weiß, spricht auch zuviel." Nun komme ich zurück auf das Thema. Wisse, wenn du den Namen und das Brot gewonnen hast, dann bemühe dich, ein Vermögen zu sammeln, und wenn du es gesammelt hast, dann mußt du auch verstehen, wie man es aufbewahrt und nach Bedarf ausgibt.

Einundzwanzigstes Kapitel

Vermögenserwerb

Mißachte es nicht, mein Sohn, dir ein Vermögen zu sammeln; aber bringe dich deswegen nicht in Gefahr. Bemühe dich bei allem, was du sammelst, es auf die beste Weise zu tun, damit es für dich heilsam sei. Wenn du ein Vermögen gesammelt hast, dann gib es nicht aus jedem nichtigen Grunde aus der Hand, denn es zu hüten ist schwieriger, als es zu sammeln. Wenn der Notfall eintritt, daß du Ausgaben machen mußt, dann suche es schnell wieder zu ersetzen, denn wenn du etwas ausgibst, ohne es wieder zu ersetzen, dann versiegt es, auch wenn es der Schatz des Qārun* wäre. Hänge auch dein Herz nicht so sehr daran, daß du es für unvergänglich hältst, damit du nicht voller Kummer bist, wenn es einmal davonrinnt. Wenn es auch sehr viel ist, so verwende es mit rechtem Maße. Denn weniges mit guter Planung ist besser als vieles ohne Nutzen. Wenn du vieles von deinem Vermögen hinterlässest, so bist du mir lieber, als wenn du so lebst, daß du auch für Kleinigkeiten auf die anderen angewiesen bist. Denn man hat gesagt: Etwas den Feinden hinterlassen ist besser, als die Freunde um etwas zu bitten. Und: Etwas eifrig behüten ist besser, als es eifrig suchen zu müssen. Auch wenn dein Vermögen nur gering ist, halte es dennoch für erforderlich, es zu hüten; denn wer ein geringes Vermögen hütet, der kann auch ein großes hüten. Wisse: Deine eigene Arbeit zu machen ist besser als die Arbeit irgendwelcher Fremder.

Faulheit halte für Schande; denn Faulheit ist die Schülerin des Unglücks. Sei ein „Lastträger" des Lebens, denn nur durch Mühsal bringt man etwas zusammen. Und so wie es durch Mühe vergrößert wird, so geht es durch Faulheit verloren. Denn die Weisen haben gesagt: „Seid arbeitsam, damit ihr zu Wohlstand kommt; seid genügsam, damit ihr reich werdet; seid bescheiden, damit ihr viele Freunde habt." Alles das, was du durch Mühe und Anstrengung dir erworben hast, durch Faulheit und Nachlässigkeit aus der Hand zu geben, das ist demnach nicht die Sache der Verständigen. Denn in der Zeit der Not wirst du es bereuen, und dann nützt es nichts mehr. Aber wenn du dich selbst anstrengst, dann sei auch bestrebt, das Erworbene selbst zu verzehren. *So teuer dir auch dein Vermögen ist, enthalte es denen nicht vor, die eine Unterstützung verdienen;* denn keinesfalls nimmt jemand seine Habe mit ins Grab.

Du darfst aber nur soviel verausgaben, wie es deinen Einnahmen entspricht, damit du nicht verarmst. Denn Mangel findet sich nicht nur in den Häusern der Armen, sondern kann in jedem Haushalt vorkommen. Zum Beispiel: Du hast einen Dirham eingenommen und verausgabst nur ein klein wenig mehr als einen Dirham*; immer bist du dann bedürftig. Es sollte umgekehrt sein: Wenn du einen Dirham einnimmst, gib etwas weniger als einen Dirham aus, damit im Hause kein Mangel eintritt. Mit dem, was du hast, sei zufrieden; denn Genügsamkeit bedeutet soviel wie Bedürfnislosigkeit. Alles, was die Vorsehung dir zuteil wissen wollte, das bekommst du auch.

Wenn eine Angelegenheit schon durch gute Worte und freundliche Fürsprache der Leute sich regeln läßt, dann stecke nicht durch Großzügigkeit dein Vermögen hinein, damit durch törichtes Verhalten dir kein Dirham verloren gehe; denn Leute ohne Mittel genießen kein Ansehen. Wisse: Die große Masse hält alle Reichen für ihre Freunde, auch wenn sie gar keinen Nutzen von ihnen hat, und umgekehrt alle Armen für ihre Feinde, ohne doch irgendwelchen Nachteil von ihnen zu erfahren. Denn der schlimmste Zustand eines Menschen ist die Bedürftigkeit; und jede Eigenschaft, die ein Lob ist für die Reichen — ebendiese ist ein Tadel für die Armen.

Erkenne ferner, daß die Wertschätzung eines Menschen sich nach der Art bemißt, wie er sich schmückt. Aber *die Verschwendungssucht halte für ein Unglück*. Alles, was Gott feindlich ist, das ist auch für die Menschen, seine Diener, unheilvoll. Denn der erhabene Gott hat in seinem heiligen Buche gesagt: „Verschwendet nicht; Allah liebt nicht die Verschwender.“ (Sure 6/142; vgl. S. 7, 32). Was der erhabene Gott nicht liebt, das liebe auch nicht. Jedes Unglück hat eine Ursache; und als Ursache für die Armut erkenne die Verschwendungssucht. Aber nicht jede Form der Verschwendungssucht besteht in der Verausgabung für den Lebensunterhalt. Auch im Essen, im Sprechen, im Tun und überhaupt in jeder Beschäftigung darf man nicht verschwenderisch sein (d. h. übertreiben). Denn jede Art der Übertreibung reibt den Körper auf, quält die Seele, vertreibt den Verstand und tötet die Lebewesen. Siehst du nicht, daß das Weiterleben einer Lampe durch das Öl bedingt ist? Wenn du also über Grenze und Maß hinaus die Lampe vollfüllst, so daß das Öl über die Kante des Lampenhalses hinausfließt und den Docht erreicht, so tötet es die Lampe ab; und das gleiche Öl, dessen Mäßigkeit doch die Ursache des Lebens für die Lampe ist, führt zum Tode (der Flamme durch Ersticken beim Überfließen).

Darum hat Gott — er ist erhaben! — die Verschwendung nicht lieb; und auch die Weisen haben in keiner Hinsicht an ihr Gefallen gefunden. Denn die Folge der Verschwendungssucht ist lauter Schaden. Aber verbittere dir das Leben auch nicht durch übertriebene Sparsamkeit — und „verschließe nicht die Tür des täglichen Brotes.“ Spare nicht an dem, was nötig ist. Denn keiner, der an sich selbst spart, hat von seinem Wohlstand Gewinn; er verfehlt seinen Lebenszweck. Gib aus von dem, was du hast, und gib aus, was du zum Leben brauchst. Denn schließlich ist es so: Wenn auch das Vermögen wertvoll ist, so ist es doch nicht wertvoller als das Leben. Im Ganzen: Bemühe dich, alles, was du dir erwirbst, in der richtigen Weise auszugeben. Vertraue deine Habe nur demjenigen an, der damit sparsam umgeht, nicht auch einem Spieler und einem Trinker. Niemanden halte für vertrauenswürdig. Halte jeden für einen Dieb, damit dein Vermögen vor Dieben gesichert sei. Beim Sammeln eines Vermögens sei nicht nachlässig, denn wenn man am Anfang zu bequem ist, hat man am Ende davon Beschwerlichkeit; scheut man aber am Anfang keine Mühe, so hat man am Ende ein sorgloses Leben. Heute Bequemlichkeit, das heißt, morgen Plage, heute Plage ist morgen Bequemlichkeit.

Wenn du mit oder ohne Mühe etwas verdient hast, dann bemühe dich, von jedem Dirham nur zwei Sechstel für den Bedarf deines Haushaltes und deiner Familie zu verausgaben, und auch wenn du notwendig mehr brauchen solltest, gib doch nicht mehr aus als diese Summe. Hast du diese zwei Sechstel ausgegeben, dann lege noch zwei Sechstel als Reserve für eine Notlage zurück. Dann kümmere dich nicht mehr darum, und auch wenn du einen Verlust hast, denke nicht mehr daran. Bewahre es für deine Erben; auch dazu, daß du eine Hilfe hast, wenn die Tage der Schwäche und des Alters kommen. Die übrig bleibenden zwei Sechstel verwende für deinen eigenen Luxus und zwar dergestalt, daß es „weder stirbt noch altert“ (d. h. wertbeständig bleibt), z. B. zum Ankauf von Juwelen, von Goldsachen und dergleichen. Wenn du noch mehr Geld hast, vertraue es der Erde an; denn alles, was du der Erde anvertraust, bekommst du wieder zurück, und das Kapital bleibt immer an seinem Platz und der erlaubte Gewinn ist fortlaufend.

Und wenn du etwas zum Luxus geschafft hast, dann verkaufe nicht bei jeder Notlage und jeder Schwierigkeit die Ausstattung deines Hauses und sage nicht: „Jetzt ist eine Notlage gekommen, da verkaufe ich es; aber zu einer anderen Zeit will ich es wieder zurückkaufen.“ Denn man darf nicht bei jedem Verlust die Ausstattung des Hauses verkaufen, in der Hoffnung, sie durch Rückkauf ersetzen zu können. Denn man kann sie nicht zurückkaufen; sie geht verloren, und das Haus bleibt leer. Dann dauert es nicht lange, und du bist von allen armen Leuten der ärmste. — Auch mach nicht bei jeder Notlage eine Anleihe und verpfände nichts von deinem Besitztum. Gib das Gold nicht für Zinsen weg — das ist selbstverständlich — und nimm auch keine Zinsen. Ein Darlehen zu fordern, halte für außerordentlich schmachvoll und verächtlich. Soweit es möglich ist, gewähre keinem auch nur einen Dirham als Darlehen; besonders nicht deinen Freunden, denn von einem Freunde ein Darlehen zurückzuverlangen, ist die größte Unannehmlichkeit. Wenn du einem Freund ein Darlehen gegeben hast, dann betrachte diese Summe nicht mehr als dir gehörig, sondern denke in deinem Herzen: „Ich habe diese Summe dem Freunde geschenkt.“ Solange er sie nicht zurückgibt, verlange sie nicht von ihm; denn infolge einer solchen Forderung geht die Freundschaft in die Brüche. Denn einen Freund kann man sich leicht zum Feinde machen, aber einen Feind zum

Freunde zu machen, ist sehr schwer. Das erste bringen Kinder fertig; das andere ist eine Sache der alten Leute.

Von allem, was dir gehört, gib den notleidenden Menschen einen Anteil. Sei nicht gierig auf das Besitztum anderer Leute, damit du ein rechtschaffener Mann bist. Betrachte nur das, was du selbst besitzest, als dein Gut und das der anderen als das ihre, damit du so durch deine Redlichkeit bekannt wirst. Das ist eine Bedingung deines Lebens.

Gott ist der Helfer.

Zweiundzwanzigstes Kapitel

Bewahrung eines anvertrauten Gutes

Wenn dir jemand etwas zur Aufbewahrung gibt, so übernimm das auf keinen Fall! Hast du es aber übernommen, so hebe es gut auf! Denn etwas zur Aufbewahrung übernehmen ist eine Unannehmlichkeit übernehmen. Die Folgen davon bestehen nämlich in drei Möglichkeiten, bis du das anvertraute Gut zurückgegeben hast, wie es der erhabene Gott in einem Verse der Offenbarung befiehlt: *„Gebt das anvertraute Gut den Eigentümern zurück!“* (Sure 4/58) Denn der Weg der Mannestugend und der Humanität fordert: Einmal, daß du möglichst nichts zur Aufbewahrung übernimmst; sodann aber, daß du, wenn du es doch übernommen hast, das dir Anvertraute gut aufhebst und es unversehrt dem Eigentümer wieder zustellst.

Erzählung

Also hörte ich es: Ein Mann trat in der Morgenfrühe, als es noch dunkel war, aus seinem Hause, um ins Bad zu gehen. Da sah er unterwegs einen seiner Freunde und sagte zu ihm: „Bist du einverstanden, daß wir zusammen ins Bad gehen?“ Der Freund antwortete: „Bis zur Tür des Bades will ich dich begleiten; aber ins Bad kann ich nicht mitkommen, weil ich etwas zu erledigen habe.“ Er ging mit ihm bis in die Nähe des Bades, bis sie zu einer Straßenkreuzung kamen. Ohne daß der Freund ihm Bescheid gesagt hatte, kehrte er um und schlug einen anderen Weg ein. Zufälligerweise kam hinter diesem Mann ein Taschendieb, um ins Bad zu gehen und dort sein Diebeshandwerk zu betreiben. Plötzlich sah der Mann sich um und erblickte den Taschendieb, und da es noch dunkel war, hielt er ihn für seinen Freund. In seinem Ärmel hatte er hundert Dinar verborgen. Diese wickelte er in ein Taschentuch, nahm sie aus dem Ärmel heraus und gab sie dem Taschendieb mit den Worten: „Mein Bruder, nimm das in Verwahrung, bis ich aus dem Bade komme. Dann gib es mir zurück.“ Der Taschendieb nahm das Gold in Empfang und blieb dort stehen.

Bis daß der Mann aus dem Bade zurückkam, war es hell geworden. Er zog sich an und trat hinaus. Da rief ihn der Taschendieb an und sagte: „Edler Herr, nimm dein Gold zurück und gehe; ich bin heute von meinem Geschäft abgehalten worden, weil ich dein Gold aufbewahren mußte.“ Der Mann sagte: „Was ist das mit dieser Aufbewahrung? Und was für ein Mann bist denn du?“ Der Dieb sagte: „Ich bin ein Taschendieb, und du hast mir das Gold gegeben.“ Da sprach der andere: „Wenn du ein Taschendieb bist, warum hast du mir dann das Geld nicht weggenommen?“ Darauf antwortete der Dieb: „Wenn ich dieses Gold mit Hilfe meiner Kunst gestohlen hätte, dann hätte ich es mitgenommen; und auch wenn es tausend Dinar gewesen wären, hätte ich auch nicht ein Gerstenkorn (d. h. einen Heller) zurückgegeben. Aber du hattest mir das Gold zur Aufbewahrung gegeben und es mir anvertraut. Es wäre unrecht gewesen, dich zu hintergehen, nachdem du von mir Sicherheit genommen hattest."

* * *

Das habe ich nun deswegen erzählt, damit du es weißt: Wenn sogar ein Taschendieb es für seine Ehre hält, ein anvertrautes Gut zu hüten — was für eine gefährliche Sache ist es dann, ein solches Gut zur Aufbewahrung zu übernehmen. Denn angenommen erstens: Das Gut geht in deiner Hand verloren, aber ohne deine Absicht, dann mußt du Ersatz leisten und es wieder kaufen — und die Sache ist in Ordnung. — Angenommen zweitens: Der böse Geist verführt dich und bringt dich vom rechten Wege ab, so daß dich nach dem anvertrauten Gut gelüstet, dann ist dies ein „schwarzes Mal auf deinem Gesicht" — in dieser und in jener Welt. — Drittens: Wenn du sie dem rechtmäßigen Eigentümer zurückerstattest und jegliche Mühe beim Aufbewahren auf dich genommen hast, dann dankt es dir der Besitzer nicht, sondern sagt nur: „Es war ja mein Eigentum, und er hat es mir zurückgegeben." Du bist also für deine viele Mühe unbelohnt geblieben.

Gesetzt nun, der Gegenstand ist verlorengegangen, ohne daß du dabei irgendeinen Betrug geplant hattest, so nimmt dir das keiner ab. Du stehst vor allen Menschen als ein Verräter da, und bei deinen Kollegen und Freunden geht dir alle Achtung verloren, und niemand hat mehr zu dir Vertrauen. Und wenn auch nur ein ganz klein wenig von jener Habe bei dir zurückbleibt, so ist das durchaus unerlaubt, und eine schwere Sündenlast bleibt an deinem Halse (d. h. auf dir sitzen). In dieser Welt hast du keinen Nutzen davon, und in jener Welt trifft dich die Strafe Gottes — er ist erhaben!

Abschnitt. Wenn du aber irgend jemandem etwas anvertraust, so tu das nicht insgeheim, sondern nimm dazu zwei zuverlässige Zeugen und nimm über das, was du gibst, ein Beweisstück (einen Hinterlegungsschein), damit du von einem (etwaigen) Prozeßverfahren befreit bist. Kommt es aber doch zu einem Gerichtsverfahren, dann tritt nicht frech auf: denn *Frechheit ist ein Zeichen dafür*, daß man sich im Unrecht befindet. Soweit es irgend möglich ist, leiste keinen Eid, sei er falsch oder richtig. Zieh dir nicht den Ruf zu, ein Schwörer von Eiden zu sein, damit — wenn du einmal schwören mußt und du dazu gezwungen bist, die Leute dich bei einer Eidesleistung für einen Mann halten, der die Wahrheit spricht. Wenn du auch ein reicher Mann bist, so gehörst du dennoch zu den Armen, wenn du keinen ehrlichen Namen hast und nicht die Wahrheit sprichst. Denn das Ende eines, der einen schlechten Ruf hat und ein Lügner ist, ist kein anderes als die Armut. Bleibe immer vertrauenswürdig; denn dies hat man „das goldene Elixier" (= den „Stein der Weisen") genannt. Dann lebst du immer als ein „reicher" Mann. Das bedeutet: Sei zuverlässig und sprich die Wahrheit; denn das Vermögen der ganzen Welt gehört denen, die zuverlässig sind und die Wahrheit sagen. Bestrebe dich, kein Betrüger zu sein;

aber sei auch auf der Hut, daß du selber nicht betrogen wirst, besonders bei einem Geschäft und einem Rechtsakt, den man im Zustande der Leidenschaft abschließt.

Gott weiß es besser.

Dreiundzwanzigstes Kapitel

Ankauf von Sklaven und dessen Bedingungen

Wenn du einen Sklaven kaufst, dann sei vorsichtig; denn Menschen kaufen ist eine schwierige Kunst, weil es viele Sklaven gibt, die (zunächst) gut erscheinen, wenn du sie aber mit mehr Sachkunde betrachtest, das Gegenteil davon sind. Die Mehrzahl der Menschen ist der Meinung, daß der Ankauf von Sklaven den sonstigen Geschäften, die man auf dem Basar tätigt, gleichzusetzen ist. Sie wissen nicht, daß der Ankauf von Sklaven und die Kunst darin in das Fachgebiet der „Philosophie", d. h. der Lebensweisheit, einschlägt. Jeder, der etwas kauft, ohne genaue Kenntnis davon zu haben, wird dabei übers Ohr gehauen. Denn *das schwierigste Erkennen ist das Erkennen der Menschen.* Denn Fehler und Tugenden der Menschen sind zahlreich. Es kann vorkommen, daß ein einziger Fehler hunderttausend Tugenden zudeckt, und es kann auch vorkommen, daß eine einzige Tugend hunderttausend Fehler zudeckt.

Man kann den Menschen nicht anders erkennen als durch die Wissenschaft der Physiognomik und durch Erfahrung. Die Wissenschaft der Physiognomik in ihrer Vollständigkeit ist ein Zweig der Prophetenkunst; und diese in ihrer Vollendung vermag niemand zu erlangen, es sei denn, er gehöre selbst zu den berufenen Propheten, die vermöge ihrer Gabe der Physiognomik in der Lage sind, Gut und Böse im inneren Wesen des Menschen intuitiv zu erkennen.

Was nun den Kauf von Mamluken* und Sklaven anbelangt, so will ich jetzt, so gut ich es vermag, über ihre Fehler und Tugenden sprechen, damit es bekannt wird. So wisse denn, daß beim Ankauf von Mamluken drei Bedingungen zu erfüllen sind: Erstens muß man auf Grund der Physiognomik ihre äußeren und inneren Fehler und Vorzüge festzustellen suchen; zweitens muß man sich Kenntnis verschaffen über etwaige sichtbare und unsichtbare Krankheiten durch Beobachtung der Symptome; drittens muß man ihre Abstammung kennen und die Fehler oder Vorzüge, die die einzelnen Stämme haben.

Aber die erste Voraussetzung für die Menschenbeobachtung ist folgende: Beim Ankauf eines Sklaven mußt du eine sorgfältige Überlegung anstellen. Das ist deshalb nötig, weil es Sklavenkäufer verschiedener Art gibt. Die einen betrachten sich zwar das Gesicht der Sklaven genau, prüfen aber nicht deren Körper und Gliedmaßen. Andere wieder sehen sich das Fett und das Fleisch an. Jeder aber, der sich einen Sklaven kauft, beschaut zuerst dessen Gesicht und dann die übrigen Körperteile. Also ist es besser, wenn du nach einem Sklaven suchst, dessen Gesicht schön ist, denn sein Gesicht kannst du ja dauernd sehen, seinen Körper aber siehst du nur gelegentlich. Zunächst betrachte die Augen und die Augenbrauen, hierauf die Nase, die Lippen, die Zähne, und sieh dir dann das Haar an. Denn Gott — er ist erhaben! — hat bei allen Menschen die Schönheit in die Augen und Augenbrauen gelegt, die Anmut auf die Nase, die Süße auf die Lippen und die Zähne und die Frische auf die Haut. Das Haar des Kopfes hat er zum Schmucke für dieses alles gemacht; denn zum Zwecke der Zier schuf er es. Darum ist es notwendig, daß du alles das beachtest. Wenn in den Augen und auf den Brauen Schönheit sich findet, auf der Nase Anmut, auf den Lippen und Zähnen Süße, auf der Haut Frische, dann kaufe diesen Sklaven und beschäftige dich nicht weiter mit dem sonstigen Körper desselben. Wenn aber dies alles nicht der Fall ist, dann sollte er wenigstens anmutig sein. Denn nach meiner Überzeugung ist Anmut ohne Schönheit besser als Schönheit ohne Anmut.

Es heißt: Man muß wissen, zu welcher Arbeit der Sklave sich eignet; ferner, auf Grund welcher Beobachtungen man ihn kaufen sollte, und was für Merkmale er haben muß. Handelt es sich um einen Sklaven, den du als Gefährten kaufst, dann sollte ein jeder Sklave dieser Art eine maßvoll ausgeglichene Natur haben, d. h. in bezug auf Länge und Kürze, nicht zu fett und nicht zu mager, in der Hautfarbe nicht zu blaß und nicht zu rot, nicht zu stark und nicht zu zart. Sein Hals sei nicht zu lang und nicht zu kurz, seine Haare seien nicht zu kraus und nicht zu glatt. Wenn du nun einen Burschen siehst, der zartes Fleisch hat, eine dünne Haut, einen feinen Knochenbau, weinrotes Haar, schwarze Wimpern, dunkelblaue Augen, schwarze Augenbrauen, eine gerade Nase, eine schlanke Hüfte, ein rundes Kinn, rote Lippen, weiße, wohlgefügte Zähne und alle übrigen Glieder so passend, wie ich es sagte, — dann ist jeder derartige Sklave ein schmucker und für das Zusammenleben geeigneter Mensch, von gutem Charakter, treu, wohlgeartet und wertvoll.

Das Merkmal eines klugen und glückverheißenden Sklaven muß dies sein: Er soll einen geraden Wuchs haben, wohlgeordnetes Haar, gut proportioniertes Fleisch, breite Handflächen, einen weiten Zwischenraum zwischen den Fingern, eine breite Stirn, rubinrote Lippen, dunkelblaue Augen, ein freundliches, aber nicht lachendes Gesicht. Ein solcher Sklave eignet sich dazu, die Wissenschaft zu lernen und das Amt des Schatzmeisters auszuüben; überhaupt ist er für jede Art von Beschäftigung brauchbar.

Die Merkmale eines Sklaven, der nur zum Zeitvertreib dient, sind folgende: Er soll zartes Fleisch haben, hager sein, besonders auf dem Rücken, weiche Finger haben, nicht zu mager sein und nicht zu fett. — Ein Sklave, dessen Gesicht dickfleischig ist, kann nichts lernen. — Die Handflächen sollen zart sein, der Raum zwischen den Fingern sei weit. Er soll ein helles Gesicht haben und dünne Haut; die Haare dürfen weder zu lang noch zu kurz sein, auch nicht zu tiefschwarz; die Fußsohlen sollen besser eben sein. Ein solcher Sklave lernt schnell jede Kunst, bei der es auf präzises Können ankommt, besonders die Musik.

Die Merkmale eines für das Waffenhandwerk geeigneten Sklaven sind: Er soll starkes Haar haben, zu voller Höhe gewachsen sein, von gerader Gestalt, kräftiger Konstitution, er muß hartes Fleisch haben und starke Knochen, gesunde Haut und gesunde Gliedmaßen, feste Gelenke, am ganzen Körper sichtbare und gut durchpulste Adern und Sehnen; breite Schultern und breite Brust, einen starken Hals und einen runden Kopf — ist er kahlköpfig, umso besser, — einen hohlen Bauch und straffe Gesäßbacken und Schenkel, deren Muskeln sich beim Laufen strecken; die Augen sollten schwarz sein. Jeder so geartete Sklave ist für den Kampf geeignet, tapfer und erfolgversprechend.

Die Merkmale eines Sklaven, der für die Dienstleistung im Frauengemach bestimmt ist, sind folgende: Er soll dunkelhäutig sein, ein finsteres und mürrisches Gesicht haben, rauhe Haut und trockene Gliedmaßen, spärliches Haar, eine hohe Stimme, schlanke Beine, dicke Lippen, eine platte Nase, kurze Finger, eine gebeugte Gestalt und einen dünnen Hals. Ein solcher Sklave ist geeignet für die Betreuung der Frauenwohnung. Aber weiße Haut und rote Wangen darf er nicht haben. Hüte dich, einen Rothaarigen zu nehmen, besonders wenn er glattes Haar hat. Auch sollen seine Augen weder schwach noch feucht sein; denn ein solcher ist entweder ein Liebhaber der Frauen oder ein Kuppler.

Die Merkmale eines Sklaven, der gerissen und frech ist und der sich zum Stallknecht eignet, sind folgende: Er soll einen offenen Blick und weit geöffnete Augen haben, und seine Augenlider sollen rot punktiert sein. Lippen und Zähne sollen lang, der Mund breit sein. Ein Sklave solcher Art ist außerordentlich frech, ohne Furcht und ungebildet.

Die Merkmale eines Sklaven, der geeignet ist für den Dienst im Hause und die Tätigkeit als Koch, sind folgende: Er soll ein sauberes Gesicht haben und einen sauberen Körper, ein rundes Antlitz, zarte Finger und Füße, dunkelblaue Augen, eine vollkommene Gestalt; er muß schweigsam sein, sein Haar sei weinfarben und herabfallend. Ein solcher Sklave ist geeignet für die genannten Arbeiten, sofern er die erwähnten Bedingungen erfüllt.

Nun will ich die Fehler und Vorzüge eines jeden Volksstammes aufzählen, die man beim Ankauf von Sklaven kennen muß.

Du mußt wissen: Die Türken bestehen nicht aus einem einzigen Stamm; und jeder Stamm hat seine eigene Natur und Wesensart. Von ihnen die bösartigsten sind die Qepčāg* und die Ġoz*; die von allen am besten gearteten und am gehorsamsten sind die Xotani*, die Xollaxi*, Naxšabi* und die Tabbati*; von allen die mutigsten und tapfersten sind die Tarġāi*, Bağnāk* und von allen am meisten Mühsal und Ungemach gewöhnt sind die Tataren* und die Bewohner von Jaġmā*. Die schwächsten von allen sind die Čagali*. Alles in allem ergibt sich folgendes Bild: Bei einem Türken findet sich die Schönheit oder Häßlichkeit nicht an den einzelnen Teilen seines Körpers, sondern in der Gesamtheit seiner Erscheinung. Umgekehrt ist es bei den Indern. Betrachtest du nämlich einen einzelnen Türken, so wirst du finden: Er hat einen großen Kopf, ein breites Gesicht, enggestellte Augen, eine platte Nase, unschöne Lippen und Zähne. Also sieht der Türke im einzelnen unschön aus, allein und für sich betrachtet; macht man sich aber ein Gesamtbild von diesem Menschen, so bekommt man einen guten Eindruck. Bei den Indern dagegen ist es so: Wenn du die einzelnen Teile des Körpers betrachtest, dann siehst du, daß jedes Teil für sich schön ist, aber das Gesamtbild wirkt nicht so schön wie bei den Türken. Aber der Türke hat — im Gegensatz zu dem Inder — eine besondere Wesensart, natürliche Frische, Reinheit und Glattheit der Haut. In der Frische des Körpers übertreffen die Türken alle anderen Volksstämme. Was also bei den Türken schön ist, das ist zweifellos auch im höchsten Maße schön, und was bei ihnen häßlich ist, das ist auch im höchsten Maße häßlich.

Die Fehler der Türken sind hauptsächlich folgende: Sie sind schwerfällig im Begreifen, unwissend, hochmütig, unruhig, unzufrieden, ungerecht, trunkene Raufbolde, zänkisch ohne Veranlassung, sie haben kein Gefühl für die passende Zeit; verzagt bei Nacht, d. h. ihre bei Tage bewiesene Tapferkeit vermögen sie des nachts nicht zu zeigen.

Ihre Tugenden sind folgende: Sie sind tapfer und aufrichtig, offen als Feinde, eifrig in jeder Arbeit, die man ihnen aufträgt; sie sind von zartem Körperbau und vergnügungslustig; und für ein luxuriöses Leben gibt es keinen besseren Stamm als sie.

Was nun die Slawen, die Russen und die Alanen* angeht, so stehen sie in ihrer Wesensart den Türken nahe. Aber sie sind geduldiger und fleißiger als die Türken. Die Alanen sind freilich bei Nacht mutiger als die Türken; auch lieben sie ihren Herrn mehr. Obwohl sie in ihrer Arbeitsleistung den byzantinischen Sklaven näherstehen, so sind sie doch wertvoller als diese. Aber sie haben doch einige Fehler: z. B. sind sie diebisch, untreu, heimtückisch, ungeduldig, langsam in der Arbeit, von schwächlicher Natur, ihrem Herrn untreu und zur Flucht geneigt. Ihre Tugenden sind folgende: Sie sind weichmütig, haben ein angenehmes Wesen und eine rasche Auffassungsgabe, sie sind ruhige Arbeiter, ihre Sprechweise ist dreist, und sie sind tapfer, sie sind gute Wegführer und haben ein gutes Gedächtnis.

Die Fehler der byzantinischen Sklaven sind folgende: Sie können nicht richtig sprechen, sie sind feige und schwächlich von Natur aus, träge, jähzornig, habsüchtig, vergnügungssüchtig. — Ihre Tugenden sind: Sie üben Selbstbeherrschung, sind freundlich und von gutem Charakter, sie verstehen sich auf die Hauswirtschaft und haben darin Erfolg, auch halten sie ihre Zunge wohl im Zaume.

Aber die Fehler der Armenier sind folgende: Sie sind schlecht in der Arbeit, haben üblen Mundgeruch, sie sind diebisch und frech, laufen schnell weg, gehorchen nicht, schwätzen viel, sind Lügner, halten es mit den Ungläubigen, verhalten sich ihrem Herrn gegenüber feindselig, — kurz, sie haben vom Kopf bis zum Fuße fehlerhafte Eigenschaften. Andererseits sind sie von rascher Auffassungsgabe und gelehrig.

Aber die Fehler der Inder sind folgende: Sie haben eine schlechte Aussprache und die Mädchen im Hause sind vor ihnen nicht sicher. Aber die einzelnen Gruppen der Inder verhalten sich nicht so zueinander wie bei den anderen Völkern. Denn es ist folgendermaßen: Bei den anderen Völkern sind die Menschen miteinander vermischt; nur bei den Hindus herrscht seit der Zeit Adams — Friede über ihm! — diese Gewohnheit: Die Kasten bleiben bei der Verheiratung voneinander geschieden, so daß z. B. die Kaufleute ihre Töchter immer wieder nur an Kaufleute verheiraten, die Metzger wieder an Metzger, die Bäcker an Bäcker, die Kriegsleute an Kriegsleute. Infolgedessen hat bei ihnen jede Kaste eine andere Wesensart. Ich kann allerdings nicht jede Kaste ausführlich hier beschreiben, weil das dem Charakter des Buches nicht entsprechen würde. Aber die besten von ihnen, deren Angehörigen zugleich treu und tapfer sind, sind die Brahmanen. Die Bramahnen sind weise, die rāwat* sind tapfer, die kerār* sind gute Haushalter. Jeweils ist die eine Kaste besser als die andere.

Die Sklaven aus Nubien und Abessinien haben die wenigsten Fehler. Die Abessinier sind besser als die Nubier. Über das Lob der Abessinier ist ja schon vom Propheten — Gott schenke ihm Heil und Frieden! — vieles gesagt worden.

Dies waren die Kenntnisse, die man von den einzelnen Arten der Sklaven, über ihre Tugenden und ihre Fehler haben sollte.

Ich komme nun zu einer weiteren, der dritten Regel: Sie lautet, daß du dich über die körperlichen Merkmale, über die äußeren und inneren, sichtbaren und verborgenen Gebrechen der Sklaven informierst. Das ist deshalb zweckmäßig, damit du dich sofort beim Kauf nicht leichtsinnig verhältst. Sei nicht auf den ersten Blick hin zufrieden! Denn auf den ersten Blick erscheint vieles gut, was sich später als schlecht herausstellt, und vieles schlecht, was sich dann als gut zeigt. Ferner: Das Antlitz des Menschen zeigt nicht immer die gleiche Färbung, es ändert sich; bald erscheint es schön, dann wieder häßlich. Du mußt dir alle einzelnen Gliedmaßen des Sklaven genau ansehen, so daß dir nichts verborgen bleibt. Denn es gibt viele verborgene Krankheiten, die jetzt noch nicht zum Ausbruch gekommen sind, aber bald kommen werden. Nach einigen Tagen werden sie auftreten.

Dafür gibt es Symptome: Wenn z. B. die Wangen gelbfarbig werden und die Lippen blaß, dann ist dies das Zeichen von Hämorrhoiden. Ist das Augenlid dauernd geschwollen, dann ist dies ein Symptom für die Wassersucht. Sind die Augen rot und die Adern auf der Stirn mit Blut gefüllt, dann deutet das auf Epilepsie. Das Ausreißen der Haare, das Zucken mit den Augenwimpern und das Nagen an den Lippen sind Symptome der Schwermut (Melancholie). Die schiefe Stellung der Nasenknochen und die Unebenheit der Nase sind Zeichen von Fisteln (Geschwüren); ist das Haar an einzelnen Stellen schwärzer als sonst, so beweist das, daß es gefärbt ist. Wenn du am Körper an einer Stelle ein Brandmal siehst, an der kein Brandmal sein dürfte, so achte darauf, ob sich nicht unter diesem Mal Lepra verbirgt. Das Gelbe im Auge und die Veränderung der Farbe im Gesicht sind Zeichen der Gelbsucht.

Wenn du einen Sklaven kaufst, so mußt du ihn nehmen und zu Boden legen, dann mußt du ihn auf beide Hüften drücken und scharf beobachten, ob er dabei irgendeinen Schmerz empfindet oder eine Geschwulst hat. Wenn das der Fall ist, so liegt es an der Leber oder an der Milz.

Wenn du nun nach all diesen verborgenen Krankheiten geforscht hast, dann suche auch die sichtbaren festzustellen: Prüfe den Geruch des Mundes und der Nase, ob er etwa schwerhörig ist, ob er Sprachmängel aufweist oder stottert, ob er einen normalen Gang hat; prüfe die Festigkeit der Gelenke und die Dicke des Zahnfleisches, damit man dich nicht hintergehe. — Wenn du dann alles das, was ich dir sagte, gesehen und kennengelernt hast, und wenn du ihn kaufen willst, dann kaufe ihn von einem rechtschaffenen Manne, damit es auch in deinem Hause ehrlich zugeht.

Solange du einen findest, der nicht Persisch kann, kaufe nicht einen, der Persisch kann, denn einen nicht Persisch sprechenden kannst du auf deine Weise erziehen, bei einem Persisch sprechenden kannst du es kaum.

Wenn die Wollust dich übermannt, dann laß dir keine Sklavin vorführen, denn die Vorherrschaft der Wollust läßt in deinen Augen jede schön erscheinen. Zunächst laß die Wollust zur Ruhe kommen, dann erst beschäftige dich mit dem Kauf der Sklavin. Kaufe keinen Sklaven, der bei seinem früheren Herrn verhätschelt worden ist, denn wenn du ihn nicht ebenso verhätschelst, dann wird er dir nicht dankbar dafür sein; entweder läuft er dir weg, oder er will wieder verkauft werden, oder er wird im Herzen dein Feind. Wenn du ihn auch noch so gut behandelst, so wird er dir doch nicht dankbar sein, weil er ja dieselbe gute Behandlung schon anderswo genossen hatte. Kaufe also lieber einen Sklaven aus einem Hause, wo man ihn schlecht behandelt hat, damit er sich dir auch für eine Kleinigkeit dankbar erweist und dich für seinen Freund hält. Schenke ihm von Zeit zu Zeit etwas und laß es nicht zu, daß die Sklaven immer Geld nötig haben, denn sonst ist die Folge, daß sie immer wieder Geld verlangen. Kaufe einen Sklaven, der einen hohen Wert hat, denn der Wert eines Sklaven entspricht seinem Preise. Kaufe keinen Sklaven, der schon viele Besitzer hatte; denn eine Frau, die schon mehrere Männer hatte und ein Sklave, der schon mehrere Herren hatte, sind nicht rühmenswert. Kaufe so, daß dein Sklave täglich an Wert gewinnt. Wenn wirklich ein Sklave sich verkaufen lassen will, dann streite dich nicht mit ihm herum, sondern verkaufe ihn! Denn niemand ist glücklich über jene Frau, die sich scheiden lassen will, und über jenen Sklaven, der unbedingt verkauft werden will.

Wenn ein Sklave sich absichtlich faul zeigt und im Dienst nachlässig ist — und wenn diese Fehler nicht in böser Absicht gemacht werden — dann suche ihm nicht mit Gewalt Besserung beizubringen; erwarte nichts von ihm, denn er wird auf keinen Fall flink in der Arbeit und erfolgversprechend. Verkaufe ihn! Denn einen Schlafenden kann man mit starkem Stimmaufwand wach machen, aber einen Arbeitsscheuen kann man nicht mit dem Schall von hundert Hörnern und Trommeln wieder erwecken. Unbrauchbares Personal sammle in deinem Haushalt nicht um dich; denn ein Hauswesen mit nur wenig Personen ist so gut wie ein reiches Hauswesen. Halte deinen Diener so, daß er dir nicht davonläuft; den, der einmal in deinem Dienst steht, behandle recht und gut. Denn es ist besser, du hast nur einen, der sich bei dir wohl befindet, als zwei, denen es schlecht geht.

Dulde es nicht, daß dein Sklave mit einem anderen „Bruderschaft" schließt — noch das Entsprechende bei deinen Sklavinnen, denn daraus entsteht großes Unheil. Lege den freien Dienern und auch den Sklaven keine unerträgliche Last auf, damit nicht aus der Untragbarkeit der auferlegten Last Ungehorsam entstehe. Schmücke dich mit Gerechtigkeit, damit du unter den Edlen der Edelste bist. Der Sklave sollte den Bruder, die Schwester, die Mutter und den Vater seines Herrn kennen. Kaufe keine Sklaven von einem schon verbrauchten Sklavenhändler, denn ein Sklave soll Angst haben vor dem Sklavenhändler wie ein Pferd vor dem Tierarzt. Wenn ein Sklave bei jeder Gelegenheit und bei jeder Dienstleistung den Wunsch hat, verkauft zu werden, und keine Scham empfindet, immer wieder Handelsobjekt zu sein, dann hänge dein Herz nicht an einen solchen Sklaven. Denn von ihm kannst du nichts Gutes erwarten. Darum wechsle ihn schnell mit einem anderen. Verlange einen solchen Sklaven, wie ich ihn dir beschrieben habe.

Vierundzwanzigstes Kapitel

Ankauf von Haus- und Grundbesitz

Aber wenn du ein Haus, ein Grundstück, überhaupt irgendetwas kaufen willst, so mußt du die fest umgrenzten Bestimmungen einhalten. Alles, was du kaufst, das kaufe, wenn im Geschäft Flaute herrscht; alles, was du verkaufst, das verkaufe zu der Zeit, da der Absatzmarkt belebt ist. Nimm also deinen Profit wahr und halte das nicht für eine Schande. Denn man hat gesagt: Man muß dreist sein, wenn man etwas kaufen will. Sei nicht scheu beim Feilschen; denn das Feilschen und das lärmende Verhandeln ist die Hälfte bei einem Handelsgeschäft. Was du kaufst, das muß unter Prüfung des Vorteils und Nachteils gekauft werden.

Wenn du nicht arm werden willst, dann gib nichts aus von einem noch nicht erzielten Gewinn; und wenn du im Kapital nicht geschädigt werden willst, dann gib nichts aus von einem Gewinn, der zuletzt doch nur Schaden bringt. Willst du reich sein und nicht arm, dann sei nicht neidisch. Bei allen Geschäften übe Geduld; denn in der Geduld liegt die Hälfte aller Weisheit. In allen Geschäften vernachlässige nicht deine eigenen Interessen; denn dabei nachlässig zu sein ist eine Art Dummheit. In deinen Geschäften sei nicht dreist; denn Dreistigkeit zeugt ebenfalls von Dummheit. Wenn du einmal keine Lösung siehst und ein Ausweg für dein Unternehmen sich nicht zeigt, dann nimm den Faden dort wieder auf, wo du begonnen hast, und sei geduldig, bis du wieder klar siehst. Denn nichts geht gut aus, was man überstürzt tut.

Wenn du zum Kauf oder Verkauf eines Hauses schreitest, dann kaufe es in einem Stadtteil, in dem die Bewohner friedfertige Menschen sind. Kaufe nicht am Rande der Stadt. Kaufe auch nicht unterhalb der Stadtmauer. Kaufe nicht ein baufälliges Haus, bloß weil es billig zu haben ist. Berücksichtige vor allem die Nachbarschaft. Denn ein arabisches Wort heißt: „Erst der Nachbar, dann das Haus." Bozorgmehr sagt: „Es gibt vier Fälle großen Unheils: Erstens ein schlechter Nachbar; zweitens eine allzugroße Familie; drittens eine unpassende Frau; viertens die Armut." Kaufe nicht ein Haus, das in der Nachbarschaft eines hohen Herrn — z. B. aus der Familie der Aliden — oder in der Nachbarschaft gelehrter Leute oder der Dienerschaft liegt. Denn die Pflicht, ihnen Ehrerbietung zu erweisen, ist schwer zu erfüllen. Auch ein Haus in der Nachbarschaft von Eunuchen soll man nicht kaufen.

Bemühe dich, ein Haus in einem Stadtviertel zu kaufen, wo die Leute nicht reicher sind als du. Wähle dir einen versöhnlich gesinnten Nachbarn aus. Beim

Kauf eines Hauses nimm Rücksicht auf das Recht und die Würde des Nachbarn, denn es heißt (arab.): „Der Nachbar hat als solcher das Vorrecht.“ *Mit den Leuten in deinem Stadtviertel lebe in Freundschaft, besuche die Kranken und erkundige dich nach ihrem Befinden, sprich den Trauernden dein Beileid aus, beteilige dich an Leichenbegängnissen; zu allem, womit dein Nachbar sich beschäftigt, gib deine Zustimmung. Freu dich mit den Fröhlichen.* Deinem Vermögen entsprechend sende Geschenke zum Essen oder zum Behalten, damit du als besonders großzügig in deinem Stadtviertel giltst. Erkundige dich, wie es den Kindern in deiner Umgebung geht, küsse und liebkose sie. Frage auch nach dem Befinden der alten Leute und erweise ihnen deine Ehrerbietung. Nimm teil an den Freitagsversammlungen in der Moschee deines Stadtviertels und verabsäume es nicht, im Fastenmonat Ramadān Kerzen und Öllampen zu schicken. Denn die Leute verhalten sich allzumal so, wie man sich zu ihnen verhält. Wisse, daß alles, was an Gutem und Schlechtem den Menschen zufällt, das Ergebnis ihres eigenen Wirkens ist. Daher tu nicht das, was man nicht tun darf, und sprich nicht das, was man nicht sprechen darf. Denn derjenige, der das tut, was er nicht tun darf, wird das erfahren, was er nicht erfahren sollte.

Soweit es möglich ist, laß dich in einer der großen Städte nieder und bleibe in der Stadt wohnen, die für dich am geeignetsten ist. Kaufe dir ein solches Haus, dessen Dach höher ist als das Dach der anderen Leute, damit diese nicht auf dein Haus hinabsehen können. Aber auch *du* mußt dich davon fernhalten, die Leute zu belästigen, indem du auf ihre Häuser hinabsiehst.

Wenn du dir ein Landgut kaufst, dann kaufe es nicht ohne Nachbarschaft. Auch kaufe es mit einem ertragreichen Boden, und alles, was du kaufst, das kaufe in einem fruchtbaren Jahr. Solange das Grundstück noch nicht verteilt und der Besitz desselben noch umstritten ist, kaufe es nicht. Betrachte den Grundbesitz als eine Vermögensanlage ohne Risiko. *Wenn du aber ein Grundstück gekauft hast, dann denke immer an die Instandhaltung deines Besitzes* und baue jeden Tag etwas Neues an, damit du jederzeit einen neuen Gewinn erzielst. Ruhe dich von dieser Anbautätigkeit niemals aus; denn ein Grundstück erhält seinen Wert nur nach dem Gewinn, den man aus ihm erzielt. Wenn du von deinem Landgut keinen Gewinn machst, dann kannst du die ganze Wüste für deinen Grundbesitz halten.

Denn der Wert, der dem Herrn eines Dorfes zukommt, beruht auf dem Wert des Dorfes und dem kultivierten Grund und Boden; Grund und Boden aber haben ihren Wert nach dem Gewinn, den sie abwerfen; Ertrag aber bekommt man nicht anders als durch Anbau.

Fünfundzwanzigstes Kapitel

Ankauf von Pferden

Wenn du ein Pferd kaufst, so sieh dich vor, damit dir kein Fehler unterläuft. Denn die Natur des Pferdes und die des Menschen sind von einerlei Art. Denn welche Kaufsumme du für ein *gutes* Pferd und für einen *tüchtigen* Menschen ausgibst: Sie ist richtig angelegt; und entsprechend muß man es beim Kauf eines schlechten Menschen und eines schlechten Pferdes tadeln. Man hat gesagt: Die Welt besteht durch die Menschen; und die Menschenwelt besteht durch die Tierwelt; und *das beste Tier von allen ist das Pferd.* Denn man nimmt diese sowohl für den Haushalt in Pflicht wie für den Dienst im ritterlichen Kampf. Im Sprichwort heißt es: „Bewahre dein Gewand gut und bewahre dein Pferd gut; denn beide bewahren auch dich gut."

Freilich ist es schwieriger, ein gutes Pferd richtig zu erkennen als einen guten Menschen. Denn für die Erkenntnis eines Menschen steht für eine richtige Behauptung seine Sprache zur Verfügung; aber die richtige Entscheidung für ein Pferd muß man auf Grund seiner äußeren Erscheinung treffen. Um also die Natur eines Pferdes festzustellen, betrachte zunächst seine äußere Gestalt. Denn in der Mehrzahl der Fälle hat ein gutes Pferd auch ein gutes Äußeres, und umgekehrt steht es bei einem schlechten. Denn wenn das Pferd dich auch in seinen sonstigen Eigenschaften enttäuscht, so wird dich das Äußere jedenfalls nicht enttäuschen.

Folgende Eingenschaften muß nach Ansicht der Fachleute ein gutes Pferd haben:

Die Zähne müssen dicht aneinander gereiht, schmal und weiß sein. Seine Unterlefze soll länger sein als die Oberlefze. Seine Nüstern sollen hoch, breit und gerade sein. Die Stirn sei breit, die Spitzen der Ohren sollen weich sein, die Ohren selbst lang, der Raum zwischen den Ohren sei weit, der Hals sei aufrecht und schmal, aber der Halsknorpel dick, ebenso die Gelenke. Die Oberschenkel sollen kürzer sein als die Unterschenkel. Die Haare sollen kurz sein, die Hufe schwarz und breit, die Ferse rund, der Rücken hoch gewölbt, die Leistengegend zwischen Bauch und Seiten schmal, die Brust breit, die Vorder- und Hinterfüße weit auseinanderstehend, der Schwanz dicht behaart, lang und weich, aber das Schwanzende dünn und kurz, die Hoden schwarz und die Augen und Augenwimpern ebenfalls schwarz. Das Pferd habe einen sanften und achtsamen Gang. Die Knöchel an den Gelenken sollen biegsam sein, die Kruppe rundlich, das Gesäß herabhängend, die Schenkel inwendig fleischig und festgefügt. Wenn der Reiter, der darauf sitzt, eine Bewegung macht, so muß das Roß diese Bewegung merken.

Die von mir aufgezählten Vorzüge sollten sich überhaupt bei jedem Pferde finden. Nun aber gibt es solche, die das eine Pferd aufweist, das andere nicht. Die beste Farbe hat das rotbraune Pferd; auch das dattelfarbige Pferd ist gut, es ist ausdauernd in Hitze und Kälte und im Ertragen von Strapazen. Ein Pferd ist gut, wenn die Hoden, das Innere der Schenkel, der After, der Schwanz, die Vorder- und Hinterfüße, die Brust und die Stirn schwarz sind. Auch der Falbe ist gut, vor allem dann, wenn die hochgelbe Farbe vorherrscht, aber die Brust, die Mähne, die Stirn, der Schwanz, die Hoden, der After, der Raum zwischen den Schenkeln, die Augen und die Lefzen schwarz sind.

Ebenso soll es mit dem Fuchs, d. h. dem rotbraunen Pferd, sein; er soll rötlich schimmern und nur einerlei Farbe aufweisen, also nicht scheckig aussehen.

Das dunkelfarbige Pferd soll glänzend schwarz sein; es soll keine roten Augen haben, denn Pferde mit roten Augen pflegen besessen und fehlerhaft zu sein. Das aschgraue Pferd ist gut, wenn es schwarze Füße hat und die gleichen Eigenschaften, die ich beim Falben nannte. Das scheckige Pferd ist nicht lobenswert, und es gibt darunter selten gute Exemplare; die meisten sind bösartig, besonders, wenn ihre Augen, ihr After, ihre Hoden und ihre Hufe weiß sind.

Nachdem du die guten Eigenschaften der Pferde kennengelernt hast, mache dich auch mit ihren schlechten vertraut. Es gibt Fehler, die die Fähigkeit des Pferdes zur Arbeit schädigen und ihm ein häßliches Aussehen geben. Es kann sein, daß beides nicht der Fall ist, aber das Pferd ist unheilbringend und wird zum Mörder seines Besitzers. Es gibt ferner Fehler, die in Krankheiten und schlechten Anlagen bestehen, von denen man einige beseitigen kann, die anderen aber nicht. Alle Fehler und Krankheiten haben ihre bestimmten Namen, an denen man sie erkennen kann, wie wir sie jetzt aufzählen.

Eine von den Krankheiten des Pferdes besteht darin, daß das Tier stumm ist; ein solches hat nur geringen Wert. Das Merkmal eines stummen Pferdes ist dieses: Wenn ein solcher Hengst eine Stute erblickt, so wiehert er nicht, obschon sein Glied heraushängt. Schlecht ist auch ein nachtblindes Pferd, d. h. ein solches, das bei Nacht nicht sehen kann; sein Kennzeichen ist dies, daß es nachts vor Dingen keine Angst hat und nicht scheut, vor denen die Pferde normalerweise erschrecken, und daß es auf jede schlimme Stelle, wo du es hintreibst, losgeht, ohne Vorsicht zu zeigen. Auch ein taubes Pferd ist schlecht. Merkmal eines solchen ist, daß es nicht auf das Wiehern der anderen Pferde hört und darauf nicht antwortet. Es läßt die Ohren immer nach hinten hängen. Ein Pferd, das mit dem linken Fuße antritt, taugt ebenfalls nichts, denn es stolpert oft. Man erkennt es daran, daß es zuerst mit dem linken Fuße auftritt, wenn du es durch einen Hofeingang ziehst. Auch kann es nicht schwimmen. Das schwachsichtige Pferd ist auch schlecht, da es tagsüber schlecht sieht. Merkmal ist: Seine Pupillen sind schwarz und schimmern dabei grünlich; die Augen stehen immer offen, so daß es die Augenwimpern nicht zusammenschließt. Das kommt bei einäugigen und auch bei zweiäugigen Pferden vor. Obschon dies doch offensichtlich ein Fehler ist, stimmen Araber und Perser darin überein, daß ein solches Pferd glückbringend sein soll. Wie ich vernommen habe, sei auch Doldol* schieläugig, also fehlerhaft in den Augen gewesen.

Arğal* und A^{c}sam heißen jene Pferde, die an einem Vorderfuß und einem Hinterfuß weiß sind. Wenn der linke Hinterfuß und der linke Vorderfuß weiß sind, so bedeutet dies, das das Pferd unglückbringend ist. Sind beide Augen blau, dann mag es angehen; aber wenn nur *ein* Auge blau ist, dann ist es ein Schaden, besonders wenn es das linke Auge ist. Auch ein Moġrab*-Pferd, d. h. mit weißen Augen, ist schlecht, ebenso ein scheckiges, sowie ein Pferd, das langhalsig und grob ist und einen steifen Hals hat. Ein solches Pferd beachtet man nicht. Das Pferd mit schwarzem Gaumen ist vergeßlich und alles, was es lernt, vergißt es schnell. Schlecht ist auch ein Pferd, das wie ein Esel aussieht, weil bei ihm beide Hinterfüße gekrümmt sind. Es heißt im Persischen „kamānpāi"*, d. h. bogenfüßig. Solche Tiere fallen oft hin. Verhängnisvoll ist auch ein Pferd, das oberhalb des Kreuzes und rings um den Fuß Haare hat. Schlecht ist ferner ein Mohaqwa^{c}*-Pferd, d. h. ein solches, das rund um das Bein und hinter dem Hufe Haare hat. Wenn es an beiden Seiten eine derartige Behaarung hat, so ist es noch unheilvoller. Unglückbringend ist es auch, wenn das Pferd *über* dem Huf eine Rundung hat; an der inneren und äußeren Seite mag es gehen(?). Schlecht ist auch ein Pferd mit „verdrehten Hufen"; solche Pferde nennt man auch „krummfüßig" (ahnaf*). Diejenigen Pferde, deren Vorder- und Hinterfüße zu lang sind, taugen gleichfalls nichts, sowohl beim Abstieg wie beim Aufstieg. Man nennt sie afraq. Die krummschwänzigen Pferde sind auch schlecht; man nennt sie a^{c}zal* oder akšaf*; es sind diejenigen, deren Genitalien sichtbar sind. Schlecht sind ferner die hundeschwänzigen Pferde, sowie die, welche afhağ* heißen; das sind die, welche beim Gehen die Hinterfüße nicht an die Vorderfüße bringen können; weiter die ašhaq*, die beständig lahmen, was sich daraus erklärt, daß ihre Gelenke krank sind; ist die Krankheit an den Hinterfüßen, dann heißen sie afran*; sie sind hinderlich beim Reiten. Schlecht sind ebenfalls: das ungehorsame Pferd, das bissige Pferd, das Pferd, das zu oft wiehert, das Bauchwinde aussendende, das oft ausschlägt, das sein Glied zu lang hängen läßt, das zu viel Zeit braucht, um seine Notdurft zu verrichten. Das blauäugige Pferd ist nachtblind.

Erzählung

Ich höre, daß ein Hirt von Ahmad Fariġun* am Tage des Nouruz (= am Neujahrstage) vor seinen Herrn trat und sagte: „Lang lebe der König! Ich bringe zwar keine Neujahrsgabe; aber ich habe eine frohe Botschaft, die besser als ein Geschenk ist." Ahmad Fariġun sagte: „Sprich!" Darauf sprach der Hirte: „In deiner Herde sind vergangene Nacht tausend rabenäugige Füllen geworfen worden."

Da befahl Ahmad, ihm Stockschläge zu geben und sagte: „Was soll das für eine gute Botschaft sein, daß er mir die Nachricht bringt, mir seien tausend nachtblinde Füllen geboren worden?“

* * *

Nachdem ich dies gesagt habe und du die Krankheiten der Pferde kennst, so wisse, wie die Bezeichnung einer jeden lautet: Entešār*, Siahkāın*, Le^{c}āb*, Daxs*, Mašaš*, ^{c}Aran*, Šoqāq*, Řam^{c}*, Nāsar*, Ğozām*, Baras*, Ğarad*, Namlah*, Malah*, Nafxah*, Faqad*, Ertehāš*, Saratān*, Fatq*, Meknāf*, Qofās*, Xonāq*, Rabudmā^{c}l*, Ezāz*, Tasbil* (?), Se^{c}āl*, Šafš* (?), Rehsah* (?), Barah*.

Wenn ich alle diese Krankheiten, von denen ich sprach, beschreiben würde, dann würde das zu lange dauern. Alle die genannten Merkmale sind Fehler. Von diesen Fehlern der schlimmste ist das Alter.

Sechsundzwanzigstes Kapitel

Werbung um eine Frau

Mein Sohn! Wenn du eine Frau begehrst, so ehre ihre Würde! Obwohl das Vermögen wertvoll ist, so ist es doch nicht wertvoller als Frau und Kinder; enthalte deiner Frau und deinen Kindern dein Vermögen nicht vor, allerdings nur bei einer rechtschaffenen Frau und bei einem gehorsamen und lieben Kinde. Das aber liegt in deiner eigenen Hand, so wie ich es in einem Verse ausgedrückt habe:

> „Wozu erziehst du dir ein Kind und wozu hältst du dir eine Frau,
> wenn du von beiden keinen Nutzen hast?“

Wenn du um eine Frau wirbst, so verlange nicht nach ihrem Vermögen! Betrachte die Arbeitsleistung der Frau und binde dich nicht an die Schönheit ihres Gesichtes; denn um eines hübschen Gesichtes willen nimmt man sich eine Geliebte. Eine Frau soll rein und fromm sein, eine gute Wirtschafterin und soll ihren Mann liebhaben. Sie sei schamhaft und rein im Glauben. Sie soll nicht geschwätzig sein und soll Enthaltsamkeit üben. Sie soll vorsorglich mit Geld und Gut umgehen; dann ist sie eine gute Frau. Denn es heißt: „Eine gute Frau ist das Wohlbefinden des Lebens.“ Obwohl eine Frau liebenswürdig ist und ein hübsches Gesicht hat, und obwohl sie dir gefällt, so gib dich doch nicht gleich in ihre Hand, komm nicht unter den Pantoffel. Denn man sagte einmal zu Eskandar: „Warum nimmst du nicht die Tochter des Dārā* (Darius) zur Frau? Sie ist ja doch sehr schön!“ Eskandar antwortete: „Das wäre ja eine Schande, wenn wir, nachdem wir die Menschen in der Welt besiegt haben, uns von einer Frau besiegen ließen.“

Aber wirb nicht um eine Frau, die vornehmer ist als du. Heirate nicht eine Witwe, solange du eine Jungfrau findest, damit in ihrem Herzen keine andere Liebe wohnen darf als die Liebe zu dir. Sie soll denken, daß alle Männer so sind wie du, dann wird sie nicht auf andere Männer lüstern sein. Fliehe vor einer Frau, die verschwenderisch, streitsüchtig und nicht haushälterisch ist. Man hat gesagt: „Der Mann ist wie ein Strom und die Frau wie ein Staudamm.“ Sie darf aber die Verwaltung deines Vermögens nicht in die Hand nehmen; sie darf es nicht gestatten, daß du selbst nicht mehr über dein Vermögen verfügst. Andernfalls bist du die Frau und sie ist der Mann.

Wirb um ein Mädchen aus einer rechtschaffenen Familie! Denn man nimmt sich eine Frau zur Führung des Haushaltes und nicht um des Genusses willen. Zur Befriedigung des Gelüstes kann man sich ja Sklavenmädchen auf dem Basar kaufen; und dazu bedarf es nicht so vieler Ausgaben und Mühen. Eine Frau sollte volljährig, reif und vernünftig sein; sie soll die Hausfrauentätigkeit schon im Hause ihrer Eltern gesehen haben.

Hast du eine solche Frau gefunden, dann sei nicht schüchtern in deiner Werbung um sie, sondern tu alles, um sie zu bekommen. Gib dir Mühe, daß du niemals Eifersucht zeigst; wenn du aber von Natur eifersüchtig bist, dann ist es besser, lieber gar nicht zu heiraten. Denn wenn man sich den Frauen gegenüber eifersüchtig zeigt, so lehrt man sie, unkeusch zu sein. Wisse, daß Frauen aus Eifersucht ihre Männer umbringen. Auch geben sie sich irgendeinem gemeinen Kerl hin. Sie haben keine Scheu vor der Eifersucht und vor dem Ehrgefühl ihres Mannes. Wenn du aber keine Eifersucht zeigst, und wenn ihr nicht zwei Geldbeutel habt (= keine Vermögenstrennung besteht), wenn du deine Frau gut behandelst, dann ist sie dir gegenüber liebevoller als dein Vater und deine Mutter. Wisse, daß es keinen besseren Freund für dich gibt als sie. Wenn du aber eifersüchtig bist, dann ist sie dir gegenüber feindseliger als tausend Feinde. Vor einem fremden Feinde kann man sich ja vorsehen, vor ihr aber nicht.

Wenn du nun eine Jungfrau geheiratet hast und sie gern magst, dann verkehre mit ihr, auch wenn du noch so verliebt bist, nicht jeden Abend, sondern nur von Zeit zu Zeit. Sie soll denken, daß alle Männer so sind wie du und soll geduldig warten, wenn du einmal eine Entschuldigung hast oder wenn du eine Reise machen mußt. Aber wenn du dich jeden Abend an den Beischlaf gewöhnt hast, dann empfindet auch sie dieses Bedürfnis; und dann ist es schwierig für sie, Geduld zu bewahren.

Habe kein Vertrauen zu den Frauen beim Besuch und bei der Annäherung der Männer, wenn der Mann auch noch so häßlich ist. Laß keinen jungen Diener das Frauengemach betreten, wenn er auch schwarz und geschlechtsunreif ist. Nur wenn ein Diener schwarz, alt, häßlich und mit einem körperlichen Fehler behaftet ist, darfst du ihn nehmen. Halte auch deine Verpflichtung zur Wahrung der häuslichen Ehre; einen Mann ohne solches Ehrgefühl rechne nicht unter die Männer. Denn wer kein solches Ehrgefühl hat, der hat auch keine Religion. Wenn du nun eine Frau diesen Anweisungen entsprechend gefunden hast und der ruhmreiche und erhabene Gott dir ein Kind schenkt, dann denke an dessen Erziehung.

Siebenundzwanzigstes Kapitel

Kindererziehung

Mein Sohn! Wenn dir ein Kind geboren wird, so mußt du ihm vor allem einen guten Namen geben; denn zu den Rechten, welche die Kinder ihren Vätern gegenüber zu beanspruchen haben, gehört auch dies, daß diese ihnen einen guten Namen geben. Eine zweite Vaterpflicht ist diese, daß du deinen Kindern verständige und liebevolle Ammen gibst. Ferner liegt es dir ob, zum Termin der Beschneidung diese vorzunehmen. Auch mußt du — deiner Leistungsfähigkeit entsprechend — es für nötig erachten, diese Beschneidungsfeier fröhlich zu gestalten. Hierauf lehre deinen Sohn den Koran, damit er ihn auswendig lerne. Wenn er dann herangewachsen ist, unterweise ihn in der Waffenkunst und in der Reitkunst. Lehre ihn auch, die Waffen zu pflegen und die Methode ihrer Handhabung, damit er weiß, wie man sich mit jeder Waffe vertraut machen muß. Wenn er im Waffenhandwerk genügend ausgebildet ist, lehre ihn schwimmen: Als ich zehn Jahre alt war, hatte ich einen Hofmeister, der Hājeb Manzar* hieß. Er verstand sich gut auf die Pferde und ihre Dressur im Reiten. Auch hatte ich einen abessinischen Sklaven; er hieß Rejhān* und war in vielen Künsten bewandert. Mein hochseliger Vater vertraute mich ihnen an, damit sie mich in der Reitkunst, im Werfen des Wurfspießes, im Pfeilschießen, in der Handhabung der Lanze unterrichteten. Ferner unterwiesen sie mich im Polospiel, im Tabtāb* und im Bogenschießen; überhaupt in allem, was es an Rittertum und mannhaften Übungen gab. Hierauf traten der Hofmeister Manzar und Rejhān vor den Fürsten, meinen Vater, und sprachen: „Herr, alles, was wir wußten, haben wir ihm beigebracht. Der Herr möge befehlen, daß der Prinz morgen bei der Jagd seine Fähigkeiten vor dem Fürsten, seinem Vater, zeige." Mein Vater sagte: „Es ist gut so." Am folgenden Tage ging ich mit ihm auf die Jagd und ließ ihn alles das sehen, was ich gelernt hatte. Mein Vater gab meinen Erziehern ein Ehrenkleid und sprach: „Alles, was dieser, mein Sohn gelernt hat, ist gut. Aber es gibt noch eine bessere Kunst als diese, die er nicht gelernt hat." Sie sagten: „Was für eine Kunst ist das?" Mein Vater antwortete: „Alle diese Künste, die er versteht, sie beziehen sich auf die Gelehrsamkeit und die Bildung, — gehören zu solchen, die auch ein anderer für ihn leisten kann, falls er selber dazu nicht in der Lage ist. Aber jene Kunst, die er selbst für sich tun muß, und die kein anderer an seiner Stelle ausführen kann, habt ihr ihn nicht gelehrt, und das ist die Schwimmkunst. Denn das kann keiner für ihn tun, nur er selbst." Dann befahl er, zwei behende Matrosen herbeizuholen und übergab mich ihnen, damit sie mir das Schwimmen beibrächten. Ich tat es ungern, denn ich war dafür nicht veranlagt. Aber sie lehrten es mich gut, bis sich folgendes ereignete:

In jenem Jahre, da ich die Pilgerfahrt nach Mekka machte, trat vor den Toren von Mossul eine Unterbrechung unseres Weges ein: Räuber lauerten uns auf und überwältigten unsere Karawane. Da es viele Araber waren, waren wir ihnen nicht gewachsen. Kurz, ich kam völlig ausgeplündert nach Mossul und wußte keinen Ausweg. So bestieg ich in Tigris ein Schiff und fuhr nach Bagdad. Dort lief mein Geschäft gut ab. Gott — er ist erhaben! — gab mir in meiner Pilgerfahrt in seiner Großmut Erfolg. Jetzt komme ich zur Hauptsache: Bevor man nach ᶜAkbara kommt, geht es über eine gefährliche Stelle. Es handelt sich um einen schwer passierbaren Strudel, den die Matrosen kennen müssen, um bei ihm durchzukommen. Wenn sie nämlich nicht wissen, wie sie dort vorbeikommen und welche Maßnahme sie treffen müssen, dann geht das Schiff zugrunde. Wir waren etwa zwanzig Leute in jenem Schiff. Nun gelangten wir an diese Stelle. Der Matrose aber verstand nichts davon und wußte nicht, wie man dort herauskommt. So steuerte er irrtümlicherweise das Schiff mitten in den Strudel hinein, und es begann zu sinken. Ich selbst sowie einige Männer aus Basra und einer meiner Sklaven namens Zirak Kajkāusi* sprangen über Bord ins Wasser und retteten uns so durch Schwimmen. Jene anderen aber ertranken alle zusammen. Nach diesem Unglück wuchs die Liebe zu meinem Vater in meinem Herzen. Ich gelobte Almosen für ihn zu geben, und ich segnete ihn. Denn ich ahnte, daß der alte Herr einen solchen Tag vorausgesehen hatte und daß er deshalb mich hatte schwimmen lernen lassen.

Von Wissenschaften und Kunstfertigkeiten mußt du also deine Kinder alles Wichtige lernen lassen, damit du so deine väterliche Pflicht erfüllst und die Liebe erweisest, die dem Vater zukommt. Vor den Wechselfällen des Schicksals freilich kann man nicht sicher sein, und man kann nie wissen, was einem Menschen passieren kann. Man darf also das, was an Gutem und Schlechtem nutzbringend ist in den verschiedenen Wissensgebieten, weder in der eigenen Ausbildung, noch in der Unterweisung der Kinder vernachlässigen. Du mußt also beim Erlernen und beim Lehren eines Wissenszweiges eifrig sein.

Sollten die Lehrer dein Kind aus erzieherischen Gründen schlagen, so erhebe darüber keine Klage, sondern laß es geschehen, daß sie es prügeln; denn ein Kind lernt die Wissenschaften, die Kunstfertigkeiten und das gesittete Betragen durch den Stock und nicht von Natur. Aber wenn das Kind eine Ungezogenheit begeht und du darüber ihm zürnst, dann schlage es nicht mit eigener Hand, sondern bringe ihm Angst vor den Lehrern bei und bitte sie, daß sie ihm Zucht beibringen, damit im Herzen des Kindes kein Groll gegen dich zurückbleibt. Du aber verschaffe dir immer bei ihm Respekt, damit es dich nicht verächtlich ansieht und immer vor dir Furcht empfindet.

Das Maß an Silber und Gold, das deinem Kinde zukommt, mißgönne ihm nicht, damit es nicht des Geldes willen deinen Tod herbeiwünsche. Damit dein

Kind sich später sein Brot verdient, mußt du ihm gute Erziehung und Bildung zukommen lassen. Wenn dein Sohn schlecht ist, dann beachte das nicht, sondern erfülle deine väterliche Pflicht und sei nicht nachlässig in deinen Erziehungsobliegenheiten, auch wenn sich bei ihm kein Verstand zeigt. Wenn du ihn nicht erziehst, dann erzieht ihn die Zeit. Denn man hat gesagt: „Wen die Eltern nicht erzogen haben, den erziehen Nächte und Tage des Lebens." Und in anderen Worten hatte in diesem Sinne mein hochseliger Großvater Amir Šamso-l-Ma^{c}āli folgendes gesagt: „Du aber beachte deine väterliche Pflicht; und im übrigen wird dein Kind so leben, wie es die Vorbestimmung geplant hat." Denn *sobald der Mensch aus dem Nicht-Sein zum Da-Sein kommt, ist seine Wesensart und sein Charakter mit ihm vorhanden.* Aber seine natürliche Charakteranlage wird wegen seiner kindlichen Kraftlosigkeit, Hilflosigkeit und Schwäche noch nicht sichtbar. Je größer, kräftiger sein Körper und Geist werden, desto sichtbarer werden die Wirkungen seines Charakters, d. h. das Gute und Schlechte, so daß, wenn er völlig reif geworden ist, auch sein Charakter abgeschlossen ist. Dann zeigt sich, ob sein Los glücklich oder unglücklich ist. Du aber hinterlasse ihm gute Bildung und geistige Formung als Erbteil, damit du ihm gegenüber gerechtfertigt bist. Für einen Sohn aus der höheren Klasse gibt es kein besseres Erbe als Wissen und Bildung; für ein Kind aus dem einfachen Volke kein besseres als die Erlernung eines Handwerkes und gutes Betragen. Obwohl das Handwerk auch eine Beschäftigung für ein Kind aus vornehmem Stande ist, so ist doch die Bildung etwas anderes und das Handwerk etwas anderes. Sieht man es aber vom Standpunkte der Wirklichkeit aus an, so ist nach unserer Meinung die Ausübung eines Handwerks die beste Art der Kunst. Wenn die Kinder der Edlen und Vornehmen auch Handwerksarten kennen — ohne sie freilich zum Geldverdienen zu benutzen — so ist dies für sie durchaus keine Schande. Gewerbetätigkeit und eine erlernte Kunst kann man eines Tages brauchen.

Erzählung

Als Goštāsp aus seiner Residenz vertrieben wurde — das ist eine weitläufige Geschichte, aber ich beschränke mich auf das hier Wesentliche — kam er in das Byzantinische Reich (Rūm) und in die Hauptstadt Konstantinopel. Irdisches Gut besaß er nicht, aber zu betteln und von jemandem Speise zu verlangen, das hielt er für eine Schmach und Schande. Nun hatte er im Palaste seines Vaters Schmiede gesehen, die Messer, Schwerter und Steigbügel herstellten, und dank seinem glücklichen Stern hatte er in jene Kunst Einblick gewonnen. Jeden Tag war er herumgegangen, hatte die Schmiede bei ihrer Arbeit beobachtet und selber dabei von jener Kunst einiges gelernt. An dem Tage, an dem er nach Konstantinopel kam und sich nicht zu helfen wußte, ging er in die Werkstatt eines Schmiedes und sagte: „Ich verstehe etwas von dieser Kunst", bis man ihn gegen Lohn annahm und ihm soviel Lohn gab, wie ihm nach seiner Kenntnis zustand. So bestritt er die Kosten für seinen Lebensunterhalt und war auf niemanden angewiesen, bis zu dem Zeitpunkt, da er wieder in sein Vaterland gelangte und in seine Königsherrschaft zurückkam.

Darauf ließ er alsbald eine Bekanntmachung ergehen des Inhalts: Keiner soll seinen Sohn von der Erlernung eines Handwerks zurückhalten und dieses für eine Schande ansehen. Denn es gäbe viele Gelegenheiten, da Mannhaftigkeit und Tapferkeit keinen Nutzen brächten, wohl aber jede praktische Kentnis, die man habe, zur Bestreitung des Lebensunterhaltes diene. Darauf kam in Iran jener Brauch auf, ein Handwerk zu erlernen, und es gab keinen Edlen, der nicht ein solches verstand. Wenn er es auch nicht nötig hatte, so betrieb er es doch aus Gewohnheit. Also lerne alles, was du lernen kannst, und der Nutzen davon wird nicht ausbleiben (wörtlich: „kehrt zu dir zurück").

* * *

Wenn nun dein Sohn volljährig geworden ist, dann prüfe ihn, ob er rechtschaffen und fähig zur Führung eines Haushaltes ist. Wenn du weißt, daß er in der Lage ist, einen Beruf auszuüben und daß er damit etwas verdienen kann und sein Glück darin findet, dann denke daran, eine Frau für ihn auszusuchen und ihn zu verheiraten, damit du auch diese Pflicht erfüllt hast. Aber laß ihn keine Verwandtschaftsehe schließen, sondern suche für ihn eine Frau aus fremden Geblüte. Wenn du eine eheliche Verbindung mit einer Frau aus deiner Verwandtschaft herstellst, dann sind solche Frauen wie dein eigenes Fleisch. Daher suche eine Frau aus einem anderen Stamm aus, damit du so eine Fremde in deine Familie aufnimmst. So wird deine Kraft sich verdoppeln und du wirst Helfer aus beiden Sippen haben. Wenn du aber weißt, daß dein Sohn nicht die Absicht hat, einen Haushalt zu gründen und darin kein Glück hat, dann stürze nicht die Tochter eines Moslems ins Unglück, denn dann werden beide aus ihrem Zusammenleben nur Kummer haben. Laß ihn gehen, bis er groß geworden ist und macht, was er will. Denn nach deinem Tode wird er ganz so dastehen, wie es ihm vom Schicksal bestimmt ist.

Wenn du eine Tochter hast, dann vertraue sie verständnisvollen Ammen an und erziehe sie sorgfältig. Ist sie herangewachsen, dann schicke sie zu einem Lehrer, damit sie die religiösen Vorschriften und Pflichten kennenlernt. Die Schreibkunst aber laß sie nicht lernen. Wenn sie groß ist, bemühe dich, sie schnell zu verheiraten. Denn es ist besser, wenn überhaupt keine Tochter da ist; ist sie aber da, dann ist es besser, wenn sie verheiratet oder im Grabe ist, wie es denn Muhammad, der Auserwählte, der Herr der Religion — Gott segne ihn und gebe ihm Heil! — gesagt hat: „Die Beerdigung von Töchtern ist eine ehrenvolle Sache." Aber solange sie in deinem Hause ist, behandle sie gütig, denn die Töchter sind die Gefangenen ihrer Eltern. Die Söhne können, wenn Vater und Mutter nicht mehr am Leben sind, — eben, weil sie Söhne sind — sich selbst erhalten und einen Beruf ausüben, welcher es auch sei. Eine Tochter aber ist dann hilflos und kann nicht beruflich tätig sein. Darum kümmere dich, so sehr du es vermagst, um die Ausstattung deiner Tochter und „bringe sie unter die Haube" (wörtlich: „hänge sie an den Hals von jemandem"), damit du von der Sorge um sie befreit bist. Wenn deine Tochter aber noch Jungfrau ist, dann suche dir einen Schwiegersohn, der ebenfalls noch keinen Verkehr mit

Frauen gehabt hat; damit, solange die Frau ihr Herz an diesen Mann bindet, auch er allein mit ihr verbunden bleibe. Außer nach ihr soll er nach keiner anderen Verlangen haben, deshalb, weil er ja keine andere außer ihr kennengelernt hat.

Erzählung

Also vernahm ich es: Als Šahrbānu, die Tochter eines der Könige von Iran, aus Persien zu den Arabern verschleppt wurde, da befahl der Kalif Omar — Gott möge mit ihm zufrieden sein! — sie zu verkaufen. Als man sie zur Verkaufsstelle führte, kam der Beherrscher der Gläubigen, Ali — Gott möge mit ihm zufrieden sein! — und sprach: „Der Prophet — Gott segne ihn und gebe ihm Heil! — hat befohlen: Mit den Kindern von Königen darf kein Handel getrieben werden." Als er dies bekanntgegeben hatte, gab man den Handel mit der Prinzessin auf und ließ sie neben Salmān-e-Fārsi* Platz nehmen, um ihr diesen zum Gatten zu geben. Als man ihr die Absicht bekanntgab, sie mit Salmān zu verheiraten, sagte die Königstochter: „Solange ich den Mann nicht mit eigenen Augen gesehen habe, will ich nicht hier zur Schau gestellt werden. Auch wünsche ich nicht, daß die Fürsten der Araber über mich verfügen. Vielmehr soll derjenige mein Gemahl werden, den ich mir selber erwähle." Darauf ließ man sie im Hause des Salmān Platz nehmen, wo man sie sehen konnte. Salmān setzte sich neben sie und beschrieb ihr die Angehörigen seines Stammes und sagte: „Das ist dieser und dies ist jener." Und so sagte er bei jedem etwas, bis der Beherrscher der Gläubigen, Omar, vorbeikam. Da fragte Šahrbānu, wer das sei. Da sagte Salmān, es sei der Beherrscher der Gläubigen, Omar. Darauf sagte Šahrbānu, er sei ein sehr angesehener und ehrwürdiger Mensch, aber er sei alt. Da kam die Majestät des Beherrschers der Gläubigen, Ali, vorbei — Gott sei mit ihm zufrieden! —. Sie fragte, wer das sei. Salmān antwortete ihr: „Es ist der Beherrscher der Gläubigen, Ali, der Sohn des Onkels (= der Vetter) Seiner Hoheit des Propheten — Gott segne ihn und gebe ihm Heil! — Die Prinzessin sagte: „Das ist ein wohlangesehener Mann und meiner würdig. Aber im Jenseits müßte ich mich schämen vor Fātema Zahrā* (der Tochter des Propheten) und deshalb will ich ihn nicht." Dann ging Hasan, der Sohn des Ali, vorüber. Da sagte sie: „Das ist ein passender Mann für mich. Aber ich habe gehört, daß er zu viele Frauen heiratet." Schließlich ging Ḥosejn, Alis Sohn, vorüber. Als sie sich nach seinen Verhältnissen erkundigt hatte, sagte sie: „Der soll mein Gatte sein! Denn ich habe bis jetzt noch keinen Mann genommen, und er hat noch keine Frau. Somit passen wir zueinander."

* * *

Dein Schwiegersohn soll ein schönes Gesicht haben. Denn ein hübsches Mädchen schenkt ihr Herz nicht einem häßlichen Mann. Daraus entsteht Schimpf und Schande. Denn das Mädchen wird sich alsdann einen anderen Mann als Geliebten nehmen, der ein schönes Gesicht hat, und so in einen schlechten Ruf kommen. Daher soll der Schwiegersohn ein reines Antlitz haben, ebenso einen reinen Glauben; auch soll er rechtschaffen sein, von reiner Abstammung und aus einer angesehenen Familie. Aber er soll aus geringerem Hause sein als du, damit *er* auf dich stolz ist, nicht etwa du auf *ihn*. Dann wird deine Tochter geruhsam und in Ehren bei ihm leben. Ist nun dein Schwiegersohn so, wie ich es beschrieben habe, dann verlange nichts weiter von ihm.

Aber verkaufe deine Tochter nicht! Denn auch der Schwiegersohn verliert nicht seinen Edelsinn und zeigt seine Menschlichkeit. Was du hast, das gib freigiebig hin. Bemühe dich darum, daß ein Mädchen nicht in deinem Hause bleibt, sondern verheirate sie bald; so bist du bald eine Sorge los. Deinen Freunden gib den gleichen Rat, denn in ihm liegt viel Nutzen.

Gott weiß den rechten Weg besser.

Achtundzwanzigstes Kapitel

Auswahl der Freunde

Wisse, mein Sohn, daß den Menschen, solange sie leben, Freunde unentbehrlich sind. Denn es ist besser, wenn man keinen Bruder hat, als ohne Freund zu sein. Einen Weisen fragte man: „Was ist besser, ein Bruder oder ein Freund?“ Er antwortete: „Wenn der Bruder zugleich ein Freund ist, so ist das am besten.“ Kümmere dich um die Angelegenheiten deiner Freunde dadurch, daß du immer an der Sitte festhältst, ihnen Geschenke zu geben und Liebenswürdigkeiten zu erweisen. Denn wenn einer nicht an seine Freunde denkt, so denken die Freunde auch nicht an ihn. Mach es dir also zur Gewohnheit, mit allen Freundschaft zu schließen; denn wenn man viele Freunde hat, dann bleiben die Fehler eines Menschen verborgen und seine guten Eigenschaften werden offenbar. Wenn du dir neue Freunde erwirbst, so kehre deshalb den alten Freunden nicht den Rücken, damit du recht viele Freunde habest. Denn man hat gesagt: *„Ein guter Freund ist ein großer Schatz.“*

Gehe behutsam um mit den Leuten, die sich wie Freunde dir gegenüber verhalten und doch nur halbe Freunde sind. Ihnen gegenüber zeige dich freundlich und verträglich und stimme mit ihnen in allen guten und schlechten Dingen überein. Wenn sie dann so viel Freundlichkeit an dir sehen, dann werden sie solche werden, die mit dir „ein Herz und eine Seele“ sind. Als man den Eskandar fragte: „Durch welche Maßnahme hast du in so kurzer Zeit so viele Reiche erobert?“, da sagte er: „Dadurch, daß ich meine Feinde durch Wohlwollen gewann und mir Freunde verschaffte, indem ich Verpflichtungen für sie übernahm.“ Sei freundlich zu denjenigen Freunden, die mit deinen eigenen Freunden befreundet sind; aber hüte dich vor solchen Freunden, die zu deinem Feinde freundlich sind. Denn es kann vorkommen, daß ihre Freundschaft mit jenem Feinde von dir die Freundschaft mit dir überwiegt. Dann werden sie sich nicht davor scheuen, dir etwas Böses zuzufügen; das bewirkt der Einfluß deines Feindes. Nimm dich auch vor einem Freunde in acht, der ohne Grund und Ursache sich dir entfremdet hat. Zu ihm darfst du kein Vertrauen mehr haben. Wisse, daß niemand in der Welt frei von Fehlern ist. Aber an der Freundschaft mit einem ehrenwerten Freunde halte fest, denn ein solcher hat wenig Fehler. Habe keinen Freund, der sittliche Mängel hat; denn von ihm kommt nichts Gutes.

Zechgenossen erachte nur als Trinkbrüder-Kumpanei, nicht als Gemeinschaft wahrer Freunde; denn sie sind Freunde deines Bechers und nicht deiner Person. Mit Guten und Schlechten sei „Freund“; mit beiden Arten von Menschen verkehre leutselig. Mit der Gruppe der Guten sei ein Freund mit dem Herzen; mit den Schlechten zeige dich mit der Zunge als Freund, damit dir so die Freundschaft beider Gruppen zuteil wird. Denn dem Menschen fällt nicht alles, was er nötig braucht, allein von den guten Menschen zu, sondern es gibt Zeiten, da auch schlechte Menschen unsere Bedürfnisse befriedigen können. Obschon deine Verbundenheit mit schlechten Leuten Guten nicht gefällt und umgekehrt, so lebe du doch mit beiden Arten von Menschen so, daß du keine von beiden kränkst. Niemals aber schließe mit Unverständigen Freundschaft, denn ein unverständiger Freund tut in seiner Dummheit Dinge, die ein vernünftiger Feind nicht tut. Halte Freundschaft mit verständigen Freunden, solchen, die ihrem Gelöbnis treu sind, und solchen, die einen guten Charakter von Natur aus haben, damit du durch die gleichen Tugenden gerühmt und gepriesen werdest, die man an deinen Freunden rühmt und preist. *Halte die Einsamkeit für besser als schlechte Gesellschaft!* Denn man hat gesagt:

> „O mein Herz (= lieber Freund), du gingst wie ein wildes Tier durch die Wüste,
> Du kümmertest dich weder um meinen Gram, noch machtest du dir selber Sorgen,
> Ein schlechter Partner warst du; gut, daß du gingst!
> Einsamkeit ist besser wahrlich als schlechte Partnerschaft."

Und darüber sagt auch Osmān, Sohn des Abu Bakr-el-Hāšemī:

> Einhundert Unreine, ungläubig wie wilde Tiere,
> Machen nicht mit einem anderen das, was du
> mit dir selbst gemacht hast.
> Siehst du, wie weit du kommst mit deinen schlechten Taten?
> Dann wirst du sehen, wie weit du kommst mit deinem schlechten Umgang.

Verletze auch nie die Rechte (Ansprüche), die deine Freunde dir gegenüber haben, damit du dir keinen berechtigten Vorwurf zuziehst. Denn man hat gesagt: Zwei Arten von Menschen verdienen Tadel: Die einen sind die, die das Recht, das ihre Freunde auf sie haben, verkürzen; die anderen sind diejenigen, die gute Taten nicht anerkennen. Und wisse: Durch zwei Dinge kann man erkennen, ob die Menschen Freundschaft verdienen oder nicht. Das eine besteht darin, daß ein Freund, wenn einer seiner Freunde in einen Engpaß geraten ist, ihm von seinen eigenen Mitteln nichts vorenthält nach Maßgabe seiner Leistungsfähigkeit. Gerät der Freund in eine Notlage, so zieht er sich nicht von ihm zurück. Zum zweiten, wenn von seinen Freunden einer die Welt verläßt, so läßt er dessen Söhne zu sich kommen, befragt sie und spricht ihnen seine Teilnahme aus. Jederzeit geht er, das Grab seines Freundes zu besuchen, obwohl es nicht das Grab seines Freundes ist, sondern nur das Grab des Körpers von ihm (= seines Leichnams).

Erzählung

So vernahm ich es. Man führte Sokrates zur Hinrichtung und bedrängte ihn und sagte: „Werde ein Götzendiener!“ „Möge das Gott verhüten“ (wörtlich: „ich nehme meine Zuflucht zu Gott“), antwortete Sokrates, „daß ich die Geschöpfe des Schöpfers anbete!“ Eine Menge seiner Schüler ging mit ihm; diese weinten wie üblich und fragten ihn: „O Weiser, jetzt, da du dich dem Tode hingibst, mach uns mit deinem letzten Willen bekannt, wo wir dich beerdigen sollen.“ Es hieß, er habe gelächelt und gesagt: „Wenn ihr mich wiederfindet, dann begrabt mich, wo es euch paßt! Aber freilich, es ist so: Jener, den ihr begrabt, ist nicht mein Ich, sondern nur mein Leib.“

* * *

Ferner: In der Freundschaft mit den Menschen halte den Mittelweg inne. Binde also dein Herz — bezüglich der Freundschaft — nicht allzusehr an die Hoffnung und sage ja nicht: „Ich habe doch Freunde!“ Vielmehr *sei vor allem dein eigener Freund!* Schau vorwärts und schau rückwärts. Sei selber nicht leichtsinnig, indem du auf deine Freunde vertraust. Denn *wenn du auch tausend Freunde hättest, so ist doch keiner dir enger befreundet als du selbst.* Prüfe deinen Freund in der Zeit des Überflusses und der Not: In der Zeit des Überflusses durch Beobachtung, in der Zeit der Not durch Nutzen und Schaden. Halte einen Freund, der deinen Feind nicht für seinen eigenen Feind hält, nicht für deinen Freund. Sei zu deinen Freunden der gleiche in der Zeit, da sie zu klagen haben, und in der Zeit, da sie fröhlich sind. Mit einem Wort: halte denjenigen für deinen Freund, der auch dich für seinen Freund hält. Lehre deinen Freund nicht etwas, das, wenn du eines Tages mit ihm verfeindet bist, dir schadet. Dann nützt die Reue nichts.

Wenn du arm bist, suche nicht die Freundschaft eines Reichen, denn eines Armen Freund will niemand sein, besonders nicht die Reichen. Wähle dir also einen Freund nach deiner eigenen sozialen Stellung. Wenn du selber aber reich bist und hast einen armen Freund, dann geht das in Ordnung. Aber in der Freundschaft mit den Menschen mußt du das Herz auf dem rechten Fleck haben und beständig sein, dann werden auch deine eigenen Angelegenheiten von Dauer sein. Wenn einer deiner Freunde — ohne daß eine Schuld bei dir vorliegt — dich kränkt, dann gib dir keine Mühe, ihn zurückzuholen, denn er verdient es nicht. Von einem habsüchtigen Freunde halte dich fern, denn er schließt nur aus Habsucht mit dir Freundschaft. Niemals befreunde dich mit rachsüchtigen Leuten, denn sie sind deiner Freundschaft nicht wert, weil diese böse Gesinnung niemals aus ihrem Herzen weicht. Wer immer rachsüchtig und gehässig ist, in dessen Herzen kann die Freundesliebe zu dir keinen Platz finden.

Nachdem du nun das Wesen der Freundschaft kennst und weißt, wie man sich Freunde erwirbt, nimm nun auch Kenntnis von dem Wesen der Feindschaft und ihren Machenschaften.

Neunundzwanzigstes Kapitel

Vorsicht vor Feinden

Mein Sohn! Gib dir Mühe, daß du dir keine Feinde erwirbst. Solltest du aber doch einen Feind haben, dann fürchte dich nicht und sei nicht betrübt; denn ein Mann, der gar keinen Feind hat, ist unglücklich. Aber sei nicht unachtsam gegenüber den Machenschaften eines Feindes, mögen sie nun geheim oder offenbar sein. Verhalte dich nicht untätig seinen bösen Taten gegenüber, sondern triff immer Maßnahmen gegen seine Hinterlist und seine arglistigen Pläne. Auf keinen Fall fühle dich sicher vor seiner Schlauheit und seinen Intrigen. Forsche nach dem Verhalten und den Absichten des Feindes. Ohren und Sinne halte vor ihm offen, damit dir das Tor des Mißgeschicks und des Unheils verschlossen bleibt. Solange die Zeitumstände sich dir nicht in vollem Maße günstig gezeigt haben, zeige deine Feindschaft nicht offen. Dich selbst zeige dem Feinde gegenüber stark. Wenn du ihm auch unterlegen bist, wende doch allen Eifer und Ehrgeiz an, daß du dich nicht zu den Geschlagenen rechnen mußt. *Verlaß dich nicht auf gute Worte und gute Taten deines Feindes.* Sei ihm gegenüber nicht vertrauensselig. Bekommst du von ihm Zucker, so halte ihn für Gift. Vor einem starken Feinde sei immer auf der Hut. Denn man hat gesagt: „*Vor zwei Menschen muß man sich fürchten: erstens vor einem mächtigen Feind und zweitens vor einem treulosen Freund.* Achte einen Feind nicht gering, der von außen schwach erscheint und sprich nicht: „Was ist das schon für einer!" Mit einem schwachen Feinde trage die Feindschaft ebenso aus wie mit einem starken.

Erzählung

> Ich hörte, daß in Chorasan einmal ein mächtiger, tapferer und berüchtigter ᶜAjjār* lebte, der Mohazzab* hieß. Als er eines Tages seines Weges ging, trat er mit dem Fuße auf die Schale einer Melone; er rutschte aus und fiel hin. Da zog er sein Messer und spießte es in die Schale der Melone. Seine Diener sagten zu ihm: „Hauptmann, du bist ein mächtiger und schlauer Mann; schämst du dich nicht, mit dem Messer in eine Melonenschale hineinzustechen?" Er antwortete: „Die Melonenschale hat mich zu Fall gebracht, also ist sie meine Feindin. Einen Feind aber soll man nicht unterschätzen, und sei er auch noch so geringfügig. Wer einen Feind verächtlich ansieht, den wird man bald selbst verachten."

* * *

Also denke fortlaufend an die Vernichtung deines Feindes, bevor er bestrebt ist, dich zu vernichten. Bist du aber über deinen Feind Sieger geworden, dann beschimpfe ihn nicht (nachträglich) und weise nicht auf seine Unfähigkeit hin.

Hüte dich vor so etwas, denn es ist für dich keine Ehre. Es wäre für dich nicht ehrenvoll, einen Schwachen und Jämmerlichen überwunden zu haben. Wenn er aber, was Gott verhüten möge, dich einmal überwinden sollte, dann wäre es für dich eine große Schande und Schmach, von einem Schwachen und Jämmerlichen unterworfen zu werden. Siehst du nicht, daß, wenn ein Monarch den Sieg errungen hat, seine Sekretäre auch dann, wenn der Gegner gar nicht so stark war, ein Siegesschreiben verfassen? Darin legen sie dem Feinde fürs erste den Namen „der Mächtige" bei und vergleichen ihn mit einem Löwen oder Drachen; dann loben sie seine Truppen sehr, seine Reiter und sein Fußvolk, die Gefechtstaktik, die Führer des feindlichen Zentrums und der Heeresflügel — kurz, sie rühmen den Feind so sehr sie ihn nur rühmen können. Dann sagen sie: „Seht, ein so gewaltiges Heer hat der und der Herrscher mit einem einzigen Angriff besiegt und in die Flucht geschlagen! Ja, er hat es vernichtet!" Das sagen sie, um die rühmlichen Eigenschaften ihres eigenen Herrschers hervorzuheben und die Überlegenheit ihrer eigenen Truppenmacht darzutun. Denn wenn die Dichter diese besiegten Truppen und ihren König als Schwächlinge hinstellen, dann wäre es für diesen siegreichen König kein großer Ruhm und keine große Ehre, daß er einen Schwächling und Jämmerling besiegt hat — weder in den Berichten von diesem Sieg noch in den Siegesgedichten.

Erzählung

Einmal lebte in der Stadt Rej eine Königin. Sie hieß Sejjede* und war dreißig und einige Jahre. Sie war eine Königstochter, war tugendhaft und fromm. Sie war die Tochter des Onkels meiner Mutter und die Gattin des Faxro-d-Doule*. Als dieser starb, hinterließ er einen Sohn. Man nannte ihm mit den Ehrentitel Maǧdo-d-Doule*; er wurde zum König proklamiert, aber in Wirklichkeit regierte seine Mutter. Als er herangewachsen war, zeigte es sich, daß er unwürdig und ungeeignet für die Regierung war und von der Königsherrschaft nur den Namen hatte. Er blieb im Hause, tändelte mit den Haremsmädchen und tat nichts anderes. Seine Mutter regierte in Rej, Isfahan und Kuhestān*. Ich komme nun zum Zweck meiner Erzählung:

Dein Großvater Mahmud schickte einmal dieser Königin-Mutter einen Gesandten und ließ ihr folgendes ausrichten: „Von jetzt an mußt du die „xotbe"* (Freitagspredigt) in meinem Namen vornehmen lassen und auf meinen Namen Münzen, sowohl silberne als auch goldene, prägen lassen. Andernfalls werde ich kommen, die Stadt Rej einnehmen und dich vernichten!" Darin lag eine starke Bedrohung. Als nun der Gesandte kam und seine Botschaft überbrachte, sagte die hohe Dame: „Sage dem Sultan Mahmud folgendes: Solange mein Gatte, Faxro-d-Doule am Leben war, dachte ich mir schon immer, es könne dir einfallen, einen Angriff auf Rej zu machen. Als er dann gestorben war und die Regierung auf mich überging, da dachte ich, nun brauche ich in meinem Herzen keine Sorge mehr zu haben. Ich sagte mir: Der Sultan Mahmud ist ein vernünftiger Monarch. Er weiß, daß es sich für einen Herrscher wie er es ist, nicht ziemt, eine Frau mit Krieg zu überziehen. Denn auch ein Löwe kann männlich oder weiblich sein. Sollte er aber doch kommen, nun, Gott — er ist allmächtig! — weiß, daß ich nicht fliehen werde. Ich bin zum Kriege gerüstet. Denn es gibt nur zwei Möglichkeiten: Entweder der Sieg wird mir zuteil — oder ich unterliege. Falls ich siege und dich schlage, dann werde ich an alle Welt schreiben: „Ich habe den Sultan Mahmud besiegt" — und dann wird dies mein Ruhm sein! Du bist ein Herrscher, der hundert Könige unterworfen hat, und wenn ich dich jetzt besiege, wird es in der ganzen Welt bekannt, daß eine Frau den Sultan Mahmud niedergezwungen und vernichtet hat. Dann ist es aus mit deinem ruhmreichen Namen; und kein Schimpf und keine Schande wird für dich schlimmer sein als die, daß man sagt: Eine Frau hat den Sultan Mahmud geschlagen! Solltest du aber siegen und ich unterliegen, dann wird das für dich kein Ruhm und keine Ehre sein, und eine Siegeshymne wird man dann nicht darauf dichten. Denn aus dem Sieg über eine Frau gewinnt man nicht Ehre und Ruhm."

Als man diese Worte und diese Botschaft dem Sultan Mahmud überbrachte, dachte er, solange er lebte, an keinen Angriff auf Rej mehr, und bei diesem einmal gefaßten Beschlusse blieb es.

* * *

Nun also, unterschätze deinen Feind nicht allzusehr und sei keinesfalls vor ihm sicher. Noch mehr als vor dem Feind draußen fürchte dich vor dem Feind im eigenen Hause. Denn der Fremde bekommt keinen Einblick in deine Angelegenheiten und weiß nichts von ihnen; aber dem Feind im Hause sind sie zugänglich. Wenn dieser einmal mit dir gebrochen hat, dann wird sein Herz niemals wieder frei sein von bösen Absichten gegen dich. Er wird sich immer wieder nach deinen Angelegenheiten erkundigen, die der Feind draußen nicht kennt. Mit keinem Feinde also pflege intime Freundschaft, sondern zeige ihm nur scheinbares Wohlwollen; vielleicht kann daraus doch einmal echte Freundschaft entstehen. Denn so wie aus Feindschaft Freundschaft entstehen kann, so auch aus Freundschaft Feindschaft. Und die so entstandene Freundschaft und Feindschaft ist die stärkere: Wisse, daß die Annäherung an Feinde ein Zeichen der Schwäche ist. Stich deinen Feind so, daß daraus kein Schaden für dich entsteht. Bemühe dich darum, daß du doppelt so viele Freunde hast wie Feinde. Sei vielen ein Freund und wenigen ein Feind. Auch wenn du dich auf die tausend Freunde verlassen könntest, sei einem einzigen Feinde gegenüber nicht unvorsichtig. Denn die tausend Freunde werden sich um dich wenig bekümmern; der eine Feind aber wird in seiner feindseligen Gesinnung gegen dich nicht nachlassen.

Betrachte es als eine Schande, alle Arten der Behandlung zu ertragen (wörtlich: „Warmes und Kaltes"); denn derjenige, der seinen eigenen Wert nicht erkennt, ist kein vollkommener Mann. Mit einem Feinde, der stärker ist als du, beginne keinen Streit. Aber werde nicht müde, einem, der schwächer ist als du, Schwierigkeiten zu machen. Sollte jedoch ein Feind bei dir Schutz suchen — selbst wenn es ein schlimmer Feind ist und schlecht gegen dich gehandelt hat, — so gewähre ihm dennoch deinen Schutz. Betrachte das sogar als einen für dich vorteilhaften Umstand; denn man hat gesagt: Es ist kein Unterschied, ob ein Feind tot ist oder geflohen oder ob er um Gnade bittet. Aber wenn du ihn auch noch so hilflos findest, kämpfe nicht mit ihm.

Wenn ein Feind durch deine Hand umkommt, dann mag es hingehen, daß du dich freust; stirbt er aber eines natürlichen Todes, dann sei nicht allzu fröhlich darüber. Dann aber darfst du Freude empfinden, wenn du ganz sicher weißt, daß du nicht durch deinen Feind sterben wirst. Haben doch die Weisen gesagt: Derjenige, der auch nur einen einzigen Atemzug länger lebt als sein Feind, darf das für einen Gewinn halten. Indessen, da wir wissen, daß wir alle sterben müssen, so ziemt es sich überhaupt nicht, froh zu sein, wenn ein anderer stirbt; — wie ich es in einem Verse auf meinem Grab ausgedrückt habe:

„Wenn der Tod von dem, der dir übelgesinnt war,
den Rauch aufsteigen läßt —
warum freust du dich so eilig über jenen Rauch?
Da der Tod auch dich einmal aufreiben wird —
wieso darfst du da über den Tod irgendeines Menschen froh sein?“

Wir sind alle in der Vorbereitung auf die letzte Reise und die guten Taten sind unser Reiseproviant.

Also hörte ich es: Der „Herr der beiden Hörner“ hatte die Runde um die ganze Welt gemacht und sie sich unterworfen. Dann kehrte er um, denn er wollte wieder heim. Als er in Dāmġān* angelangt war, machte er sein Testament: „Legt mich in einen Sarg und verseht diesen mit einer Öffnung. Dann laßt meine ausgestreckten Arme mit geöffneten Händen aus dieser Öffnung herausragen. Nun tragt mich so, daß alle Leute erkennen: Die ganze Welt habe ich gewonnen, und mit leeren Händen gehe ich wieder weg.“ — Weiter sagte er: „Sagt meiner Mutter folgendes: Wenn du willst, daß meine Seele sich über dich freut, dann teile deinen Kummer um mich mit jemandem, dem noch kein lieber Angehöriger gestorben ist, oder mit jemandem, der nie sterben wird.“

Weiter, mein Sohn: Wenn du irgendjemandem mit deiner Hand niedergeworfen hast, dann hilf ihm wieder auf. Denn solange du ein Seil im rechten Maße und bis zu einer bestimmten Grenze windest, halten die Fäden aneinander; wenn du es aber mit zuviel Gewalt windest, dann reißt es völlig auseinander. Darum beachte das Maß in allen Dingen, in der Freundschaft sowohl wie in der Feindschaft. *Denn das rechte Maß einzuhalten ist ein Stück des gesamten Verstandes.* Das Wesen des rechten Maßes ist, wie das des Verstandes, undefinierbar. Bemühe dich, gegenüber neidischen Leuten dich so zu verhalten, daß du dasjenige nicht zeigst, was ihren Zorn erregt. Zu deinen Widersachern sei feindselig, aber streite nicht zuviel mit solchen, die mehr haben wollen. Sei ihnen gegenüber nachgiebig. Denn ihr „Mehr-haben-wollen“ richtet sie selber zugrunde. Es heißt: „Der Krug kommt nicht immer heil vom Brunnen zurück.“

Einfältigen Menschen gegenüber sei duldsam. Gegen Hartnäckige sei auch du hartnäckig. In jeder Angelegenheit halte den Weg der Humanität ein! Wenn du einmal zornig bist, dann mache es dir zur Pflicht, deinen Zorn hinunterzuschlucken.

Mit Freunden und Feinden sprich milde; deine Redeweise sei sanft, denn eine sanfte Rede ist eine Art von Bezauberung. Bei allem, was du sagst, es sei im Guten oder Bösen, mach dich auf die entsprechende Antwort gefaßt. *Alles, was du selbst nicht hören möchtest, das laß auch einen anderen nicht hören. Sage nichts hinter dem Rücken der Leute, was du ihnen nicht ins Gesicht sagen kannst!*

Ohne vernünftigen Grund sprich den Menschen gegenüber keine Drohung aus! Prahle nicht mit einer Tat, die du nicht vollbracht hast! Sage nicht: Das werde ich noch tun! Ich habe das im folgenden Vierzeiler zum Ausdruck gebracht:

> „Aus meinem Herzen, o du mein Idol, habe ich die Liebe zu dir hinausgeworfen,
> Und jenen Berg von Kummer, den du mir gemacht hast, den habe ich abgetragen.
> Heute sage ich dir nicht, was ich zu tun beabsichtige;
> Morgen wirst du es erfahren, wenn ich dir sage,
> was ich getan habe."

Also: *Schätze die Tat höher als das Wort!*

Führe nicht lose Reden gegen jemanden, der, wenn er nur will, auch gegen dich unverschämt sein kann.

Zeige niemals zwei Gesichter, und von Leuten, die zwei Gesichter zeigen, halte dich fern. —

Vor einem schnaubenden Drachen fürchte dich nicht; *aber vor Klatschmäulern fürchte dich; denn alles, was diese in einer einzigen Stunde zerreißen, kann man in einem Jahre nicht wieder flicken.* Kämpfe nicht mit einem Stärkeren, auch wenn du selbst stark genug bist. Pythagoras* sagt: Zehn Eigenschaften pflege, damit du vor viel Unheil bewahrt bleibst: Erstens: Wenn du auch noch so mächtig und gewaltig bist, kämpfe nicht mit einem, der stärker ist als du, und mit einem, der ein hitziges Temperament hat, streite nicht eigensinnig herum. Zweitens: Mit Geizigen verkehre nicht. Drittens: *Mit Unwissenden laß dich in keine Diskussion ein.* Viertens: Mit einem Eifersüchtigen und ebenso mit einem Streithammel trinke nicht zusammen Wein. Fünftens: Sitze nicht zuviel mit Frauen zusammen, damit du deine ehrenvolle Stellung und dein Ansehen nicht einbüßest. Sechstens: Wenn jemand einen Fehler bei dir findet, dann bemühe dich, jenen Fehler abzulegen. Siebentens: Gib dich nicht zu affektiert, damit du nicht, wenn deine Ziererei wegfällt, dich erniedrigt fühlst. Achtens: Lobe jemanden nicht derart, daß du dann, wenn du einmal gezwungen bist, ihn zu tadeln, den Tadel nicht aussprechen kannst. Umgekehrt: Tadle ihn auch nicht so, daß du ihn nicht mehr loben kannst, wenn sich dafür die Notwendigkeit ergibt. Neuntens: Versuche nicht einen Mann durch deinen Zorn und deine Vorwürfe einzuschüchtern, der nicht auf dich angewiesen ist. Denn er wird sich daraus nichts machen. Und wer vor dir keine Angst hast, vor dem machst du dich mit deinen Einschüchterungsversuchen nur lächerlich. Wer aber ohne deine Hilfe nicht vorwärtskommt in seinen Angelegenheiten, den mach nicht von vornherein mutlos und tritt nicht anmaßend ihm gegenüber auf. Hetze die Wut der anderen nicht gegen ihn auf; und wenn er sich vergeht, so sieh ihm das nach. Zehntens: Deinen Untergebenen gegenüber sei kein Nörgler, damit sie Respekt vor dir haben und dich nicht verabscheuen. Betrachte deine Diener wie deine Grundstücke und laß sie ebenso wie diese gedeihen. Wenn du deine Grundstücke in gutem Zustand erhältst, dann wird es gut mit dir stehen; wenn du sie aber verkommen lässest, dann wirst du schwach und hilflos dastehen. Ein gehorsamer Diener ist auch dann, wenn er einmal einen Fehler begangen hat, besser als ein ungehorsamer, wenn er auch sonst in Ordnung ist. *Wenn du eine Arbeit anordnest, dann weise sie nicht zwei Personen zu,* weil aus einer solchen Doppelbeschäftigung Schaden entsteht. Denn es heißt: Ein Kessel wird von zwei Personen nicht zum Kochen gebracht, ebenso wie ein Haus von zwei Hausfrauen nicht gefegt wird. Farroxi sagte:

> „In einem Haus, wo es zwei Hausfrauen gibt, siehst du jederzeit den Staub kniehoch."

Wenn du eine Arbeit zu verrichten hast, so suche dir nicht erst einen Helfer und Mitarbeiter, damit dabei nicht etwa ein Schaden entsteht und damit du vorwurfsfrei vor deinem Gebieter dastehst. Aber gegen Freund und Feind zeige dich großmütig. *Über die Verfehlungen der Menschen ärgere dich nicht allzu stark.* Wickle nicht jedes Wort um den Finger (= lege nicht jedes Wort auf die Goldwaage). Bestehe nicht bei jeder Sache — mag sie nun wahr sein oder unbegründet — auf Bestrafung. Halte dich an den Weg der Großmut; dann wird man dich loben in jeder Sprache.

Gott weiß es besser.

Dreißigstes Kapitel

Verzeihung, Bestrafung, Wunscherfüllung

Mein Sohn! Wisse, daß die Menschen nicht wegen jeder Verfehlung eine Strafe verdienen. *Sollte jemand eine Schuld auf sich laden, so gewähre ihm Verzeihung aus freien Stücken*; denn auch er ist ein Nachkomme Adams*, und die erste Sünde kam von Adam in die Welt — Friede sei mit ihm! —, der unser Vater ist.

„Wenn ich einmal meine Pflicht als dein Untertan versäumt habe,
so habe ich das doch schon hundertmal in meinem Herzen bereut.
Mein Liebling, wende doch um einer einzigen Sünde willen
dich nicht von mir, deinem Sklaven, ab.
Ich bin ja ein Nachkomme Adams, der die erste Sünde begangen hat."

Bestrafe nicht ohne Grund, damit auch du schuldlos nicht einer Strafe für würdig befunden wirst. Werde nicht bei jeder Gelegenheit wütend; und *mach es dir zur Gewohnheit, zur Zeit, da du aufgeregt bist, deinen Zorn hinunterzuschlucken.* Wenn die Leute dich wegen eines Vergehens um Verzeihung bitten, dann vergib ihnen; wisse, Verzeihung üben ist für dich eine Pflicht, auch wenn es sich um ein schweres Vergehen handelt. Denn wenn der Diener unfehlbar wäre, so würde die Güte des Herrn sich niemals äußern können. Wenn du für jede Verfehlung eine Strafe verhängen wolltest, wo bliebe dann Raum für deine gütige Gesinnung? Wenn du es aber für deine Pflicht hältst zu verzeihen, so wirst du der Ehre und der Großherzigkeit nicht ermangeln. Hast du aber einmal jemandem vergeben, dann mach ihm weiterhin keinen Vorwurf und erinnere ihn nicht mehr an das begangene Unrecht; denn das käme auf das gleiche hinaus wie überhaupt nicht verzeihen. Du selber aber bemühe dich, kein Unrecht zu tun, damit du dann nicht um Verzeihung zu bitten brauchst. Wenn es aber vorkommt, daß du jemanden um Entschuldigung bitten mußt, dann halte das für keine Schande, damit der Streit völlig vorbei ist.

Wenn aber jemand etwas Übles getan hat, wofür er eine Strafe verdient, dann ziehe den Grad seiner Verfehlung in Erwägung und bestimme die Strafe dem Grade des Vergehens entsprechend. Denn die Leute, die sich gerecht verhalten (wörtlich: „Herren der Gerechtigkeit?"), meinen: „Die Bestrafung soll nach dem Maße des Vergehens vorgenommen werden." Ich aber sage so: „Wenn jemand eine Verfehlung begeht und dadurch strafbar wird, dann bestrafe ihn nur seiner Verfehlung entsprechend. Gewähre ihm vielmehr Verzeihung, damit du so den Weg der Milde und der Barmherzigkeit einschlägst. Willst du aber doch bestrafen und hältst Verzeihung nicht für angebracht, nun, so halte es folgendermaßen: Für einen ganzen Dirham „Sünde“ verordne einen halben Dirham „Strafe“; so hast du sowohl Großmut gezeigt als auch der Strafvollstreckung Genüge getan. Denn es ziemt sich nicht, daß die Großmütigen ebenso verfahren wie Leute, die kein Erbarmen kennen.

Erzählung

Ich hörte folgendes: Zur Zeit des Kalifen Muawija* beging eine Gruppe von Leuten eine Verfehlung, auf welcher die Todesstrafe stand. Der Kalif befahl, sie in seiner Gegenwart zu enthaupten. Während der Exekution brachte man einen Mann zur Hinrichtung vor den Kalifen. Jener Mann sprach: „Alles, was du an uns tun willst, das haben wir verdient, und wir bekennen uns der Sünde schuldig. Aber um Gottes willen — er ist erhaben! — höre von mir nur zwei Worte und beantworte sie!“ Muawija sagte: „Sprich!“ Jener schuldige Mann sagte: „Die ganze Welt kennt deine Milde und deine Großmut. Wenn wir nun dieses Vergehen einem Herrscher gegenüber begangen hätten, der nicht so großmütig und milde ist wie du, was hätte er mit uns gemacht?“ Muawija antwortete: „Er hätte dasselbe getan, was ich jetzt tue.“ Darauf der Mann: „Was hat denn dann deine Milde und Großmut für einen Nutzen für uns, wenn du ebenso verfährst wie jener unbarmherzige Herrscher?“ Muawija sagte darauf: „Wenn dieses Wort jener Mann gleich zuerst gesprochen hätte, dann würde ich sie alle begnadigt haben; jetzt aber begnadige ich alle, die noch übriggeblieben sind.“

* * *

Wenn also ein Schuldiger dich um Gnade bittet, so mußt du sie ihm gewähren; und wisse, es gibt keine Sünde, für die eine Vergebung nicht am Platze wäre.

Wenn ein Bedürftiger dich um etwas bittet, dann mach ihn nicht mutlos, soweit deine religiösen Pflichten nicht Schaden darunter leiden und ebenso wenig deine wichtigsten irdischen Angelegenheiten beeinträchtigt werden, also nur aus materiellen Gründen. Laß ihn also nicht wieder umkehren, bevor du ihm nicht seinen Wunsch erfüllt hast. Zerstöre nicht den guten Glauben, den jener Bedürftige von dir hat; denn er wird ja, solange er nicht den guten Glauben hat, dich nicht um etwas bitten. Auch ist er in dem Zeitpunkt, da er dich um etwas bittet, gewissermaßen dein Gefangener. Hat man doch gesagt: Ein Bittsteller ist so etwas wie ein Gefangener. Und *Gefangenen gegenüber geziemt es sich, Barmherzigkeit zu üben*; denn einen Gefangenen zu töten ist nicht lobenswert, sondern verdient Tadel. Also laß dich ja nicht in dieser Hinsicht gehen, damit du Lob in beiden Welten findest! Wenn aber *du* nun jemanden um etwas bittest, dann überlege dir zunächst: Ist das ein großmütiger Mensch oder ein Geizhals? Ist er ein großmütiger Mann, dann habe keine Angst, dein Begehren vorzutragen. Beachte aber die richtige Gelegenheit! Stelle deine Bitte nicht vor der Mahlzeit, wenn er Hunger hat, damit du einen günstigen Bescheid erhoffen darfst. Bittest du ihn um etwas Notwendiges, dann überlege dir das rechte Wort. Zuerst trage dein Anliegen in schicklicher Weise vor. Am Schluß drücke deinen Wunsch aus. Bei deinem Gespräch bemühe dich um eine gefällige Ausdrucksweise, denn eine solche ist gewissermaßen ein zweiter

Fürsprecher. Wenn du die richtige Form des Bittens verstehst, dann wirst du keinesfalls ohne Gewährung deiner Bitte bleiben; wie ich das in zwei Versen gesagt habe:

„Mein Lieber (wtl.: ‚mein Herz'), willst du zu deiner Geliebten gelangen,
willst du ohne Sorge zu jener Vollmondgesichtigen gelangen:
nun, so lebe so, wie *sie* es gern hat, mein Lieber;
denn wenn du es verstehst, (recht) zu bitten,
wirst du das Ziel deiner Wünsche erreichen."

Jedem gegenüber, auf den du angewiesen bist, verhalte dich so, wie ein Gefangener oder ein Diener. Denn wir leisten ja auch dem erhabenen Gott unseren Dienst deshalb, weil wir auf ihn angewiesen sind. Denn *wenn wir kein Bedürfnis hätten, dann würde sich niemand um den Gottesdienst kümmern.*

Ist dir nun deine Bitte erfüllt worden, dann sei dankbar! Denn der erhabene Gott hat gesprochen: „Wenn ihr dankbar seid, werde ich euch noch mehr (Gnade) erweisen." (Sure 14/7) Also liebt der erhabene Gott die Dankbaren. Ist man bei der Erfüllung des ersten Wunsches dankbar, darf man hoffen, daß auch der zweite erfüllt werde. Wenn aber jemand deine Bitte nicht erfüllt, dann klage dein eigenes Schicksal an und nicht *ihn.*, Denn wenn er auf deine Klage Rücksicht genommen hätte, dann hätte er eben deine Bitte erfüllt. Wenn der Betreffende ein Geizhals oder ein Knauser ist, dann verlange schon aus Klugheit nichts von ihm. Denn er gibt nichts. Bitte ihn zur Zeit, da er betrunken ist; denn Knauser und Geizhälse sind nur im Rausche freigiebig, obschon sie es am nächsten Tage bereuen. Wenn du auf einen Geizigen angewiesen bist, dann muß man dich bedauern; denn es heißt: Drei Personen verdienen unser Mitleid: Erstens der Verständige, der einem Unverständigen untertan ist; zweitens der Starke, der einem Schwachen unterworfen ist; und (drittens) ein Edler, der einen Geizhals nötig hat.

Wisse: Nachdem ich die Worte der Einleitung abgeschlossen hatte, habe ich — soweit ich es leisten konnte — Kapitel verschiedenen Inhalts verfaßt. Ich wollte möglichst vollständig sein. Auch an die verschiedenen Berufszweige wollte ich dich erinnern, damit du auch sie durch deine Lektüre kennenlernen solltest; vielleicht kannst du sie brauchen. Wenn ich das erste und letzte Wissen besäße, dann hätte ich dir auch das beigebracht und dich damit bekannt gemacht, damit ich ohne Sorge aus dieser Welt scheiden kann. — Aber was soll ich tun? Ich bin ja in der Wissenschaft nur ein „Fußgänger' (nicht weit her), und wenn ich auch manches weiß, was für Nutzen hat denn meine Rede? Wenn du ebenso auf mich hörst, wie ich auf meinen Vater hörte, dann kann man dich nicht tadeln.

Ich rechtfertige mich, damit ich keinen Richter brauche. Magst du nun meinen Worten Glauben schenken oder nicht: ich werde in jedem Kapitel mich äußern! Denn ich möchte mit meinen Worten nicht sparen und möchte alles gesagt haben, was mir eingefallen ist.

Einunddreißigstes Kapitel

Das Studium verschiedener Wissenschaften: der Theologie, der Predigtlehre und der Rechtswissenschaft

Erinnere dich, mein Sohn, daß ich am Anfang meiner Ausführungen sagte, daß ich von verschiedenen Berufen sprechen wollte. Der Zweck eines Berufes ist nicht bloß, Geschäfte zu machen; sondern jede Arbeit, welche die Menschen in die Hand nehmen, ist als Beruf anzusehen. Man muß allerdings seine Arbeit gut verstehen und ausführen, um aus ihr Nutzen zu ziehen. Nun gibt es, wie ich sehe, keine Arbeit und keine Berufe, welchen die Menschen nachgehen, die nicht eine Ordnung und eine festgelegte Regel nötig haben. Alle diese Regeln muß man wissen. Es gibt zahlreiche Berufe; sie alle einzeln darzustellen, ist nicht möglich, sonst würde das Buch zu lang werden und die ursprüngliche Planung überschreiten.

Alle bestehenden Berufsarten fallen unter eine von drei Gruppen: (1) entweder es handelt sich um eine Wissenschaft, die in einem bestimmten Berufszweige praktisch angewendet wird oder (2) einen praktischen Beruf, der sich einer Wissenschaft bedient oder (3) einen unabhängigen Beruf. Zur ersten Gruppe aber gehören: die Medizin, die Astrologie, Geometrie, Landvermessung und Poetik und ähnliche Wissenszweige; zur zweiten Gruppe die Musik (wörtlich: „Volksgesang"), die Tierarzneikunde, die Baukunst, die Kunst, unterirdische Bewässerungskanäle anzulegen und ähnliche. Ein jeder hat seine festen Regeln; und wenn du den richtigen Brauch und die Regeln nicht kennst, dann bist du, auch wenn du sonst ein Meister bist, einem Gefangenen zu vergleichen. Die Berufe im speziellen Sinne sind bekannt, es ist daher nicht nötig, sie im einzelnen zu beschreiben. Gleichwohl will ich dir die Grundregeln, soweit ich es kann, aufzeigen.

Es gibt folgende zwei Möglichkeiten: Erstens, es tritt infolge der Schicksalsfügung oder der Wechselfälle der Zeiten für dich eine Notlage ein, dann mußt du in einer solchen Notzeit dich mit den Geheimnissen der verschiedenen Berufe vertraut machen. Oder zweitens, es besteht für dich keine solche Notwendigkeit, weil du ein Angehöriger des Adels bist. In diesem Falle gilt, daß auch für die „Großen" die Kenntnis der praktischen Berufe unumgänglich sein soll. Wisse, mein Sohn, daß du von keinem Wissen solchen Nutzen ziehen wirst, wie aus dem Wissen um die künftige Welt. Willst du nun aus den weltlichen Wissenschaften Nutzen ziehen, so ist dies nur möglich, wenn du die Wissenschaft mit einem Berufe verbindest, z. B. die Wissenschaft vom religiösen Gesetz mit der Justiz, der Verteilung der Erbmasse und dem Predigeramte; das erreicht zwar nicht jeder, aber wer es erreicht, hat davon großen Nutzen. Für die Astrologie einschließlich der Kalenderkunde und der Kunst der Weissagung gilt: Dem Sterndeuter wird solange kein greifbarer Nutzen zuteil, als er seine Worte nicht rhetorisch mit ernsthaften und scherzhaften Floskeln ausschmückt. In der Medizin ist es ähnlich: Der Arzt wird den gewünschten Erfolg nicht haben, wenn er nicht gewisse Kunstgriffe und hinterlistige Täuschungen anwendet, alles mögliche zusammenmixt und gewisse Heilmittel verschreibt, mag das nun richtig sein oder nicht.

Die ehrwürdigste Wissenschaft ist die Theologie. Ihre Wurzel ist auf immerdar in der Einheit Gottes begründet; ihre Zweige bilden die einzelnen religiösen Vorschriften. Die Theologie als Beruf bringt Vorteile in dieser und jener Welt. Daher, mein Sohn, befasse dich, so sehr du kannst, mit der Theologie.

Abschnitt: Wenn du nun Erfolg haben willst, so mache dich zunächst gründlich mit den Prinzipien der Theologie bekannt und erst dann mit ihren einzelnen Zweigwissenschaften, denn ohne die Prinzipien sind die Einzelzweige nur ein unvollständiges Abbild. Wenn du dich nun von den verschiedenen von mir genannten Berufsarten für das Studium der theologischen Wissenschaft entschlossen hast, dann sei enthaltsam und zufrieden; sei ein Freund der Wissenschaft und ein Feind der Welt; sei duldsam und fröhlich; geh spät schlafen und steh früh auf; sei eifrig darauf bedacht zu schreiben und zu studieren; sei bescheiden und unermüdlich in deiner Arbeit, lerne viel auswendig und sei beharrlich im Wiederholen; forsche eifrig in den Biographien und bemühe dich um die Ergründung der Geheimnisse; sei ein Freund der Gelehrten; sei voll Ernst und voll Ehrfurcht; sei eifrig und ohne Hemmungen beim Lernen und kenne deine Pflicht dem Lehrer gegenüber. Ferner mußt du Bücher in ausreichendem Maß bei dir haben, Feder, Federmesser, Federkasten, Tintenfaß, ein Messer, einen Zirkel, eine besondere Feder zum Aufstellen von Tabellen, ein Lineal und ähnliche Dinge. An anderen Dingen als diesen soll dein Herz nicht hängen. Alles, was du hörst, präge dir ein. *Sprich wenig und überlege gründlich.* Gib dich mit Nachahmungen nicht zufrieden. Jeder der Wissenschaft Beflissene, der diese Eigenschaften hat, wird bald der Einzigartige seiner Zeit sein.

Abschnitt: Wenn du ein Rechtsgelehrter bist, dann sei es mit Frömmigkeit. Lerne fleißig und merke dir viel. Sei eifrig im Gebet, in der Gottesverehrung und im Fasten und laß dir hierbei nichts zuschulden kommen. Sei reinen Glaubens und reinlich in deiner Kleidung. Immer sei bereit, Rechenschaft abzulegen. Gib über keine Frage ohne gründliche Überlegung ein Rechtsgutachten ab. Urteile nicht ohne Beweis und begnüge dich nicht, andere nachzuahmen. Richte nicht nach irgendjemandes Vorbild. Schätze deine eigene Ansicht hoch ein. Begnüge dich nicht damit, doppelsinnige Ansichten und Aussprüche zu geben. Richte dich nur nach den Worten der vertrauenswürdigen Personen. Glaube nicht, daß jedes Buch und jeder Essay Respekt verdienen. Wenn du eine Überlieferung hörst, so prüfe sie genau unter Beachtung des Verfassers. Nimm kein zweifelhaftes Wort an, auch wenn es von einem berühmten Traditionarier stammt. Verlaß dich nicht auf die Überlieferung, die nur von einem einzigen Autor herrührt, außer wenn es sich um einen ganz zuverlässigen handelt. Von einer wiederholt bezeugten Nachricht wende dich nicht ab. Sei ein „moǧtahed"*, d. h. ein Mann, der nach dem islamischen Recht selbständig Entscheidungen trifft, aber sei kein Eiferer und sprich nicht fanatische Worte. Bei einer Disputation achte auf deinen Gegner: Wenn du ihm gewachsen bist und weißt, daß du ihm im Wortstreit überlegen sein wirst, dann laß dich auf eine Diskussion mit ihm ein; andernfalls halte dich davon zurück. Begnüge dich mit einem einzigen Beispiel, um deine Ansicht zu stützen, und willst du die Meinung des Gegners zurückweisen und widerlegen, dann tu das nicht mit einem einzigen Argument. Achte auf das erste Wort, das du sprichst, damit du nicht hinterher das letzte Wort wirkungslos machst. Wenn es bei einer Disputation um das Verständnis des islamischen Rechts geht, dann bevorzuge die Koranverse vor der Überlieferung und stelle die Aussagungen der Tradition höher als bloße Folgerungen und Erwägungen von Möglichkeiten. Handelt es sich bei der Diskussion um die Prinzipien der Rechtswissenschaft, dann ist die Zusammenfassung der positiven, negativen und hypothetischen Aussagen kein Fehler. Bemühe dich dabei, die eigentliche Absicht (das Ziel) deiner Ausführungen verständlich zu machen. Behandle das Thema geschmackvoll. Sprich weder zu abrupt noch zu weitschweifig und rede keine sinnlosen Dinge.

Abschnitt: Wenn du ein Prediger bist, dann mußt du den Koran auswendig kennen und noch vieles andere im Gedächtnis behalten. Auf der Kanzel wirf keinen Streit auf und entfessle keinen Disput, selbst wenn du weißt, daß dein Gegner schwach ist. Stelle auf der Kanzel jede Behauptung auf, die du willst, denn da gibt es Fragende, aber nicht Antwortende. Mach deine Zunge redegewandt und stelle dir vor, daß jene Leute, die deine Versammlung besuchen, dumm sind wie das Vieh. Sprich, wie es dir gefällt; nur paß auf, daß du nicht stecken bleibest. Aber halte deinen Körper und ebenso dein Gewand rein. Habe Beifallbrüller zur Hand, so daß sie stets in deinem Auditorium sitzen und bei jedem Punkte, den du vorbringst, durch ihr Beifallsgebrüll das Publikum anfeuern. Wenn deine Zuhörer weinen, dann weine gelegentlich auch mit. Solltest du doch einmal in einer Rede stocken, dann zeige keine Furcht: Fülle die Zeit damit aus, daß du den Segen und die Glaubensformel aussprichst. Auf der Kanzel sei nicht in deiner Rede stockend, mach kein sauertöpfisches Gesicht und sprich nicht kalt und unbeteiligt, damit die Hörer in deiner Versammlung nicht mißmutig und gelangweilt seien wie du. Denn ein arabisches Sprichwort sagt: „Alles, was von einem Schwerfälligen kommt, erzeugt Langeweile." Sei lebhaft, wenn du redest, und erlahme nicht mitten im Feuer deiner

Rede. Richte dich immer nach dem Hörer. Wenn dieser etwas Geistreiches haben möchte, dann erzähle etwas Geistreiches. Will er Märchen haben, erzähle Märchen. Du weißt nicht, was das Publikum „kaufen" will; und wenn man es aufgenommen hat, mach dir darüber keine Gedanken. Das schlechteste Ding „verkaufe", als ob es das Beste wäre, zu der Zeit, da man es dir abnimmt und „kauft". Wenn man es dir aber abnimmt, dann sei auf der Hut, denn die Gegner eines Predigers machen sich dann bemerkbar, wenn er mit seinen Reden Erfolg hat. Verweile nicht an einer Stelle, wo du keinen Erfolg hast. Auf jede Frage, die man dir, wenn du auf der Kanzel stehst, stellt, gib Antwort, so weit du sie weißt. Weißt du sie nicht, so sprich: „Eine solche Frage stellt man nicht dem Redner auf der Kanzel. Komm in mein Haus, dort will ich sie dir beantworten." Denn es wird ja doch keiner kommen. Wenn man dich aber belästigen will und vielmals Zettel schreibt, dann zerreiße einen solchen Brief und sage: „Dies ist eine Frage, wie sie Atheisten und Ketzer stellen, und der, der sie gestellt hat, ist ein Ketzer!" Dann rufen alle: „Fluch über diesen Ketzer und Gottlosen!" Danach wird niemand es wagen, dir eine derartige Frage zu stellen.

Ein Wort, das du einmal in einer Versammlung gesagt hast, das merke dir gut, damit du es nicht noch einmal sagst. Zeige jederzeit ein munteres Gesicht. In Städten halte dich nicht zu lange auf; denn Prediger und Seher tragen ihren Lebensunterhalt „in den Füßen" (= sie sollen sich ihr Brot auf Wanderungen verdienen). Auch beruht ihr Erfolg auf der Neuheit ihres Gesichtes. Beachte die Gesetze des Predigtamtes. Jederzeit halte Körper und Gewand sauber. Auch erfülle sorgfältig nach außen und insgeheim die Vorschriften des religiösen Gesetzes. Verrichte freiwillig die Gebete und das Fasten auch über das vorgeschriebene Maß hinaus. Sprich überzeugend. Halte dich nicht so oft im Basar unter den Leuten auf; denn dort geht viel gemeines Volk herum, und du wirst dann in den Augen der Leute umso mehr Ehre genießen. Von schlechter Gesellschaft halte Abstand. Beobachte die gute Sitte des Kanzeldienstes. Seine Bedingungen haben wir ja an anderer Stelle schon erwähnt.

Von Hochmut, Lüge und Bestechung halte dich fern. Gebiete den Leuten, dasselbe zu tun, was du tust, damit du ein gerecht denkender Gottesgelehrter bist. Lerne die Wissenschaft gut und trage deine Kenntnisse mit gutem Ausdruck vor, damit du nicht in die Verlegenheit kommst, etwas zu behaupten, was keinen Sinn gibt. In deinen Predigten laß bald Furcht, bald Hoffnung anklingen und laß deine Gemeinde nicht völlig an der Barmherzigkeit Gottes — er ist erhaben! — verzweifeln. Mache ihnen aber auch keine Aussichten auf das Paradies, ohne daß sie ihre religiösen Pflichten getreu erfüllen. Im großen und ganzen sage das, worin du bewandert bist und wovon du ein sicheres Wissen hast; denn wenn du eine Behauptung ohne Begründung vorbringst, dann ist das Resultat das, daß du beschämt dastehst.

Wenn du es auf Grund deiner Gelehrsamkeit zu einem hohen Amte gebracht hast und Richter geworden bist, dann mußt du, sobald du diese Stellung als Richter erlangt hast, duldsam und milde sein. Ferner mußt du eine schnelle Auffassungsgabe haben und findig sein, ein Meister besonnener Überlegung und vorausblickend, ein Menschenkenner und ein guter Politiker, dazu mußt du die Religionswissenschaft beherrschen und die Methoden der verschiedenen Gruppen, dich auch auf die Kniffe einer jeden Sekte verstehen und schließlich die Tricks bei der Ausübung der Rechtsprechung kennen. Wenn z. B. jemand, dem Unrecht geschehen ist, der aber keine Zeugen hat, vor Gericht kommt und nun, in Ermangelung eines Zeugen, Gefahr läuft, ungerecht behandelt zu werden, d. h. kein Recht bekommt, dann mußt du jenes Unterdrückten Helfer sein und, durch Listen und Tricks, jenem Notleidenden zu seinem Rechte verhelfen.

Erzählung

Es lebte einmal in Tabaristān ein Oberrichter namens Abo-l-ᶜAbbās-Rujāni*, ein keuscher, gelehrter und frommer Mann, vorausblickend und besonnen. Eines Tages kam zu ihm ein Mann zur Gerichtssitzung und behauptete, jemand schulde ihm hundert Dinar. Der Richter befragte den beklagten Prozeßgegner, dieser leugnete die Schuld ab. Der Richter sagte zu dem Kläger: „Hast du Zeugen?" Der Kläger verneinte dies. Der Richter sprach: „So werde ich den Beklagten vereidigen." Der Kläger brach hierauf in Tränen aus und sagte: „Herr Richter, nimm ihm keinen Eid ab; denn er ist hemmungslos im Schwören von Eiden und wird sich nicht scheuen, einen Meineid zu schwören." Der Richter erklärte: „Ich darf vom Gesetz nicht abweichen. Entweder du mußt einen Zeugen stellen oder ich muß dem Beklagten einen Eid abnehmen." Da wälzte sich der Kläger vor dem Richter auf dem Boden und schrie: „Gnade! Ich habe keinen Zeugen, und der Mann wird einen Meineid schwören. Ich aber muß Unrecht erleiden. Überlege dir eine Maßnahme, um meiner Sache zum Recht zu verhelfen."

Als der Richter den Mann auf solche Weise wehklagen hörte, wußte er, daß er die Wahrheit sprach. Er sagte zu ihm: „Mein lieber Mann, erzähle mir, wie es dazu kam, damit ich den Hergang der Sache von Anfang an kenne." Der Kläger berichtete nun: Möge das Leben des Richters lang sein! Dieser Mann ist jahrelang mein Freund gewesen. Der Zufall wollte es, daß er sich in ein Mädchen verliebte; deren Preis betrug 150 Dinar. Da er nur 100 Dinar besaß, hatte er keine Möglichkeit, sie zu kaufen; Tag und Nacht weinte und schluchzte er, wie es die Liebestollen zu tun pflegen. Eines Tages machten wir beide, er und ich, einen Spaziergang durchs Gelände. Wir setzten uns für ein Weilchen nieder, und er erzählte mir wieder die Geschichte von dem Mädchen, dabei weinte er bitterlich. Das rührte mein Herz, denn er war ja schon zwanzig Jahre lang mein Freund. Ich sprach zu ihm: „Lieber Freund, du hast kein Gold und auch ich habe den vollen Preis für das Mädchen nicht zur Hand. Auch kennst du niemanden, der dir in dieser Sache Hilfe leisten könnte. Aber ich besitze in meinem Haushalt ganze hundert Dinar, die ich mir jahrelang erspart habe. Diese will ich dir leihen. Was den Rest betrifft, so denke dir etwas aus, um ihn dir zu beschaffen, damit du das Mädchen kaufen kannst und einen Monat lang deine Gelüste an ihr befriedigen kannst. Sieh zu, daß du sie nach einem Monat wieder verkaufst und mir dann das Gold zurückgibst." Da warf sich der Mann vor mir in den Staub und schwor Eide und sagte: „Einen Monat werde ich sie behalten, dann werde ich sie, sei es mit Verlust oder Profit, verkaufen und dir dein Geld zurückgeben." Ich löste das Gold aus meinem Gürtel und gab es ihm. Dabei waren nur er und ich und Gott — er ist erhaben! — anwesend. Jetzt sind vier Monate vergangen und weder gibt er mir mein Gold noch hat er das Mädchen verkauft."

Darauf sagte der Richter: „Wo saßest du damals, als du ihm das Gold gabst?" Er antwortete: „Unter einem Baum." Der Richter: „Wenn du unter einem Baum saßest, warum sagtest du dann: „Ich habe keinen Zeugen?" Dann sagte er zu dem Beklagten: „Setze dich hier vor mich hin!" Und zu dem Kläger: „Sei ohne Sorge! Geh zu dem Baume und verrichte zweimal das Gebet (Knien und Niederwerfen); sende auch hundert Segenswünsche für den Propheten (zum Himmel). Hierauf sprich zu dem Baume: ‚Der Richter läßt dir sagen: Komm und lege Zeugnis ab!'" Da lächelte der Beklagte. Das sah der Richter, tat aber so, als habe er nichts bemerkt und behielt die Sache für sich. Der Kläger aber sagte: „Herr Richter, ich fürchte, der Baum wird auf meinen Befehl nicht kommen." Der Richter sagte: „Nimm mein Siegel und sprich zu dem Baume: ‚Dies ist das Siegel des Richters. Er läßt dir sagen: ‚Komm und gib Zeugnis, wie es deine Pflicht ist.'" Der Kläger nahm das Siegel des Richters und ging; der Beklagte blieb weiterhin vor dem Richter sitzen.

Nun beschäftigte sich der Richter mit anderen Entscheidungen und kümmerte sich nicht weiter um den Beklagten, bis er auf einmal mitten während einer Urteilsfindung, die er vornahm, sich plötzlich zu dem Beklagten umwandte und sagte: „Kann Herr So-und-so jetzt schon zurück sein?" Der antwortete: „Noch nicht, Herr Richter!" Der Richter beschäftigte sich weiter mit seinen Geschäften.

Jener Mann (der Kläger) hatte inzwischen das Siegel des Richters dem Baume vorgewiesen und gesagt: „Der Richter läßt dich vorladen." Nachdem er eine Zeitlang dagesessen hatte, merkte er, daß er von dem Baume keine Antwort hören werde. Traurig kehrte er wieder um, kam vor den Richter und sagte: „Mein Herr Richter, ich bin hingegangen und habe das Siegel vorgewiesen, aber der Baum ist nicht gekommen." Der Richter sprach: „Du bist im Irrtum; der Baum ist gekommen und hat Zeugnis abgelegt." Dann wandte er sich zu dem Beklagten und sagte: „Gib diesem Manne das Gold zurück!" Der Beklagte sagte: „Solange ich hier saß, ist kein Baum gekommen und hat Zeugnis abgelegt." Darauf der Richter: „Hättest du das Gold von ihm nicht unter jenem Baum bekommen, warum hast du dann, als ich dich fragte, ob jener Mann von dem Baume schon zurückgekehrt sei, gesagt: ‚Noch nicht, denn von hier dorthin ist es zu weit' — und weshalb hast du nicht gesagt: ‚Was für ein Baum denn?' und ‚Ich kenne keinen Baum; unter welchem ich Geld empfangen haben soll und ich weiß auch gar nicht, wohin er gegangen ist?'" Darauf zwang der Richter den Beklagten, das Geld herauszugeben und stellte es dem Kläger zurück.

* * *

Also darf man nicht alle Urteile nach dem Buche fällen. Man muß auch nach eigenem Ermessen Entscheidungen treffen und Schlußfolgerungen ziehen. — Ferner ist zu beachten: Du solltest zwar in deinem eigenen Hause möglichst bescheiden sein; aber in der Gerichtssitzung solltest du lieber einen respekteinflößenden Anblick bieten, ein strenges Antlitz zeigen und das Lachen vermeiden, wie es deiner hohen Stellung und deinem würdevollen Rang entspricht. Gib dir Ansehen und sei knapp in Worten. Aber schreibe viel. Aber wenn du jemanden verhörst und ein Urteil zu fällen hast, dann darf dich das keinesfalls verdrießen und du darfst nicht zeigen, daß es dich langweilt. Sei geduldig. Wenn ein Problem auftaucht, dann verlaß dich nicht auf deine eigene Urteilskraft, sondern berate dich auch noch mit den Rechtsgelehrten. Immer sei bei klarem Verstande. Niemals dispensiere dich davon, dich weiterzubilden; z. B. über die Probleme und dic Glaubenslehren, wie ich es dir schon sagte. Beachte auch die Erfahrung, denn nach dem Gesetz der Šariᶜat* wiegt eine richterliche Entscheidung ebenso schwer wie der Buchstabe des Gesetzes. Es gibt viele Fälle von Urteilen, die nach dem Buchstaben des Gesetzes schwierig zu finden sind, der Richter aber kann sie leicht erfassen.

Wenn der Richter das Recht hat, Urteile dem islamischen Gesetz zufolge auszusprechen, d. h. wenn er ein Moǧtahed* ist, dann ist die Sache in Ordnung. Folglich muß der Richter ein enthaltsam lebender, gottesfürchtiger, reiner und zur Urteilsfindung berechtigter Mann sein. Es gibt bestimmte Zeiten, zu denen er keine Urteile fällen darf; z. B. wenn er Hunger oder Durst hat, wenn er aus einem warmen Bade kommt, wenn er traurigen Gemüts ist und wenn die Alltagssorgen ihm zu schaffen machen. Er soll gewandte Beisitzer haben; er soll aber nicht dulden, daß diese während der Gerichtsverhandlung über Erzählungen und Geschichten reden und ihre persönlichen Erlebnisse ausschwätzen. Denn es liegt dem Richter ob, das Urteil auszusprechen, nicht aber, seine Neugier zu befriedigen. Auch gibt es viele Nachforschungen, die man besser unterlassen sollte, statt sie anzustellen. Der Richter soll sich kurz fassen und schnell zur Zeugenvernehmung und Vereidigung schreiten.

In dem Falle, daß er weiß, daß viel Vermögen auf dem Spiele steht und daß die prozessierenden Parteien skrupellos sind, soll er alle ihm bekannten Formen der Untersuchung und der Nachforschungsmöglichkeiten anwenden und keine Unachtsamkeit begehen und nichts auf die leichte Schulter nehmen. Er soll ständig gerecht denkende Beisitzer um sich haben. Ein einmal ausgesprochenes Urteil soll er niemals widerrufen. An seiner Entscheidung soll er unverbrüchlich festhalten. Niemals soll er mit eigener Hand eine Urkunde und eine Verfügung niederschreiben, es sei denn, daß dies unbedingt notwendig ist. Seine eigene Handschrift soll er hoch einschätzen. Seine Urteilssprüche soll er absiegeln und registrieren lassen.

Die schönsten Tugenden eines Richters sind Weisheit und Frömmigkeit. Solltest du jedoch diesen Beruf nicht ergreifen oder darin keinen Erfolg haben, und solltest du auch bei der Armee nicht tätig sein, nun, dann widme dich dem Handel, um etwa daraus Profit zu ziehen. Denn alles, was zum Handel gehört, ist nach islamischem Recht durchaus legitim und findet bei jedermann Beifall.

Gott weiß es besser.

Zweiunddreißigstes Kapitel

Handel treiben

Obschon das Handeltreiben kein Beruf im eigentlichen Sinne ist — so wie man ein Handwerk bezeichnen kann —, so hat es doch, wenn man es recht bedenkt, seine bestimmten Regeln ebenso wie die Gebräuche der Handwerker. Kluge Leute behaupten, daß der Ursprung des Handeltreibens auf der Torheit beruhe, ihre Zweige jedoch dem Verstande entsprießen, wie es im arabischen Sprichwort heißt: „Wenn es keine Toren gäbe, würden die Menschen umkommen." Damit ist folgendes gemeint: Derjenige, der gierig nach Vermehrung seines Kapitals ist, bringt Waren von Osten nach Westen; dabei setzt er im Gebirge und auf dem Meer sein Leben aufs Spiel. Er fürchtet sich nicht vor Räubern und Wegelagerern; auch hat er keine Angst vor menschenfressenden Tieren und vor der Unsicherheit der Wege. Er transportiert zu den westlichen Völkern die Produkte des Orients und umgekehrt. Notwendigerweise hängt somit das Gedeihen der ganzen Welt von der Tätigkeit der Kaufleute ab. Solche gefahrvollen Unternehmungen tätigt nur jemand, dem das Auge des Verstandes zugenäht ist (= der ein Tor ist).

Nun gibt es zwei Arten kaufmännischer Tätigkeit; beide sind gefahrvoll. Die eine besteht im lokalen Abschließen von Geschäften und die andere im Reisen. Die erste Art üben diejenigen aus, die im Lande bleiben und Waren von geringem Wert wohlfeil aufkaufen, um so ihre Profitgier zu befriedigen. Das ist ein Risiko für ihr Vermögen. Das muß schon ein kühn spekulierender Mann sein, der „sein Herz hingibt", um Waren zu herabgesetzten Preisen einzukaufen, weil er damit Gewinn zu erzielen hofft. Vom Reisen und seinen Gefahren habe ich soeben gesprochen. In beiden Fällen muß der Kaufmann mutig und frei von Angst sein, sowohl was seine Habe als auch was seinen Leib betrifft. Er soll aber auch vertrauenswürdig sein und nicht seinen eigenen Vorteil auf Kosten der anderen suchen. Er soll also die anderen nicht schädigen, um selber Nutzen daraus zu ziehen. Er soll mit solchen Leuten Geschäfte machen, die weniger gelten als er selber. Wenn er aber mit Höherstehenden handelt, dann soll er es nur mit solchen Leuten tun, die vertrauenswürdig, ehrlich und anständig sind. Vor betrügerischen Menschen soll er sich hüten. Ferner soll er keine Geschäfte mit solchen Leuten machen, die von der Ware nichts verstehen, damit er sich vor Leuten absichert, die an seine Türe klopfen; ebenso nicht mit Leuten, die nur ein geringes Kapital haben und die einfältig sind. Schließlich handle er nicht mit nahestehenden Freunden; wenn er das aber doch tut, dann lege er die Profitgier ab, damit die Freundschaft nicht in die Brüche geht. Denn schon viele Freundschaften sind um geringen Nutzens oder Schadens willen verscherzt worden. Er soll auch nicht um des Mehrgewinns willen auf Borg Geschäfte machen; das gibt zwar zunächst Gewinn, der am Ende aber auf Verlust hinausläuft. Auch darf er nicht kleinlich sein, denn das bringt großen Schaden. Ich habe es mit einem Vierzeiler so ausgedrückt:

„Ich sagte mir:
Wenn ich mich von der Brust (meiner Geliebten) entferne,
Dann wird vielleicht mein Herz keinen Schmerz darüber empfinden;
Aber: Seitdem ich fern von ihr bin, fliehen mich Schlaf und Eßlust;
Sehr schädlich ist es, kleinlich zu sein."

Am meisten Verlust hat ein Kaufmann durch seine Verschwendungssucht. Solange er noch keinen Profit erzielt hat, darf er nicht vom Kapital zehren; denn darin besteht für ihn der größte Schaden. Glaube mir: Das beste Geschäft macht man, wenn man eine Ware pfennigweise einkauft und markweise verkauft. Das schlechteste Geschäft ist es, wenn man es umgekehrt macht. Vor dem Ankauf von Korn in der Hoffnung auf Profit mußt du dich hüten; denn wer das tut, gilt als böse gesinnt und kommt in einen schlechten Ruf. Am ehrlichsten verfährt man, wenn man bei der Angabe des Kaufpreises nicht schwindelt. Denn das ist weder unter Moslems noch unter Nicht-Moslems lobenswert, wie ich es in zwei Versen ausgesprochen habe. Sie lauten:

O du, die du in meinem Herzen das Feuer der Liebe entzündet hast,
Über meinem Hals hat die Sorge um dich ein Joch gelegt.
Liebe habe ich um den Preis meiner Seele und meines Herzens erkauft.
Du weißt doch, daß man beim Kaufen keine Lüge ausspricht."

Ferner soll man nicht eine Ware aus der Hand geben, solange der Kauf noch nicht abgeschlossen ist. Auch darf man im Geschäftsverkehr keine Hemmungen haben, denn kluge Leute haben gesagt: „Zuviel Schüchternheit verringert den Gewinn." Man soll sich nicht daran gewöhnen, allzu vorsichtig zu sein, wenn man seine Forderungen erhöhen will. Man darf aber auch nicht gewissenlos verfahren. Denn Leute, die sich auf den Handel verstehen, haben gesagt: „ Der Ursprung des Handeltreibens ist das Streben nach Gewinn; man soll aber beim Vermögenserwerb auch auf Gewissenhaftigkeit achten; so erhält man seinen Ruf, ein ehrenhafter Mann zu sein." Davon habe ich in einer Erzählung gehört:

Erzählung

Eines Tages schloß ein Kaufmann im Laden eines Händlers ein Geschäft im Wert von tausend Dinar ab. Als das Geschäft schon abgeschlossen war, entstand zwischen dem Kaufmann und dem Verkäufer des Artikels eine Meinungsverschiedenheit um den Rechnungsbetrag von einem Goldkarat (= 0,2053 Gramm). Der Verkäufer sagte: „Ich schulde dir noch einen Dinar." „Nein", behauptete der Käufer, „es macht einen Dinar und einen Karat!" Um diesen Betrag wörtelte man vom Morgen bis zum Mittagsgebet. Der Käufer schrie und brüllte mit lauter Stimme und nahm nichts von seiner Behauptung zurück, bis schließlich der Verkäufer mürbe wurde und ihm den Dinar und den Karat gab. Der Kunde nahm das Gold und ging seiner Wege; und alle, die das mitangesehen hatten, machten ihm Vorwürfe wegen seines Verhaltens.

Als der Kunde gegangen war, lief ihm der Lehrling des Verkäufers nach und rief: „Herr, gib mir ein Bedienungsgeld!" Der Kunde gab ihm den Dinar und den Karat, und der Junge kehrte wieder in den Laden zurück. Der Verkäufer sprach zu ihm: „Du Bastard, dieser Mann hat sich vom frühen Morgen bis zur Mittagsstunde aufgeregt wegen eines Karats Gold und hat sich dabei nicht einmal vor dem Publikum geschämt. Und du hast von ihm Geld verlangt?!" Der Junge wies ihm das Goldstück vor, worüber der Verkäufer ganz verblüfft wurde. Zu sich selbst sagte er: „Bei Gott, dieser Bub ist nicht besonders hübsch und sehr klein, man kann ihm keine schlechten Absichten zutrauen. Wie konnte dieser Mann bei seinem Geize diese Freigebigkeit zeigen?"

Da lief der Verkäufer hinter dem Kunden her und sagte zu ihm: „Scheich, ich habe etwas Sonderbares bei dir bemerkt. Einen ganzen Tag lang hast du vom Morgen bis zum Mittag vor allen Leuten mir wegen eines Karats Gold Kopfweh gemacht, und dann hast du die ganze Summe meinem Lehrbuben geschenkt. Was soll ich von diesem Kopfzerbrechen und dann von dieser Freigebigkeit denken?' Der Angeredete antwortete: „Herr, glaube nicht, daß das etwas Sonderbares ist. Denn ich bin ein Kaufmann; und es ist ein Grundsatz beim Handel: Wenn jemand beim Kauf und Verkauf und bei der Besitznahme auch nur um einen einzigen Dirham betrogen worden ist, dann ist das ebenso, wie wenn er um sein halbes Leben betrogen worden wäre. Und wenn die Zeit von ihm fordert, Großmut zu zeigen, und er läßt es daran fehlen, dann ist es so, als habe er seine unedle Abkunft bezeugt. Ich aber will weder um die Hälfte meines Lebens betrogen sein, noch von unedler Herkunft."

* * *

Aber ein Kaufmann, der über nur wenig Kapital verfügt, sollte eine Partnerschaft vermeiden. Falls er aber doch eine solche abschließt, dann nur mit einem Manne, der reich, human und rücksichtsvoll ist, damit ihm nicht Unrecht getan wird. Auch soll er mit einem neuen (eben erst erworbenen) Kapital keine Ware kaufen, bei der durch Pacht und Aufbewahrung hohe Unkosten entstehen. Auch soll er keine Waren kaufen, die (bei längerer Aufbewahrung) minderwertiger werden, noch solche, die schon völlig verdorben oder schwer beschädigt sind. Mit seinem Kapital soll er kein Risiko eingehen, es sei denn, er weiß, daß der Schaden, den er davonträgt, nicht mehr als die Hälfte des Kapitals beträgt.

Wenn ihm jemand einen Brief übergibt, den er an einen bestimmten Ort bringen soll, dann sollte er vorher den Brief lesen; denn es sind schon viele Unglücksfälle durch verschlossene Briefe herbeigeführt worden, und man kann nie wissen, was dabei alles passieren kann. Handelt es sich aber um Briefe von bedürftigen Leuten, dann braucht er diese Vorsicht nicht walten zu lassen. In keiner Stadt, die er betritt, soll er falsche Gerüchte verbreiten; und wenn er von einer Reise zurückkommt, soll er nicht gleich eine Trauerfeier melden. Dagegen versäume er nicht, Glückwünsche zu überbringen.

Ohne Gefährten soll er nicht verreisen. Reist er mit einer Karawane, dann soll er sich inmitten einer größeren Gruppe lagern, wenn er an einer Station haltmacht. Seine Waren soll er dort verstauen, wo viele andere liegen. Unter die Bewaffneten darf er sich nicht mischen, denn die Briganten greifen immer erst die Bewaffneten an. Geht er zu Fuß, dann soll er nicht mit einem Berittenen zusammengehen. Fremde Menschen soll er nicht nach dem Wege fragen, es sei denn einen, der ihm seiner Ehrlichkeit wegen bekannt ist. Denn es gibt viele unredliche Menschen, die einen falschen Weg zeigen und dann hinterher kommen und die Waren wegnehmen.

Wenn den Reisenden einer unterwegs begegnet, dann soll er ihm mit freundlichem Gesicht den Friedensgruß bieten; er soll nicht aufgeregt und verlegen erscheinen. Den Zolleinnehmern gegenüber soll er nicht unredlich sein, aber er soll nicht versuchen, sie vergebens zu verführen. Ohne Wegzehrung und Proviant soll er sich nicht auf die Reise begeben. Auch soll er im Sommer nicht ohne Winterbekleidung verreisen, auch wenn der Weg durch gut bebaute Gegenden führt. Seinen Wächter und Kameltreiber muß er bei Zufriedenheit erhalten. Wenn er sich an einem Platze niederläßt, an dem er nicht bekannt ist und wo er nicht dreist auftreten kann, dann soll er sich einen zuverlässigen Verkäufer wählen. Er muß mit drei Gruppen von Menschen verkehren: Erstens mit solchen, die edelmütig und hilfsbereit sind; zweitens mit solchen, die vermögend und dabei freigebig sind; drittens mit solchen, die die Wege kennen und mit dem betreffenden Land vertraut sind.

Bestrebe dich, dich an Hitze und Kälte, Hunger und Durst zu gewöhnen. Wenn du in Bequemlichkeit lebst, dann werde nicht zu üppig, damit, falls einmal infolge einer Notlage dich Ungemach überkommen sollte, es dir umso leichter fällt, das zu ertragen. Jede Arbeit, die du selbst leisten kannst, die verrichte auch selber und vertraue niemandem, denn die Welt betrügt rasch. Aber das beste Kapital beim Handel ist doch die Wahrheit und die Rechtschaffenheit.

Beim Kauf und Verkauf sei behende, aber auch zuverlässig und ehrlich. Kaufe viel und verkaufe viel. Gib und nimm möglichst nicht Waren auf Kredit. Wenn du es aber doch tust, dann jedenfalls nicht mit folgenden Menschengruppen: mit Gelehrten, mit Nachkommen des Ali, mit Neureichen, mit Wenigbemittelten, mit Privatbevollmächtigten des Richters, mit Jugendlichen und Bediensteten. Mit all diesen Leuten mach keine Geschäfte auf Kredit; denn jeder, der sich damit befaßt, hat es hinterher mit Kopfschmerzen und Reue zu büßen. Gib keinem die Verfügung über dein Vermögen, der selber mit Geldangelegenheiten keine Erfahrung hat. Verlaß dich nicht auf die Leute, die du nicht geprüft hast; wen du aber einmal geprüft hast, den teste nicht immer wieder. Einen einmal Erprobten vertausche nicht mit einem, den du noch nicht getestet hast, denn es pflegt lange Zeit zu vergehen, bis man wieder einen erprobten und vertrauenswürdigen Mann zur Hand hat. Im Sprichwort heißt es ja: „Ein Dämon, den man erprobt hat, ist besser als ein Mensch, den man nicht erprobt hat." Die Menschen stelle zunächst durch andere auf die Probe, und dann erst teste du sie von Person zu Person. Denn wer vor sich selbst nicht in Ehren bestehen kann, wird auch vor keinem anderen bestehen. *Prüfe die Menschen nach ihren Taten, nicht nach ihren Worten.*

Ein Sperling in bar bezahlt ist besser als ein Pfau auf Borg. Solange du auf dem trockenen Lande die Hälfte von 10 Gewinn machen kannst, begib dich nicht auf die See, weil du vielleicht für 10 fünfzehn bekommst. Denn bei einer Seereise hat man Vorteil „bis zu den Knöcheln", aber Schaden „bis zum Hals". Du darfst nicht ein großes Kapital für einen kleinen Gewinn aufs Spiel setzen. Wenn dir auf dem Lande etwas passiert, so daß dein Vermögen verloren geht, so bleibt doch vielleicht das Leben erhalten; auf der See aber sind beide in Gefahr. Für das Vermögen gibt es Ersatz, für das Leben nicht. Man hat auch das, was sich auf See zutragen kann, mit dem verglichen, was für einen Herrscher gilt: Es kommt alles auf einmal, aber es kann auch alles auf einmal verloren gehen.

Aber um die Spuren der Allmacht zu bewundern, darf man schon, wenn man das Geld dazu hat, sich einmal aufs Schiff setzen. Denn der Prophet — ihm sei Gruß und Heil! — hat geruht zu sagen:

> „Fahrt einmal aufs Meer hinaus und blickt auf die Werke der Allmacht Gottes — er sei gepriesen und er ist erhaben!"

Während des Kaufens und Verkaufens darfst du feilschen, aber nach Abschluß des Geschäftes nicht mehr. Deine eigenen Angelegenheiten gib nicht völlig in die Hände anderer Leute. Denn das Sprichwort sagt:

> „Mit fremden Händen soll man Schlangen fangen,
> mit fremden Füßen soll man Dornen zertrampeln lassen."

Deine Vorteile und Verluste berechne genau und schreibe alles mit eigener Handschrift nieder, damit du vor Irrtümern und Fehlern gesichert bist. Mit deinen Sklaven und dem sonstigen Personal von dir führe jederzeit genaue Abrechnung durch, gehe keine handschriftlich bezeugte Verpflichtung mit jemandem ein, damit du ein Geschäft später beanstanden kannst, falls du es wünschest. Beständig überprüfe deinen Haushalt zur Kontrolle der Gewinne und Verluste, des Plus und Minus bei deinen Geschäftskosten. Unterrichte dich laufend über deine Verhältnisse, damit du nicht ahnungslos bist, wenn eine Feststellung notwendig ist. Halte dich fern von Betrügereien; denn wer die anderen Leute betrügt, der muß wissen, daß sie es mit ihm ebenso machen.

Erzählung

Ich hörte folgendes:

Es war ein Mann, der viele Schafe und Viehherden besaß. Er hatte einen Hirten, der ein frommer Mensch war und viel fastete. Jeden Tag brachte er soviel Milch von den Schafen ein, wie sie gaben, und schaffte sie zum Besitzer der Herden. Jener Mann mengte soviel Wasser wie es Milch war hinein, gab sie dann dem Hirten zurück und sagte: „Geh und verkaufe das!" Der Hirt aber mahnte jenen Mann und gab ihm folgenden Rat: „Herr, mach doch vor allem keinen Betrug mit Moslems; denn jeder, der die Menschen betrügt, nimmt ein schlimmes Ende!" Jener aber hörte nicht auf die Worte des Hirten, sondern fuhr mit seiner Betrügerei fort, bis zufällig eines Nachts der Hirte die Schafe am Ufer eines Flusses schlafen ließ; er selbst ging auf eine Anhöhe und übernachtete dort. Nun war es die Zeit des Frühlings; und es ging auf dem Berge ein heftiger Regenguß nieder, so daß eine große Überschwemmung entstand. Das Hochwasser ergoß sich in den Fluß und ließ alle Schafe zugrunde gehen. Am nächsten Tage kam der Hirt in die Stadt und begab sich — ohne Milch — zum Besitzer der Schafe. Dieser fragte ihn: „Warum hast du keine Milch gebracht?" Der Hirt antwortete: „Herr, ich sagte dir doch, du solltest kein Wasser in die Milch mengen, denn das ist Betrug. Du aber hast meinen Rat nicht befolgt. Jetzt hat sich das Wasser, das du den Leuten um den Preis der Vollmilch verkauft hast, angesammelt und gestern nacht hat es einen Überfall auf deine Schafe gemacht und sie fortgeschwemmt."

* * *

Halte dich also, so sehr du kannst, von Betrügerei fern! Denn niemand traut fürderhin einem, der einmal zum Betrüger geworden ist. Mach dir die Wahrheit zum Beruf, denn der schönste Schmuck ist die Wahrheit. *Sei ehrlich bei deinen Geschäften, ehrlich beim Geben und beim Empfangen.* Gib möglichst keinem ein Versprechen; hast du es jedoch gegeben, dann brich es nicht! *Sage nicht viel, was du aber sagst, das sei wahr,* damit dir Gott — er ist erhaben! — bei deinen Geschäften seinen Segen gibt. Beim Geschäftsverkehr sei vorsichtig, wenn du ein Dokument bekommst und ebenso, wenn du selbst ein solches ausstellst. Wenn du eine Quittung ausstellen willst, dann gib sie nicht aus der Hand, bevor nicht dein Rechtsanspruch erfüllt ist. Wohin du gehst, suche dir erst einen Bekannten. Wenn du als Kaufmann noch nicht in der betreffenden Stadt gewesen bist, dann geh mit dem Briefe einer angesehenen Person, damit du durch eine solche Empfehlung bekannt wirst. Umso besser, wenn es dir nützt, wenn nicht, so ist es doch kein Schaden. Denn so kann man erfahren, wie es steht.

Sei umgänglich im Verkehr mit den Menschen. Mit Leuten, die unverträglich, töricht, faul, gleichgültig gegenüber ihren religiösen Pflichten und ohne Ehrerbietung sind, unternimm keine Reise. Denn es heißt im arabischen Sprichwort: „Erst kommt der Reisegefährte, dann die Reise." Wer dich für vertrauenswürdig hält, dessen gute Meinung von dir strafe nicht Lügen. Alles, was du kaufst, das kaufe nicht unbesehen und nicht, ohne daß man es dir vorher gezeigt hat.

Bei allem, was du verkaufen willst, erkundige dich zunächst nach dem üblichen Preis. Verkaufe deine Ware auf Grund von festen Bedingungen und unter Abschluß eines Vertrages, damit du hinterher keine Scherereien und Wörteleien hast. Achte genau auf die richtige Weise bei der Führung deines Haushaltes, denn *das wichtigste geschäftliche Unternehmen ist die Haushaltsführung.* Darum darfst du hierbei nicht liederlich sein. Alle Bedürfnisse für deinen Haushalt kaufe einmal im Jahr, und zwar zur Zeit der neuen Ernte; kaufe von allem, was du brauchst, und kaufe so viel, wie du für ein Jahr brauchst. Erkundige dich nach der Preislage. Wenn der Preis besonders hoch ist, dann verkaufe die Hälfte von dem, was du eingekauft hast, damit du in jenem Jahre von dem Rest gratis lebst. Damit begehst du keine Sünde und kommst auch nicht in einen üblen Ruf, und niemand darf dir das als Geiz anrechnen, denn das gehört mit zu einer guten Haushaltsführung. Wenn du in deiner Haushaltskasse einen Verlust bemerkst, dann denke daran, dein Einkommen zu vermehren, damit dieser Schaden sich nicht im Haushalt unangenehm bemerkbar macht. Kannst du aber dein Einkommen nicht erhöhen, so vermindere die Ausgaben; denn das ist dasselbe, als wenn du deinen Gewinn vermehrt hättest. Sollte aber der Fall, daß du ein Kaufmann wirst, nicht eintreten und wenn du statt dessen eine angesehene Wissenschaft suchst, dann wisse: Es gibt — abgesehen von der Theologie — keine ehrenvollere und nutzbringendere Wissenschaft als die Wissenschaft der Medizin. Denn der Prophet — Gott segne ihn und gebe ihm Heil! — hat gesagt: „Es gibt nur zwei Arten von Wissenschaften, die eine handelt von den Körpern — die Medizin — und die andere ist die Theologie."

Dreiunddreißigstes Kapitel

Medizin

Willst du ein Arzt werden, so mußt du die Prinzipien der Medizin sowohl auf dem Gebiete der Theorie als auch auf dem der Praxis kennenlernen. Wisse, daß im menschlichen Körper alles, was sich dort vorfindet, entweder Natur ist oder außerhalb der Natur steht. Die naturalia zerfallen in drei Teile: Der erste Teil umfaßt dasjenige, was die Festigkeit und Existenz des Körpers bedingt. Der zweite Teil betrifft die Folgen dessen, von dem die Festigkeit und die Existenz des Körpers abhängig ist. Der dritte Teil bezieht sich auf diejenigen Phänomene, die den Körper von einem Zustand in einen anderen versetzen.

Dasjenige, was außerhalb der Natur steht (die extra-naturalia), fügt dem Körper eine Schädigung bei. Diese ist entweder indirekter oder direkter Art.

Dasjenige, was die Festigkeit und die Existenz des Körpers verursacht, ist seiner Wesensart nach entweder Materie oder Form. Die materiellen Bestandteile sind entweder von der Materie sehr weit entfernt wie z. B. die Elemente: deren gibt es vier: Feuer, Luft, Wasser, Erde. Oder sie stehen der Materie näher (als die Elemente) wie z. B. die Temperamente. Deren Zahl beträgt neun. Eines davon ist „ausgeglichen"; die anderen acht sind nicht ausgeglichen. Von diesen sind vier einfach, und die übrigen vier sind zusammengesetzt.

Es gibt auch solche, die der Materie noch näher stehen (als die Temperamente?). Dies gilt für die (sogenannten) „Körpersäfte", deren Zahl ebenfalls vier beträgt. Es sind dies: die (gelbe) Galle, die schwarze Galle, der Schleim und das Blut.

Noch näher stehen dem Körper die Organe des Körpers, deren Zahl nach der einen Ansicht vier, nach der anderen zwei beträgt.

Was ich mit diesen Worten ausdrücken will, ist folgendes: Die Organe sind zusammengesetzt aus den Körpersäften, die Körpersäfte aus den Temperamenten, die Temperamente aus den Elementen, und die Elemente sind am weitesten von der Materie entfernt.

Dasjenige, was seiner Wesensart nach Form ist, zerfällt in drei Teile: erstens die „Potenzen"; zweitens die Aktionen; drittens die geistigen Kräfte.

Die Potenzen zerfallen in drei Teile: die psychischen Funktionen, die animalischen Funktionen und die physischen Funktionen.

Die psychischen Funktionen sind: die fünf Sinne, also die Sehkraft, der Geschmack, das Gehör, der Geruch, der Tastsinn. Hierzu kommt die Fähigkeit der Bewegung. Die Anzahl der Bewegungen entspricht der Anzahl derjenigen Organe, die die Fähigkeit zur Bewegung haben.

Es gibt ferner die Fähigkeit des „inneren Begreifens", und diese hat ebenfalls drei Aspekte: die Einbildungskraft, die Denkkraft und das Erinnerungsvermögen.

Die animalischen Funktionen sind zweierlei Art: die aktiven und die passiven.

Die physischen Funktionen sind dreierlei Art: die erzeugende, die ernährende und organisierende Funktion.

Die Anzahl der Aktionen stimmt mit der Anzahl der Potenzen überein, d. h. es gibt psychische, animalische und physische Aktionen. Denn der Geist ist der Diener der Potenzen; die Potenz ist der Ursprung der Aktion; die Aktion ist die Wirkung der Potenz. Darum sind die Aktionen ihrer Zahl nach übereinstimmend mit den Potenzen.

Die Folgen derjenigen Faktoren, welche die Festigkeit und die Existenz (Dauerhaftigkeit) des Körpers aufrechterhalten, sind solcher Art wie: Fettleibigkeit — diese ist eine Folge des kalten Temperaments (des Phlegmas); die Magersucht ist eine Folge des „warmen" Temperaments; die blühend-rote Gesichtsfarbe ist eine Folge des Blutes; die gelbliche Gesichtsfarbe stammt von der Galle her; die Bewegung des Pulses beruht auf der Aktivität der animalischen Natur.

Der Zorn stammt aus der Passivität der animalischen Natur; die Tapferkeit ist eine Folge des Gleichgewichts der animalischen Kräfte; die Keuschheit ergibt sich aus der Ausgeglichenheit der sinnlichen Potenzen, die Weisheit aus der Ausgeglichenheit der „Vernunftsseele", die Gesamtheit der Akzidentien und Qualitäten ergibt sich aus der Materie oder Form.

Diejenigen Dinge, welche den Körper aus einem Zustand in einen anderen bringen, nennt man notwendige Ursachen. Diese bestehen aus sechs Teilen: 1. der Luft, 2. der Speise, 3. Bewegung und Ruhe, 4. Schlafen und Wachen, 5. Heiterkeit und Niedergeschlagenheit, 6. psychischen Dispositionen wie z. B. Gram, Zorn und Furcht und ähnlichem. Diese nennt man deshalb „Zwangsursachen", weil kein menschliches Wesen ohne sie sein kann. Eine jede von ihnen hat ihren (bestimmten) Einfluß auf den menschlichen Körper. Wenn nun jede von ihnen sich im Zustand des Gleichgewichts befindet, dann ist ihre Funktion unter den Menschen um so vollkommener, genauer und ausgeglichener. Wenn aber eine oder die andere von ihnen über das Maß hinausgeht, oder wenn die Menschen Mißbrauch damit treiben, dann stellen sich Krankheiten und Leiden als Folge der Übertreibung ein, die vor sich gegangen ist.

Dasjenige, was außerhalb der Natur liegt, zerfällt in drei Gruppen: (Die Ursachen der Krankheit, die Krankheit (selbst) und die Krankheitssymptome.)

Entweder handelt es sich um Organe, die untereinander gleichartig sind oder um solche, die nicht untereinander gleichartig sind, oder es handelt sich um den Zerfall einer Verbindung.

Bei den gleichartigen Organen handelt es sich entweder um eine durch die Hitze herbeigeführte Krankheit — davon gibt es fünf Unterarten — oder um eine, die durch die Kälte herbeigeführt wird — davon gibt es acht Unterarten —, oder sie beruht auf der Feuchtigkeit oder Trockenheit —, und jede von diesen hat vier Unterarten.

Die Krankheitsursachen bei ungleichartigen Organen liegen entweder in dem, was die äußere Form betrifft, oder in dem, was die Größe betrifft, oder in dem, was die Lage betrifft, oder in dem, was die Zahl betrifft.

Eine Krankheit, welche die äußere Struktur betrifft, beruht entweder auf der Deformation der Gestalt oder auf einer Aushöhlung nach innen — davon gibt es sieben Unterarten — oder auf einer Verhärtung — davon gibt es zwei Unterarten — oder auf einer Erweichung.

Die Ursachen der Krankheiten, welche die Quantität betreffen, zerfallen in drei Gruppen, und die Ursachen der Krankheiten , welche die Lage und die Zahl betreffen, zerfallen jede in zwei Gruppen. Die Ursachen der Krankheiten, welche auf einem Zerfall der Gelenke beruhen, und die man „allgemeine Krankheiten“ nennt, treten sowohl bei gleichartigen wie bei Instrumentorganen auf. Alle Krankheiten, die bei gleichartigen Organen auftreten, zerfallen in acht Klassen: vier einfache, und zwar: warm, kalt, feucht und trocken — und vier zusammengesetzte, und zwar: warm und feucht, warm und trocken, kalt und feucht, kalt und trocken. Die Krankheiten der Instrumentorgane zerfallen in vier Gruppen: diejenigen, die angeboren sind, die, welche die Quantität betreffen, die Lage und die Zahl.

Die, welche angeboren sind, zerfallen in vier Teile: diejenigen, welche die Figur betreffen, solche, die eine Aushöhlung herbeiführen, solche, die eine Verhärtung herbeiführen, solche, die eine Erweichung herbeiführen. Krankheiten, welche die Quantität betreffen, zerfallen in zwei Gruppen: solche, bei denen eine Erweiterung eintritt und solche, bei denen eine Abnahme erfolgt. Die Krankheiten, welche die Lage betreffen, zerfallen in zwei Gruppen; entweder ist das betreffende Glied von seinem ursprünglichen Platz verschoben oder es führt dadurch zum Schaden, daß es sich mit einem anderen Glied verfängt.

Die Krankheiten, welche die Zahl betreffen, zerfallen in zwei Gruppen: entweder durch Erweiterung oder durch Verminderung. Die Knochenbrüche kommen entweder bei den gleichartigen Organen vor oder bei den Instrumentorganen oder bei allen beiden. Die Krankheitssymptome zerfallen in drei Gruppen: entweder solche, die mit den Tätigkeiten in Beziehung stehen, oder solche, die sich aus den Zuständen des Körpers ergeben, oder solche, die durch die Ausscheidungen offenbar werden. Diejenigen, die mit den Tätigkeiten in Beziehung stehen, zerfallen in drei Gruppen, die, welche sich aus den Zuständen ergeben, in vier, und die, welche sich in den Ausscheidungen zeigen, in drei.

Du mußt wissen, daß es zwei Abteilungen der Medizin gibt, die theoretische und die praktische. Die Abschnitte der theoretischen Medizin sind die, welche ich dir eben dargelegt habe.

Jetzt will ich dir sagen, wo du für alles Wissen, von dem ich gesprochen habe, Nachforschungen anstellen mußt, damit du von jeder einzelnen Wissenschaft und hinsichtlich ihrer Beschreibung dir ein gründliches Wissen aneignest. Denn alles, was wir von jenen Wissenszweigen erwähnten, behandelt in noch mehr Einzelheiten Galen in seiner Sammlung von 16 Büchern und einiges in den Büchern außerhalb der 16. Aber die Wissenschaft von den „Elementen" — soweit sie für einen Arzt nützlich ist — suche in dem „Buche von den Elementen", einem von den 16. Die Wissenschaft von den Temperamenten suche in dem „Buch von den Temperamenten" — einem von den 16 —, und die Wissenschaft von den „Körpersäften" in der zweiten Abhandlung des Buches über „die natürlichen Kräfte" — ebenfalls einem von den 16 —, und die Wissenschaft von den gleichartigen Organen in der „Kleinen Anatomie" — ebenfalls einem von den 16 —, und die Wissenschaft von den Instrumentorganen in der „Großen Anatomie" — die nicht zu den 16 gehört —, die Wissenschaft von den „physischen Potenzen" in dem Buche über die „physischen Potenzen", das ebenfalls zu den 16 Büchern gehört, die Wissenschaft von den „animalischen Potenzen" im Buche „Über den Puls" (ebenfalls von den 16), die Wissenschaft von den „psychischen Potenzen" in den „Ansichten des Hippokrates und des Platon" —, dieses ist ein Werk des Galen außerhalb der 16.

Wenn du sehr gelehrt zu werden wünschest, und wenn du die Stufe des Suchens überschreiten willst, dann mußt du die Wissenschaft von den Elementen und die Lehre von den Temperamenten in dem Buche „Über den Aufbau und Zerfall" und dem Buche „Über die Himmel und die Welten" und die Wissenschaft von den Potenzen und Aktionen in dem Buche „Über die Seele" und in dem Buche „Über die Empfindungen und das Empfundene" und die Wissenschaft über die Organe in dem Buche „Über die Lebewesen" nachlesen.

Über die Arten der Krankheiten suche nach in der ersten Abhandlung des Buches „Die Unpäßlichkeiten der Krankheiten" — einem von den 16 — und über die Ursachen der Krankheitssymptome in der zweiten Abhandlung des erwähnten Buches, über die Gliederung der Symptome in der dritten Abhandlung desselben Buches und über die Ursachen der Krankheiten in der vierten, fünften und sechsten Abhandlung des erwähnten Buches.

Nachdem ich über die Theorie gesprochen habe, ist es unumgänglich, daß ich einiges über die Praxis sage, obwohl es lang wird. Denn Theorie und Praxis hängen zusammen wie Körper und Seele. Körper ohne Seele und Seele ohne Körper sind nicht vollkommen.

Wenn du eine Krankenbehandlung durchführen willst, so überlege dir die Diät für Alte und Junge, denn es gibt zweierlei Behandlungsarten. Der Arzt darf keinesfalls mit der Behandlung beginnen, bevor er sich nicht über die Stärke der Krankheit informiert hat, über die Art der Krankheit, über die Ursache der Krankheit, über das Befinden, das Alter und den Beruf des Kranken, über seine Redeweise, über seine Gemütsart, über die Natur seines Wohnortes und über seinen allgemeinen Zustand.

Der Arzt soll im Bilde sein über das Wasser (= den Urin), den Puls, die Art der Krankheit, die augenscheinlichen Krankheitssymptome, die guten und die schlechten Zeichen, die Arten der Ausscheidungen, diejenigen Zeichen von Krankheiten, die im Inneren des Körpers auftreten, über die Anzeichen von Krisen, die (den Kranken) beunruhigen. Er muß sich bekanntmachen mit der Art des Fiebers und damit, welches die Maßregeln gegen besonders heftige Krankheiten sind. Er muß geschickt sein in der Zusammenstellung von Arzneimitteln, dadurch, daß er nachdenkt über die Methoden der „Anhänger der Analogie" und über die Regeln für die Heilung. Wenn ich über jede einzelne ausführlich spräche, so würde die Abhandlung zu lang ausfallen. Aber ich will sagen, in welchen Büchern man sich über jede einzelne Wissenschaft informieren kann, damit dir das bekannt werde und du, wenn es nötig ist, dich dort orientierst.

Was die Sicherung der Gesundheit betrifft, so orientiere dich in dem „Lehrbuch der Gesundheit" — einem von den 16 — ; über die Heilbehandlung der Kranken und über die Grundregeln für die Heilmittel in „Kunst der Heilung" — aus der Zahl der 16 —, über die guten und schlimmen Symptome in „Einleitung in die Erkenntnis" und in den „Aphorismen des Hippokrates", für die Wissenschaft vom Puls in der „Großen" und in der „Kleinen Wissenschaft vom Puls", über die Wissenschaft vom Urin in der ersten Abhandlung des Buches von den „Krisen" (aus der Reihe der 16) und in dem Buche des Galen über den Urin (außerhalb der 16), über die Symptome der inneren Krankheiten in dem Buche über die „Instrumentorgane", über die Wissenschaft von den Krisen in dem Buche über die Krisen (von den 16), über die Wissenschaft vom Fieber in dem Buche „Von den Fiebern" (auch von den 16), und über die Wissenschaft von den „heftigen" (= akuten) Krankheiten in dem Buche „Vom Gerstenwasser", einem von den Werken des Hippokrates, und in dem Buche „Über die Arzneien" von Galen.

Der Arzt muß viele Versuche machen, aber er soll seine Versuche nicht bei bekannten und berühmten Persönlichkeiten machen. Er soll in einem Krankenhaus dienen, viele Kranke sehen und viele Behandlungen durchführen, damit ihm kaum eine Krankheit fremd bleibt, und damit ihm die von einer Krankheit befallenen Eingeweide nicht verborgen bleiben.

Alles, was er in einem Buche gelesen hat, das soll er mit eigenen Augen sehen und sich in der Behandlung nicht hilflos zeigen. *Er soll den „Eid des Hippokra-*

tes" gelesen haben, damit er in der Behandlung der Kranken den Grundsatz der Vertrauenswürdigkeit und der Rechtlichkeit an den Tag legen kann. Immer soll er sich selbst und sein Gewand rein halten; er soll parfümiert und wohlriechend sein. Wenn er zu einem Patienten tritt, soll er ein heiteres Gesicht und ein frohes Gemüt haben und angenehme Worte sprechen und dem Kranken Freundlichkeiten zeigen, um ihm Mut zu machen. Denn die Wärme, die von dem Arzt ausströmt, verstärkt die angeborene (natürliche) Wärme (beim Patienten).

Wenn ein Patient da ist, von dem du denkst, er sei eingeschlafen, und du rufst ihn und er gibt Antwort, erkennt dich aber nicht, und er öffnet seine Augen, schläft aber gleich wieder ein, so ist dies ein schlechtes Zeichen.

Wenn du einen Bewußtlosen siehst, der mit Armen und Beinen um sich schlägt und sich selbst in Erregung versetzt, so ist dies ein schlechtes Zeichen.

Auch wenn es sich um einen Bewußtlosen handelt, der ununterbrochen Schreie ausstößt und seine Hände und Finger anpackt, ist das ein schlechtes Zeichen.

Wenn das Weiße im Auge eines Patienten weißer als gewöhnlich wird und das Schwarze schwärzer und er dabei mit der Zunge um den Mund herumfährt und den Atem tief aus der Brust heraus zieht, so ist das ein schlechtes Zeichen.

Wenn er infolge der Eifersucht oder eines schweren Kummers krank geworden ist, oder wenn ihm das Atmen schwerfällt, so ist das schlimm. Wenn sich der Patient dauernd erbricht und der Auswurf rot, gelb, schwarz oder weiß ist, oder wenn das Erbrechen nicht zum Stehen kommt, so ist auch das besorgniserregend. Wenn der Patient an Kräfteverfall und Husten leidet, soll der Arzt von dem Patienten Speichel nehmen auf einen Lappen und ihn trocknen lassen; dann soll er den Lappen auswaschen. Falls eine Spur davon zurückbleibt, so ist auch das ein schlechtes Zeichen.

Behandle diejenigen Patienten, wie ich sie besprochen habe, gar nicht, denn wenn sich derartige Symptome bei ihnen zeigen, dann ist die Behandlung nutzlos. Demnach, mein Sohn, wenn du bei einem Kranken bist und keines von solchen Symptomen sich zeigt, dann darfst du Hoffnung haben. Dann lege die Hand auf den Puls des Kranken. Wenn der Puls springt und unter deinen Fingern rennt (d. h. bei schnellem, unregelmäßigem Pulsschlag), so wisse, daß der Patient an Blutandrang leidet. Wenn der Puls unter deinem Finger zart und sanft läuft, so überwiegt die gelbe Galle, wenn er unter deinem Finger langsam, aber stark und träge geht, so überwiegt die Feuchtigkeit. Wenn er unter deinem Finger träge und zart, aber langsam und weich läuft, dann ist die schwarze Galle überwiegend. Wenn nun das Gegenteil von dem Gesagten der Fall ist, dann triff deine Entscheidung nach der Seite hin, wo es am meisten hintendiert.

Wenn du den Zustand des Pulses festgestellt hast, dann beobachte das Gefäß für die Harnuntersuchung. Wenn du siehst, daß das Wasser weiß ist, aber nicht klar, dann leidet der Mensch an einem Kummer. Aber wenn der Urin weiß und klar ist, dann stammt die Krankheit vom rauhen Wind und ungesunder Feuchtigkeit. Wenn der Urin hell wie Wasser ist, dann leidet der Patient an einer „Aversion" (oder Widerwillen). Wenn er die Farbe einer Zitrusfrucht hat und Teilchen auf Teilchen in ihm schwimmen, dann besteht die Krankheit in einem Durchfall. Wenn du den Urin siehst, der ölig erscheint, und sich auf dem Grunde der Flüssigkeit Linien zeigen, dann ist die Krankheit dem Ende nahe, oder dann ist das ein Zeichen des Todes. Wenn du den Urin dunkelgelb siehst, so wisse, daß der Kranke an einem Fieber leidet, das von einer Gallenerkrankung herrührt, und daß auch Blut in die Galle getreten ist. Wenn oben auf der Urinflüssigkeit gelbe Farbe erscheint und auf dem Grunde Schwarzes zurückbleibt, dann stammt das Übel aus der grünen Galle — dann mach keine Behandlung. Wenn auf der Oberfläche der Urinflüssigkeit Schwärze auftritt, dann ist es ebenso. Wenn das Untere des Urins gelblich oder grünlich schimmert, dann wird es bald besser. Wenn der Patient Unsinniges redet und der Urin rot ist und schwärzlich sich färbt, dann hat sich der schwarze Schleim mit dem Blute vermischt und die „Flamme" ist in den Kopf gestiegen, halte dich fern von ihm. Ist der Urin schwarz und oben auf ihm besteht ein Anflug von Blut, dann sage ihm Lebewohl. Ist er schwarz und kleieähnlich oder ist etwas wie Blut darauf, dann gehe nicht mehr zu diesem Kranken. Wenn der Urin gelb ist und es so aussieht, als ob die Sonne hindurchglänze oder als ob das Gelbe zum Dunkelrot hinneige, dann liegt die Ursache der Krankheit im Blute. Man muß einen Aderlaß vornehmen, damit es bald besser wird. Wenn der Urin gelb ist und auf ihm zeigen sich weiße Striche, dann zieht sich die Krankheit länger hin. Ist die Farbe grün, dann rührt die Krankheit von der Milz her. Ist er grün und schwarz, dann wirst du den Patienten nicht mehr sehen. Wenn du den Urin grün und weiß siehst und in ihm etwas wie Essigwürmer, dann liegt die Geschwulst der Hämorrhoiden vor, und der Patient kann den Koitus nicht ausüben.

Wenn du den Urin beobachtest und den Puls geprüft hast, dann suche nach der Art der Krankheit (= stelle die Diagnose), denn die Arten der Krankheiten sind nicht einerlei.

Wenn du die Krankheit festgestellt hast, dann beschäftige dich, solange die Diät (Nahrung) genügt, nicht mit Heilmitteln. Solange Pulver und Salben genügen, bemühe dich nicht um Pillen und Brühen. Vorsicht!, daß du mit der Anwendung der Medizin nicht dreist vorgehst. Solange durch Beruhigungsmittel und sanfte Methoden der Erfolg eintritt, gib nicht Brechmittel im Übermaß ein. Aber wenn eine Verschlimmerung eintritt, dann beschäftige dich ausschließlich mit Heilmitteln und nicht mit Beruhigungsmitteln. Beschuldige niemals einen Kranken. Einem gefräßigen Patienten mach keine Vorschrift bezüglich der Diät; denn er richtet sich doch nicht danach, aber wehre den Schaden ab, der von dem entsteht, was er ißt.

Das wichtigste Ding für einen Arzt ist die Kenntnis der Heilmittel und die Kenntnis der Krankheiten. Über diesen Punkt habe ich ausführlich gesprochen, denn ich habe die Wissenschaft der Medizin sehr lieb, weil sie eine hochgeachtete Wissenschaft ist. Ich habe von ihr vieles gesagt; denn jeder, der eine Sache lieb hat, redet von ihr vieles.

Wenn aber zufällig die Beschäftigung mit dieser Wissenschaft dir nicht gelingt — nun, so ist die Wissenschaft von den Sternen eine erhabene Wissenschaft. Gib dir Mühe, sie zu lernen, denn sie ist eine sehr bedeutende Wissenschaft, und zwar deshalb, weil sie ein Wunder der prophetischen Sendung des Gesandten Gottes ist. Daher ist diese Wissenschaft ohne Zweifel prophetischer Art.

Gott ist der Erfolgsspender.

Vierunddreißigstes Kapitel*

Astrologie und Geometrie

* **Vorbemerkung:** Der hierzu gehörige Kommentar findet sich am Schluß dieses Kapitels. Die vorkommenden Fachausdrücke sind nicht ins Register aufgenommen worden, da sie bereits im Kommentar erklärt sind.

Wenn du ein Sternkundiger bist, sei darum bemüht, mehr Anstrengung auf die Mathematik zu verwenden, weil die Wissenschaft von den Einflüssen der Sterne, was die Theorie anbelangt, sehr umfangreich ist. Ihre Pflege bis zur Vervollkommnung soll man nicht mit Nachlässigkeit betreiben, weil bisher niemand so glücklich war, keine Fehler begangen zu haben. Aber vor allen Dingen sind die gewonnenen Gesetzmäßigkeiten[1] die Früchte aus der Beschäftigung mit den Sternen, und wenn du einen Almanach erstellt hast, besteht der Nutzen dieses Kalenders in eben jenen Regeln. Folglich mußt du, da sie nach festen Prinzipien aufgebaut sind, darum bemüht sein, jene gut zu kennen und richtig handhaben zu können, weil die Voraussetzungen für die zu fällenden Urteile nur dann stimmen, wenn der Sternkalender vollkommen wird; darüber hinaus ist es unbedingt vonnöten, den Aszendenten[2] exakt zu ermitteln.

Und achte darauf, beim Erstellen des Horoskops auf keine Vermutungen zu vertrauen, damit du bei deinen Berechnungen und bei der Bestimmung des Aszendenten[3] eine wohlfundierte Grundlage hast, denn wenn all das richtig geworden ist, dann wird ein Urteil, das du auf Grund dessen fällst, auch richtig werden. Verwende jedoch bei keiner Voraussage, die du machen willst, unsichere Geburtsdaten, noch stelle sonstige Spekulationen auf[4], bevor du nicht über die Konstellation der Gestirne informiert bist sowie über den Aszendenten und dessen Länge[5], über den „Herren des Aszendenten"[(1)], den Mond, das Tierkreiszeichen[6], in dem der Mond steht, den Herren desselben[(1)], das Temperament[(2)] der Planeten[(3)], die in den einzelnen Tierkreiszeichen stehen — sieh, wie sich alles verhält —, ferner über den Herren des Hauses [(4)] der Wünsche, über jene Sterne, von denen der Mond sich abgewendet hat sowie über jene, mit denen er sich verbinden wird[7], über jenen Planeten, der dominant[8] ist im Bereich des Aszendenten und jenen, der den Beginn des Tasyīrbogens festlegt[(5)], über jene Fixsterne, bei denen er (der Tasyīrbogen) endet [(5)], über die leuchtenden[9] und die glückbringenden[10] Grade, über die dunklen[11] und die der „Wirkungen"[12]und darüber, ob sich (ein Planet) im Orbis[(6)] der Sonne befindet — gehe mit all diesen Dingen nicht nachlässig um! —, ferner über die Sensitivpunkte[(7)], die Zwölfteilung[13], über die Dekane[14], die astrologische Neunteilung[15], die Herren[16] der Triplizitäten[(8)], über die Termini[(9)], die Paranatellonta[(10)], die Exaltationen[(11)] und Dejektionen[(12)], die Häuser des Schadens[17], (die Grade) des Glücks[(13)] und die des Unglücks[(13)] sowie über Apogäum[18] und Perigäum[19].

Dann betrachte die Stellung des Mondes und der Planeten sowie ihre Breite[5], sieh, wie Glück und Unglück, Gut und Böse durch die Stellung der Gestirne zum Ausdruck gebracht werden, wie die einzelnen Aspekte[20] sind, wie die Konjunktionen[(14)] und Applikationen[(15)], sieh darauf, ob welche im Auflösen[(16)] begriffen sind, darauf, ob sich Planeten fern von allen denkbaren Applikationen befinden[(17)], darauf, ob sie allein laufen[(18)], ob sich ihre gegenseitigen Einflüsse verstärken oder kompensieren[21], sieh, ob einer im Zeichen eines anderen steht[22], beachte Morgenerst[23] und Abendletzt[24], die Syzygien[(19)], beschaffe dir Kenntnis über den Apheten[(20)], den „Spender des Lebens"[(20)] und darüber, wieviele Jahre er gibt[(20)], ob das Leben verkürzt oder verlängert wird und über die fünf möglichen Anfangspunkte des Tasyīrbogens[(20)].

Wenn du aus all diesen Dingen Informationen geschöpft hast, äußere dich so, daß dein Urteil zutrifft. Und richte dich dabei nach einem zuverlässigen Kalender insofern, als jener Tabellen enthalten sollte, die auch allgemein anerkannt sind. Achte dabei sorgsam auf die Bewegung der mittleren Sonne[(21)], auf die in Jahren angegebenen Schrittweiten in den Tafeln zur Konversion verschiedener Zeitrechnungen ineinander[(22)], sei vorsichtig bei den diversen Umrechnungen[(22)] und hüte dich bei all diesen Dingen vor Auslassungen und Irrtümern, damit dir kein Fehler unterläuft. Wenn du aber diese Umsicht hast walten lassen, darfst du das Vertrauen haben, daß auch jede Voraussage, die du gemacht hast, tatsächlich eintreffen wird. Wenn du darauf nicht vertraust, wirst du keine Treffsicherheit erreichen. Und bei Fragen nach geheimen Dingen, die man dir stellt — was auch immer du sagst, du darfst es sagen insofern, als du nun in den meisten Fällen richtig urteilen wirst.

Aber was nun die Geburt anbelangt, so habe ich von meinem Lehrer gehört, daß in Wahrheit die Geburt eines Menschen nicht durch den Zeitpunkt bestimmt ist, in dem das Kind von der Mutter getrennt wird. Mit der eigentlichen Geburt ist es wie beim Besäen eines Feldes: Es ist nämlich der Zeitpunkt, in dem der Same fällt, in dem also der Samentropfen des Mannes in die Gebärmutter der Frau gelangt und dort die Empfängnis verursacht. Das ist die Grundlage für das wahre Schicksal, mit welchem alles Gute und Böse verknüpft ist. Das zum Zeitpunkt der Abtrennung des Kindes vom Mutterleib erstellte Horoskop nennt man „große Wiederkehr"[(23)], das nach Ablauf eines (tropischen) Jahres — gerechnet von der Empfängnis (oder auch der Geburt) an — erstellte „mittlere Wiederkehr", das auf einen Monat bezogene „kleinere Wiederkehr". Dem Menschen geschieht das, was zur Zeit der Empfängnis (durch die Gestirne) festgelegt ist. Der Beweis dafür ist das Wort des Propheten — Allah segne ihn und schenke ihm Heil! —, der da gesagt hat: „Wer glücklich ist, der ist glücklich vom Mutterleibe her, und wer unglücklich ist, der ist unglücklich vom Mutterleibe her.“

Das Wort des Propheten enthält dieselbe Meinung, die auch ich dargelegt habe. Aber über das Horoskop zum Zeitpunkt der Empfängnis solltest du nicht sprechen, denn diese Dinge gehen über dein Fassungsvermögen hinaus, sie sind wahrlich zu verwickelt („verwoben“). Aber bei dem, was du über das „Horoskop der großen Wiederkehr“[(23)] sagst, schaue auf die Methodik der vorhergehenden Lehrer. Bei jedem Urteil, das du fällst, verfahre so, wie ich es vorher gesagt habe. Wenn man dir nun eine Frage stellt, so sieh zuerst auf den Aszendenten zu der betreffenden Zeit, dann auf den Mond und auf das Tierkreiszeichen, (in dem er steht), dessen Herren und auf den Stern, mit dem er (sc. der Mond) sich verbinden wird (im Sinne von Applikationen) sowie auf jenen Stern, von dem der Mond abgerückt ist und auf jenen Planenten, den du im Aszendenten oder in einem der Kardinalhäuser[25] findest. Und wenn du in den Kardinalhäusern mehr als einen Planeten findest, sieh, welcher dominant ist und welchem das meiste Gewicht zukommt. Von diesem Stern gehe aus, damit dein Urteil richtig wird.

Über die Grundlagen der Regeln der Astrologie habe ich soeben alles gesagt. Bist du nun aber ein Geometer oder Landvermesser, so mußt du bei deinen Berechnungen geschickt vorgehen und stets danach streben, nicht auch nur eine einzige Stunde ohne die Wiederholung arithmetischer Fertigkeiten zu verbringen, denn es wahrlich nicht leicht, ein guter Mathematiker zu sein!

Wenn du jetzt ein Stück Land vermessen willst, mußt du dich zunächst mit dessen Winkelverhältnissen vertraut machen; ferner darfst du unregelmäßige Polygone nicht leichtfertig behandeln. Und sage nicht, du wollest ein Stück methodisch vermessen, den Rest hingegen nur abschätzen, weil dadurch das Ergebnis erheblich verfälscht werden kann. Und denke daran, dir die Winkel genau anzusehen, denn mein Lehrer — Allah erbarme sich seiner! — pflegte mich ständig zu ermahnen, sie in meinen Berechungen mit der gebotenen Sorgfalt zu berücksichtigen, weil es viele geometrische Figuren — z. B. solche oder auch solche  — gibt, bei denen Winkel von krummen Linien eingeschlossen werden (d. h. nur durch das Einzeichnen der Tangenten bestimmbar sind), oder weil Winkel vorhanden sein können, die, obwohl sie beim ersten Hinsehen stumpf zu sein scheinen, sich dann (bei genauerer Betrachtung) doch als spitz erweisen —, und das sind die Fälle, bei denen dann erhebliche Fehler auftreten können. Und wenn eine Figur komplizierterer Form auftaucht, schätze ihre Fläche nicht einfach ab, sondern teile sie ganz in Dreiecke und Vierecke ein, da es keine Fläche gibt, die sich auf diese Weise nicht zerlegen ließe; anschließend mögest du jedes Teilstück einzeln ausmessen, um so ein exaktes Ergebnis zu erhalten.

Wenn ich in solcher Weise weiterhin über diesen Gegenstand sprechen würde, so könnte ich noch vieles sagen, aber es würde den Rahmen des Buches sprengen. Jedoch wenigstens in diesem Maße davon gesprochen zu haben, war unvermeidlich; da ich etwas über die Astrologie gesagt hatte, wollte ich über dieses Thema auch noch einige Worte verlieren, damit du von jeder Wissenschaft etwas mitbekommst.

---

1 In jenen Gesetzmäßigkeiten manifestiert sich der „Ratschluß der Gestirne", sie sind m. a. W. den daraus abgeleiteten Vorhersagen (Urteilen) äquivalent. Bezüglich احکام im astrologischen Sprachgebrauch cf. z. B. Albohali (Abū ᶜAlī Yaḥyā'l-Ḫaiyāṭ): De judiciis nativitatum, Nürnberg 1546 und 1549.

2 Das persische Wort طالع kommt in diesem Text in drei verschiedenen Bedeutungen vor: a) Horoskop, b) Schicksal, c) Aszendent (Schnittpunkt von Ekliptik und Horizont im Osten).

3 Die نمودار -Methode ist im sog. genethlialogischen System (Gegensatz: Systeme der „Interrogationes" — ἐρωτήσεις — und der „Electiones" — καταρχαί —) eine recht komplizierte Art der Bestimmung eines fiktiven Aszendenten für eine Nativität. Sie verdankt ihre Entstehung der Tatsache, daß der wahre Aszendent i. a. nicht genau feststellbar ist.

4 In einigen Handschriften fehlt das Verbum ganz, in anderen ist diese Stelle positiv gefaßt; der Sinn der Aussage bleibt im wesentlichen gewahrt.

5 درجه — (in diesem Zusammenhang) „Länge". Die Länge ist der Bogen der Ekliptik zwischen Frühlingspunkt und Breitenkreis, gezählt vom Frühlingspunkt aus von 0° bis 360° entgegengesetzt dem Sinne der täglichen Bewegung der Sonne. Unter der „Breite" (عرض) versteht man den nördlichen (positiven) oder südlichen (negativen) Abstand eines Sterns von der Ekliptik.

6 Mit برج sind i. a. die Tierkreiszeichen gemeint; jedoch wird dieser Begriff auch für die 28 aus Babylon stammenden „Mondstationen" gebraucht.

7 Im Sinne von Aspekten, s. u.

8 Der in Bezug auf den Aszendenten mit den meisten *dignitates* ausgestattete Planet ist مستولی, der ihm von der Position (Grad der Ekliptik) her zugeordnete خداوند.

9-12 Zu dieser weiteren Einteilung des Tierkreises cf. speziell BL chap. VII 2. Einzelne Ekliptikgrade besitzen gewisse Eigenschaften bzw. Charaktere (مزاج). Die Lesung آبار („Brunnen") dürfte an dieser Stelle آثار vorzuziehen sein.

13 Gemeint sind die Zwölftel eines jeden Tierkreiszeichens; diese 2,5°-Teilung ist eine weitere (allgemein übliche) Unterteilung des Zodiaks, cf. AB.

14 دریجان < sanskr. drekkāṇa <griech. δεκανοί (Dekane) (B p. 188). Einteilung des Tierkreises in 36 Teile à 10°, stammt aus Ägypten. Jeder Dekan hat wieder seinen „Herren".

15 ~ der Tierkreiszeichen; jedem Abschnitt wird wieder ein „Herr“ zugeordnet.

16 entspricht خداوند

17 وبال : die den Häusern (*οἶκοι, nicht τόποι,* cf. (1) und (4)) diametral gegenüberliegenden Tierkreiszeichen, „debilitas“, „detrimentum“.

18-19 „Zenit“ und „Nadir“ ebenfalls möglich.

20 نظر : Aspekte (Winkelbeziehungen der Planeten — oder gedachter Punkte etc. — untereinander).

21 An dieser Stelle weichen die einzelnen Handschriften besonders stark voneinander ab; neben den beiden hier genannten Ausdrücken دفع قوّت und مكافات , deren Sinn die Übersetzung nur näherungsweise wiedergibt, tritt an anderer Stelle noch eine Reihe weiterer Termini (wie z. B. جمع u. a.) auf. Diese Ausdrücke beschreiben z. T. recht komplizierte Beziehungen mehrerer Planeten untereinander. Als Beispiel sei مكافات herausgegriffen: Wenn ein Planet, der in einer für ihn negativen Stellung durch einen anderen Planeten vermittels eines günstigen Aspekts „Hilfe“ empfangen hat, später seinerseits diese Hilfe jenem anderen Planeten zukommen lassen kann, so bezeichnet man diesen Vorgang als *retributio* (مكافات).

22 B p. 233: „A e B stanno cioè in receptio (*qabūl*) cioè l'uno nel segno dell'altro“.

23-24 تشريق — erstes Sichtbarwerden eines Planeten am Morgenhimmel; تغريب — analog.

25 وتد : Asc., MC, Desc., IC: „Kardinalhäuser“ bzw. „-Punkte“ (cardines, *κέντρα*); وتد = paxillus; cf. babylonisch ziqpu = Pfahl = „culminating constellation“.

Kommentar zum 34. Kapitel

Mehr Material über die meisten der hier vorkommenden Termini findet man speziell in

AB = Al-Bīrūnī, Kitāb at-tafhīm li-awā'il ṣināʿat at-tanǧīm
BL = A. Bouché-Leclercq, L'astrologie grecque, Paris 1899
B = A. Bausani, Appunti di astronomia e astrologia arabo-islamiche, Venezia 1977
P = Ptolemaios, Tetrabiblos
N = Al-Battānī, Opus astronomicum (كتاب الزيج الصابي)
Lateinische Ausgabe von C. A. Nallino, Mailand 1899/1903/1907

(1) In der Astrologie ist jeder der sieben (damals bekannten) „Planeten" (incl. Sonne und Mond; in vielen Fällen werden außerdem noch die beiden Mondbahnknoten als den Planeten gleichwertig behandelt) „Herr" über ein (bzw. zwei) „Häuser" (d. i. Tierkreiszeichen), cf. z. B. P. In dem ihm gehörigen Haus ist die „Machtentfaltung" des betreffenden Planeten am größten etc. Das Wort für Haus *in diesem Zusammenhang* (s. u.!) ist *οἶκος* = domicilium = (MA.) domus = بيت (= برج).
Der „Hausherr" heißt *οἰκοδεσπότης* = dominus = رب = خداوند .
Das Problem, den „Herren des Aszendenten" angeben zu können, ist eng mit der Frage der genauen Bestimmung des Aszendenten selbst verknüpft, vgl. dazu u. a. P III 2 oder BL chap. XII 2.

(2) Alle Sterne und Sternbilder werden jeweils einem der sieben Planeten zugeordnet; diese Einteilung stammt bereits aus Babylon. Jede Planetenreihe, die ferner durch eine Farbe gekennzeichnet wird, verkörpert gewisse Charaktereigenschaften („Temperamente", مزاج); die Planeten „übertragen" die Eigenschaften der (ihnen jeweils zugeordneten) Fixsterne auf die Menschen. Auch Fixsterne können, da sie die Temperamente „ihrer" Planeten besitzen, zusammen mit den anderen Planeten Aspekte (s. u.) bilden.

(3) Vielleicht sollte man für die letztgenannten Ausdrücke folgende Möglichkeit den anderen Lesungen vorziehen:

... ودرجهٔ طالع وخداوند طالع و از قمر و برج قمر وخداوند برج قمر ومزاج ...

(4) Es existiert eine weitere Einteilung (des Zodiaks) in Häuser (samt den dazugehörigen „Hausherren") (Haus = *τόπος* = (arab.) بيت = (pers.) خانه . Zu بيت cf. (1)). Ferner bezeichnet خانه im Persischen die sog. Triplizitäten, z. B. خانهٔ باد = Libra, Gemini, Aquarius (= „Luft" als eines der vier „Elemente"). — Diese (unregelmäßige)

Einteilung wird zur Zeit der Geburt festgelegt: Der Schnitt der Verbindungsachse Aszendent/Deszendent einerseits mit der Achse medium coeli/imum coeli andererseits liefert zunächst eine Vierteilung. Die weitere Drittelung erfolgte auf verschiedene Weisen. Jedes Haus ist für bestimmte Lebensbereiche zuständig. Eine Skizze möge die Zusammenhänge verdeutlichen (nach B p. 177):

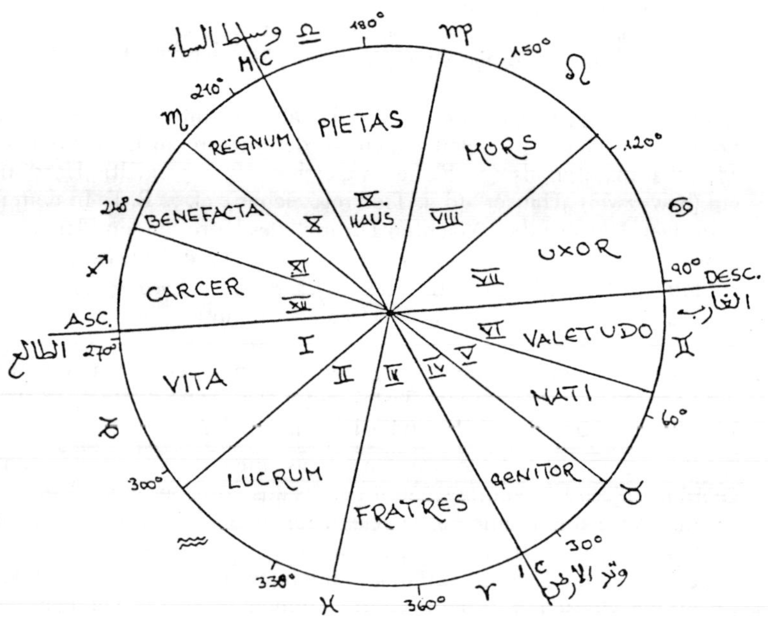

(5) تسيير ist in diesem Zusammenhang سير vorzuziehen, vgl. dazu ausführlich Anm. (20). Wörtlich ist im Text von der „Dominanz im Grade des Tasyīrs“ sowie vom „Ankommen“ (bei einem Fixstern) die Rede.

(6) Cf. Tetrabiblos II 6: „. . . ἀστέρες . . . δύνοντες δὲ καὶ ὑπὸ τὰς αὐγὰς ὄντες (combustus, محترق) . . . ἄνεσιν (sc. der angezeigten Ereignisse) ποιοῦσιν . . .“; cf. B p. 140 u. B p. 184 f.: „Comunque ogni pianeta è considerato avere un „orbe“ (in arabo *quwwat al-anwār*, o anche *nūr* luce o *amr* plur. *awāmir* comando), che è appunto la distanza in cui la sua influenza

può esercitarsi dalle due parti (da andernfalls zu selten Aspekte gebildet werden könnten!) ... La parola „orbe" traduce l'arabo *jirm* che è usato da Bīrūnī in questo senso." Deutsch: „Orbis" („Wirkungsbereich"). Auch der Ausdruck بعيد النور (s. u.) bezieht sich auf die Ausdehnung dieses Wirkungsbereichs.

(7) سهم = κλῆρος = pars, (sagitta); heute „Sensitivpunkt" genannt (z. B. „Glückspunkt" = سهم السعادة = κλῆρος τῆς Τύχης = pars Fortunae); nach Bīrūnī gibt es 97 verschiedene Punkte, die (nicht immer einheitlich) auf recht komplizierte Weise berechnet werden.

(8) مثلثات = „Triplizitäten"; die zwölf Tierkreiszeichen werden in vier Gruppen zu je drei Zeichen eingeteilt, die die vier „Elemente" repräsentieren:

Element	Tierkreiszeichen	Herr (am Tag)	Herr (i. d. Nacht)	Herr (stets)
Feuer	Widder, Löwe, Schütze	Sonne	Jupiter	Saturn
Erde	Stier, Jungfrau, Steinbock	Venus	Mond	Mars
Luft	Zwillinge, Waage, Wasserm.	Saturn	Merkur	Jupiter
Wasser	Krebs, Skorpion, Fische	Venus	Mars	Mond

(9) Die 30° eines jeden Tierkreiszeichens werden in fünf ungleiche Teile (حد = terminus) (jedes Stück hat wieder einen رب) eingeteilt; es existieren mindestens vier verschiedene Systeme:

a) ein indisches
b) ein babylonisches (4° + 5° + 6° + 7° + 8° = 30°)
c) ein ptolemäisches
d) ein ägyptisches (v. Bīrūnī benutzt)

(10) صور = δεκανοί = πρόσωπα = facies = effigies = decani = دريجان = „Gesichter", „Bilder"; teilweise mit den Dekanen gleichgesetzt, eigentlich zusammen mit ihnen gleichzeitig aufgehende *nichtzodiakale* Sterne bzw. Sternbilder (sog. παρανατέλλοντα) (B, N); cf. مزاج (2).

(11) شرف = ὕψωμα = exaltatio (MA.), altitudo, sublimitas. Jedem Planeten ist *ein* Tierkreiszeichen zugeordnet, in dem er bei einer bestimmten Länge (درجة) seine „höchste Machtfülle" (exaltatio) erreicht, s. AB.

(12) هبوط = ταπείνωμα = casus (MA.) = deiectio; die den Exaltationen diametral gegenüberliegenden Punkte.

(13) Diese Einteilung der Ekliptik scheint sich auf die *partes plenae* und *vacuae* bzw. *damnandae* (cf. BL p. 229 ff.) zu beziehen.

(14) مقارنة = σύνοδος; Konjunktion der Planeten untereinander oder mit der Sonne oder mit dem Mond (entspricht modernem اقتران); die

Konjunktion zwischen Sonne und Mond hingegen wird stets اجتماع genannt.

(15) اتّصال = applicatio. Applikationen sind keine realen, sondern durch Aspekte vermittelte „Konjunktionen" (d. h. solche mit imaginären Punkten).

(16) انصراف = *ἀπόρροια* = „defluxus astrologicus"; mit diesem Terminus wird die Auflösung von Applikationen bezeichnet.

(17) نور = „lumen siderum in applicationibus", cf. (15) u. (6) (جرم) sowie (als Beispiel) P III 10. „ بعيد النور و بعيد الاتّصال " ist mehr oder weniger ein Hendiadyoin.

(18) خالى السير und (السير) وحشى sind in der Übersetzung durch einen Ausdruck wiedergegeben worden; in Wirklichkeit handelt es sich um zwei Termini, die sich auf das (Nicht-)Eintreten von bestimmten Aspekten beziehen, vgl. dazu u. a. BL chap. VIII.

(19) الاتّصالات = *αἱ συζυγίαι* (Konjunktionen und Oppositionen von Sonne und Mond); meistens — wie auch hier — statt dessen الاجتماعات والاستقبالات

(20) هيلاج = دليل = *ἀφέτης* = *κύριος τῆς ζωῆς* = significator; mit dem Apheten ist eine Methode (primär) zur Vorherbestimmung der Lebensdauer verknüpft. Als Apheten kommen in Frage (Reihenfolge gemäß Präferenz)

für Geburten bei Tage: Sonne — Mond — ein Planet in einem aphetischen Ort — Aszendent;

für Geburten bei Nacht: Mond — Sonne — dto. — dto.;

der vorliegende Text, der — sollte sich بنجگانه nicht auf die *Art* der Berechnung beziehen — von fünf Apheten auszugehen scheint, basiert auf einer anderen Tradition der Überlieferung, vgl. dazu z. B. Al-Ḫwārizmī, *kitāb mafātīḥ al-ᶜulūm* s. v. الهيلاج (Ed. van Vloten, Leiden 1895, p. 230). „Aphetische Orte" sind folgende Häuser (cf. (4)): X (MC), I (Asc.), XI (benefacta), VII (Desc.), IX (pietas). Der Widerpart des *ἀφέτης* ist der *ἀναιρέτης* (promissor), ein Planet, dessen Wirkungsbereich (i. S. v. Aspekten) innerhalb eines 90°-Bogens (gezählt vom *ἀφέτης* aus) liegt. Der Tasyīrbogen (تسيير), dessen Länge sich in Lebensjahre umrechnen läßt, ist der auf dem Äquator von den beiden Deklinationskreisen durch den Signifikator und einen Punkt C ausgeschnittene Bogen, wobei C durch den Schnittpunkt des Positionskreises des Promissors mit dem durch den Signifikator gelegten Parallelkreis gegeben ist. Es gibt einen direkten und einen konvertierten (mit vertauschten Rollen von Signifikator und Promissor) Tasyīr. — Eine andere Methode zur Bestimmung zukünftiger Ereignisse ist die sog. كدخداه -Methode, wobei der كدخداه

(*οἰκοδεσπότης τῆς γενέσεως*) nach einigen mit dem Apheten identisch, nach anderen der mit den meisten „dignitates" (bei einem Aspekt mit dem هيلاج) ausgestattete Planet ist. Jeder Planetenkonstellation kommt (je nach Stellung) eine bestimmte Anzahl von (für das Neugeborene zu erwartenden Lebens-)Jahren, die in diesem Falle als عطيه (Geschenk) bezeichnet werden (→ Übers. „Spender des Lebens"), zu. Modifikationen der (primären) Lebenserwartung ergeben sich dabei durch mit dem كدخداه assoziierte Planeten. — Für weitere Einzelheiten cf. z. B. B.

(21) اوساط = (motus) medius; gemeint ist hier wohl vor allem die Bewegung der (gedachten) sog. „mittleren Sonne", die für die Zeiteinteilung maßgebend ist, da die durch die „wahre Sonne" hervorgerufene natürliche Tageslänge im Laufe eines Jahres schwankt.

(22) Wörtlich steht im Text: „. . . auf die ‚gesammelten' (مجموعه) und ‚gespreizten' (مبسوطه) (Jahre) . . .". Es handelt sich dabei um zwei termini technici, die u. a. in den Umrechnungstabellen zur Konversion einer Zeitrechnung in eine andere (z. B. der arabischen in die persische, aber auch der bürgerlichen in die astronomische, cf. (21)) auftauchen; die „gespreizten" Jahre bezeichnen eine Tafeldifferenz von einem Jahr, die „gesammelten" eine von mehreren Jahren (je nach Tabelle unterschiedlich), cf. N caput XXXII ff.

Der Begriff تعديل hat mehrere Bedeutungen, z. B. (N)

a) interpolatio tabularum mathematicarum

b) actio convertendi medium motum in verum etc.

(23) Andere Methode, die Zukunft zu berechnen. Die sog. „revolutio annorum" (taḥwīl as-sinīn) kann kosmisch (taḥwīl sinī'l-ᶜālam), auf eine bestimmte Geburt bezogen (taḥwīl sinī'l-mawālīd) oder auch auf einen Monat bezogen (aš-šuhūr) sein. Es handelt sich im wesentlichen um die Erstellung eines neuen (für die dann folgende Zeit gültigen) Horoskops zum Zeitpunkt der Rückkehr der Sonne zum gleichen Grade der Ekliptik; unter anderem ist dabei auf die Konversion „bürgerlicher" in tropische Jahre zu achten. Im Text: تحويل = „Wiederkehr".

Fünfunddreißigstes Kapitel

Poetik

Wenn du ein Dichter bist, dann bemühe dich darum, daß deine Worte leicht verständlich und doch nicht alltäglich sind. Hüte dich davor, ein schwer verständliches Wort zu sagen; sage nichts, was du zwar weißt, aber ein anderer nicht versteht und wozu erst eine Erklärung erforderlich ist. Denn ein Dichter soll der Allgemeinheit dienen und nicht sich selbst. Befasse dich nicht mit der Dichtkunst lediglich um des Rhythmus und des Reimes willen; dichte nicht ohne Kunst und ohne Regel. Denn schmucklose Gedichte klingen unerfreulich. Das Wort (des Dichters) soll Schwung haben, ebenso auch das Plektron und die menschliche Stimme, damit sie den Leuten gefallen.

Wenn du aber willst, daß deine Redeweisen besonders hoch geachtet sind und es bleiben, dann verwende in der Hauptsache Metaphern. Dabei halte dich an den Bereich des Möglichen, d. h. sprich keine Metaphern aus, die Unwahrscheinliches besagen. Verwende die Metaphern bei der panegyrischen Dichtung, d. h. bei Lobgedichten. Wenn du aber Gaselen und Lieder (tarāne)* vorträgst, dann rede leicht und zart und verwende Reime, die dir bekannt sind, und sprich nicht in kalten, fremdartigen Arabismen. Dichte so, wie es den Erlebnissen von Liebenden entspricht, und verwende dabei angenehm klingende Wörter und hübsche Beispiele, so daß sie Vornehmen wie Geringen gefallen. Mach keine Verse, die weiter nichts bieten als plumpe Reimereien. Denn mit Versmaß und Reim geben sich solche ab, die keine gute Begabung dafür haben, sich anmutig auszudrücken und einen geistvollen Sinn darzubieten. Sollte man aber von dir etwas Derartiges verlangen, nun, dann mag es hingehen. Lerne die Wissenschaft der Metrik, der Poetik und den Stil der Anrede; ebenso mach dich vertraut mit der Kritik der Dichtungen, damit, wenn ein Dichterwettstreit einmal stattfinden sollte, oder falls dich jemand zu einer Disputation herausfordert oder wenn man mit dir eine Prüfung anstellt, du dich dann nicht als unfähig erweisest. Die Metra, die es in der Metrik der Perser gibt, mußt du kennen.

> moǧānes*, motābeq*, motazād*, motašākel, motašābeh*, mosta^{c}ār*, mokarrar*, moraddaf*, mozdavaǧ*, mowāzene*, mozmar*, mosaǧǧa^{c}*, moxalla^{c}*, mosammaṭ*, mostahil*, zuqāfiatejn*, maqlub* usw.
>
> hazaǧ*, raǧaz*, ramal* hazaǧ e makfuf*, hazaǧ e axrab* raǧaz e maṭwi*, ramal e maxbun* monsareh* xafif*, mozāre^{c}*, mozāre^{c} e axrab*, moqtazab* moǧtass* motaqāreb*, sari^{c}* qarib*, qarib e axrab*, monsareh e kabir* usw.
>
> Die arabischen Metra wie basit, madid, kāmel und dergleichen: lerne!

In jeder Art deiner Dichtungen — seien sie nun panegyrischer, lyrischer, satirischer, elegischer, religiöser Art — strebe nach Ausführlichkeit und Vollständigkeit und sage niemals etwas unvollständig. Verwende nicht die gebundene Rede dort, wo man sich in Prosa ausdrückt, denn die Prosa ist gleichsam wie ein Untertan, die Dichtkunst wie ein König; was sich für einen König geziemt, das geziemt sich nicht für einen Untertan. Bei Vierzeilern und lyrischen Liedern befleißige dich eines flüssigen Stils; in panegyrischen Gedichten sei kräftig, mutig und erhaben in deiner Kunst. Schätze den Wert eines jeden richtig ein. Eine Lobrede verfasse also der Würdigkeit des Gepriesenen entsprechend. Von jemandem, der noch niemals einen Dolch in seinem Gürtel hatte, dichte nicht: „Dein Schwert wirft Löwen zu Boden. Mit deiner Lanze trägst du den Berg Bisotun* ab. Mit deinem Pfeil spaltest du ein Haar." Das Pferd eines Mannes, der noch nicht einmal auf einem Esel gesessen hat, vergleiche nicht mit Doldol*, mit Borāq*, mit Raxš* oder mit Šabdiz*. Habe Kenntnis von dem, was man von einem jeden (der Gepriesenen) sagen darf. Aber ein Dichter muß auch über den Charakter dessen, der von ihm gelobt wird, Bescheid wissen. Er muß wissen, was diesem gefällt. Denn solange du nicht das von ihm sagst, was er gerne möchte, gibt er dir nicht das, was du nötig hast. Schätze dich auch nicht zu gering ein, und in einer Qaside* (Lobeshymne) rede dich selbst nicht als „Sklaven" und „Diener" an, außer bei einem Preisgedicht auf jemanden, der solche Ausdrücke wirklich verdient hat. Ein Spottgedicht zu verfassen sollst du dir nicht zur Gewohnheit machen, denn der Krug kommt nicht immer heil vom Wasser zurück. Wenn du aber das Talent dazu hast, das Asketentum und die Einheit Gottes zu besingen, dann sei darin nicht nachlässig; denn das ist gut in beiden Welten.

In einem Gedicht hüte dich vor Übertreibungen, obwohl Hyperbeln Bestandteil der Dichtkunst sind. Preisgedichte auf verstorbene Freunde und auf hochangesehene Personen darfst du verfassen. Willst du ein Spottgedicht abfassen, dann sage das Gegenteil von dem, was du in einem Loblied sagen würdest. Ebenso enthält eine Elegie das Gegenteil eines fröhlichen lyrischen Gedichtes.

In allem, was du dichtest, bediene dich deines eigenen Köchers und klammere dich nicht immer wieder an die Worte anderer, damit dein Talent sich frei entwickelt und der Übungsplatz für deine Dichtkunst geräumig werde; so wirst du auch nicht auf der gleichen poetischen Methode stehen bleiben, die du zu Beginn deiner Dichtkunst innehattest. Bist du in deiner Kunst ein Meister geworden, hat deine Begabung sich frei entfaltet und bist du gewandt geworden — wenn du alsdann eine auffällige Redewendung hören solltest, die dir gefällt, und zwar irgendwo an einer fremden Stelle, nun, dann mach von ihr Gebrauch und mach keine Rederei darüber; nur darfst du nicht gerade dasselbe Wort verwenden. Wenn du nun jenen Ausdruck in einem panegyrischen Hymnus findest, dann wende *du* ihn in einem Spottgedicht an; findest du ihn in einem Spottgedicht, dann benutze ihn in einem Lobgedicht; steht er in einem lyrischen Gedicht, gebrauche ihn in einer Elegie; hast du ihn aus einer Elegie, dann nimm ihn für ein lyrisches Gedicht: So wird niemand merken, woher dieser Ausdruck stammt.

Wenn du dich nun um einen Gönner bemühst und dich auf dem Basar nach einem solchen umtust, dann trage kein verdrießliches Gesicht zur Schau und habe kein schmutziges Gewand an, sondern zeige immer eine fröhliche und lächelnde Miene.

Präge dir viele seltsame Geschichten, Anekdoten und Scherze ein und trage sie deinem Gönner vor; denn das ist für einen Dichter unentbehrlich.

Sechsunddreißigstes Kapitel

Musik

Wenn du ein Musiker bist, dann sei frohen Mutes und heiteren Sinnes. Trage immer ein reines Gewand, parfümiere dich und sorge für duftende Salben. Befleißige dich einer angenehmen Stimme. Wenn du zum Musizieren in eine Villa gehst, dann mach kein sauertöpfisches und mürrisches Gesicht. Spiele weder immer schwermütige noch immer leichte Melodien, denn es paßt sich nicht, immer auf die gleiche Tonart zu spielen. Es sind ja doch nicht alle Menschen vom gleichen Temperament, sondern ebenso, wie die Menschen sonst verschieden sind, so sind sie es auch hinsichtlich ihrer Gemütsart. Darum haben ja auch die Meister der musikalischen Kunst eine bestimmte Ordnung (in den Sangesweisen) festgesetzt. Fürs erste erfanden sie die „ Königsmelodie“ (dastān e xosrowāni)* für eine Gesellschaft, in der Fürsten zugegen sind. Sodann komponierten sie schwermütige Melodien, auf die man singen kann, und sie nannten diese „rāh“* = Weg, Richtung, eine Singweise, die sich der Gemütsart alter und ehrwürdiger Herren anpaßt; eben für solche hat man sie komponiert. Weil man aber sah, daß nicht alle Leute alt und ernsthaft sind, so sagte man sich: So wie wir für die Alten komponiert haben, so müssen wir es auch für die Jungen tun. Nun suchten sie nach Liedern, die in einem leichteren Versmaß gedichtet waren und auch leichtere Melodien hatten. Diese nannte man xafif*; und es sollte nach jeder schwermütigen Weise eine von diesen xafif gespielt werden. So sollten in abwechselndem Spiele sowohl die Alten als auch die Jungen zu ihrem Rechte kommen. Damit auch die Kinder, die Frauen und Leute von feinerem Geschmack nicht unberücksichtigt bleiben sollten, verfaßte man für diese Gruppe tarāne, an denen auch sie ihre Freude haben sollten. Denn unter den Versmaßen gibt es kein ansprechenderes als tarāne*.

Trage also nicht immer auf einerlei Weise vor — wie ich es dir eben einprägte —, sondern musiziere so, daß alle beim Hören deines Spieles etwas davon haben. Achte auch auf die Gesellschaft, in welcher du gerade sitzest. Wenn diese Leute leuchtend rote Wangen haben und sanguinischen Temperamentes sind, dann spiele vorwiegend Baß. Haben sie gelbe Gesichter und sind cholerisch, dann Sopran. Wenn sie eine weiße Hautfarbe haben, dicklich und verschwitzt sind, spiele gleichfalls hauptsächlich Baß. Sind sie schwarzfarbig, hager und melancholisch, dann spiele vor allem setār*, ein dreisaitiges Instrument. Denn diese Instrumente hat man den vier Temperamenten der Menschen entsprechend hergestellt, so wie es auch die Gelehrten von Byzanz und die Musikfachleute getan haben.

Obschon nicht alles, was ich dir sagte, zu den Vorbedingungen und Gebräuchen der musikalischen Tätigkeit gehört, wollte ich dich doch damit vertraut machen, damit du es besser verstehst. Ferner bemühe dich darum, ein Erzähler zu werden, damit du bei der Darbietung einer Fülle von Geschichten, Anekdoten und witzigen Erzählungen dich selber entspannst und dich von der anstrengenden Tätigkeit des Musizierens entlastest.

Wenn du ein Sänger bist und dich auf die Dichtkunst verstehst, dann sei nicht in dein eigenes poetisches Können verliebt und zitiere nicht immer wieder aus deinen Werken. Denn vielleicht gefallen deine Dichtungen den anderen Leuten nicht so gut, wie sie dir selbst gefallen. Denn die Rhapsoden sind es, die die Erzählungen der Dichter zum Vortrag bringen, und sie sollen nicht ihre eigenen Dichtungen zum besten geben.

Fernerhin: Wenn du ein Nardspieler bist und zum Musizieren gehst und gerade zwei Personen zusammen Nard spielen, dann laß nicht dein Musikspiel beiseite und setze dich nicht zu den Nardspielern, um ihnen Belehrungen zu geben; beschäftige dich selbst nicht damit, Nard oder Schach zu spielen. Denn man hat dich zum Musizieren eingeladen und nicht zum Partner bei einem Glücksspiel. Achte darauf, daß du ein Lied, welches du gelernt hast, mit Geschmack vorträgst. Trage nicht Ghaselen (ġazals)* und tarāne ohne Beachtung des Versmaßes vor, noch lehre sie so, denn (dann) stimmt der Gesangsvortrag mit dem Plektron nicht überein.

Wenn du in jemanden verliebt bist, dann rede nicht alle Tage von deiner Verliebtheit, denn wenn das auch dir gefällt, so gefällt es darum den anderen nicht.

Trage jedes Lied mit einem anderen Thema vor und präge dir Gedichte in großer Zahl ein, z. B. über Trennung und Vereintsein von Liebenden, über die Vorwürfe, die Tadel- und Scheltworte, die Liebende aussprechen, über die Art der Abweisung und Verweigerung, über die Formen der Einwilligung, über Treue und Quälerei, über Gunstbeweise und über das Schenken, über Zufriedenheit und über Klagen. Auch mußt du Lieder kennen und auswählen, die an bestimmte Zeiten und Abschnitte des Jahres geknüpft sind, also Frühlings- und Herbstlieder, Winter- und Sommerlieder, kurz, was jeder Jahreszeit angemessen ist. Du darfst also zur Herbstzeit nicht Frühlingsweisen singen und umgekehrt — und im Sommer Winterlieder und umgekehrt. Du mußt also die jeder Jahreszeit angemessenen Lieder kennen.

Wenn du auch ein unvergleichlicher Meister in deiner Kunst bist, so beachte doch die Geschmacksrichtung deiner Hörerschaft. Wenn diese Gesellschaft aus einer Auslese von alten, verständigen Leuten besteht, die von guter Musik etwas verstehen, dann spiele diese und die guten Melodien. Hier aber singe vor allem über das Alter und die Weltverachtung. Musizierst du aber vor jungen Leuten und Burschen, dann spiele leichte Weisen, dann nimm Lieder, die über das Wesen der Frauen gedichtet wurden oder über das Lob des Weines und der Zecher. Wenn du Leute aus dem Kriegerstande vor dir siehst, dann trage die Vierzeiler aus Transoxanien vor, und zwar diejenigen, die vom Kriegführen, vom Blutvergießen und dem Lobe der Ajjāren* handeln. Sei kein Miesepeter; spiele auch nicht immer die „Xosrowāni"* und sage nicht, diese sei die Grundnorm für das Musizieren. Zunächst spiele ein Stück im Tone rāst* (d. h. dem rechten Tone), dann spiele, je nachdem wie es üblich ist, in jedem beliebigen Tone wie māde*, erāq*, oššāq*, zirafkand* salmak* busalik* sepāhān*, nawā* baste*.

Wenn du das ganze musikalische Programm der Reihe nach abspielst, dann gehe zu den tarāne über, denn während du dich damit beschäftigst, sind deine Zuhörer betrunken und davongelaufen. Beachte aber, welche Melodien ein jeder besonders gern will. Wenn der Weinbecher an diesen oder jenen gelangt, dann stimme das Lied an, das der Betreffende haben will. Dann wird er dir auch das geben, was du von ihm haben möchtest. Denn beim Volksgesang ist es die größte Kunst, das Naturell jedes Hörers zu berücksichtigen.

Wenn du in einer Gesellschaft bist, dann sei nicht voreilig beim Erfassen des Bechers und verlange nicht einen besonders großen Becher. Trinke wenig Wein, damit du zu deinem Gelde kommst. Wenn du deine Absicht erreicht hast und dein Geld bekommen hast, dann gib dich dem Weingenuß hin. Beim Musikvortrag streite dich nicht mit den Betrunkenen. Du mußt die Lieder wählen, die sie wollen. Wenn sie bei ihrem Kritisieren auch etwas Unmögliches behaupten, so mach dir darüber keine Sorgen; laß sie reden.

Wenn du selber trinkst und die anderen Leute schon betrunken sind, dann führe mit deinen Mitspielern keinen Disput und laß dich in keinen Wortstreit ein, sondern beschäftige dich mit den Betrunkenen und dem Hausherrn, denn mit Streitereien verdient man kein Geld, und du hättest deinen Zuhörern nur Langeweile verursacht. Gib acht, daß du nicht mit einem anderen Musikanten in eine Schlägerei gerätst, denn durch eine von dir herbeigeführte Schlägerei geht das Geld für die musikalische Darbietung verloren; du aber wirst mit zusammengeschlagenem Kopf und Gesicht, mit zerrissenem Kleid und mit zerbrochenem Instrument wieder nach Hause kommen. Denke daran, daß die Musiker Arbeitnehmer bei Trunkenbolden sind und daß man einem zänkischen Arbeiter keinen Lohn gibt.

Wenn dich jemand in der Gesellschaft lobt, dann zeige dich ihm gegenüber bescheiden, damit auch die anderen dich loben. Zunächst lobt man dich, wenn man nüchtern ist, ohne daß man dir Geld gibt; später, wenn die Leute betrunken sind, fliegt dir nach dem Lobe das Geld zu. Wenn die Betrunkenen stur auf einer Melodie und auf einem Liede beharren — wie es die Gewohnheit der Betrunkenen ist —, dann weigere dich nicht, das zu spielen und zu singen, was sie verlangen, und sei nicht verdrießlich; ertrage es, bis du dein Ziel erreicht hast.

Denn für die Musiker ist es die beste Kunst, Geduld mit den Betrunkenen zu haben; denn wenn sie mit diesen keine Geduld haben, werden sie immer Mißerfolg haben. Auch hat man gesagt: Ein Musiker muß taub, blind und stumm sein; das heißt, er soll seine Ohren nicht irgendwohin halten, wo er sie nicht hinhalten darf; er soll nicht irgendwohin schauen, wohin er nicht schauen darf; er soll von dem, was er in einer Gesellschaft gesehen und gehört hat, in einer anderen nichts weitererzählen. Ein Musiker, der sich so verhält, findet immer einen Gönner.

Gott aber ist der beste Helfer.

Siebenunddreißigstes Kapitel

Wie man dem König dient und in seiner Umgebung bleibt

Wenn es geschieht, daß du zum Korps der königlichen Gefolgschaft herangezogen wirst, dann sei auf deine nahe Stellung beim König nicht stolz, auch wenn der König dir bei sich eine feste Position verleiht. Ziehe dich zurück, aber drücke dich nicht von deiner Verpflichtung zum Dienste. Denn aus der Vertraulichkeit mit dem König entsteht leicht Entfremdung; treue Dienstleistung aber begründet ein vertrauensvolles Verhältnis. Wenn der Herrscher dich in Sicherheit wiegt, so sei an jenem Tage nicht sicher; denn wenn du von jemandem gemästet wirst, mußt du erwarten, demnächst von ihm geschlachtet zu werden. Obschon du bei ihm in Ehren stehst, denke immer daran, im Dienste nicht unachtsam zu sein. Sprich kein Wort aus, das der König nicht wünscht; sei ihm gegenüber nicht rechthaberisch, denn es heißt: „Jeder, der mit dem König rechtet, stirbt vor der ihm bestimmten Frist." Und: „Mit der Faust auf eine Ahle zu schlagen ist töricht." Leite deinen Herrn auf den Weg der Güte, denn wenn du ihm Böses zu tun beibringst, wird er auch böse mit dir verfahren.

Erzählung

Als Fazlūn-e-Māmān der König von Ganğe* und Arrān war, hatte dieser einen angesehenen Dejlamiten zum Ratgeber. Der König ließ jeden von den Vornehmen des Reiches, der ein Vergehen begangen hatte, worauf Einkerkerung und Fesselung stand, ergreifen und in den Kerker werfen. Der Dejlamit, sein Ratgeber, sagte nun zu dem Fürsten: „Einem Adligen füge nichts Böses zu; wenn du es aber schon tun mußt, dann laß ihn lieber gleich hinrichten!" So waren auf diesen Rat des Dejlamiten schon viele Menschen ums Leben gekommen. Nun traf es sich, daß dieser Dejlamit selbst ein Vergehen beging. Der Fürst ließ ihn ergreifen und in den Kerker werfen. Der Dejlamit schickte dem Fürsten einen Boten und ließ ihm ausrichten: „So und so viel will ich von meinem Vermögen geben; nur töte mich nicht!" Fazlūn-e-Māmān ließ ihm sagen: „Eben von dir habe ich gelernt, einem Angehörigen des Adels nicht Böses anzutun; aber wenn ich es schon tun müsse, müsse ich ihn hinrichten lassen." So hatte der Dejlamit infolge seines bösen Rates das Leben selber verloren.

* * *

Wenn du von einem guten Menschen getadelt wirst, so halte ich das für besser, als wenn du von einem schlechten gelobt wirst. Wisse, daß auf jeden erfüllten Wunsch ein neues Bedürfnis folgt. Sei nicht stolz auf deine Machtstellung und suche im Dienste des Monarchen Ehre, nicht Reichtum. Denn der Reichtum läuft der Ehrenstellung nach, und die Ehre des Dienstes beim König ist (schon an sich) eine Form des Reichtums. Wenn du auch im Dienste des Königs fett wirst, zeige dich mager, damit du sicher bist. Siehst du nicht, daß, solange das Schaf mager ist, es sicher ist vor dem Schlachten und niemand sich bemüht, es zu schlachten. Sobald es aber fett wird, ist jeder begierig darauf, es zu schlachten.

Um des Geldes willen verkaufe deinen Herrn nicht: Das im Dienste des Königs erworbene Geld ist wie die Rose — hübsch, duftend, überall bekannt, beliebt, aber das Geld ist wie die Rose mit kurzem Leben erfüllt; denn jeder Dirham, den du im Dienste des Königs zusammenraffst, ist leichter ausstreubar als der Staub der Welt (= geht schneller verloren). Die Ehre des Dienstes bei Königen ist wie ein Kapital, und das Geld, das man sich daraus sammelt, wirft Zinsen ab (gibt Profit). Daher gib wegen des Profits das Kapital nicht aus der Hand, denn solange das Kapital zur Stelle ist, besteht immer noch Hoffnung auf Zinsen. Wenn aber das Kapital aus der Hand geht (= verloren ist), kann man nicht zu Zinsen gelangen. Jeder, der sein Geld höher einschätzt als sein Leben, fällt aus der Höhe in die Niedrigkeit. Wisse: Die Sucht, ein Vermögen zu sammeln ist (gleichbedeutend) mit dem Verlust der Ehre und mit dem Verzichte, zu den würdigen Männern zu gehören; es sei denn, du sammelst ein Vermögen unter Beschränkung und mit Maßen und gibst den Leuten etwas davon ab, damit die „Zunge der Leute gefesselt ist" (= damit sie dir nichts nachsagen können).

Wenn du im Dienste des Königs hochgekommen bist und eine bedeutende Stellung gefunden hast, dann begehe gegenüber deinem Herrn keinen Verrat. Denn wenn du das tust, dann wird es dein Unglück sein. Wenn nun ein Höhergestellter einen Niedrigeren erhöht und dieser zum Lohne seinen Wohltäter verrät, dann ist dies ein Zeichen, daß Gott — er ist erhaben! — jene Größe von ihm zurücknehmen wird (= ihn wieder erniedrigen wird). Denn hätte jenen Mann kein Unheil betroffen, so hätte er seinem Herrn nicht Gutes mit Bösem vergolten.

Erzählung

Der Fürst Fazlūn Abo-l-Aswār schickte seinen Kanzler Abo-l-Josr Hāğeb* als Oberfeldherrn nach Barda[c]*. Abo-l-Josr Hāğeb sagte: „Solange noch nicht Winter ist, werde ich nicht dorthin gehen, weil das Klima daselbst sehr schlecht ist, besonders im Sommer." Über diese Ansicht kam es zu einer langen Auseinandersetzung. Der Fürst sagte: „Wie kann man eine solche Überzeugung haben, da doch niemand ohne die Vorbestimmung stirbt?" Ihm entgegnete Abo-l-Josr: „Es ist richtig, wie mein Herr es sagt, daß nämlich niemand ohne die Vorbestimmung stirbt; aber solange für jemanden die Vorbestimmung nicht eingetroffen ist, geht er auch nicht nach Barda[c]."

* * *

Ferner: Bezüglich der Unternehmungen deiner Freunde und deiner Feinde sei nicht sorglos! Denn du mußt dafür sorgen, daß deinen Freunden Nutzen, deinen Feinden aber Schaden erwächst. Die Annehmlichkeiten einer hohen Stellung liegen u. a. darin, daß man seinem Freunde Gutes mit Gutem und seinem Feinde Böses mit Bösem vergelten kann. Ein Mann, der in eine mächtige Stellung gelangt ist, darf nicht einem Baume gleichen, der keine Früchte trägt: Er soll von seiner Machtposition nicht Reichtum beanspruchen. Wieviele Menschen gibt es, von denen man weder Vorteile noch Nachteile hat! Ein solcher Mensch gleicht einem Juden, der 100 000 Dinar besitzt und davon niemandem einen Pfennig gibt. Es gibt niemanden, der niedriger ist, als ihn. Betrachte die Vorteile deiner Stellung als eine Glücksgabe, die in der Erfüllung deiner Wünsche besteht. Versage also den anderen Menschen nichts von deiner Großmut. Denn unser Prophet — ihm sei Gruß und Heil! — hat gesagt: „Der beste Mensch ist der, welcher den anderen Nutzen bringt, und der schlechteste Mensch ist der, der den anderen schadet." Suche auch nicht den Dienst bei einem Fürsten, dessen Macht auf dem Gipfel, d. h. kurz vor dem Verfall, angelangt ist, denn mit einem solchen geht es bald abwärts. Auch bemühe dich nicht um den Dienst in einem altgewordenen, im Abstieg begriffenen Herrscherhaus, denn mag auch einem altgewordenen Manne immer noch eine Spanne des Lebens übrig bleiben, so wissen die Untertanen doch, daß er dem Tode näher steht als junge Leute. Auch gibt es nur wenige alte Leute, denen das Schicksal bis zuletzt treu bleibt.

Wenn du beständig im Dienste eines Königs zu bleiben wünschest, dann sei so wie 'Abbās*, der Onkel des Propheten — Friede sei mit ihm! — der zu seinem Sohn Abdollāh* folgendes sagte: „Wisse, mein Sohn, daß jener Mann — nämlich 'Omar*, der Beherrscher der Gläubigen — Gott sei mit ihm zufrieden! — dir eine Stellung bei sich gab und unter vielen anderen Menschen besonders dir sein Vertrauen erwies. Und nun, wenn du nicht von deinen Feinden bezwungen sein willst, so beachte fünf Eigenschaften, damit du gesichert bist: Erstens: Keiner darf von dir eine Lüge hören. Zweitens: Vor deinem Dienstherrn rede niemandem etwas Böses nach. Drittens: Verrate deinen Dienstherrrn niemals. Viertens: Widersprich nicht seinem Befehl. Fünftens: Erzähle sein Geheimnis keinem anderen. — Mit diesen fünf Dingen nämlich kann man bei den Leuten seine Wünsche erreichen.

Weiter beachte: Niemals mache im Dienste deines Wohltäters einen Fehler. Ist dir aber doch einmal ein solcher unterlaufen, dann gib zu, daß du selbst schuldig bist, damit er weiß, daß du das nicht mit Absicht getan hast und damit er jenen Fehler im Dienste deiner Unwissenheit zugute hält und nicht etwa deiner Ungehörigkeit. Denn die Unwissenheit rechnet man dir nicht als Schuld an, wohl aber ist eine Ungehörigkeit und der Ungehorsam schuldhaft. Immer fühle dich im Dienst tätig, auch bevor man dir einen Auftrag gibt. Bestrebe dich, alles das auszuführen, was ein anderer tun würde. Verhalte dich so, daß dein

Herr jederzeit, wenn er dich sieht, dich bei einer Dienstleistung beschäftigt findet. Sei auch immer am Hofe anwesend, damit dein Herr, wenn er irgend jemanden sucht, dich findet. Denn das ist ein Ehrgeiz der Könige, daß sie ihre Untertanen andauernd unter Kontrolle halten. Wenn er einmal, zweimal oder zehnmal nach dir verlangt und dich jedesmal zum Dienst bereit vorfindet, da du an seinem Hofe immer anwesend bist, dann vertraut er dir in wichtigen Angelegenheiten, wie es Qamari* aus Gorgān sagt:

> „Mit dir zu sprechen bringt uns in Gefahr;
> Nur wenn man sich in Gefahr begibt, holt man aus diesem Meer den Edelstein."

Solange du nicht die Last der Niedrigkeit auf dich genommen hast, wirst du nicht das Wohlbehagen der Hoheit genießen.

Siehst du nicht, daß aus den Blättern der Indigopflanze, solange sie nicht verfault sind, keine Indigofarbe gewonnen werden kann.

Der Schöpfer schuf den König so, daß alle Geschöpfe der Welt darauf angewiesen sind, ihm zu dienen und seine Knechte zu sein. Zeige dich vor dem König nicht als ein neidischer Mensch. Denn wenn du später über einen, der auf dich neidisch ist, vor dem Könige sprichst, so wird er nicht auf dich hören, sondern er wird deine Ansicht deiner neidischen Gesinnung zuschreiben, selbst wenn du die Wahrheit sprichst.

Immer fürchte den Zorn des Königs! Denn zwei Dinge soll man nicht mißachten: Zum einen den Zorn eines Königs und zum anderen den Rat der Weisen. Wer nämlich dies beides verachtet, dem geht es dann schlecht.

Dies sind die Regeln für den Umgang mit dem König. Sollte es dir aber glücken, über diesen Rang aufzusteigen und eine höhere Stelle zu bekommen, nämlich ein Tischgenosse des Königs zu werden, dann mußt du die Regeln für die königliche Tischgenossenschaft kennenlernen.

Gott weiß es besser.

Achtunddreißigstes Kapitel

Des Königs Tischgenossenschaft

Wenn der Monarch dich zu seiner Tischgenossenschaft zulassen will, dir aber die für den Umgang mit dem König nötige Geschicklichkeit fehlt, dann nimm sein Angebot nicht an. Denn jeder, der das Amt eines Tafelgenossen beim König ausübt, muß ganz bestimmte Eigenschaften vorweisen: Es muß so sein, daß die königliche Tischgesellschaft durch ihn, wenn sie schon nicht eine besondere Ehre erfährt, wenigstens nicht in Unehre gebracht wird. Zunächst muß er alle seine fünf Sinne beherrschen. Sodann muß er gut aussehen, damit die Leute bei seinem Anblick keinen Abscheu empfinden und damit auch sein Wohltäter (= der König), wenn er ihn sieht, nicht seiner überdrüssig wird. Fernerhin muß er Arabisch und Persisch lesen und schreiben können. Denn falls einmal der Monarch bei einer geheimen Beratung jemanden braucht, der lesen und schreiben kann und gerade der Staatssekretär nicht zur Stelle ist, dann darfst du dich nicht unfähig zeigen, wenn der Herrscher dich beauftragt, einen Brief vorzulesen oder niederzuschreiben.

Weiter muß ein Tafelgenosse, wenn er auch nicht selbst ein Dichter von Beruf ist, doch wenigstens schlechte und gute Gedichte voneinander unterscheiden können. Er muß Gedichte in persischer und arabischer Sprache im Gedächtnis haben. Denn es wird dann und wann einmal vorkommen, daß der Herrscher einen Vers haben möchte; damit der Fürst nun nicht jedesmal einen Dichter von Beruf herbeirufen muß, sollte der Tafelgenosse entweder ein eigenes Gedicht vortragen können oder eine poetische Erzählung darbieten, die irgend ein anderer verfaßt hat. Weiter sollte er etwas von der Medizin und von der Sternkunde verstehen. Denn für den Fall, daß die Sprache auf diese Künste kommen sollte oder daß man sie braucht, solltest du, solange kein Arzt oder kein Astrologe zur Stelle ist, das, was du davon weißt, sagen können. So wirst du die Voraussetzungen für die Tafelgenossenschaft erfüllen, und der Herrscher wird dir vertrauen. Dann wird er nach deiner Dienstleistung und nach dem Umgang mit dir umso mehr Verlangen tragen. Auch mußt du die für den Zeitvertreib deines Herrn dienenden Spiele beherrschen: Du solltest ein Instrument schlagen können, damit, wenn der König sich einmal zurückgezogen hat und Musikanten gerade nicht zur Verfügung stehen, du mit deiner Kunst ihm die Zeit angenehm vertreiben kannst.

Auch mußt du ein Erzähler sein und viele Geschichten sowie lustige Andekdoten und wunderbare Seltsamkeiten im Kopfe haben; denn ein Höfling, der keine Erzählungen und Berichte von Merkwürdigkeiten kennt, ist nicht vollkommen. Weiter ist es notwendig, daß der Höfling Nard und Schach spielen kann; aber ein Berufsspieler darf er nicht sein, denn wenn du die Anlage zum Berufsspieler hast, bist du nicht für das Höflingsamt geeignet. Des weiteren mußt du außer diesem allen, was ich erwähnte, noch den Koran auswendig können und auch etwas von einem Korankommentar verstehen; ferner die Überlieferung von dem Propheten — über ihm sei Frieden! — kennen. Sei ja nicht ohne Kenntnis von dem islamischen Rechte und der Gesetzeswissenschaft, damit, falls einmal in der Versammlung bei dem König die Rede von diesen Dingen ist, du eine Antwort zu geben weißt und man nicht erst einen Richter oder einen Juristen heranzuholen braucht.

Du sollst auch viel in den Lebensbeschreibungen der früheren Könige gelesen und aus ihnen gelernt haben. Du sollst selbst (mit deiner eigenen Person) den Dienst der Könige praktizieren, damit du vor deinem Herrn die Charaktere der vergangenen Herrscher darstellen kannst; so wirst du auf das Gemüt deines Herrn Eindruck machen und die Diener Gottes — er ist erhaben — werden davon Nutzen und Freude haben.

Nötig ist ferner, daß du zugleich über den Ernst und über den Scherz verfügst und daß du die rechte Zeit kennst, um diesen oder jenen anzuwenden und wenn dieser oder jener am Platze ist. Denn du darfst nicht zur Zeit, wo man ernsthaft sein muß, etwas Witziges sagen und umgekehrt zur Stunde des Scherzes ernsthafte Dinge vorbringen. Denn es ist bei jedem Wissen, das du hast, so: Wenn du es nicht richtig anzuwenden verstehst, dann ist es dem Nicht-Wissen gleichzusetzen.

Zu allen diesen Eigenschaften, die ich soeben angeführt habe, muß bei dir mannhafte Gesinnung treten. Denn ein Herrscher ist nicht immer nur mit Vergnügungen beschäftigt. Ist nun Mut notwendig, dann zeige Mut! Du mußt die Kraft haben, dich mit einem oder zwei Männern zu messen. Wenn — was Gott verhüten möge — in einem privaten Stündchen, mitten beim Vergnügen jemand eine Tücke gegen den König planen sollte, und wenn unter allem, was geschehen kann, etwas besonders Schlimmes passierten sollte, dann mußt du — wie es deine Pflicht zur Mannhaftigkeit gebietet — diese an den Tag legen, damit so dein Wohltäter durch deine Hilfe gerettet wird. Solltest du dabei fallen, so hast du deine Dankespflicht für die dir von ihm erwiesene Gunst erfüllt und du gehst mit einem ehrenvollen Namen aus der Welt; dem Herrscher aber obliegt die Pflicht, für deine Kinder zu sorgen. Wirst du gerettet, dann hast du für dein ganzes Leben einen guten Namen dir erworben und ein sicheres Brot. Wenn du aber alles, was ich aufgezählt habe, nicht besitzest, so mußt du wenigstens das meiste davon haben, um der Tischgenossenschaft des Königs würdig zu sein.

Verfolgst du aber das Ziel, nur das bei der Tischgenossenschaft zu verstehen, daß du schmausest, Wein trinkst und albernes Zeug schwätzest, nun wohl!, dann ist das keine Tischgenossenschaft, sondern pöbelhafte Art. In diesem Falle halte dich an die Tischgenossenschaft der gewöhnlichen Menschen, damit du nicht in Schwierigkeiten kommst.

Solange du vor dem König stehst, sei achtsam auf dich selbst. In der Gesellschaft des Königs darfst du nicht den Sklaven zuschauen. Wenn der Mundschenk dir Wein einschenkt, wirf keinen Blick auf ihn, sondern senke deinen Kopf und so empfange deinen Wein und trink ihn; dann gib den Becher zurück, ohne daß du dabei den Mundschenken anblickst, damit der König keinen Verdacht schöpft, daß du dich in den Schenken verlieben könntest. Beherrsche dich selbst, so daß es dir nicht geht, wie es dem Richter 'Abdo-l-Malek 'Abqari* geschah:

Erzählung

Ich hörte, daß der Kalif Ma'mun dem Richter 'Abdo-l-Malek eine besondere Vorzugsstellung bei seiner Tafelgesellschaft gewährte und nun war dieser 'Abdo-l-Malek ein starker Weintrinker und wurde deshalb aus seinem Richteramte entlassen. Eines Tages in der Hofgesellschaft schenkte ein Sklave dem Richter den Wein ein. Als der Richter den Wein entgegennahm, schaute er den jungen Burschen an und zwinkerte ihm zu. Der Kalif Ma'mun sah das und beobachtete ihn genau. Da merkte 'Abdo-l-Malek, daß der Kalif jenes Zwinkern bemerkt hatte. So hielt er sein Auge auch weiterhin halbgeschlossen. Nach einer Stunde fragte Ma'mun den Richter absichtlich: „Nun, Kadi, was ist denn mit deinem Auge passiert?“ 'Abdo-l-Malek gab zur Antwort: „Ich weiß nicht. Es muß eben in dieser Stunde über mich gekommen sein.“ Danach machte er, solange er lebte, auf der Reise und zu Hause, heimlich und öffentlich, dieses Auge niemals öffentlich auf — bis jener Verdachtsfleck aus dem Herzen des Kalifen gewichen war.

Wer also Tischgenosse eines Herrschers ist, muß solches Taktgefühl haben. Auf Gott ist zu vertrauen.

Neununddreißigstes Kapitel

Die Kanzlei und ihre Bedingungen

Wenn du ein Kanzler bist, mußt du der Rede mächtig sein und eine schöne Schrift haben. Du darfst dich nicht daran gewöhnen, über die diktierte Formulierung hinauszugehen (= mehr zu schreiben, als du sollst); du mußt es dir aber zur Gewohnheit machen, viel zu schreiben, damit du geschickt im Schreiben wirst.

Erzählung

Ich hörte, daß Sāheb Esmā^{c}il ‘Abbād eines Sonnabends im Diwan (= der königlichen Staatskanzlei) war und etwas zu schreiben hatte. Auf einmal wandte er sich zu den (anderen) Kanzleibeamten um und sagte: „Jedesmal am Sonnabend merke ich, daß meine Schreibkunst nachgelassen hat; das kommt daher, daß ich am Freitag nicht in den Diwan gekommen bin und etwas niedergeschrieben habe.“

* * *

Darum, mein Sohn, übe dich beständig in der Schreibkunst; gewöhne dich an eine breite, deutliche Schrift, schreibe aufwärts gerichtet und so, daß die Wörter gut miteinander verbunden sind. Ein Brief muß so geschrieben sein, daß du viele Gegenstände und Gedankengänge mit einer knappen Anzahl von Worten zum Ausdruck bringst.

So sagt der Dichter

> Der Inhalt (des Briefes) war derartig, als ob er vom Munde der Welt herausgekommen sei.
> Der Brief war reich an Inhalt, doch kurz in der Form.

Deinen Brief schmücke mit bildhaften Ausdrücken, mit Gleichnissen, mit Versen aus dem Koran und Erzählungen vom Propheten. Wenn du den Brief in persischer Sprache schreibst, dann verfasse ihn nicht uneingeschränkt auf persisch, denn das ist unpassend, vor allem, wenn es sich um Dari handelt, das nicht allgemein bekannt ist. Das sollte man bei keiner Gelegenheit verwenden, sondern dann lieber gar nichts schreiben. Die Kunstmittel eines auf Arabisch geschriebenen Briefes sind ja bekannt, auch, wie man sie verwenden sollte. In einem arabischen Brief ist die Reimprosa eine (beliebte) Kunst, und dort ist sie schön und passend. Aber in einem auf persisch verfaßten Briefe ist Reimprosa nicht angebracht. Wenn du sie gar nicht verwendest, ist es besser. Aber jedes Wort, das du sagst, das sage in einer würdigen Form, metaphorisch, lieblich und prägnant. Ein Sekretär soll die Geheimnisse der Schreibkunst kennen und auch den Sinn von dunklen Anspielungen verstehen.

Erzählung

Also habe ich es vernommen, mein Sohn: Dein Großvater, der Sultan Mahmud* — Gott erbarme sich seiner —, schrieb einmal einen Brief an den Kalifen von Bagdad, Al-Qāder bellāh* und ließ ihm folgendes mitteilen: „Du sollst mir Transoxanien abtreten und mir darüber eine Urkunde als Lehensbrief ausstellen, damit ich diesen dann der Provinzialregierung vorlegen kann. Entweder werde ich diese Provinz mit dem Schwerte in Besitz nehmen oder die Untertanen werden auf deinen Befehl und deine Vollmacht hin nunmehr *mir* botmäßig sein." Darauf gab ihm der Kalif folgende Antwort: „Im ganzen Bereiche des Islams gibt es keine treueren Untertanen als diese. Gott bewahre mich davor, daß ich so etwas tue! Solltest du jedoch ohne meinen Befehl einen Angriff auf dieses Land machen, dann werde ich die Welt gegen dich aufrührerisch machen!"

Sultan Mahmud wurde durch diese Antwort schwer gekränkt und sprach zu dem Gesandten des Kalifen: „Sage dem Kalifen: ‚Was behauptest du? Bin ich etwa weniger als Abu Moslem*? Jetzt wird die Angelegenheit zwischen mir und dir ausgetragen werden! Ich werde mit tausend Elefanten kommen, und ich werde die Residenz des Kalifen durch die Füße meiner Elefanten zur Wüstenei zertrampeln lassen, und dann werde ich die Erde jener Stadt auf dem Rücken meiner Elefanten nach Ghasna tragen lassen!'" Dazu rühmte er sich seiner Elefanten.

Der Gesandte ging und kam nach einiger Zeit wieder zurück. Der Sultan Mahmud saß auf seinem Throne, und vor ihm standen in einer Reihe aufgestellt die Palastwächter und die Leibgardisten des königlichen Hofes, während man die wütenden Elefanten vor dem Tore des Palastes hatte halten lassen und die Truppen in feldmarschmäßiger Aufstellung standen. Nun wurde der Gesandte des Kalifen wieder vorgelassen. Er trat ein und überreichte dem Sultan Mahmud einen Brief, gleich einem unversehrten Bündel Mansurı-Papier, in einzelnen, miteinander verbundenen Aktenstücken, gerollt und versiegelt. Der Sultan Mahmud nahm ihn in die Hand. Dann sagte der Gesandte: „Mein Herr, der Beherrscher der Gläubigen, läßt dir sagen: Wir haben deinen Brief gelesen und deine Forderungen gehört. Die Antwort auf deinen Brief und auf deine Forderungen ist alles dies, was in diesem Briefe steht. Der Xāǧe* Abu Nasr Moškān*, der der Chef der königlichen Kanzlei war, streckte die Hand aus, nahm den Brief, öffnete ihn, um ihn vorzulesen. Am Anfang des Briefes stand folgendes geschrieben:

„Im Namen Gottes, des barmherzigen Erbarmers!"

Hierauf war eine Zeile so geschrieben: A L M. Am Schlusse des Briefes stand: „Preis sei Gott und Grüße an seinen Propheten Muhammad und seine gesamte Familie!" Weiter stand in dem Briefe nichts.

Mahmud und alle seine Sekretäre überlegten sich, was diese chiffrierten Worte zu bedeuten hätten. Jeden Vers, der im Koran A L M enthält, lasen sie und legten ihn aus, aber es fand sich keine für Mahmud passende Antwort. Schließlich ergriff der Xāǧe Abu-Bakr-Qohestānī* — Gott sei ihm gnädig — das Wort; er war noch jung und hatte daher nicht die Berechtigung niederzusitzen, sondern stand inmitten der Höflinge, die stehen mußten. Er sagte folgendes: „O Herr, Beherrscher der Gläubigen, der Kalif hat nicht nur alif, lām, mīm geschrieben. Vielmehr liegt die Sache folgendermaßen: Der Herrscher (= Mahmud) hatte ihm mit dem Einsatz von Elefanten gedroht und ihm sagen lassen: ‚Ich werde deine Residenz auf dem Rücken von Elefanten nach Ghasna transportieren!' Nun lautet die Antwort des Kalifen von Bagdad folgendermaßen: ‚Hast du nicht gesehen, wie dein Herr mit den Leuten, die die Elefanten führten, verfahren ist?' (Koran, Sure 105,1) Damit gibt der Kalif die Antwort auf die Drohungen des Sultans mit den Elefanten."

Wie ich hörte, fiel der Sultan daraufhin ohnmächtig nieder und kam lange Zeit nicht zum Bewußtsein. Dann weinte er sehr und schluchzte, wie es der religiöse Brauch dieses Herrschers war. An den Kalifen schrieb er einen Entschuldigungsbrief — aber das ist eine lange Geschichte. Dem Abu-Bakr-Qohestāni verlieh er ein Ehrenkleid von großem Werte und gab ihm die Erlaubnis, sich künftig unter den Höflingen niederzusetzen. So erwarb sich dieser durch ein einziges Wort eine hohe Rangstellung.

* * *

Erzählung

Weiter vernahm ich folgendes: Zur Zeit der Samaniden lebte der Emir Abu-'Ali-Simǧul* in Nischapur. Er pflegte zu sagen: „Ich bin Feldherr und zugleich Fürst von Chorasan." Aber er ging nicht an den Hof. Es war die letzte Zeit der Regierung der Samaniden und sie hatten nicht mehr so viel Volk, daß sie den Abu 'Ali mit Gewalt in ihre Hand bekommen konnten. Daher begnügten sich die Samaniden notgedrungen damit, daß ihr Name im Freitagsgebet genannt wurde, daß sie die Münzprägung behielten und Ehrengeschenke empfingen. Nun lebte in Xuǧān* ein Prediger namens 'Abdo-l-Ǧabbār*, der ein Rechtsgelehrter war und ein guter Literat, zugleich ein Schreibkundiger und ein hervorragend einsichtiger Mensch. Er war in jeder Hinsicht bewandert. Abu-'Ali-Simǧul ließ ihn aus Xuǧān herbeiholen und verlieh ihm das Amt seines Kanzlers. Er gab ihm alle Vollmacht und erledigte keine Angelegenheit ohne dessen Rat. Denn er war ein Mann von hohen Fähigkeiten.

Zur selben Zeit lebte am Hofe des Fürsten von Chorasan ein Kanzler namens Ahmad, Sohn des Rāfe^{c} Ja^{c}qubi*, ein sehr gelehrter und angesehener Mann; er hatte die Aufgabe, die Geschäfte für die Provinz Transoxanien zu führen. Dieser Ahmad Rāfe^{c} war mit 'Abdo-l-Ǧabbār befreundet, obwohl sie keine gemeinsame Reise miteinander gemacht hatten oder sich sonst begegnet waren. Ihre Freundschaft beruhte auf der Gleichartigkeit ihrer Bildung. Eines Tages sagte der Wesir von Chorasan zum Emir: „Wenn dieser 'Abdo-l-Ǧabbār nicht der Kanzler von Abu-'Ali-Simǧūl wäre, dann hätte man den Abu-'Ali überwältigen können. Denn diese ganze Aufsässigkeit des Abu-'Ali ist aus den rührigen Maßnahmen des 'Abdo-l-Ǧabbār entstanden. Man muß also einen Brief an Abu-'Ali schreiben mit folgendem Inhalt: ‚Wenn du uns untertänig und gehorsam bist, dann mußt du, sobald dieser Brief dich erreicht, dem 'Abdo-l-Ǧabbār den Kopf abschlagen lassen, in einen Sack stecken und durch diesen Kurier an den Hof schicken, damit wir erkennen, daß du uns gehorsam bist. Es ist uns bekannt, daß du alles, was du tust, auf den Rat des Genannten tust. Falls du das nicht ausführst, werde ich, der

Emir von Chorasan, augenblicklich in eigener Person kommen und dann — rüste dich zum Kampfe!'"

Als sie diesen Plan gefaßt hatten, da sprachen die Ratgeber: „Auf keinen Fall darf dieser Brief die Handschrift des Ahmad Rāf^{c}e tragen, denn dieser ist ja ein Freund des 'Abdo-l-Ǧabbār. Es ist also unvermeidlich, daß Ahmad Rāfe^{c} jemanden schicken und die Sache dem 'Abdo-l-Ǧabbār verraten wird, und dann wird dieser flüchten." Daraufhin ließ der Emir den Ahmad rufen und befahl ihm, den Brief in dem erwähnten Sinne zu schreiben; dann sagte er: „Wenn du diesen Brief geschrieben hast, dann wünsche ich, daß du einen Tag und eine Nacht nicht aus dem Palaste hinausgehst; und in dieser Zeit soll keiner von deinen Leuten zu dir kommen. Denn 'Abdo-l-Ǧabbār ist dein Freund; wenn man ihn nicht in die Hand bekommt, dann weiß ich, daß du ihn benachrichtigt hast, und das ist dann deine Schuld."

Ahmad konnte dagegen keinen Einwand erheben; er brach in Tränen aus und sprach zu sich selbst: „Ach, wäre ich doch niemals Kanzleibeamter geworden! Dann würde jetzt nicht mein Freund, der ein solches Wissen und so hohe Bildung hat, durch mein Schreiben dem Tode verfallen! Ich weiß mir in dieser Notlage keinen Ausweg." Schließlich fiel ihm folgender Vers aus dem Koran ein: „. . . daß sie getötet oder gekreuzigt werden". (Sure 5,33) Er sagte zu sich: „Obwohl er diese Chiffre nicht kennt und nicht hinter das damit angedeutete Geheimnis kommen wird, so habe ich doch wenigstens meine Freundschaftspflicht erfüllt." Als er den Brief geschrieben hatte, schrieb er die Adresse; an den Rand des Briefes schrieb er dann mit dünner Feder ein Alef und auf die andere Seite ein Nūn; das sollte bedeuten „an" (arab.: daß), d. h. das erste arabische Wort mit dem der Satz „. . . daß sie getötet würden" beginnt. Diesen Brief gab er dem Fürsten von Chorasan zu lesen; aber niemand beachtete die Adresse.

Als sie den Brief gelesen hatten, versiegelten sie ihn und übergaben ihn einem geschulten Kamelreiter, informierten ihn aber nicht über den Inhalt des Schreibens. Dieser erhielt den Auftrag: „Übergib diesen Brief dem 'Ali Simǧul. Was er dir gibt, das nimm in Empfang und bring es zurück!" Ahmad Rāfe^{c} nahm man drei Tage in Verwahrung. Nach diesen drei Tagen ging er blutenden Herzens wieder nach Hause. Der Kameltreiber ging nach Nischapur, trat vor Abu 'Ali und übergab ihm in der üblichen Form den Brief. Abu 'Ali nahm den Brief, küßte ihn und erkundigte sich nach dem Befinden und der Gesundheit des Emirs von Chorasan. Dem Kanzler 'Abdo-l-Ǧabbār, der gerade dasaß, gab er den Brief und befahl ihm: „Nimm das Siegel ab und mach uns den Auftrag kund!"

'Abdo-l-Ǧabbār nahm den Brief und sah sich die Adresse an. Bevor er das Siegel abgelöst hatte, bemerkte er, daß an dem einen Rande ein Alef geschrieben stand und an dem anderen ein Nūn. Sofort fiel ihm der Vers ein „. . . daß sie getötet werden", und da wußte er, daß in dem Brief stand, man solle ihn töten. Er ließ den noch versiegelten Brief aus der Hand fallen, dann hielt er die Hand an die Nase und sagte: „Ich habe Nasenbluten; ich gehe und wasche mich und komme dann zurück." So ging er von Abu 'Ali fort, indem er die Hand an die Nase gelegt hatte. Er eilte hinaus und versteckte sich an einem verborgenen Platze.

Man wartete eine Zeit, dann sagte Abu 'Ali: „Ruf den Xāǧe!" Man suchte ihn überall, fand ihn aber nicht. Sie sprachen: „Zu Pferde gestiegen ist er nicht, er ist zu Fuß fortgegangen; er ist nicht nach Hause gegangen, niemand weiß, wo er ist." Der Emir ließ daraufhin einen anderen Schreiber holen. Der kam und las in Gegenwart des Kamelreiters den Brief vor. Als nun die Sache bekannt geworden war, da verwunderten sich alle Leute und fragten sich, wer ihm wohl gesagt haben könne, was in diesem Briefe stand. Obwohl der Abu 'Ali sich insgeheim darüber freute, so tat er doch in der Gegenwart des Kuriers so, als ob er etwas bekümmert sei. Man ließ einen Herold kommen und schickte ihn ihn die Stadt.

Daraufhin entsandte 'Abdo-l-Ǧabbār heimlich einen Boten an den Emir mit der Meldung: „Ich halte mich da und da versteckt." Der Emir freute sich darüber und sagte Gott — er ist erhaben — Dank dafür. Dem 'Abdo-l-Ǧabbār ließ er sagen, er solle dort bleiben, wo er sich aufhalte.

Als einige Tage vergangen waren, ließ er dem Kurier eine schöne Belohnung überreichen und schrieb einen Antwortbrief. Darin stand, wie sich die Sache verhielte; zugleich schwor der Emir feierliche Eide und erklärte: „Wir haben keinerlei Nachricht von der Flucht des Kanzlers erhalten." Als nun der Kurier wieder eintraf und die ganze Sache ruchbar geworden war, da gab der Emir von Chorasan nach und verzieh, er schickte aber ein versiegeltes Schreiben des Inhalts: „Wir haben ihm vergeben unter der Bedingung, daß er mir sagt, auf welche Weise er erfahren hat, was in dem Briefe geschrieben stand."

Daraufhin sagte Ahmad Rāfe^c: „Gib mir Sicherheit für mein Leben, dann werde ich es dir verraten." Der Fürst versprach sie ihm, und daraufhin ließ er sich den Brief zurückbringen, um diese Chiffrierung zu sehen. Als man ihm den Brief überbracht hatte, erklärte ihm Ahmad Rāfe^c die Chiffre. Es war genau so, wie er es gesagt hatte, und alle Leute waren betroffen von dem Scharfsinn des Sekretärs.

* * *

Eine weitere Bedingung für einen Königlichen Kanzler ist folgende: Du mußt dich immer in der Nähe des Hofes aufhalten, die früheren Methoden kennen, eine scharfe Auffassungsgabe zeigen und ein gutes Gedächtnis haben, nicht vergeßlich sein, findig sein beim Ermitteln in allen Angelegenheiten; du mußt dir alles merken, was man dir befiehlt und du mußt das unterlassen, was man dir nicht befiehlt, und bewandert sein in allen Dingen, die die Mitglieder des Königlichen Staatsrates betreffen, und du mußt Bescheid wissen über die Geschäftsführung der Gouverneure. Erkundige dich genau und mach auf alle mögliche Weise von deiner Kenntnis Gebrauch. Aber dieses geheime Wissen mache niemandem offenbar, außer, wenn es sich gar nicht vermeiden läßt. Nach außen beschäftige dich mit deinen eigenen Angelegenheiten; insgeheim aber wisse über alle Sachen Bescheid.

Das Rechnungswesen mußt du beherrschen; auch darfst du nicht eine einzige Stunde versäumen, um Kenntnisse zu sammeln, dich um die Königliche Haushaltsführung zu kümmern und Geschäftsbriefe zu verfassen. Denn das alles gehört zu den Aufgaben eines Kanzlers.

Die beste Kunst eines Kanzleibeamten ist es, seine Zunge in Zaum zu halten und das Geheimnis seines Brotgebers nicht zu verraten, seinen Herrn über alles Geschäftliche auf dem laufenden zu halten und dabei doch nicht aufdringlich zu sein. Wenn du aber auch noch die Kunst der Kalligraphie verstehst und jede Schriftart, die du bemerkst, genau wiedergeben kannst, dann ist dies ein ganz treffliches Wissen. Allerdings darfst du diese Fähigkeit nicht jedem preisgeben, damit du nicht in den Ruf kommst, ein Schriftfälscher zu sein; dann würde dein Brotherr dir sein Vertrauen entziehen. Sollte nämlich ein anderer eine Fälschung gemacht haben und man weiß nicht, wer es war, dann wird man sie dir zur Last legen. Mach nicht bei jeder Bagatelle eine solche Schriftfälschung, sondern warte damit, bis der Zeitpunkt kommt, an dem es sich als zweckmäßig und in hohem Maße nützlich erweist.

Wenn du so etwas tust, dann darf keiner dich verdächtigen. Denn es hat schon viele kenntnisreiche und angesehene Sekretäre und gelehrte Minister gegeben, die durch Schriftfälschung ins Verderben geraten sind.

Erzählung

Rabi[c], Sohn des Mozaffaro-l-Qasri*, war ein gelehrter und hochangesehener Sekretär, der in der Kanzlei seines Herrn Sāheb die Kunst der Schriftfälschung betrieb. Die Nachricht davon kam seinem Gebieter zu Ohren. Aber er wußte sich nicht zu helfen, denn er konnte diesen Mann wegen seiner Gelehrsamkeit nicht umbringen, aber er konnte ihn auch nicht aus dem Diwan entfernen. So überlegte er sich, was er tun solle. Zufällig traf es sich nun, daß den Sāheb eine Krankheit befiel, und die Leute gingen zu ihm und machten einen Krankenbesuch. So kam auch dieser Rabi[c] zu ihm und setzte sich zu ihm, wie es üblich ist. Er fragte den Sāheb: „Was für ein Leiden hast du?" Der nannte eine Krankheit. „Und was trinkst du dafür?" Er antwortete: „Einen gewissen Saft." Der Besucher fragte weiter: „Welche Speise nimmst du denn zu dir?" Er gab ihm zur Antwort: „Ich esse, was du vorbereitest, nämlich Mozawweri* (das heißt, eine Verfälschung und ist zugleich der Name einer Speise). Da merkte der Sekretär, daß Sāheb über die Fälschertätigkeit Bescheid wußte. Er sagte: „Herr, ich schwöre bei deinem Leben und deinem Haupte, daß ich das nicht wieder tun werde." Sāheb sagte: „Wenn du das, was du getan hast, bereust, so will ich dich nicht bestrafen; so ist dir verziehen."

* * *

Wisse also, mein Sohn, daß diese Kunst der Schriftfälschung eine schwerwiegende Sache ist und halte dich darum von ihr zurück. Ich kann nicht von jedem Beruf und jeder Art der Beschäftigung eine weitschweifige Geschichte erzählen, sonst würde meine Darstellung zu lang ausfallen. Auch würde ich meine Absicht verfehlen. Freilich kann ich manches auch nicht ungesagt lassen. So werde ich von jedem Gegenstande einige wichtige Punkte sagen, damit du merkst, daß ich dir von allem das Nutzbringende übermittelt habe. Wenn du dir das zu Herzen nimmst, dann wirst du manchen Gewinn haben. Denn an einem einzigen Leuchter kann man viele Lichter entzünden. Wenn du durch Gottes Gnade vom Amt eines Kanzlers zum Amte eines Ministers aufsteigst, dann mußt du auch die Voraussetzungen für das Ministeramt kennen.

Vierzigstes Kapitel

Voraussetzungen und Regeln für das Ministeramt

Wenn du Minister wirst, dann mußt du ein Rechnungsführer sein und dich gut auf dein Ressort verstehen. Sei deinem Herrn und Brotgeber gegenüber ehrlich und gewissenhaft. Begehre nicht alles für dich selbst, denn man hat gesagt: „Wer das Ganze verlangt, dem schwindet das Ganze dahin". Ja, man wird dir doch nicht *alles* geben; und wenn man es dir auch für den Augenblick gibt, so wird man es später doch zurückverlangen. Wenn man es dir fürs erste auch einräumt, daß du dich bereicherst, schließlich wird man das nicht mehr tun. Darum bewahre das gut, was deinem Herrn gehört.

Wenn du speisest, so speise „mit zwei Fingern" (d. h. mit Maßen), sonst bleibt dir der Bissen im Halse stecken. Deinen Beamten binde die Hände nicht ganz und gar (d. h. laß ihnen etwas Freiheit); denn wenn man mit dem Öl beim Heizen spart, wird das Fleisch roh bleiben. Wenn du den anderen nicht ein Sechstel eines Dirhams überlässest, kannst du den ganzen Dirham nicht für dich verzehren; und wenn du es doch tust, dann werden die Unterdrückten dich nicht in Ruhe lassen; sie werden es nicht dulden, daß der Gewinn, den du davon hast, verborgen bleibt. So wie du dich deinem Herrn und Brotgeber gegenüber ehrenhaft verhältst, ebenso sei auch deinem Gefolge und deinen Untergebenen gegenüber gerecht. Um eines ganz geringfügigen Vorteils willen mach keine Anstrengungen. Denn wenn man das Fleisch von den Zähnen mit dem Zahnstocher herausholt, so wird man davon nicht satt. Durch deine Großzügigkeit kannst du ein ganzes Heer gewinnen; bist du aber kleinlich, dann hast du das ganze Heer gegen deinen Herrn. Wenn du etwas besonders Denkwürdiges offenbaren willst, dann bemühe dich um das Errichten von Bauwerken und fördere die Landwirtschaft, um daraus Ertrag zu ziehen. Ferner mach das Ödland im Reiche urbar, damit es zehnfachen Gewinn einbringt und damit du die Geschöpfe Gottes (= die Menschen) nicht verelenden lässest.

Erzählung

Ich vernahm folgende Geschichte. Ein König von den persischen Herrschern war einmal zornig auf seinen Minister und entließ ihn aus dem Amte. Dann berief er jemand anderen in das Ministeramt. Zugleich sagte er zu ihm: „Wähle dir einen Platz aus, damit ich ihn dir zum Lehen gebe. Du magst dann mit deinem Hab und Gut und deiner ganzen Gefolgschaft dorthin ziehen und dort deinen Aufenthaltsort nehmen." Der Minister sagte: „Hab und Gut begehre ich nicht; was ich besitze, habe ich dem König geschenkt. Auch wünsche ich nicht, daß mir bebautes Land verliehen wird. Will der König mir gnädig sein, dann schenke er mir das Besitzrecht für ein verfallenes Dorf. Ich werde ein geflicktes Gewand anlegen, diesen Ort bebauen und mich dort niederlassen." Der König befahl: „Gebt ihm so viele verfallene Dörfer, wie er haben will!" Im ganzen Königreich suchte man nun danach; aber man konnte keinen Handbreit Landes auffinden, der unbebaut war und den man ihm hätte geben können. nachdem man den König davon benachrichtigt hatte, sagte der Minister: „Mein König! Ich wußte das ja schon selbst, daß es in deinem ganzen Reich und überall, wo du gebietest, infolge meiner Amtsführung kein unbebautes Stück Land gibt. Wenn du mir jetzt das Land wegnimmst, dann übertrage es jemandem, der dieses Land, wenn du es von ihm zurückforderst, in dem gleichen guten Zustande zurückläßt, wie ich es zurückgelassen habe." Als das der König vernahm, da entschuldigte er sich bei dem abgesetzten Minister, gab ihm ein Ehrenkleid und berief ihn in das Ministeramt zurück.

* * *

Mit dieser Geschichte will ich sagen: Du mußt in deinem Amte ein gerechter Mann und ein Bauherr sein, damit du immer ein gutes Gewissen hast und du dein Leben ohne Angst führen kannst. Wenn sich aber doch einmal das Heer gegen dich empört, dann werden die Vasallen deines Königs dich notwendigerweise aus deinem Amte verdrängen, um nicht deinen König preisgeben zu müssen. Das Unrecht aber, das du begangen hast, hast du nicht dem Heer gegenüber, sondern dir und dem König gegenüber begangen. Der Gewinn, den du davon glaubst, dir erwerben zu können, wird für dich zum Verderben ausschlagen.

Du mußt deinen Herrn dazu ermutigen, Gutes zu tun für die Armee. Denn das Heer ist es, das eine Herrschaft aufrecht erhält, und ebenso gründet sich der Wohlstand der Dörfer auf die Gutsherren. Also bemühe dich darum, die Kultivation des Landes zu betreiben. Du mußt die Herrschaft erhalten und wissen, daß die Erhaltung der Herrschaft auf der Armee beruht; die Armee aber muß man durch Gold an sich fesseln; Gold aber gewinnt man durch die Kultivation des Landes; die Kultivation aber gründet sich auf Recht und Gerechtigkeit und auf eine gewissenhafte Amtsführung.

Darum mußt du gewissenhaft und gerecht sein. Auch wenn du ein treuer Verwalter bist und frei von Verrat, fürchte dich doch immer vor dem König, deinem Herrn! Denn keiner muß seinen Herrn so fürchten, wie der Minister. Auch wenn der König noch jung ist, rechne nicht mit seiner Minderjährigkeit; denn Königssöhne sind gewissermaßen wie Wasservögel: Das Junge eines Wasservogels braucht man das Schwimmen nicht erst zu lehren. Es wird nicht lange dauern, bis auch ein junger Fürst von dem erfährt, was du Gutes oder Schlimmes getan hast. Ist der König dann volljährig und regierungsfähig, dann gibt es nur folgende zwei Möglichkeiten: Er kann ein Weiser oder ein Tor sein. Wenn er ein weiser Mann ist und mit deiner unehrlichen Geschäftsführung unzufrieden sein sollte, dann wird er dich auf die beste Art und Weise aus deinem Amte entfernen. Ist er aber ein Unweiser und ein Tor — was Gott verhüten möge! — dann wird er dich auf jede nur mögliche schändliche Weise beseitigen. Bei einem weisen Herrscher magst du dein Leben vielleicht noch retten, bei einem törichten gibt es unter keinen Umständen eine Rettung für dich.

Fernerhin ist zu beachten: Trenne dich niemals von deinem Fürsten, wenn er ausgeht. Laß ihn niemals allein, damit deine Feinde nicht während deiner Abwesenheit die Gelegenheit wahrnehmen, um Schlechtes über dich zu sprechen und ihn in seiner Gesinnung dir gegenüber umzustimmen. Versäume es auch nicht, dich über das Befinden des Monarchen auf dem laufenden zu halten. Richte es so ein, daß deine Vertrauensleute dir als Spione dienen, so daß sie dich gewissermaßen über jeden Atemzug, den der Fürst tut, in Kenntnis setzen, damit du dir über jede Äußerung, die er getan hat, Gedanken machen kannst. Denn für jedes Gift, das man für dich vorbereitet hat, mußt du ein Gegengift bereithalten.

Erkundige dich auch fortlaufend über die Fürsten der angrenzenden und nächstliegenden Gebiete. Es muß so sein, daß weder Freund noch Feind deines Souveräns auch nur einen Schluck Wasser trinkt, ohne daß deine Spitzel dir das melden. Du wirst dann über die Verhältnisse in jenem fremden Staat ebenso unterrichtet sein wie über die in deinem eigenen.

Erzählung

Ich habe folgendes gehört: Der berühmte Minister des Königs Faxro-d-Doule, Sāheb Esmā^{c}il ^{c}Abbād war einmal zwei Tage nicht in den Staatsrat gekommen; er hatte auch niemanden zu sich gelassen. Ein Bote meldete dies dem König. Dieser schickte eine Ordonnanz zu Sāheb und ließ ihm folgendes sagen: „Ich habe die Meldung von deiner Schwermut vernommen, und sie beschäftigt mich sehr. Die Ursache dafür kenne ich nicht. Wenn es so ist, daß dein Herz um das Reich besorgt ist, dann zeige mir das an, damit auch ich die Angelegenheit in meine Hand nehmen kann. Sollte dir von mir irgendein Unrecht zugefügt worden sein, so sage es, damit ich mich bei dir entschuldige.

Sāheb antwortete: „Verhüte Gott, daß mein Herr seinem Diener eine Kränkung zugefügt hat oder daß die Schuld bei den Staatsangelegenheiten liegen könne! Nein, beim Staate ist alles in Ordnung. Mein königlicher Herr möge in Freude leben! Die Sorge meines Herzens wird schnell vergehen.“ Am dritten Tage darauf erschien er wieder am Hof des Königs und saß, ebenso wie immer, in guter Stimmung an seinem Platze. Der König fragte ihn: „Nun, aus welchem Grunde warst du denn beunruhigt?“ Sāheb erwiderte: „Aus Kāšġar* (Kaschgar) hatten mir meine Kundschafter geschrieben, daß der Xāq̄ān* eines Tages zu irgendeinem General irgendetwas gesagt habe. Wir konnten aber nicht erfahren, was das war. Ich brachte keinen Bissen Brot mehr hinunter, aus Ärger darüber, daß der Monarch von Turkestan ein Wort sprechen kann, über das man mich nicht genau informiert hat. Heute nun gelangte ein Brief an mich, aus dem ich erfuhr, worum es sich handelte. Nunmehr bin ich wieder beruhigt.“

* * *

Also mußt du, mein Sohn, Kenntnis haben über die Verhältnisse bei allen anderen Herrschern und darüber deinem eigenen Herrn berichten, damit er über seine Freunde und Feinde Bescheid weiß und damit so deine Beobachtungsgabe deinem Fürsten bekannt wird. Jedes Amt, mit dem du jemanden betraust, gib an den, der dafür geeignet ist. Vertraue die Welt nicht aus Gewinnsucht den Unwissenden und Ungerechten an. Ein wichtiges Staatsamt übertrage nicht an Beamte, die ihrem persönlichen Werte nach nicht viel taugen.

Den Bozorgmehr fragte man einmal: „Obschon du doch mitten in der Verwaltungstätigkeit unter der Dynastie der Sasaniden standest, wie kam es, daß sie zugrundegingen?“ Er gab zur Antwort: „Das kam davon, daß sie in großen und wichtigen Staatsangelegenheiten die Unterstützung niederer Beamter in Anspruch nahmen. Auf diese Weise kam ihre Herrschaft in einen solchen Zustand.“

Leuten, die nichts haben und arme Kerle sind, vertraue kein Staatsamt an, besonders nicht ein wichtiges. Denn solange sie nicht für ihre eigenen Interessen sich bemüht haben, werden sie sich um deine Angelegenheiten (und die des Staates) nicht kümmern. Umgekehrt wird derjenige, der selbst über (genügend) Existenzmittel und Macht verfügt, nicht ganz und gar um sich selber besorgt sein, sondern deine Angelegenheiten mit mehr Eifer erledigen. Das ist ähnlich, wie wenn man Pflanzungen und Gärten bewässert. Wenn der Kanal, der die Pflanzung und den Garten versorgt, feucht und voll Wasser getränkt ist, dann befördert er schnell das Wasser zur Pflanzung und zum Garten. Aber wenn der Boden des Kanalbettes trocken ist und das schon seit längerer Zeit war, so daß kein Wasser hineinfloß, — und wenn man dann das Wasser hineinfließen lassen will, dann läßt dieser Kanal das Wasser nicht bis zur Pflanzung und zum Garten gelangen, bis er nicht von neuem naß geworden und bewässert worden ist. So also gleicht ein armer Beamter einem trockenen Kanal: Er befriedigt zuerst sein eigenes Streben nach Vermögen und Existenzmitteln, und nachher erst wird er sich um deine Angelegenheiten kümmern. Weiterhin halte deine Befehlsgewalt unbedingt aufrecht und dulde nicht, daß irgendein anderer deiner Anordnung zu widersprechen wagt.

Erzählung

Ich vernahm folgendes: Abo-l-Fazl Bal^{c}ami* wollte dem Sahl-e-Xoğandi* die Verwaltung der Provinz Samarkand übertragen; er hatte bereits das Ernennungsdekret mit dem kaiserlichen Siegel versehen und dem Ernannten ein Ehrenkleid verliehen. Nun begab sich Sahl an dem Tage, da er abreisen sollte, in den Palast seines Vorgesetzten, um Abschied zu nehmen und das Ernennungsdekret zu empfangen. Während die Abschiedszeremonie vor sich ging, sprach Sahl das Wort, das er noch vorhatte zu sagen, öffentlich nicht aus; dann aber bat er um eine geheime Unterredung. Der Minister ließ nun den Saal räumen, und Sahl sagte folgendes: „Lang lebe mein Herr! Wenn ich nunmehr mein Amt antrete, so werden zweifellos von hier aus Befehle an mich gegeben. Der Herr Minister möge seinem Diener (= mir) ein Zeichen geben, damit ich weiß, welche Befehle ich ausführen und welche ich nicht ausführen soll." Darauf antwortete Abo-l-Fazl Bal^{c}ami*: „Nun, Sahl, du hast wohlgesprochen. Ich weiß, daß du dir das lange Zeit überlegt hast. Auch ich muß mir das lange überlegen; denn in einer solchen Angelegenheit darf man keine kurzfristige Antwort geben. Du, verweile noch einige Tage hier!"

Sahl-e-Xoġandi ging nach Hause. Zur gleichen Zeit wurde Solejmān — Sohn des Jahjā al Čaġāni* — die Statthalterschaft von Samarkand anvertraut, und man schickte ihn, versehen mit dem Ehrenkleid und dem Ernennungsdekret dorthin. Man befahl dem Sahl zu sagen, er dürfe ein Jahr lang sein Haus in Bochara nicht verlassen. So saß er nun ein Jahr lang in seinem Hause in Arrest.

Nach einem Jahr ließ ihn sein Herr, der Minister, rufen und sagte zu ihm: „O Sahl, wann hast du jemals gesehen, daß wir zwei Befehle ausfertigen lassen, einen richtigen und einen falschen? Wir lehren die Großen der Welt durch das Schwert Gehorsam. Was für eine Torheit hast du jemals an uns gesehen, daß wir unsere Untergebenen den Ungehorsam lehren und zu ihnen sagen: „Führe diesen Befehl nicht aus!" Unser Befehl ist nur *einer.* Was wir tun wollen, befehlen wir selbst, und was wir nicht tun wollen, das befehlen wir nicht. Denn wir haben weder Angst noch Furcht vor irgendjemandem; auch sind wir durchaus nicht untauglich für unser Amt! Wohl aber ist die Meinung, die du über uns hast, der Beweis für deine Unfähigkeit. Da du in *uns* einen dummen Bauern gesehen hast, so hielten wir auch *dich* in deinem Amte für einen solchen dummen Kerl (wörtl.: „Mann zu Fuß"). Du sollst nicht dein Amt übernehmen in der Meinung, irgend jemand könne die Dreistigkeit besitzen, unsere Befehle nicht auszuführen." Denn der Minister ist der Hüter des Reichs. Es wäre doch eine Schande, wenn man einem Hüter noch einen zweiten Hüter beigeben müßte."

Sollte nun zufälligerweise die Funktion des Ministers mit dem Oberkommando über die Armee zusammenfallen, dann mußt du dich über die Voraussetzungen der Heeresführung unterrichten.

Gott ist der Leiter zum Rechten!

Einundvierzigstes Kapitel

Voraussetzungen und Regeln für die Heerführung

Wenn du Feldherr bist, dann sei gütig zu deinen Mannschaften im Heere. Erweise du ihnen selbst Wohlwollen und bitte auch deinen Herrn, daß er sich gütig zeigt. Sei immer wachsam und verstehe dich auf die Kunst, ein Heer zu führen und eine Schlacht zu schlagen. An dem Tage, da es zur Schlacht kommt, schicke auf den rechten und auf den linken Heeresflügel kampferprobte und sachkundige Befehlshaber. Den tapfersten Befehlshaber mit den besten Mannschaften muß man an die Flanke stellen; denn der Rückhalt des Heeres ist bei den Truppen, die an der Flanke postiert sind.

Wenn der Feind auch schwach ist, so halte ihn doch nicht für schwach; verhalte dich vielmehr jenem angeblich schwachen Feind gegenüber genau so vorsichtig, wie du dich einem starken gegenüber verhalten würdest. Sei im Kampf nicht zu tollkühn (beim Angriff), damit du dein Heer nicht preisgibst. Sei aber auch nicht so feigherzig, daß du infolge deiner eigenen Feigheit deine Truppen zur Flucht veranlassest. Vergiß ja nicht, die Spähtrupps auszusenden und dich über den Zustand beim Feinde zu informieren. Laß nicht ab, Tag und Nacht Vorposten auszuschicken.

Wenn am Tage der Schlacht dein Auge auf dem Heere des Feindes ruht und die beiden Armeen miteinander zusammentreffen, dann sei heiter und sprich so zu deinen Mannschaften: „Was sind das für Hunde? Nach einer Stunde werden wir ihnen die Haut abreißen. Wirf nicht mit *einem* Male das ganze Heer in den Kampf, sondern Bataillon auf Bataillon, Kavallerieregiment auf Kavallerieregiment laß angreifen. Ruf jeden General und jeden Obersten mit Namen auf und befiehl ihnen: „Du, N. N., rücke in der und der Richtung mit deinen Leuten vor!“ Alle diejenigen aber, die zum Entscheidungsstoß nötig sind, die müssen unmittelbar von dir selbst aufgestellt sein.

Jeden, der besonders gut kämpft, der irgendeinen Feind niederstreckt oder verwundet, der einen Ritter gefangen nimmt, der ein feindliches Pferd an sich reißt oder sonst einen erwünschten Dienst leistet, dem erweise für dieses Verdienst deine Gunst in erhöhtem Maße, indem du ihm ein Ehrengewand verleihst oder durch Erhöhung seines Lohnes. Bei einer solchen Gelegenheit darfst du nicht mit deinem Gelde knausern. Sei überhaupt nicht kleinlich, damit sich der beabsichtigte Erfolg schnell einstellt. Denn wenn die Krieger deine Hochherzigkeit sehen, so wird ihr Kampfeseifer wachsen; und keiner wird dann im Kampf einen Fehler machen, und dann wird sich der Sieg wunschgemäß einstellen. Wenn du durch diesen Angriff zum Ziele gelangt bist, so ist dies ganz ausgezeichnet. Du aber handle nicht voreilig und überstürzt, sondern bleibe an deinem Standort mit deinem eigenen Körper und mache keine weiteren Anstrengungen. Dann freilich, wenn der Kampf bis an die Stellung des Feldherrn kommt und die Gefechtslage kritisch geworden ist, wenn die Schlacht dich selbst erreichen sollte, ist das für dich die Gelegenheit, da einzugreifen. Laß den Gedanken an Flucht nicht in dein Herz kommen, sondern streite bis zum Tode. Denn einen, der sein Herz mit dem Gedanken an den Tod ausgesöhnt hat und sich innerlich vom Leben loszulösen vermag, den kann man aus einem nur geringfügigen Anlasse von seinem Standort nicht vertreiben. Und gib acht, daß du nicht zu denjenigen Oberbefehlshabern gehörst, wie sie Asǧadi* erwähnt im Zusammenhang mit dem Sieg von Xārazm* (Choresmien) über den Sultan Mahmud, Gott sei ihm gnädig:

Gedicht

Der Oberbefehlshaber war ein „Heeresbrecher";
zuletzt aber hat er sein eigenes Heer zerbrochen.

Wenn du den Sieg gewonnen hast, dann jage nicht allzu wild hinter den flüchtenden Feinden her. Denn sollten die Feinde zurückkehren, so könnte allerhand Unangenehmes passieren, und man kann nicht wissen, wie dann die Lage ist. Der große Fürst, mein Vater — Gott erbarme sich seiner! — verfolgte niemals einen geschlagenen Feind, er pflegte zu sagen: „Wenn Truppen auf der Flucht in einer hoffnungslosen Lage sind, dann raffen sie sich zum Kampf um ihr Leben auf und leisten aufs neue Widerstand." Wenn der Feind zum Kampfe zurückkehrt, sollte man ihn nicht nochmals angreifen, damit keine Fehlschläge dabei entstehen.

Wenn du zum Kampfe ausziehst, dann ist es unbedingt notwendig, daß du mit den Augen des Kopfes genau den Weg beobachtest, auf dem du in den Kampf hineingehst; ebenso mußt du heimlich im Geiste (wörtlich: „mit den Augen des Herzens") den Weg dir vergegenwärtigen, auf dem du wieder aus dem Kampfe herauskommst. Denn es kann ganz anders kommen, als du es wünschest. Ferner: Vergiß dieses eine Wort nicht — obwohl ich es schon anderwärts gesagt habe, will ich es doch wiederholen: Solltest du im Verlaufe des Kampfes in einen Engpaß kommen, und wenn es dann beispielsweise nur noch einen einzigen Schritt weit hinter dir bis zu einem günstigeren Platz sein sollte, dann hüte dich, diesen einen Schritt rückwärts zu tun! Denn wenn du auch nur einen Schritt vom Kampfplatz zurückgehst, dann werden deine Truppen gleichzeitig mit dir zurückweichen. Immer bemühe dich, von deinem Standort aus vorwärts zu gehen und weiche niemals einen Schritt zurück! Es muß so sein, daß deine Truppe jederzeit auf dein Leben und auf deinen Kopf einen Eid schwört.

Sei freigebig deinen Truppen gegenüber! Wenn es dir nicht möglich ist, durch Ehrenkleider und andere Geschenke im voraus deine Mannschaften zu bereichern, dann karge wenigstens nicht mit Brot, Wein und guten Worten! Nimm keinen Bissen Brot und keinen Becher Wein zu dir außer in Gegenwart deines Heeres. Denn was ein Stück Brot bewirkt, das bewirken Gold, Silber und Ehrengewänder nicht. Halte deine Truppe immer in Zufriedenheit; denn wenn du willst, daß sie dir ihr Leben nicht versagen, dann versage du ihnen nicht die notwendige Verpflegung.

Wenn auch alle Dinge an die Vorbestimmung Gottes — erhaben ist sein Ruhm! — geknüpft sind, so mußt du doch alles tun — und zwar in der richtigen Weise —, was deine Pflicht zur Überlegung erfordert. Denn was von der Fügung bestimmt ist, wird ja ohnedies eintreten.

Sollte Gott — er ist erhaben — dir die Gnade zuteil werden lassen und dir die Königsherrschaft verleihen, so mußt du die Voraussetzungen für die Ausübung der Königsherrschaft beachten.

Gott ist es, der zum rechten Wege bringt!

Zweiundvierzigstes Kapitel

Voraussetzungen und Regeln des Königtums

Wenn du eines Tages König bist, dann sei fromm und halte Auge und Hand von dem Frauengemach der Moslems fern! Sei keusch (wörtlich: Habe ein reines Beinkleid), denn Reinheit gehört zur Religion. In jeder Angelegenheit übe Selbstbeherrschung. In allem, was du tun willst, berate dich zuallererst mit deinem Verstande; denn der Großwesir des Königs ist der Verstand.

Solange du die Möglichkeit siehst, bedachtsam zu handeln, handle nicht mit Übereilung. Bei jeder deiner Unternehmungen untersuche zuerst den Weg, wie du aus dieser Sache herauskommst; und solange du nicht das Ende siehst, blicke auch nicht auf den Anfang. Bei jeder Sache befleißige dich der Sanftmut; und alles, was du auf diese Weise erreichen kannst, das führe nicht anders durch als mit Sanftmut. An der Ungerechtigkeit darfst du keinen Gefallen finden. Alle Taten und Worte „betrachte mit dem Auge der Gerechtigkeit", damit du in allen Handlungen das Rechte und das Unrechte unterscheiden kannst. Denn solange ein König das Auge der Gerechtigkeit und des Verstandes nicht offenhält, wird er auch Recht und Unrecht nicht voneinander unterscheiden können.

Immer sprich die Wahrheit; aber sprich wenig und lache nur selten, damit deine Untertanen nicht dir gegenüber frech werden. Denn man hat gesagt: „Das Schlimmste für einen Herrscher ist die Dreistigkeit seiner Untertanen, der Ungehorsam der Dienerschaft und der Umstand, daß die Bedürftigen von ihm keine Gaben bekommen.

Zeige dich vor der Öffentlichkeit selten, damit du vor den Truppen und den Untertanen nicht bedeutungslos erscheinst. Sei nicht vertragsbrüchig zu den Menschen, sei barmherzig, aber den Unbarmherzigen gegenüber zeige keine Gnade! Handle mit politischer Klugheit, vor allem deinem Minister gegenüber. Zeige dich vor ihm nicht allzu offenherzig und sei nicht ganz und gar seines Rates bedürftig. Jedes Wort, das der Minister über irgendjemanden gesagt hat, und den Weg, den er dir weist, höre dir an, aber gib nicht sofort deine Zustimmung dazu. Sprich: „Wir wollen uns die Sache überlegen, dann werden wir befehlen, wie es sein soll." Hierauf ordne eine Untersuchung über den Gegenstand an; prüfe dabei, ob der Minister dein Wohl im Auge hat oder seinen eigenen Vorteil dabei sucht. Wenn du das festgestellt hast, dann gib die Antwort, die du für recht und billig hältst, damit er nicht denkt, du seiest von seinem Ratschlage abhängig.

Ob du alt oder jung bist, halte dir einen bejahrten Minister und vertraue keinem jungen Manne das Ministeramt an; denn man hat gesagt: „Ein Heerführer soll nur ein Mann von Jahren sein; denn ein junger Mann bleibt auch dann ein junger Mann, wenn er ein Meister ist.“ Ferner: Wenn du selbst schon alt bist, dann ist es eine häßliche Sache, wenn für einen alten Herrn ein junger Administrator und Hausverwalter ist. Bist du aber noch jung und dein Minister gleichfalls, dann wird sich dein jugendliches Feuer mit dem deines Ministers vereinigen, und durch diese beiden Feuer zusammen wird das Reich in Brand geraten.

Weiterhin soll der Minister ein gutes Aussehen haben und ein älterer Mann sein, von gereiftem Alter, von tadelloser Gestalt und kräftig gebaut. Er soll auch wohlbeleibt sein; denn ein hagerer Mann mit einem schwarzen Barte und von kleinem Wuchse hat nicht die nötige Würde. Einen großen Bart soll er haben.

Erzählung

So wollte der Sultan Toġrul Beg* einem von den Gelehrten von Chorasan das Ministeramt anvertrauen, und er wählte den gelehrten Farābi* dazu aus. Dieser Gelehrte hatte einen Bart, der bis zum Nabel reichte und sehr lang und breit war. Man brachte ihn nun herbei und eröffnete ihm die Botschaft des Sultans: „Wir haben dich in das Ministeramt berufen und du sollst die Verwaltung unserer Hofhaltung übernehmen; denn wir kennen für diesen Posten keinen geeigneteren Mann als dich.“ Der Gelehrte sagte darauf: „Saget dem Herrn Sultan: Mögest du tausend Jahre noch leben! Das Amt des Ministers ist ein Beruf, zu dem man eine sehr große Berufsausrüstung braucht. Von allen Voraussetzungen für einen solchen Staatsdiener besitze ich außer meinem Barte keine einzige. Der Herrscher möge sich nicht durch meinen Bart täuschen lassen, sondern diesen Dienst irgendeinem anderen übertragen.“

* * *

Jedem, den du zum Ministeramt berufst, gib unumschränkte Vollmacht, damit die Angelegenheiten und Geschäfte deines Reiches nicht in Rückstand geraten. Begünstige die Angehörigen und Verwandten deines Ministers, damit es ihnen bei der Zuteilung von Lebensmitteln und sonstigen Wohltaten an nichts fehlt. Aber vertraue den Verwandten und Freunden des Ministers kein Staatsamt an: Man kann dem Wolfe nicht ein ganzes Stück Speck auf einmal geben. Der Minister wird ja unter gar keinen Umständen einen Rechenschaftsbericht über das seinen Verwandten zugeflossene Geld in ehrlicher Weise ablegen. Handelt es sich dabei aber um Zuwendungen aus *deinem*, des Fürsten, Vermögen, so wird er seine Verwandten nicht schädigen wollen. Auch werden manche von den Verwandten des Ministers im Hinblick auf ihr enges Verhältnis zu ihm Ungerechtigkeiten gegenüber den Moslems sich in einem solchen Ausmaß zuschulden kommen lassen, daß fremde Leute nicht ein Hundertstel davon verüben.

Mit einem Räuber habe kein Erbarmen und gestatte nicht, daß man einem Mörder vergibt. Denn wenn du einen Mörder begnadigst, so wirst auch du am Tage der Auferstehung an dem Verbrechen des Blutvergießens mitschuldig sein und dafür zur Verantwortung gezogen werden. Aber deinen eigenen Dienern gegenüber sei gnädig, und halte von ihnen das Böse fern. Denn die Könige sind wie die Hirten, und die Untergebenen sind wie ihre Herde. Wenn nun der Hirt kein Mitleid mit der Herde hat, und wenn er sie nicht vor dem wilden Tier behütet, dann wird sie bald umkommen.

Wenn du festgestellt hast, daß jemand dir gegenüber eine Zahlungsverpflichtung hat, dann verlasse dich nicht auf diese Feststellung. Gib jedem die ihm entsprechende Beschäftigung und enthalte deinen Schuldnern die ihnen zukommenden Berufe nicht vor: denn aus dem Gewinn, den sie aus dieser Tätigkeit ziehen, bringen sie auch noch die ihnen obliegende Abzahlung der Schulden zusammen und leben nun selbst schuldenfrei, du aber brauchst dir ihretwegen keine Sorgen mehr zu machen.

Diener hält man sich um der Arbeit willen; aber wenn du den Dienern eine Beschäftigung zuweisest, dann paß gut auf und gib die Arbeit den dafür Geeigneten. Demjenigen, der sich für diese Beschäftigung nicht geeignet zeigt, dem vertraue sie nicht an. Wer sich beispielsweise zum Teppichausbreiter eignet, dem gib nicht das Amt des Mundschenken, und den, der sich zum Mundschenken eignet, mach nicht zum Schatzmeister; dem, der sich zum Schatzmeister eignet, übertrage nicht das Amt des Pförtners.

Jede Arbeit kann man nicht jedem geben. Es heißt ja:

> „Jedes Amt hat seinen Mann — wie jeder Ort seine Redeweise."

Demnach mußt du dafür sorgen, daß man dich nicht tadelt (wörtlich: „daß die Zunge der Tadelnden über dir nicht lang wird") und daß in deiner Amtsführung kein Schaden offenbar wird. Das aus folgendem Grunde: Wenn du einem Diener eine Arbeit überträgst, und er versteht nichts davon, so wird er in seinem eigenen Interesse auf keinen Fall zugeben, daß er nichts davon versteht; er wird also die Arbeit tun, aber er wird sie verderben. Darum gib die Arbeit nur dem Sachkundigen, damit du dich nicht zu ärgern brauchst. Denn der Dichter sagt:

> „Ich aber wünsche für dich von Gott diesen Erfolg,
> daß du sachkundigen Leuten die Arbeit anvertraust.

Wenn du also einem Diener eine Gnade erweisen willst und ihm zu einer angesehenen Stellung verhelfen, so kannst du ihm Wohltaten zufließen lassen und zu Ehren bringen, ohne daß du ihn mit einem Amte betraust oder ihm eine nicht notwendige Beschäftigung gibst. Andernfalls hättest du von deiner eigenen Unkenntnis einen Beweis geliefert.

In deiner Regierung gestatte niemandem, daß er deine Befehle mißachtet. Denn wer dein Wort mißachtet, hat dich selbst mißachtet. Und die Ruhe des

Reiches beruht auf der Befolgung der Befehle des Königs. Ansonsten ist ja seiner Gestalt nach der Herrscher dem Heere und den Untertanen gleich; der Unterschied zwischen beiden besteht eben darin, daß der Herrscher die Befehle gibt und der Untertan die Befehle auszuführen hat.

Erzählung

Ich vernahm, mein Sohn, daß zur Zeit deines Großvaters, des Sultan Mahmud, ein Statthalter lebte, der Abo-l-Farağ Bosti* hieß und dem man die Statthalterschaft von Nisā* und Bāward* gegeben hatte. Er hatte in Nisā einen Mann verhaften lassen, ihm sehr viel an Hab und Gut weggenommen und seinen Besitz konfisziert, dann ihn ins Gefängnis werfen lassen. Nach einiger Zeit gelang es dem Mann, durch eine List aus dem Gefängnis zu entfliehen. Er ging nach Ghasna und klagte am Gerichtstage beim Sultan. Der Sultan befahl, daß man für ihn ein Schreiben des Staatsrates ausfertigen solle. Der Mann empfing das Schreiben und ging wieder nach Nisā; dort zeigte er den Brief vor.

Der Statthalter überlegte: „Wird dieser Mann etwa ein zweites Mal nach Ghasna gehen und den Sultan sehen?“ So gab er ihm sein Gut nicht zurück und unternahm auf den Brief hin überhaupt nichts. Der geschädigte Mann unternahm nochmals den Weg nach Ghasna und blieb an einem Weg stehen, wo der Sultan zu privaten Angelegenheiten zum Garten hinauskam.

Der Mann erhob nun laute Klage und beschwerte sich sehr über den Statthalter. Der Sultan befahl, einen zweiten Befehl anzufertigen. Der Kläger sagte darauf: „Ich habe ja schon einmal einen Brief dorthin gebracht und habe mein Recht verlangt. Ich habe den Brief abgegeben, aber der Mann hat sich nicht nach dem Brief gerichtet. Der Brief hatte in Nisā keine Wirkung.“

Nun war der Sultan gerade zu jener Stunden aus irgendeinem Grunde schlechter Laune; darum begnügte er sich mit folgender Antwort: „Mir liegt es allein ob, Befehle zu geben; wenn der Statthalter meinem Befehle nicht gehorcht, was soll ich da noch tun? Geh und streue Staub auf dein Haupt!“ Da sagte der Mann: „O Herr, dein Diener (der Statthalter) unternimmt nichts auf deinen Brief hin — ist es da an *mir*, Staub auf mein Haupt zu streuen?!“ Darauf erwiderte der Sultan Mahmud: „Nein, mein Herr! *Ich* sagte etwas Falsches. Daher kommt es *mir* zu, Staub auf mein Haupt zu streuen.“ Gleichzeitig bestimmte er zwei Beamte des Hofes dazu, nach Nisā zu gehen; und diese ließen den Polizeichef jener Provinz holen, hängten ihm den Brief des Sultans um den Hals und hängten ihn selber an den Galgen. Sie machten öffentlich bekannt: „Das ist die verdiente Strafe für denjenigen, der nicht dem Befehle des Herrschers gemäß handelt!“ Daraufhin hatte keiner mehr den Mut, den Befehl des Herrschers nicht zu vollstrecken. Infolge dieser Tat kamen die Menschen zur Ruhe.

* * *

Auch zu der Zeit, da dein Onkel, der Sultan Šahid* Mas^{c}ud auf dem Throne saß, da verstand sich dieser recht wohl auf die Tugenden (wörtlich: „den Weg“) der Tapferkeit und Mannhaftigkeit; aber in der Kunst, die Regierung eines Königreiches zu führen, war er nicht bewandert. Statt daß er sein Land regierte, hatte er seinen Spaß mit Freudenmädchen. Als nun die Truppen und Regierungsbeamten sahen, womit ihr König sich beschäftigte, da kündigten sie ihm den Gehorsam auf, und nun ging es bei den Untertanen drunter und drüber. Die Truppen und die Untertanen wurden dreist, bis eines Tages aus Rebāt-Farāweh* eine unterdrückte Frau kam, der man Unrecht getan hatte, und sich weinend über die Regierung des Statthalters beklagte. Sultan Mas^cud befahl, ihr einen Brief an den Statthalter mitzugeben. Dieser aber kümmerte sich nicht darum, sondern sagte zu sich selbst: „Diese alte Frau wird den Weg nach Ghasna nicht noch einmal machen!"

Aber die alte Frau begab sich ein zweites Mal nach Ghasna, ging zum Gerichtstag und forderte ihr Recht. Der Sultan ließ einen zweiten Brief ausfertigen, aber die alte Frau sprach: „Ich habe schon einmal einen Brief hingebracht, aber der Statthalter hat sich nicht darum gekümmert." Der Sultan fragte: „Was soll ich denn noch tun?" Sie antwortete: „Herr, diese Regelung ist sehr einfach. Du mußt die Regierung über die Provinz so zur Geltung bringen, daß man deinen Befehlen Folge leistet; andernfalls gib die Regierung auf und überlasse sie jemandem anderen, dem man dann gehorchen wird; du aber beschäftige dich weiter wie bisher mit deinen Vergnügungen. Dann werden die Diener Gottes (= deine Untertanen) — er ist erhaben! — nicht mehr unter dem Unheil einer Tyrannei leiden müssen!"

Mas^cud war beschämt über diese Worte und er befahl, der alten Frau zu ihrem Recht zu verhelfen; er ließ den Statthalter am Stadttor in Farāweh aufhängen. Danach „erwachte er aus dem Schlaf der Nachlässigkeit" und niemand hatte mehr die Dreistigkeit, die Befehle des Sultans zu mißachten. Also ist ein König, der seinen Befehl nicht mehr durchsetzen kann, nicht mehr König. So wie zwischen ihm und den anderen ein Unterschied ist, so muß auch zwischen seinem Befehl und dem der anderen ein Unterschied sein.

Denn die Ordnung eines Reiches hängt davon ab, daß die Befehle des Herrschers durchgesetzt werden: und das geht nicht ohne ein geordnetes Staatswesen! Denn der Gewinn wird durch die Untertanen erworben. Denn wenn die Befehle nicht befolgt werden, leidet das Reich Schaden. Ausführung der Befehle läßt sich aber ohne Verhängung von Strafen nicht erzwingen; daher darf man bei der Bestrafung nicht nachlässig sein, damit den Befehlen Gehorsam gezollt wird.

Eine weitere Regel ist folgende: Laß nicht zu, daß die Truppen der Armee die Untertanen unterdrücken, weil darunter die Kultivation des Reiches leidet. Kümmere dich demnach ebenso darum, daß es deinen Untertanen gut geht, wie darum, daß es den Truppen gut geht. Denn ein Herrscher gleicht der Sonne; sie kann nicht auf den einen scheinen und auf den anderen nicht.

Durch die Arbeit der Untertanen kommt das Reich in einen blühenden Zustand, denn von ihnen strömen dem Reich die Einnahmen zu; die Untertanen gelangen zum Wohlstand durch eine gerechte Regierung. Daher darfst du der Ungerechtigkeit in deinem Herzen keinen Raum geben. Denn das Herrscherhaus der gerechten Herrscher bleibt bestehen und wird alt; aber das Haus der ungerechten Herrscher vergeht schnell, deshalb, weil die Gerechtigkeit gleichbedeutend ist mit Wohlstand, die Ungerechtigkeit aber mit Zerstörung. Wie der Wohlstand erst in einem längeren Zeitraum geschaffen wird, so bleibt er auch länger bestehen; und wie man schnell etwas ruiniert, so geht das, was man davon hat, schnell wieder verloren. Die Weisen haben gesagt: Der Ursprung des Gedeihens und der freudigen Stimmung in der Welt ist ein gerechter Herrscher; und der Ursprung des Verderbens und der Traurigkeit ist ein tyrannischer Herrscher.

Laß nicht zu, daß die Diener Gottes (= die Leute) — er ist erhaben — Schmerz leiden müssen. Zieh dich daher nicht in dein Privatleben zurück; denn wenn *du* deine Truppen und deine Untertanen verabscheuest, dann werden auch *sie* vor dir Abscheu empfinden. An der guten Behandlung deiner Truppen und deiner Untertanen laß es nicht fehlen; denn wenn du darin einen Fehler machst, dann werden von diesem Fehler deine Feinde Nutzen haben.

Deine Armee laß nicht aus einem einzigen Volksstamme bestehen; denn wenn ein Herrscher seine Truppe nur aus einem einzigen Volksstamme bestehen läßt, dann ist er immer der Gefangene seiner eigenen Mannschaften, und sie haben ihn beständig in der Hand (wörtlich: „er ist ihnen unterwürfig"). Denn die Angehörigen eines einzigen Stammes halten einmütig zusammen, und man kann sie nicht gegeneinander ausspielen. Wenn dagegen die Armee aus allen möglichen verschiedenen Stämmen besteht, so kann man den einen durch den anderen in Schach halten, und dann wird dieser Stamm aus Furcht vor jenem es nicht wagen, ungehorsam zu sein, und deine Befehle werden vom Heere befolgt werden.

Dein Großvater Mahmud hatte viertausend Türken als Palastwache und außerdem noch viertausend Inder namens Rāwat, und er schüchterte andauernd die Inder durch die Türken ein und die Türken durch die Inder, so daß beide Nationen durch die Furcht voreinander ihm Gehorsam bezeugten.

Ferner ist zu beachten: Bei jeder Gelegenheit lade die Großen des Heeres zu Brot und Wein ein und erweise ihnen Gutes. Mache es dir zur Gewohnheit, ihnen durch Verleihung von Ehrengewändern und anderen Geschenken sowie durch Erwecken von Hoffnungen Liebenswürdigkeiten zu erweisen. Wenn du aber jemandem ein Geschenk von nur geringem Werte geben willst, so mache davon kein Aufhebens in der Öffentlichkeit. Sprich vielmehr insgeheim mit jemandem, der der Überbringer sein soll, damit du dich nicht lumpig zeigst; denn eine kleine Gabe entspricht nicht der Würde von Königen. Du kommst in der Öffentlichkeit durch solch lumpiges Verhalten in einen schlechten Ruf.

Ich war vor acht Jahren als Tischgenosse in Ghasna beim Sultan Moudud. Dreierlei habe ich niemals bei ihm gesehen: Erstens, niemals versprach er öffentlich ein Geschenk von weniger Wert als zweihundert Dinar, außer es geschah durch eine schriftliche Verfügung. Zweitens: niemals lachte er derart, daß dabei seine Zähne zum Vorschein kamen. Drittens: selbst im Zorn gebrauchte er doch niemals ein Schimpfwort. Höchstens sagte er: „Du Tor." Das war eine ausgezeichnete Gewohnheit! Ich habe gehört, daß die Herrscher von Byzanz dieselbe Gewohnheit haben. Sie haben aber noch einen anderen Brauch, den es bei den arabischen und persischen Fürsten nicht gibt. Es ist folgender: Wenn der König jemanden mit eigener Hand geschlagen hat, dann darf es künftighin niemand wagen, jenen Mann zu schlagen. Denn solange er am Leben ist, sagt man: „Der König hat ihn eigenhändig geschlagen, also darf nur ein König ihn wieder schlagen."

Jetzt kommen wir wieder auf das frühere Thema zurück. Was die Freigebigkeit betrifft, so kann ich dir nicht sagen: „Sei freigebig!", aber ich kann dir sagen: „Sei nicht geizig!" Wenn du aber deiner Veranlagung nicht widerstehen kannst, dann zeige dich wenigstens, wie ich dir schon sagte, öffentlich vor den Menschen nicht schmutzig geizig. Denn wenn du keine Freigebigkeit übst, machst du dir die ganze Welt zum Feinde. Wenn die Leute auch im Augenblick nichts zu dir sagen können, so werden sie doch, falls ein Feind sich zeigen sollte, ihr Leben nicht für dich einsetzen und deine Freunde werden zu deinen Feinden.

Aber bemühe dich auch, daß du vom „Wein der Herrschaft" nicht berauscht wirst; bemühe dich, folgende sechs Eigenschaften nicht zu verfehlen: Erstens: einen furchterregenden Anblick, zweitens: Gerechtigkeit, drittens: Freigebigkeit, viertens: ein gutes Gedächtnis, fünftens: würdevoller Ernst, sechstens: Wahrheitsliebe. Wenn eine von diesen sechs Eigenschaften einem Herrscher fehlt, dann ist er dem Machtrausch bald verfallen; und jeder Herrscher, der trunken ist vom Machtrausch, wird erst dann wieder nüchtern, wenn er seine Herrschaft verliert.

Während deiner Regierungszeit versäume es nicht, dich über die Verhältnisse bei den anderen Königen in der Welt auf dem laufenden zu halten; es soll so sein, daß kein anderer König auch nur einen Atemzug tut, ohne daß du davon erfährst.

Erzählung

Ich hörte von meinem Vater, dem verstorbenen Fürsten, wie Faxro-d-Doule vor seinem Bruder ᶜAzodo-d-Doule floh und an keiner Stätte einen Aufenthaltsort fand. So kam er an den Hof meines Großvaters Q̄abus, um dort Asyl zu suchen. Mein Großvater gewährte ihm Sicherheit, behandelte ihn zuvorkommend und gab ihm meine Tante zur Frau; für die Ausstattung der Hochzeit machte er sich überreichliche Ausgaben. Er tat dies deswegen, weil meine Großmutter die Tante (mütterlicherseits) von Faxro-d-Doule war und mein Vater und Faxro-d-Doule waren alle beide Tochtersöhne (= Enkel) von Hasan Firusān.*

Später schickte ᶜAzodo-d-Doule einen Boten an Šamso-l-Maᶜāli; der Bote kam und übergab einen Brief:

ᶜAzodo-d-Doule schickt viele Grüße und läßt sagen: Mein Bruder, Amir ᶜAli* (= Faxro-d-Doule) ist hierher gekommen. Die weißt, daß zwischen uns, dir und mir, Freundschaft und Bruderschaft besteht und daß unsere beiden Häuser so gut wie *ein* Haus sind. Aber dieser mein Bruder ist mein Feind. Du mußt ihn daher ergreifen und zu mir senden. Als Belohnung dafür will ich von meinem eigenen Lande jeden beliebigen Bezirk, den du namhaft machst, an dich abtreten, und dadurch wird sich unsere Freundschaft noch befestigen. Wenn du das aber nicht tun willst, um nicht in einen schlechten Ruf zu kommen, dann gib ihm an Ort und Stelle Gift; so werde ich meine Absicht erreichen, und auf dich fällt kein Verdacht. Dann wird gleichfalls jener Gau, den du dir wünscht, dir zufallen."

Šamso-l-Maᶜāli sagte zu dem Boten: „Allah sei gepriesen! Was für eine Notwendigkeit liegt denn vor, daß ein so gewaltiger Herr an mich ein derartiges Ansinnen stellt! Es ist ja unmöglich, daß ich jemals eine solche Tat begehe, denn bis zur Auferstehung würde der schlimme Ruf an mir hängen bleiben."

Der Bote sagte: „O Herr, gib nicht den ᶜAzodo-d-Doule preis, verwirke nicht seine Gunst . . . um des Emirs 'Ali willen. Denn unser König steht mit dir in einem freundschaftlicheren Verhältnis als mit seinem eigenen Bruder. Ich leiste jeden Eid dafür, daß er an dem Tage, an dem er mir den Auftrag gab und mich auf den Weg sandte, unter anderen Worten folgendes sagte: ‚Gott weiß, daß ich den Šamso-l-Maᶜāli liebhabe. Das ging soweit, daß an einem bestimmten Tag der Woche — es war eine gewisse Anzahl Tage eines bestimmten Monats vergangen —, als Šamso-l-Maᶜāli ins Bad ging und im temperierten Baderaum sein Fuß ausglitt und er hinfiel, ich mich voller Besorgnis um ihn selbst fragte, ob denn wirklich bei einem Mann von siebenundvierzig Jahren ein derartiger Kräfteverfall eingetreten sei, und ob ihn schon so sehr das Alter überkommen habe.'" — Der Bote hatte bei dieser Erzählung die Absicht darzutun, wie sehr sein Herr über diese Dinge informiert war. Denn so war er von Azodo-d-Doule instruiert worden.

Šamso-l-Maᶜāli sagte hierauf: „Möge dein Herr lang leben! Ich bin ihm sehr zu Dank verpflichtet für die Teilnahme, die er an meinem Ergehen zeigte. Aber setze ihn doch darüber in Kenntnis, daß auch ich mir um ihn Sorgen mache. Denn am Sonnabend eines bestimmten Monats — am Tage darauf sandte er dich zu mir — da trank dein Herr in jener Nacht an einer bestimmten Stelle Wein; dann schlief er in einem bestimmten Gemache und war zusammen mit dem Schenken Nuštagin*. Um Mitternacht erhob er sich und begab sich in das Frauengemach; dann betrat er das Zimmer der Lautenspielerin Xejzurān* und hatte mit ihr Verkehr. Als er nun zurückkehrte und vom Dach herunterkam, da strauchelte sein Fuß, und er fiel zwei Stufen die Treppe herab. Da wurde auch mir um seinetwillen das Herz schwer und ich sprach zu mir: ‚Hat bei ihm schon im Alter von 42 Jahren eine Trübung des Verstandes stattgefunden? Warum hat ein zweiundvierzigjähriger Mann, noch dazu ein König, so viel Wein konsumiert, daß er nicht mehr vom Dach herunterkommen konnte? Warum mußte er um Mitternacht sein Bett verlassen, so daß er einen solchen Unfall erlitt?

Das erzählte er dem Boten, um ihm zu zeigen, daß er selber über die Verhältnisse bei ihnen unterrichtet sei.

* * *

Ebenso wie dir die Verhältnisse in der Welt draußen bekannt sein müssen — auch die ihrer Fürsten — ebenso mußt du auch Kenntnis haben von deinem eigenen Reiche, vom Zustand deiner Untertanen und deiner Truppen. Denn wenn du den Zustand deines eigenen Reiches nicht kennst, so wirst du den Zustand fremder Länder noch viel weniger kennen.

Erzählung

Wisse, mein Sohn, daß zur Zeit deines Onkels, des Sultans Moudud*, Sohnes des Mas^{c}ud, ich nach Ghasna kam; er nahm mich mit höchster Ehrerbietung auf. Als nun einige Zeit vergangen war, betrachtete er mich, prüfte mich und machte mich zu seinem vertrauten Gesellschafter. Ein solcher ist derjenige, der niemals von des Sultans Tafelrunde abwesend ist. Daher war es meine Pflicht, ständig bei den Mahlzeiten anwesend zu sein, mochten nun noch andere Höflinge zugegen sein oder nicht.

Eines morgens früh hatte der Monarch sein Morgengetränk eingenommen; mitten während des Trunks gab er der Gardetruppe Audienz; die Leute traten ein, erwiesen ihm die Ehrenbezeugung und traten wieder zurück. Da kam der Großfürst ^{c}Abdo-r-Razzāq Ahmad*, der Sohn des Hasan Mejmandi; er war sein Wesir. Er lud ihn zum Weintrinken ein. Nach einer Weile trat ein Kämmerer ein und übergab einen Brief von Ali, Sohn des Rabi^{c} al Xādem* dem Wesir, der ihn dem Sultan überreichte. Während des Weintrinkens las der Herrscher den Brief. Dann wandte er sich zum Wesir und sagte: „Laß diesem Denunzianten 500 Stockschläge verabreichen, damit er ein anderes Mal seinen Bericht genau ausführt. Denn in diesem Briefe steht, daß man in der vergangenen Nacht in Ghasna in zwölftausend Haushalten sumāqwā* gekocht hat. Wenn ich nun nicht weiß, in welchen Häusern und in welchem Viertel das der Fall gewesen ist, dann kann man behaupten, was man nur irgendwie will."

Darauf sagte der Minister: „Lang lebe der König! Der Berichterstatter hat das deswegen so ausgedrückt, damit sein Rapport kürzer ausfalle. Denn wenn er alle Einzelheiten berichtet hätte, dann wäre ein Buch daraus geworden, das man an einem einzigen Tage nicht hätte auslesen können. Mit der Bezeichnung somāqwā sollten noch andere Gerichte ähnlicher Art benannt werden. Ich bitte Eure Majestät, ihm zu verzeihen und ihn für dieses Verschulden zu begnadigen, damit ich ihm sagen kann, er soll künftighin nicht so summarisch berichten, sondern den Haushalt und den Haushaltsvorstand namentlich anführen. Er soll folgendermaßen berichten: N. N. hat das und das in dem und dem Hause und in dem und dem Stadtviertel genossen."

Der Sultan sagte, er habe ihm für dieses Mal verziehen, doch solle er künftig nach den Anweisungen des Wesirs berichten.

* * *

Du mußt also über die Zustände in deinem Reiche, über die Lage deiner Untertanen und deiner Truppen genau im Bilde sein, ganz besonders aber über die Verhältnisse bei deinem Minister. Dieser darf auch nicht einen Schluck Wasser trinken, ohne daß du es weißt, denn du hast ihm ja dein Leben und dein Vermögen anvertraut. Wenn du ihm gegenüber fahrlässig bist, dann würdest du es in Bezug auf dein eigenes Leben und dein eigenes Hab und Gut gewesen sein, nicht in Bezug auf das, was deinen Minister betrifft.

Wenn du mit den Königen in verschiedenen Weltgegenden, die deine Mitmonarchen sind, befreundet bist, dann sei kein halber Freund. Bist du aber ihr Feind, dann zeige das offen, so daß deine Feindschaft vor aller Welt sichtbar ist. Solange du deine Feindschaft mit einem Ebenbürtigen zeigen kannst, verheimliche sie nicht!

Erzählung

Ich hörte, daß Eskandar einmal zum Kampfe mit einem Feinde auszog. Man sagte zu ihm: „O König, dieser unser Feind ist ein unbedachtsamer Mann, man muß ihm daher ein Nachtgefecht liefern." Eskandar gab zur Antwort: „Der ist kein König, der den Sieg stiehlt."

* * *

Während deiner Regierungszeit gewöhne dich an das Vollbringen großer Taten; denn da ein König größer ist als alle anderen, so muß er auch in Wort und Tat Bedeutendes leisten, damit er sich einen ehrenvollen Namen erwirbt.

Wenn z. B. der Pharao — Fluch sei über ihm! — sich nicht in so großsprecherischer Weise geäußert hätte, daß er sich einen Herrn nannte — wie hätte dann der Schöpfer — erhaben ist sein Ruhm! — der Überlieferung nach das Wort gesprochen: „Ich bin euer höchster Herr!" (Koran, Sure 79,24) Bis zum Auferstehungstage liest man diesen Vers. Man erwähnt seinen Namen wegen dieser gewagten Anmaßung. Also sei so, wie ich es dir gesagt habe. Denn ein König, der nur wenig Ehrgeiz hat, bringt seinem Namen keine Ehre ein. Ferner halte dein Königssiegel in hohen Ehren und mach es nicht verächtlich durch zu häufigen Gebrauch. Verwende es nur für Dekrete zur Verleihung großer Provinzen oder zur Schenkung eines reichen Lebensunterhalts. Hast du aber einmal unter ein Dokument dein Königssiegel gesetzt, dann widerrufe eine solche Urkunde nicht, es sei denn, daß du dich offensichtlich entschuldigen mußt. Denn es ist für niemanden angenehm, wenn er sich selbst widerspricht, ganz besonders nicht für einen Monarchen.

Dies sind die Richtlinien und Voraussetzungen für das Königtum. Sie betreffen insgesamt einen bedeutungsvollen Beruf, den nicht jeder erlangt. Ich habe sie so dargelegt und niedergeschrieben, wie es der Aufgabe meines Buches entspricht. Sollte dir aber ein anderer Beruf zugefallen sein, z. B. die Landwirtschaft oder eine der auf dem Basar ausgeübten Gewerbetätigkeiten, so mußt du auch deren Bedingungen beachten, damit deine Arbeit immer guten Erfolg hat.

Gott ist der Helfer!

Dreiundvierzigstes Kapitel

Regeln für die Landwirtschaft und andere Gewerbe

Wenn du ein Landwirt bist, so mußt du die für die landwirtschaftlichen Arbeiten wichtigen Zeiten genau kennen. Bei allem, was man sät, mußt du darauf achten, daß die Zeit nicht vorübergeht. Wenn du zehn Tage vor der üblichen Zeit säest, so ist das besser als zwei Tage danach. Halte die Werkzeuge für die Beackerung und das Gespann fertig und vorbereitet. Ordne an, daß man gute Ochsen kauft und diese gut füttert. Halte immer ein ausgeruhtes Paar Ochsen in Bereitschaft, von den übrigen abgesondert, damit du nicht, wenn einem von den anderen eine Krankheit befällt, deswegen deine Arbeit unterbrechen mußt; sonst würdest du die Saatzeit verpassen. Wenn weder Saatzeit noch Erntezeit ist, dann vernachlässige das Pflügen des Erdbodens nicht; denke auch schon in diesem Jahr an das Säen für das kommende Jahr. Säe immer auf fruchtbaren Boden, denn von einem unfruchtbaren Boden wirst du keinen Ertrag haben. Du mußt dich immer mit der richtigen Ausnützung des Bodens abmühen, wenn du dich von der Landwirtschaft ernähren willst.

Welchem Gewerbe von den verschiedenen Gewerbezweigen auf dem Basar du dich auch zuwendest, sei flink und mach dich beliebt, damit du recht viele Kunden hast. Alle deine Arbeiten verrichte besser als deine Kollegen. Begnüge dich mit einem bescheidenen Profit. Denn bis du einmal von einem Kapital von 10 auf 11 kommst, hast du zweimal 5 gewonnen.

Ferner: Vertreibe deine Kunden nicht durch Feilschen und durch übermäßiges Drängen; so wirst du für deinen eigenen Unterhalt sorgen, und die Leute werden mit dir lieber Geschäfte machen. Wenn du etwas verkaufst, dann bestrebe dich, den Käufer mit liebenswürdigen Wendungen anzusprechen wie z. B. „Mein Freund!“, „Mein Lieber!“, „Mein Bruder!“ und verhalte dich dem Kunden gegenüber bescheiden. Soweit wie möglich bediene dich nicht grober und häßlicher Worte; denn wenn du dich freundlich beträgst, wird der Kunde sich schämen, mit dir um den Preis zu feilschen, und du hast Erfolg erreicht. Wenn du dich so verhältst, wirst du viele Kunden haben. Aber mach es dir zur Gewohnheit, die Wahrheit zu sagen, und zwar sowohl beim Kaufen wie beim Verkaufen.

Auch halte dich frei von Geiz, aber wende deinen Besitz gut an. Sei freigebig gegenüber denen, die unter dir stehen, bescheiden gegenüber den Höherstehenden. Sei nicht hochfahrend. Nütze nicht die Unterwürfigkeit aus und suche nicht übermäßigen Gewinn beim geschäftlichen Verkehr mit Kindern und

Frauen zu erzielen. Auch verlange von Fremden keine besonders hohen Preise. Sei beim Handel nicht schüchtern, denn es kommt sehr oft vor, daß Verschämtheit Schaden bringt. Einem Schüchternen, der nicht recht feilschen kann, stehe hilfreich bei. Notleidende behandle gütig. Unter den Basarhändlern verhalte dich so, wie es ein rechter Kaufmann tun soll: das heißt, gebrauche rechtes Gewicht und rechte Waagen....

Deinen Familienangehörigen gegenüber habe nicht zwei Herzen und zwei Beutel, d. h. du sollst nicht für dich eine besondere Kasse führen und für deine Familie eine besondere. Mit deinem Geschäftspartner treibe keinen Betrug. Halte dich überhaupt bei jedem Geschäft, das du betreibst, frei von Lug und Trug. Verfahre auf gleiche Weise mit denen, die von der Sache etwas verstehen und mit geschäftsunkundigen Personen. Sei gewissenhaft. Wenn sich dir die Gelegenheit bietet, ein Darlehen zu gewähren, so betrachte das als einen Glückfall. Schwöre keinen falschen Eid, nimm nicht Wucherzinsen und verfahre nicht hartherzig beim Handel.

Wenn du einem Armen Geld geliehen hast und du weißt, daß er nicht zahlungsfähig ist, dann bitte ihn nicht andauernd um Rückerstattung. Bei deiner Forderung verfahre nicht grob. Nütze nicht die Unterwürfigkeit aus, habe ein gütiges Herz, damit man auch dir gegenüber gütig ist. Dann wird Gott — er ist erhaben — beim Kauf und Verkauf dir Segen geben. Jeder Gewerbetreibende, der sich so, wie ich es darlegte, verhält, gehört mit zu den edelsten Händlern. Jede Gruppe von Gewerbetreibenden hat innerhalb ihrer besonderen Sparte ihren eigenen Weg, edles Verhalten („ǧawānmardi"*) zu zeigen. Alles, was zu diesen Gruppen gehört, habe ich dargestellt. Nun werde ich im kommenden letzten Kapitel alles sagen, was die Bedingungen dieses ǧawānmardı enthält, soweit es in meiner Kraft steht — wenn Gott es will.

Er ist der Eine!

Vierundvierzigstes Kapitel

Die Regeln des „edlen Verhaltens“ (ǧawānmardi) im Berufsleben

Mein Sohn! Wenn du ǧawānmardi ausübst, so wisse zuerst, was diese Tugend bedeutet und woher sie ihren Ursprung hat. So wisse denn, mein Sohn, daß es drei menschliche Eigenschaften gibt und daß du keinen Menschen findest, der von sich behauptet, ihm fehlten diese drei Eigenschaften. Der Weise sowohl wie der Unweise danken dem erhabenen Gott frohgemut dafür, daß sie diese drei Eigenschaften haben; obwohl, um der Wahrheit die Ehre zu geben, der erhabene Gott diese drei nur wenigen verliehen hat und demnach jeder, der sie alle drei zusammen hat, zur Schar der von Gott Auserwählten gehört.

Von diesen drei ist die erste der Verstand, die zweite die Wahrhaftigkeit und die dritte die Menschlichkeit.

Wenn man es nun der Wahrheit entsprechend betrachtet, dann erheben die Menschen, indem sie Verstand, Wahrhaftigkeit und Menschlichkeit für sich beanspruchen, keinen unwahrhaften Anspruch, da es niemanden gibt, in welchen nicht diese drei Eigenschaften vorhanden sind. Aber die Stumpfheit des Werkzeuges, des Verstandes und die Finsternis des Weges haben dieses Tor im Prinzip vor den meisten Menschen verschlossen.

So finden sich im menschlichen Körper Naturen der Sphären und der Gestirne und Materie und Elemente und Formen und Seele und Verstand, von denen jedes für sich eine Welt ist auf Grund der Stufen, nicht auf Grund der Zusammensetzung. Der Mensch ist eine Zusammenfügung und eine Vereinigung dieser Welten.

Der Schöpfer hat diese alle auf Verbindungen gegründet. Die Erde erhielt eine Verbindung mit dem Feuer durch die Trockenheit und durch die Kälte mit dem Wasser. Das Wasser hat eine Verbindung durch die Kälte und durch die Sanftheit mit der Luft, und die Luft hat eine Verbindung durch die Sanftheit mit dem Wasser und durch die Wärme mit dem Feuer, und das Feuer hat eine Verbindung durch die Substanz mit dem Äther (asir) und der Äther durch den Glanz mit der Sonne, und die Sonne ist der König über die Gestirne und die Sphären.

Die Sonne ist durch ihre Substantialität mit der Materie verbunden, und durch ihre Rezeptivität (= Aufnahmefähigkeit) ist sie Empfängerin des von der Materie ausgehenden Glanzes. Ihre Substantialität empfängt sie vom fünften Element. Zwischen der Materie und der Psyche (= Lebenskraft) besteht eine

Verknüpfung infolge der aus himmlischer Höhe ausstrahlenden Emanation. Die Psyche ist verbunden mit dem Verstand, und die Lebewesen sind verbunden mit den Naturen durch den Stoff der Ernährung. Wenn nun die Lebewesen den Stoff der Ernährung nicht empfangen, dann wird die Bindung, wodurch sie gebunden sind, losgelöst.

So mußt du vergleichsweise feststellen, daß, was im Körper des Menschen von Dunkelheit und Schwere ist, von den Naturen kommt; und Gestalt, Antlitz, Leben, Kraft und Bewegung entsteht durch die Sphären. Die fünf körperlichen Sinne wie das Gehör, das Gesicht, der Geruch, das Gefühl (der Tastsinn) und der Geschmack kommen von der Materie. Die geistigen Sinne wie das Lernen, das Denken, das Verstehen, das Sprechen und das Überlegen kommen von der Psyche.

Alles, was im menschlichen Körper das Edelste ist, dessen Herkunft nicht sichtbar und dessen Ort nicht feststellbar ist — wie z. B. die Humanität bei den Menschen, Wissen, Vollkommenheit, Edelmut, deren Ursprung Verstand und Vernunft ist — kommt von der Emanation der himmlischen Weisheit in den menschlichen Körper. Somit ist dieser unser Körper durch die Lebenskraft lebendig, die Lebenskraft durch die Psyche, die Psyche durch den Verstand.

Wenn du bei jemandem die Bewegungsfähigkeit des Körpers feststellst, so stammt diese notwendigerweise aus der Lebenskraft, und wenn du bei jemandem die Sprechfähigkeit wahrnimmst, so stammt diese notwendigerweise aus der Psyche, und jeder, der eine suchende Seele hat, der hat notwendigerweise den Verstand (Logos). Dies ist bei allen Menschen der Fall.

Aber wenn zwischen Körper und Seele eine Krankheit gewissermaßen als ein Schleier dazwischentritt, dann lockert sich das Band, durch welches beide in harmonischer Ordnung gehalten werden. Dann bekommt der Körper von der Lebenskraft keinen Nährstoff im ganzen, d. h. keine Bewegung und keine Kraft, Jeder, bei dem zwischen der Psyche und der Lebenskraft Schwere und Krankheit als Schleier dazwischentreten, der bekommt von der Psyche den Nährstoff zur Lebenskraft nicht ganz, d. h. die fünf Sinne sind nicht vollkommen.

Jeder, bei dem zwischen der Psyche und dem Verstand sich eine Art Schleier von Unwissenheit und geistiger Dunkelheit niederläßt, der bekommt von dem Verstand keinen Zufluß zu seiner Seele. So ist dann das Überlegen und die Menschlichkeit unvollständig.

Es gibt nun in der Tat niemanden ohne Verstand und Menschlichkeit. Aber wenn der himmlischen Emanation der Durchgang zur Seele versperrt ist, dann wird ein solcher Mensch zwar den Anspruch auf diese Tugenden erheben, aber dieser Anspruch ist unbegründet. Es gibt demgemäß niemanden in der Welt, der nicht wenigstens den Anspruch auf die Tugend der Menschlichkeit erhöbe. Du aber, mein Sohn, gib dir Mühe, daß du nicht wie die anderen werdest und einen Anspruch ohne Begründung erhebest.

Laß der himmlischen Emanation den Weg durch Lernen und das Bemühen um Wissenschaft offen, damit nicht alle deine Ansprüche unbegründet sind.

Wisse, mein Sohn: Die Weisen haben sich von der Menschlichkeit und vom Verstande durch Symbole Vorstellungen gemacht. Dieser symbolischen Gestalt haben sie den Körper, die Seele, die fünf Sinne und die Gedanken zugesprochen wie bei einem wirklichen Menschen. Sie haben gesagt: Der Körper jener Symbolfigur versteht sich als ǧawānmardi, ihre Lebenskraft als Wahrhaftigkeit, ihre Sinne als Wissen, ihre innere Beschaffenheit als Charakter.

Dann haben sie diese bildlichen Vorstellungen auf die verschiedenen Menschengruppen verteilt und zwar dergestalt, als ob sie der einen Gruppe nur den Körper zugeschrieben hätten und sonst nichts, der anderen Gruppe Körper und Seele, der dritten Gruppe Körper, Seele und die fünf Sinne, der vierten Gruppe Körper, Seele, Sinne und innere Beschaffenheit.

Aber diejenige Gruppe, deren (vorwiegender) Anteil der Körper ist, bilden die ᶜAjjārān* und die Krieger; man legt ihrer Tugend den Namen ǧawānmardi bei.

Diejenige Gruppe, deren Anteil Körper und Seele bilden, sind die Besitzer des Wissens vom Offenbaren und Geheimen (= der exoterischen und esoterischen Erkenntnis) und die Fakire des Sufismus, und ihre Tugend trägt den Namen der Frömmigkeit und der Erkenntnis. Diejenige Gruppe, die Körper, Seele, Sinne und innere Beschaffenheit besitzt, bildet die Geistlichen und von der ganzen Menschheit die Gesandten Gottes.

Was nun die ǧawānmardi betrifft, so muß man wissen, welches ihr Ursprung ist.

Der Ursprung der ǧawānmardi beruht auf drei Dingen: Erstens, daß du das, was du sagst, auch tust; zweitens, daß du in Wort und Tat die Wahrheit beachtest; drittens, daß du Geduld in deinen Handlungen übst. Denn alle Eigenschaften, die der ǧawānmardi zugerechnet werden, haben diese drei zur Grundlage.

Wenn dir das zu schwerfällt, mein Sohn, dann werde ich jetzt eine Aufteilung dieser Eigenschaften auf die drei genannten Gruppen vornehmen und zwar hinsichtlich ihres Ranges und hinsichtlich des Maßes, das sie in jeder Gruppe aufweisen müssen.

Wisse, mein Sohn, daß der Edelste unter den ᶜajjārān derjenige ist, der die verschiedenartigen Tugenden aufweist. Die erste ist die, daß er tapfer und mannhaft ist; daß er in jeder Angelegenheit ausdauernd ist; daß er zuverlässig und pünktlich im Einhalten seiner Versprechungen ist; daß er rein ist in sexueller Hinsicht; daß er ein reines Herz hat; daß er niemandes Schaden zu seinem eigenen Nutzen begehrt, sondern vielmehr seinen eigenen Nachteil im Interesse seiner Freunde in Kauf nimmt; daß er sich nicht an Hilflosen vergreift; daß er seine Hand nicht an Gefangene legt; daß er den Mittellosen Hilfe verschafft, daß er von den Unterdrückten das Böse abwehrt und sie verteidigt.

So, wie er die Wahrheit sagt, so hört er auch die Wahrheit. Er übe Gerechtigkeit aus eigenem Antrieb. An dem Mittagstisch, an dem er Brot und Salz gegessen hat, soll er nichts Übles tun. Das Gute vergelte er nicht mit Bösem, sondern, wenn er kann, das Böse mit Gutem. Er soll sich fremder Frauen enthalten. Er soll seine Zunge vor bösen Worten und Geschwätz hüten. Er soll ein Mißgeschick für eine Wohltat halten und sich gedulden und das Auge vor dem Sehen schlechter Dinge bewahren und das, was er gesehen hat, für ungesehen halten. Die Geheimnisse der Menschen soll er verbergen. Er soll durch Bewahrung der Geheimnisse und der ihm anvertrauten Dinge einen verborgenen Schatz der anderen Menschen bei sich tragen. Wenn auch Schlimmes von den Menschen ihn trifft, soll er trotzdem ihre Geheimnisse nicht preisgeben. Wenn du auch Schaden davon hast, so darfst du dich trotzdem nicht unzuverlässig zeigen. Du sollst deine Zunge zurückhalten und nichts Unnötiges aussprechen. Sei nicht schamlos, wie es bei den anderen der Fall ist. Denn worin bestände sonst der Unterschied zwischen dir und den unedlen Menschen? Bemühe dich, keine Behauptung ohne Beweis aufzustellen; wenn du aber etwas behauptest, dann mußt du den Beweis erbringen, sonst darfst du nichts behaupten. Aber eine Kunst auszuüben, ohne zu behaupten, in ihr Fachmann zu sein, das macht einen guten Eindruck, und zwar in jeder Hinsicht, besonders aber bei der ǧawānmardi, denn diese ist eine schwierige Angelegenheit.

Wenn deine Behauptung ohne Nachweis ist, so ist es eine Art Lüge. Denn bei der Behauptung wird man dich prüfen und man fordert von dir den Nachweis dafür. Wenn du den Nachweis nicht erbringen kannst, dann blamierst du dich bei den Trägern der ǧawānmardi. Denn man hat gesagt: Wer sich äußerlich einen Schmuck zulegt, den er nicht in sich hat, der steht beschämt da, wenn man ihn erprobt. Damit meine ich: Behaupte nichts ohne Nachweis, denn sonst wirst du als Lügner berüchtigt.

Wenn du es recht betrachtest, so gehören alle diese soeben erwähnten Tugenden zu den drei vorher genannten Dingen.

Erzählung

In der Überlieferung steht folgendes:

Eines Tages saßen die ʿAjjārān aus Kuhestān* beisammen. Da kam ein Mann, bot ihnen den Gruß und sagte: „Ich bin ein Abgesandter der ʿAjjārān aus Marw. Sie lassen euch grüßen und euch sagen: Es sind drei Aufgaben, die ihr jetzt von mir hören werdet. Wenn ihr die richtige Antwort gebt, erkennen wir gern an, daß wir euch unterlegen sind. Wenn ihr das aber nicht könnt, dann gebt zu, daß wir die Überlegenen sind." Sie sprachen: „Rede!" Da sagte er: „Was ist ǧawānmardi!

Worin besteht der Unterschied zwischen der ǧawānmardi und ihrem Gegenteil? — Angenommen, ein edelgesinnter Mann, der diese Tugend besitzt, habe sich am Straßenrande niedergesetzt, und ein Mann sei an ihm vorübergegangen. Als eine Zeit vorbei war, kam ein anderer Mann vorbei, der ein Schwert trug und die Absicht hatte, jenen früheren Passanten umzubringen. Als nun der Mörder zu dem am Wege Sitzenden gekommen war, fragte er ihn: ‚Hast du irgend jemanden gesehen, der hier vorübergekommen ist?' Was für eine Antwort hätte da der Edelgesinnte geben sollen? Hätte er gesagt: ‚Jawohl, den habe ich vorhin hier vorbeigehen sehen!', dann wäre das ein Verrat gewesen; hätte er aber gesagt: ‚Ich habe niemanden vorbeigehen sehen', so wäre es eine Lüge gewesen. Beides hätte sich aber nicht geziemt. Denn beides wäre nicht im Sinne der ǧawānmardi gewesen."

Als die Ritter aus Kuhestān diese Denkfrage hörten, sahen sie einander an. Unter ihnen war ein Mann namens Abo-l-Fazl Hamadāni*, der sprach: „Ich werde die Antwort auf diese Frage geben." Sie forderten ihn auf zu sprechen. Da sagte er folgendes: „Grundsatz der ǧawānmardi ist, daß du alles das, was du sagst, auch tust. Der Unterschied zwischen der ǧawānmardi und ihrem Gegenteil liegt in der Geduld. Die Antwort nun für jenen ᶜAjjār, der am Wege saß, lautet: Er solle sich alsbald einen Schritt weiter von jener Stelle, wo er erst gesessen hatte, niederlassen und dann sagen: ‚Solange ich hier gesessen habe, ist hier niemand vorbeigekommen.' Damit hat er die Wahrheit gesprochen und gleichzeitig nichts verraten."

* * *

Ich meine damit: Wenn du diese Geschichte verstanden hast, dann wirst du einen richtigen Begriff davon haben, worin die ǧawānmardi besteht. Wenn du nun diese Tugend, die ich soeben von den ᶜAjjārān erwähnt habe, auch bei den Kriegsleuten suchst, dann bist du auf dem richtigen Wege. Denn daß auch die Kriegsleute sich an diesen Brauch halten, ist Bedingung für sie. Denn ein vollkommener Kriegsmann ist gleich einem vollkommenen ᶜAjjār.

Aber Großmut, Gastfreundschaft, Freigebigkeit, Dankbarkeit, Keuschheit und eine vollendete Ausrüstung sollen bei den Kriegsleuten überwiegen. Die Privilegierung des Freundes, Dienstwilligkeit, Demut und Unterwürfigkeit werden bei einem Krieger als Tugenden betrachtet, dagegen werden diese bei einem ᶜAjjār als eine Untugend angesehen.

Aber die ǧawānmardi ist auch bei den Gewerbetreibenden eine Bedingung; indessen habe ich dieses Kapitel schon in dem Abschnitt über das Gewerbe erwähnt; eine Wiederholung ist daher hier nicht nötig.

Diejenige Gruppe aber, die, wie ich sagte, bildlich gesprochen „Körper und Seele" erhalten hat, bilden die Besitzer der Erkenntnis und der Religion. Die Tugenden der Fakire und der Sufis sind Erkenntnis und Frömmigkeit. Sie besitzen ǧawānmardi in höherem Maße als die anderen Gruppen. Denn ǧawānmardi ist gleichsam der Körper dieser Figur (= das Äußere) und rāsti* ihre Seele (= das Innere). Sie besitzen diese Seele (= ǧān*), d. h. rāsti. Vom

Standpunkt der guten Bildung aus gesehen, sind es diejenigen, die Besitzer der Religionskenntnis sind, wie die Gelehrten.

Die Tugend eines Menschen zeigt sich darin, daß er folgende Eigenschaften besitzt: Er muß in seiner Redeweise Frömmigkeit an den Tag legen; er muß im Sprechen und Handeln wahrhaft sein; er muß im Glauben gefestigt sein; er soll weit entfernt sein von Heuchelei; er sei frei von Geiz; er soll in religiösen Dingen ein Eiferer sein, er darf sich nicht des Neides verdächtig machen; er soll keine Zwietracht aussäen; aus Eigennutz soll er nicht die Blößen irgend jemandes aufdecken (wörtlich: „den Vorhang zerreißen"); er soll keine schlechten und mangelhaften Rechtsgutachten abgeben, damit die Leute durch derartige Rechtsgutachten bei ihren Eidesleistungen und ihren Ehescheidungsklagen nicht hemmungslos werden.

Er soll aber auch bei seinen Urteilen nicht übermäßig hart verfahren. Wenn einem Unglücklichen einmal ein Vergehen wider das religiöse Gesetz unterläuft und dieser zu ihm kommt und er ihn heilen kann, dann soll er ihm ohne Geiz und Habsucht beistehen und nicht irdische Güter für himmlische eintauschen. Seine eigene Enthaltsamkeit soll er nicht unter den Leuten ausbieten; er soll selber wegen seines guten Namens sich bekanntmachen. Einen Sünder soll er wegen seiner Sündhaftigkeit nicht tadeln, vor allem nicht vor den Leuten; wenn er jemandem einen Verweis erteilen will, dann soll er das insgeheim tun. Denn den Menschen in Gegenwart anderer Ratschläge zuteil werden zu lassen, gleicht einem Vorwurf und einer Beleidigung. Er soll nicht zu schroff vorgehen, wenn es sich um ein Todesurteil handelt (wörtlich: „um jemandes Blutes willen"), auch wenn er weiß, daß der Betreffende die Todesstrafe verdient hat. Denn man kann einen Fehlgriff bei einem Urteil wieder gutmachen außer bei Verhängung eines Todesurteils, denn einen Toten kann man nicht wieder lebendig machen.

Er soll in seinem Glaubenseifer keinen, der einer Sekte angehört, „ungläubig" nennen; denn der Unglaube besteht im Widerspruch gegen die Religion überhaupt und nicht in einer sektiererischen Abweichung.

Das Geheimnis eines jeden kennt Gott, du kennst es nicht. Denn der Prophet — Gottes Friede mit ihm! — sagte: „Ich entscheide nach dem Äußeren, Gott entscheidet nach dem Inneren." Er soll ferner kein ihm fremdes Buch oder wissenschaftliches System ablehnen, denn nicht alles, was *er* nicht kennt, ist darum „Unglaube". Er soll das gewöhnliche Volk nicht zu einer Sünde ermutigen, noch jemanden veranlassen, seine Hoffnung auf die Barmherzigkeit des allmächtigen Gottes aufzugeben. Jeder Rechtsgelehrte und jeder Gottesfürchtige, der die (genannten) Eigenschaften hat, ist sowohl human als auch ǧawānmard.

Aber die Regeln der Humanität und ǧawānmardi im Sufismus haben die alten Meister in ihren Abhandlungen dargelegt. Besonders unser Lehrer Abo-l-Q̱āsem

Qošejri* — Gott erbarme sich seiner! — in dem Buche „rasā'il 'ādāb at-taṣawwuf", Emām Abo-l-Hasan Moqaddasi* in dem Buche bajān aṣ-ṣafā"*, Abu Mansur Damešqi (= aus Damaskus) in dem Buche ᶜAzamatollāh und ᶜAli Wāhedi* in seinem Buche „al-bajān fi kašf al-ᶜajān*".

Ich kann nicht die einzelnen Vorschriften dieser Richtung in diesem Buche vollständig aufzählen, so wie es die religiösen Führer in anderen Büchern getan haben. Denn ich habe es mir in diesem Buche vorgenommen, dir Ratschläge zu geben und damit deine Glückseligkeit zu fördern. Aber ich will dir doch einen Hinweis geben, damit, falls du mit Leuten aus dieser Sekte zusammentriffst, weder du ihnen zur Last fällst, noch sie dir.

Ich will nun die Regeln der ǧawānmardi bei diesem Orden schildern. Ich tue das deshalb, weil keine andere Sekte soviel Ungemach dadurch erleidet, daß sie ihr Leben gemäß der Wahrheit und der Ehrfurcht führt, als sie; die Folge ist, daß sie sich für höher ansehen als alle anderen Menschen.

Ich habe vernommen, daß der erste, der die Grundzüge dieser Methode offenbart hat, der Prophet ᶜOzejr* (= Esra) — Friede über ihm! — gewesen sei. Er gelangte in der Lauterkeit zu seiner Zeit so weit, daß die Juden von ihm behaupteten, er sei der Sohn Gottes. Möge in ihrem Munde Staub sein.

Auch hörte ich, es habe in den Tagen des Gesandten Gottes — Friede über ihm! — zwölf Leute gegeben, die man „ashābo-s-soffa"* (= die Leute der Moscheelaube) nannte; diese waren beritten und trugen geflickte Kleider. Der Gesandte Gottes — Friede über ihm! — habe mit diesen Leuten oftmals im vertrauten Gespräch zusammengesessen und sie liebgehabt. Daraus erklärt es sich, daß die Verhaltensregeln dieser Gruppe sowie die berufliche Ausübung der ǧawānmardi bei dieser Sekte schwieriger ist als bei anderen religiösen Gruppen.

Die Sitte und die ǧawānmardi in dieser Sekte wird in zweierlei Form ausgeübt. Die eine betätigen vornehmlich die Derwische* des Sufi-Ordens und die andere die „Freunde" (mohebbān*). Ich werde von beiden berichten. Wisse, daß die Vollkommenheit im Derwischtum in folgendem besteht: Sie führen ein Leben in völliger Entblößung (taǧrid*). Diese Zurückgezogenheit und das Alleinsein sind gleichbedeutend mit dem Wesen des Sufismus.

Erzählung

Ich hörte folgendes: Einmal gingen zwei Sufis ihres Weges dahin. Der eine besaß überhaupt nichts und der andere hatte fünf Dinare in seinem Besitz. Dieser Besitzlose ging ohne Furcht seines Weges und verlangte nach keinem Gefährten. An jedem Ort, wohin er gelangte — mochte es nun dort sicher sein oder gefährlich — setzte er sich nieder, schlief und ruhte sich aus; dabei kümmerte er sich um niemanden. Derjenige, der die fünf Dinare besaß, schloß sich ihm an, lebte aber beständig in Furcht. So kamen sie einmal an einen Brunnen. Es war eine gefährliche Stelle, denn es war ein Schlupfwinkel für Diebesgesindel und Straßenräuber. Der besitzlose Mann trank aus der Quelle Wasser, legte sich hin, streckte seine Füße und sank in einen tiefen Schlaf. Der Besitzer der fünf Dinare wagte aber nicht einzuschlafen. Dauernd sprach er zu sich selbst: „Was soll ich tun, was soll ich tun?", bis plötzlich seine Stimmen an die Ohren des anderen stieß. Dann wachte er auf, hörte es und sprach: „Nun, mein Freund, was ist dir denn geschehen, daß du immer wieder sagst: Was soll ich tun, was soll ich tun?" Der andere sagte: „Mein Bruder, ich habe fünf Dinare bei mir, und dieser Platz ist gefährlich; *du* schläfst hier ruhig, *ich* aber wage weder einzuschlafen noch wegzugehen." Der Besitzlose sagte: „Gib mir jene fünf Dinare, damit ich dir helfe!" Der Mann gab sie ihm, und der Gefährte nahm sie und warf sie in den Brunnen. Dann sagte er: „Nun bist du frei von deinem Geplärr ‚was soll ich tun, was soll ich tun?' Jetzt setze dich beruhigt hin und schlafe; denn die Armut ist eine eherne Festung."

* * *

Nach der Übereinstimmung aller religiösen Führer beruht das wahrhafte Wesen des Sufismus auf drei Dingen: Auf der Läuterung von allen materiellen Bindungen, auf der Ergebung in Gottes Willen und auf der Bejahung der Existenz Gottes. Wenn du unterwegs auf einen hinblickst, dann bist du frei von Unglück und in jeder Hinsicht ohne Fehler. Dann hast du dir die Methode der Sufis zu eigen gemacht.

Demgemäß führt der Derwisch die Vorschrift der Ergebung in Gottes Willen aus. Niemals soll er mit einem Bruder Streit führen, außer wenn es sich um das Recht eines anderen Bruders handelt. Sein beständiger Kummer soll darin bestehen, daß er denkt: „Warum ist mein Bruder nicht besser als ich?" Von Ichsucht halte er sich fern. Voreingenommenheit soll er nicht haben, auch lasse er bei sich keinen Eigennutz zu. Sein Blick sei auf die Wahrhaftigkeit und die Läuterung gerichtet. Er soll nirgends in der Betrachtung den Dingen einen doppelten Sinn beilegen.

Er soll sich frei machen von Zweifel und Widersprüchlichkeit. Denn demjenigen, dessen Ansicht der Wahrheit entspricht und der frei von Zweifel ist, wird niemand widersprechen. Denn die Wahrheit selber besteht in der Negation der Zwiespältigkeit. Wisse, mein Sohn, wenn jemand im rechten Glauben einen Schritt ins Wasser setzt, daß dann das Wasser unter seinem Fuße fest wird. Falls dir jemand von den Wundertaten der religiösen Führer erzählt und die Geschichte ihrem Inhalte nach in deinen Verstand nicht eingehen will und du sie für unmöglich hältst, dann leugne es nicht, glaube es, da du das Wesen des rechten Glaubens erkannt hast. *Denn im rechten Glauben ist eine Wirkung, die man weder auf dem Wege des Verstandes noch auf dem des Zwanges ins Herz einführen kann,* sondern allein durch die Gnadengabe des erhabenen Gottes — auch beruht es auf einer Veranlagung der Person.

Derwisch ist also derjenige, der ein Ding mit dem Auge des rechten Glaubens betrachtet und sich nicht an Furcht gewöhnt hat. Sein Herz sei niemals frei vom Gedanken an die Einheit Gottes. In seinem Denken soll er Stille und Ruhe wählen, damit er nicht durch das „Feuer des Nachdenkens“ verzehrt wird. Denn die Gebieter dieser Sekte haben im Nachdenken eine Art Feuer gesehen. Demgemäß haben sie als Beruhigungsmittel das Vergnügen, den Tanz (samā^c*) geschaffen, um so „das Feuer“ des Nachdenkens wie in einem Netz aufzufangen (= zum Erlöschen zu bringen). Jeder Derwisch, der für den Tanz und den Vortrag von Liedern keine Neigung hat, verzehrt sich im „Feuer“ der Meditation. Daß allerdings ein Derwisch, der nicht an die Einheit Gottes denkt, sich den eben genannten Beschäftigungen widmet, ist unmöglich; denn dadurch würde die Trübheit seines Gemütes sich noch verstärken.

Šejx Axi Zenǧāni* verbat sich gegen Ende seines Lebens das samā[c]; er sagte: „Das samā[c] gleicht dem Wasser (als Löschmittel), und das Wasser soll man dort anwenden, wo das Feuer ist. Wenn man aber Wasser auf Wasser gießt, so wird die Trübung und der Unrat nur noch vermehrt. Das samā[c] ist das Beruhigungsmittel für das dem Feuer vergleichbare Nachdenken; wo es aber gar kein Nachdenken gibt, ist das Beruhigungsmittel überflüssig. Wenn in einer Gruppe von 50 Personen ein einziger vom „Feuer“ der Meditation erfaßt ist, dann wäre es nicht richtig, wenn man mit Rücksicht auf diesen einen eine Trübung erzeugen würde. Um des einen willen soll man bei den 49 anderen die Prozedur des samā[c] nicht vornehmen; bei ihnen ist sie unnötig und beunruhigt sie nur; bei dem einen aber führt sie keinerlei Änderung herbei.

Sollte aber ein Derwisch die innere Bildung und die geistige Kenntnis nicht haben, so muß er doch die äußeren Sitten kennen, damit er wenigstens mit einer von den beiden Ausbildungsmöglichkeiten ausgerüstet ist. Ein Derwisch soll also vertrauenswürdig sein, sprachgewandt, frei von Mangel, bemüht, seine Sünden zu verbergen, offen seine Frömmigkeit zu zeigen, rein an Körper und Gewandung; er soll für die Reise und für das Daheimbleiben eine Ausrüstung haben. Er braucht einen Stab, einen Lehmkrug zur rituellen Reinigung, einen Gebetsteppich, eine Unterhose (oder: Turban?), einen Hut mit Watte gefüllt, einen Kamm, eine Nagelschere, eine Nähnadel. Er soll weder einen Schneider noch einen Wäscher nötig haben. In diesen beiden Fällen soll er sich des Dienstes der Brüder bedienen. Gern soll er Reisen machen; aber er soll nicht allein reisen, denn Mißgeschick entsteht aus dem Alleinsein. Wenn er in einen Konvent geht, soll er einen anderen nicht daran hindern, sich ebenfalls zu nähern. Wenn er die Schuhe auszieht, soll er mit dem rechten Fuß anfangen; wenn er sie anzieht, mit dem linken. Mit angelegtem Gürtel darf er nicht in die Versammlung gehen. Dort soll er sich niedersetzen, wo man ihm einen Winkel zuweist. Wenn er sich niedersetzt, soll er um Erlaubnis dazu nachsuchen und — ebenfalls auf Grund einer Bewilligung — zwei rak[c]at* verrichten.

Bei seinem Eingang und Ausgang soll er jedesmal den Gruß sprechen. Wenn er es einmal unterläßt, so mag es dahingehen, aber am Morgen darf er es nicht versäumen. Mit guten Menschen darf er sich unterhalten, aber er vermeide den Umgang mit verdächtigen Leuten. Wenn er keine Übung hat in dem unter den Sufis üblichen Geplauder (ṭāmāt*), dann unterlasse er solches Gerede. Er soll nicht für lange Zeit in einem Hause oder in einem Raum bleiben, wenn er sich nicht unbeliebt machen will. Auch soll er niemandem ein Gespräch mit ihm aufzwingen. Aber er soll den Respekt, den man ihm schuldig ist, in Ehren halten, denn Selbstachtung zu haben ist eine religiöse Vorschrift; aber Gesellschaft zu leisten ist es nicht. Was er auch tut, stets handle er auf die Entscheidung der Gemeinde hin und mit ihrem Einverständnis; wenn diese seine Ansichten ablehnt, dann soll er, auch wenn er sich im Rechte fühlt, der Gemeinde doch nicht widersprechen. Vielmehr: Er soll sich bei ihr entschuldigen. Sogar eine Maßregelung und eine Erniedrigung muß er ertragen. Die Leute aus dem Volke soll er nicht übermäßig kritisieren. Vom Gebetsteppich soll er möglichst selten abwesend sein. Er soll nicht in einer bestimmten Absicht zum Basar gehen.

Wenn er zu einem bestimmten Zweck aufstehen will, um eine persönliche Angelegenheit zu erledigen, z. B. ein Kleid anzuziehen, dann soll er bei der Versammlung oder beim Ältesten der Versammlung die Erlaubnis einholen. Auf dem Gebetsteppich soll er nicht mit gekreuzten Beinen sitzen. Außerhalb der Gemeinde soll er sein Gewand nicht ausflicken. Er soll auch nichts heimlich essen, sei es auch nur eine Mandel; denn das hält man für übel. Er soll die Dinge nicht nach ihrer äußeren Erscheinung benennen, sondern so, wie die Gemeinde sie nennt. Vor der Gemeinde soll er nicht viel sprechen.

Wenn die anderen das Gewand (xerqe*) ablegen oder anlegen, soll er ebenso verfahren. Er soll das Gewand eines anderen nicht zerreißen. Die Speisen darf er nicht austeilen, denn für beides gibt es bestimmte Vorschriften, die nicht jeder erfüllen kann. Dagegen nütze er die Gelegenheit, den anderen Wasser auf die Hände zu gießen. Den Fuß setze er nicht auf die Gewänder und auf die Gebetsteppiche der anderen. Mitten durch die Versammlung darf er nicht hastig laufen. Auch vermeide er es, allzu häufig an einer Versammlung vorbeizugehen. Er darf sich nicht auf den Platz eines anderen setzen. Er soll nicht trübsinnig sein. Beim Derwischtanz und beim Aufreißen der Gewänder darf er sich nicht mit dem Ältesten streiten und nicht aufstehen. Auch soll er hierbei kein Wort sprechen und darf nicht ziellos tanzen. Beim Tanz darf er keinem den Rücken zeigen. Wenn er sich selbst sein Gewand aufreißt, soll er es gleichzeitig ausziehen und vor den Ältesten hinlegen. Wenn ein anderer Derwisch ihn lobt oder tadelt, so soll er ihm dafür danken und etwas vor ihn hinlegen. Wenn ihm ein Derwisch ein Gewand reicht, dann darf er es nicht ausschlagen, sondern soll es annehmen und noch etwas dazulegen, dann soll er es zurückgeben.

Wenn er für einen Derwischbruder eine Arbeit verrichtet, z. B. dessen Gewand näht oder wäscht, dann soll er es ihm nicht ohne Dank für den Auftrag zurückgeben. Wenn er etwas getan hat, was den Abscheu eines Bruders erregt, dann soll er das schnell abbüßen. Wenn er dagegen dem anderen eine Annehmlichkeit bereitet hat, so soll er dafür danken, daß er das tun durfte.

Er soll kritisch sich selbst gegenüber sein und möglichst nicht das Urteil eines anderen verlangen. Besonders soll er keine Ansprüche stellen an die Derwische von Isfahan, denn diese stellen selbst Ansprüche, stellen sich aber den anderen nicht zur Verfügung, aber die Derwische aus Chorasan stellen weder selbst Ansprüche, noch stellen sie sich anderen zur Verfügung; die Derwische aus Tabarestān* stellen keine Ansprüche, stellen sich aber zur Verfügung. Die Derwische aus Pārs stellen Ansprüche und stellen sich zur Verfügung.

Wie ich hörte, ist der Sufismus zuerst in Pārs aufgetreten. In der Jugend soll ein Derwisch die Beschwerlichkeit für einen Schatz halten; im Alter soll er gemächlich sein. In der Zeit des Brotessens sei ein Derwisch vom Mittagstische nicht fern, damit die Gemeinde nicht auf ihn warten muß. Eher als die anderen darf er nicht seine Hand nach dem Brot ausstrecken; auch soll er mit dem Essen nicht aufhören außer gleichzeitig mit den anderen. Mehr als das, was schon ausgeteilt ist, darf er nicht erwarten. Ohne Erlaubnis darf er niemandem seinen eigenen Anteil schenken. Falls er aus irgend einem Grunde nicht mitspeisen kann, soll er sich entschuldigen, bevor die Tafel gerichtet ist. Während der Tafel soll er nicht sprechen. Hat er gefastet und die Tafel wird vor ihn gebracht, so soll er über sein Fasten nicht berichten. Er soll das Fasten alsdann brechen.

Die rituelle Waschung soll er nicht ohne Sorgfalt vollziehen. Um der Reinheit willen trage er sein Gewand kurz. Er soll nicht einmal nach chorasanischem Ritus und einmal nach irakischem Ritus die Waschung vollziehen. Er soll nicht mit nassen Füßen auf dem Gebetsteppich sitzen, auch nicht die Füße in die Schuhe stecken und sie nicht auf den Boden legen, auch wenn dieser sauber ist.

Dies also sind die Regeln für die ǧawānmardi und für die guten Sitten des Sufismus.

Aber die Regeln für den Freund (mohebb*) des Sufismus sind folgender Art: Er darf das Geplauder der Sufis nicht ablehnen und nicht nach einer näheren Erläuterung desselben fragen. Ihre Fehler soll er als Tugenden betrachten, z. B. ihren Unglauben für Glauben erkennen. Ihre Geheimnisse soll er niemandem weitererzählen. Für eine passende Tat soll er durch eine Nahrungsspende Dankbarkeit zeigen. Für eine unpassende Tat soll er Buße zahlen. In ihrer Gegenwart soll der Freund ein reines Gewand tragen. Voller Ehrfurcht soll er Platz nehmen. Wenn ihm ein Derwischgewand zuteil wird, so halte er das in Ehren; er soll es küssen, auf sein Haupt legen — nicht etwa auf den Boden — und nicht bei einer niedrigen Arbeit tragen.

Niemals sei er ohne Güte. — Wenn er sieht, daß die Sufis ihr Gewand ablegen, so muß er dasselbe tun. Falls aber einmal das Gewand zum Vergnügen abgelegt wird, dann soll er es zurückkaufen, indem er eine Einladung gibt oder eine Mahlzeit ausrichtet. Er soll das Gewand aufheben, küssen, auf den Kopf legen und dann dem Eigentümer zurückgeben. Sollte aber das Gewand im Verlaufe eines Streites hinuntergefallen sein, dann darf er sich nicht damit beschäftigen; in diesem Falle muß er das Gewand dem Ältesten der Gemeinde überlassen.

Soweit es möglich ist, mische er sich nicht in einen Streit unter den Sufis ein. Kommt es aber einmal zu einem Streit, dann verharre er auf seinem Platze und sage kein Wort, bis die Derwische die Angelegenheit selbst bereinigt haben. Unter den Sufis spiele er nicht den Anwalt Gottes, so daß er sagt: „Es ist jetzt die Zeit für das Gebet“ oder „Wir wollen uns erheben, um das Gebet zu verrichten“; denn er soll nicht die Veranlassung für die Verehrung Gottes geben. Denn die Derwische haben es nicht nötig, daß sie jemand zu ihrem Gottesdienst auffordert. In ihrem Kreise soll der Freund nicht zu viel lachen, aber auch nicht Schwermut zeigen und ein sauertöpfisches Gesicht machen, denn sonst werden ihm die Schuhe gebracht, damit er fortgeht.

Wenn er einmal eine Süßigkeit bekommt, dann soll er, auch wenn es nur wenig ist, diese den Derwischen bringen und sagen: „Ich bitte um Entschuldigung; denn obwohl das nur wenig ist, so wollte ich doch keinen Verstoß begehen.“ Denn die Sufis sollen zuerst das Süße bekommen. Zum Beweis dafür will ich zwei Verse anführen, sie heißen:

> „Ich bin ein Sufi, — und dein Gesicht ist einzigartig unter den Schönen,
> das wissen alle, Alte und Junge, Frauen und Männer.
> Zuckerwerk sind deine roten Lippen voller Süße —
> und Zuckerwerk muß man den Sufis zukommen lassen.“

Immer, wenn du so handelst, dann hast du alles getan, was die Rechtschaffenheit der Tugend des Sufismus und der ǧawānmardān* betrifft. Denn die Regeln der Rechtschaffenheit und der ǧawānmardi sind diese, die ich eben genannt habe.

Was nun diejenige Gruppe betrifft, deren (symbolischer) Gestalt Körper, Seele und Sinne zuteil wurden, d. h. ǧawānmardi, Wahrhaftigkeit und Wissen, — so sind dies die Propheten.

Dies ist deshalb der Fall, weil jede Person, in welcher diese drei Beschaffenheiten vereinig sind, notwendigerweise ein Prophet ist oder ein Nachfolger des Propheten, der ein Weiser ist. Dieser muß zugleich ein Gesandter Gottes, ein Beauftragter Gottes oder ein Weiser sein; denn bei einem solchen sind sowohl die körperlichen wie die geistigen Tugenden vorhanden. Die (sogenannten) „körperlichen“ Tugenden sind die Wahrhaftigkeit und Kenntnis (= maᶜrefat*), die geistige ist Weisheit (= dāneš*). Sollte es dir nicht bekannt sein, aus welchem Grunde man dāneš (= die Weisheit) über maᶜrefat* (Kenntnis) gesetzt hat, so wisse, daß man maᶜrefat auf persisch šenāxtan heißt; und das Wesen des šenāxtan* heißt, daß du etwas aus dem Grenzgebiet des Unbekannten in dasjenige des Bekannten hinüberführst. Das persische Wort für das arabische ᶜilm* lautet *dāneš*, und das Wesen des dāneš ist, daß du sowohl das Bekannte wie das Unbekannte vollständig erkennst, damit du die Grade des Guten und des Bösen genau unterscheidest. Wisse nun, daß die „vollkommene Weisheit" (dāneš) bei allen Dingen fünf Kategorien umfaßt. Es sind folgende: Erstens quidditas* (eišijjat*, čisti*); zweitens quantitas* (keifijjat*, čuni*); drittens qualitas* (kammijjat*, čandi*); viertens causalitas* (lema'ijjat*, čarā'i*); fünftens finalitas* (sabab*, bahāne*). Das čisti* — die quidditas — bedeutet, daß du sagst: Ich kenne eine gewisse Sache oder Person, d. h. ich weiß, was das ist oder wer das ist; das ist Kenntnis, maᶜrefat.

Diese Kategorie haben die Tiere mit den Menschen gemeinsam. Denn sie „kennen" ja ihr Futter und ihre Jungen — ebenso wie die Menschen ihre Nahrung und ihre Kinder „kennen". Beim Menschen aber kommt noch zusätzlich dāneš (= die Weisheit) hinzu; demgemäß erkennt er zusammen mit der quidditas die qualitas, die quantitas, die causalitas und die finalitas.

Beispiel: Siehst du nicht, daß, wenn du für das Tier an der Stelle seines Futterplatzes ein Feuer anzündest, das Tier sich nicht von dieser Stelle entfernt, solange es nicht seinen Kopf hineinsteckt und der Schmerz des Feuers nicht zu ihm dringt und es brennt? Das ist deshalb so, weil das Tier zwar das Dasein des Feuers kennt (die quidditas), nicht aber dessen Beschaffenheit (die qualitas), dem Menschen aber beides bekannt ist.

Demnach entspricht es der Wahrheit, daß dāneš, Weisheit, höher steht als maᶜrefat, Kenntnis. Aus diesem Grunde nun gebührt demjenigen, dem dāneš in seiner vollendeten Form zuteil geworden ist, das Prophetenamt. Denn die Propheten sind um ebensoviel über uns übrige Menschen an Würde erhaben, wie wir über die Tiere. Denn die Tiere haben die Kenntnis der quidditas — und weiter nichts, das Vieh weiß nur, daß das Feuer brennt und nichts weiter, während der Mensch weiß, daß es brennt, wie es brennt und zu welchem Zwecke. Aber *die Vollendung des Menschentums ist mardomi* (= die Humanität im höchsten Sinne)*; sie kommt demjenigen zu, der die ǧawānmardi im vollkommenen Maße besitzt; d. h. der dāneš in seiner Vollendung hat. Eben dies ist der Fall beim Prophetenamt. Die Vollendung des Prophetentums aber ist ruhānijat* (der reine Spiritualismus); es gibt keine höhere Rangstufe unter den Menschen als Prophetentum. Jene Gruppe mit menschlicher Gestalt also, die Körper, Seele, Sinne und vollendete Geistigkeit erlangt hat, ist keine andere als die der Propheten.

Wenn also jemandem wirklich von der Gestalt ein vollkommener Anteil des Menschseins zuteil geworden ist, kann man ihn nur noch entsprechend der Lauterkeit beschreiben. Auch über ihn (gemeint: der Prophet) gibt es solche wie ihn. Seine Erkenntnis beruht auf Tätigkeit, nicht auf Worten und Versuchen.

Denn jemand, der Lauterkeit besitzt, ist von der „Selbstheit losgelöst und ist sowohl *von* ihm, *durch* ihn, *in* ihm, *aus* ihm, als auch *in* ihm, durch ihn, von ihm. Er ist von ihm durch ihn. Er ist mit ihm.

Seine Ehre samt seiner Lauterkeit werden nicht geraubt, sein Streben ist ohne Wunschziel und ohne Suchen, und er ist frei von Beängstigung und frei von der Selbstheit, und er ist der Beraubung entzogen. Sein Bestehen beruht auf Vernichtung seiner Selbstheit. Von dieser Vernichtung her befindet er sich in der Vernichtung durch sein Bestehen. In der Vernichtung ist er mit dem Bestehen bestehend, von den Eigenschaften ist er geläutert. Im Selbst blickt er durch die eigene Nichtselbstheit. (Siehe Anmerkung S. 263)

Also, mein Sohn, gib dir Mühe, in jedem möglichen Falle vorausblickend zu sein. Und fühle dich der ǧawānmardi verbunden, damit du zu den Erwählten der Welt gehörst. Aus welcher Gemeinschaft du auch bist, wenn du den Weg der ǧawānmardi überschreiten willst, dann sei auf deiner Hut und halte jederzeit drei Dinge verschlossen: das Auge vor dem, was man nicht sehen darf; die Zunge vor dem, was man nicht sprechen darf; die Hand vor dem, was man nicht ergreifen darf. Halte drei Dinge offen für deine Freunde: die Tür deines Hauses, einen Platz an deinem Mittagstisch und den Verschluß an deinem Geldbeutel, soweit du das alles verkraften kannst. Lüge nicht. Und alle Untugend ist im Lügen inbegriffen.

Wenn jemand von deiner ǧawānmardi überzeugt ist und sollte er auch einen deiner liebsten Freunde getötet haben, sollte er auch zu deinen schlimmsten Feinden gehören — wenn er sich dir einmal anvertraut und seine eigene Schwäche (dir gegenüber) zugestanden und sich unter allen Menschen nur auf deine ǧawānmardi verlassen hat — sollte bei dieser Tat auch dein Leben dahingehen — so lasse es dahingehen und habe keine Furcht, sondern kämpfe für ihn unter Einsatz deines Lebens, auf daß du die ǧawānmardi erreichest. Und siehe zu, daß du dich niemals mit Rache für vergangene Geschehnisse abgibst. Denke auch nicht an Verrat, denn der Verrat gehört nicht zu den Normen der ǧawānmardi.

Wisse, mein Sohn, daß die ǧawānmardi ein langes Kapitel ist. Wollte ich über diese Tugend in jeder Gemeinschaft „eine Enthüllung machen", d. h. über das Wie und Warum sprechen, so würden meine Ausführungen zu weitläufig werden. Aber ich will mich kurz fassen. Denn alles, was ich sagte, ist die Quintessenz des ganzen Themas. Wisse, daß die vollkommenste Form der ǧawānmardi darin besteht, daß du nur dein eigenes Hab und Gut für deinen Besitz erkennst und das Begehren nach dem Eigentum der anderen Leute aufgibst. Wenn du aber etwas hast, dann sollst du die anderen Menschen daran teilhaben lassen, nicht aber gierig sein nach *ihrem* Hab und Gut. Was du nicht angelegt hast, davon wirst du nichts gewinnen. Wenn du den Menschen nichts Gutes erweisen kannst, dann halte dich wenigstens vom Bösen zurück. Denn der größte, menschlichste und tugendhafteste in der Welt ist derjenige, der so lebt, wie ich es beschrieben habe; er hat sowohl die diesseitige Welt wie die jenseitige gewonnen.

Wisse ferner, mein Sohn, daß ich in diesem Buche an mehreren Stellen über die Genügsamkeit gesprochen habe, und ich will das jetzt wiederholen. Willst du für immer ohne Trauer sein, dann sei genügsam und sei nicht neidisch, damit du immer angenehme Zeit hast. Denn die Wurzel der Traurigkeit ist der Neid.

Wisse, daß unter dem Einfluß des Himmels beständig Gutes und Schlimmes zu den Menschen gelangt. Mein Lehrer sagte: „Die Menschen müssen immer den Nacken nach dem Himmel gestreckt halten und den Mund geöffnet, damit, wenn ein Mißgeschick eintritt, er dieses „mit dem Nacken auf sich nimmt", und wenn ein guter Bissen herunterfällt, er ihn mit dem Munde auffängt, so wie es der erhabene Gott geboten hat (Koran, Sure 7,144): „Nimm, was ich dir gebe und gehöre zu den Dankbaren!" Denn die Wirkung des Himmels beschränkt sich auf diese beiden Möglichkeiten.

Wenn du diesen Weg eingeschlagen und dich an die Genügsamkeit gewöhnt hast, dann wird dein freier Körper niemandes Sklave sein. Gib der Begierde keinen Raum in deinem Herzen, sondern sei zufrieden mit dem, was dir gerade beschieden ist, sei es Gutes oder Schlimmes. Und wisse, daß die Menschen aller Stämme Diener des *einen* Gottes und allzumal Kinder Adams sind. Freilich steht der eine niedriger als der andere, weil er bedürftig und begehrlich ist. Wenn der Mensch nun die Gier aus seinem Herzen verbannt und die Genügsamkeit pflegt, dann kann er die ganze Welt entbehren. Man hat gesagt: „Wenn du die Gier abgelegt hast, dann wird alles leicht." Darum ist der Würdigste derjenige, der niemanden braucht, der Niedrigste und Verächtlichste derjenige, der Habgier und Begehrlichkeit zeigt. Denn Gier und Habsucht sind Ursachen, weshalb die Menschen ihren eigenen Körper zum Gefangenen von ihresgleichen machen. So habe ich es vernommen:

Erzählung

Šebli* — Gott sei ihm gnädig! — ging einmal in die Moschee, um zwei rakᶜat (Gebete) zu verrichten; auch wollte er ein wenig ausruhen. In dieser Moschee befanden sich Kinder einer Schule. Nun war gerade die Zeit des Brotessens. Die Kinder aßen. Zufälligerweise saßen zwei Jungen unmittelbar vor Šebli, von denen der eine der Sohn eines reichen Mannes war und der andere der Sohn eines armen. In dem Korb dieses reichen Jungen befanden sich anscheinend Süßigkeiten, in dem des armen nur trockenes Brot. Dieser reiche Junge verzehrte sein süßes Backwerk, jener arme bettelte ständig darum. Da sagte der reiche Junge zu dem armen: „Wenn du etwas Süßes von mir haben willst, dann sei mein Hund!" Das arme Kind sagte: „Ja, ich bin dein Hund!" Der reiche Knabe sprach zu ihm: „Dann belle wie ein Hund!" Der arme Junge bellte wie ein Hund, bis der reiche ihm ein Stück von dem Konfekt gab. Das geschah mehrmals. Šebli sah das und weinte immer wieder. Da fragten ihn seine Schüler: „Meister, was ist geschehen, daß du weinst?“ Darauf gab er zur Antwort: „Seht doch, wohin die Unzufriedenheit und die Gier den Menschen bringt! Hätte jener Junge sich mit seinem trockenen Stück Brot begnügt und nicht durchaus das Konfekt haben wollen, dann hätte er nicht ein Hund von seinesgleichen sein müssen.“

* * *

Also, mein Sohn, magst du nun ein frommer Mann sein oder ein Sünder: Sei genügsam und sei rechtschaffen, damit du in der Welt größer und furchloser bist als die anderen.

Wisse, mein Sohn: Ich habe in diesem Buche vierundvierzig Kapitel geschrieben. Ich habe in jedem Kapitel von jedem Gegenstande, über den ich Bescheid wußte und soweit es mir möglich war, mit dir gesprochen und alles, was an Ratschlägen und Belehrungen darüber vorliegt, das habe ich hier erwähnt bis auf das Kapitel über den „Verstand“. Denn ich kann auf keinen Fall behaupten, daß du mit Gewalt verständig und vernünftig wirst. Denn mit Gewalt kann man nicht Verstand lernen. So wisse denn, daß es zwei Arten des Verstandes gibt: Der eine ist der angeborene Verstand, der andere der erworbene. Den angeborenen Verstand nennt man auf persisch *xerad**, den erworbenen *dāneš*. Alles, was zum erworbenen Verstande gehört, kann man lernen. Aber der angeborene Verstand ist eine Gabe Gottes, die man durch Unterweisung eines Lehrers nicht erlernen kann.

Wenn dir nun der erhabene Gott den natürlichen Verstand schon verliehen hat, dann verwende noch zusätzliche Mühe auf die Aneigung des erworbenen Verstandes; lerne tüchtig und verbinde beide miteinander zu Freunden, damit du so den Grad der Vollkommenheit erreichst und so einzigartig unter deinen Zeitgenossen dastehst. Wenn es allerdings am angeborenen Verstande fehlt, dann können wir beide, du und ich, nichts machen. Also, sei nicht nachlässig, das, was du erwerben kannst, zu erwerben und lerne soviel du kannst. Denn wenn du schon nicht zu denen gehörst, denen der Verstand angeboren ist, dann sei bestrebt, zu den Wissenden zu gehören.

Eine von diesen beiden Arten des Verstandes soll bei dir vorhanden sein, nicht, daß überhaupt nichts da ist. Denn es heißt: „Wenn kein Vater mehr da ist, dann gibt es nichts Besseres als die Mutter.“ Ist auch keine Mutter mehr da, so gibt es nichts Besseres als die Amme. Wenn du nun ein verständiger Mensch sein willst, dann eigne dir die „Weisheit“ an, denn durch diese kann man den „erworbenen Verstand“ lernen. Man fragte einmal den Aristoteles: „Woher kommt denn die Kraft des *Verstandes*?“ Er antwortete: „Für alle kommt die Kraft aus der Nahrung; die Nahrung des Verstandes aber ist die Weisheit.“

Nun wisse, mein Sohn, alles, was meine Gewohnheit war, habe ich zu einem Buche für dich verarbeitet. Ich habe in 44 Kapiteln von jedem Wissenszweige, von jeder Tugend, von jedem Berufe, soweit ich sie kannte, einen Ausschnitt ausgewählt und dargestellt. Wisse ferner, daß dies seit der Zeit meiner Jugend bis ins Alter meine Gewohnheit war. Ich habe mein ganzes Leben, d. h. 63 Jahre, nach dieser Art zugebracht. Ich habe damit im Jahre 475 d. H. (= 1082/83 n. Chr.) begonnen. Falls der erhabene Gott mir hiernach noch eine Frist zum Leben gewährt, werde ich, solange ich lebe, in der gleichen Weise weiterarbeiten.

Alles, was ich für mich selbst für geeignet hielt, das hielt ich ebenso für dich für geeignet. Wenn du etwas Besseres als diese meine Lebensgewohnheiten siehst, von dem du meinst, es sei richtiger für dich, so handle danach. Andernfalls höre auf meine Ratschläge, nimm sie dir zu Herzen und verfahre danach. Wenn du sie aber nicht hörst und nicht annehmen willst, nun, so ist das auch nicht weiter tadelnswert. Derjenige aber, den der erhabene Gott zum glücklichen Menschen geschaffen hat, der wird diese Ratschläge lesen, lernen, annehmen und verwenden. Denn alles das, was ich hier gesagt habe, ist ein Zeichen der Glücklichen in beiden Welten.

Der erhabene Gott möge sich meiner und deiner, des Schreibers und des Lesers erbarmen!
Er lasse meine Zufriedenheit auch auf dich gelangen in den beiden Welten durch seine Gnade, seine Huld und seine Großmut!

Anmerkung zur Seite 260

Am naheliegendsten zu dieser Stelle scheinen mir die Ausführungen in „Manṭiq-aṭ-ṭair“ von ‘Aṭṭār (gest. 589 H. / 1193 n. Chr.) zu sein. (Pers. Ausg. von S. S. GOWHARIN, Teheran 1978, S. 180):

> ... Da fragt ein Vogel den Wiedehopf: „Wie weit ist die Strecke (bis zum Simorġ)? Der Weg scheint mir viele Schwierigkeiten zu bieten.“ Der Wiedehopf antwortet: „Der Weg hat sieben Etappen. Wenn wir diese Etappen hinter uns haben, dann erreichen wir den Hof des Simorġ; aber niemand ist von diesem Weg zurückgekommen, und niemand weiß, wie weit der Weg ist.
>
> Erstens. Die Etappe des Suchens.
> Zweitens. Die Etappe der Liebe.
> Drittens. Die Etappe der Erkenntnis.
> Viertens. Die Etappe der Bedürfnislosigkeit.
> Fünftens. Die Etappe des Eines-Seins (mit Gott).
> Sechstens. Die Etappe der Ratlosigkeit.
> Siebentens. Die Etappe der Besitzlosigkeit.
>
> Danach hört die Wanderung auf.“

Beschreibung der Etappe des Eines-Seins: In dieser Etappe verliert die Zahl ihren Sinn und alles wird Eines. Das ist die echte Einheit und das Eines-Sein und nicht die arithmetische Einheit. Hier sieht der Wanderer nichts außer haqq (= Gott) und außer Ihm kennt er keinen. „Keinen Augenblick sieht er jemanden außer Ihn, und keinen anderen hält er für ewig außer Ihn. Der Wanderer ist in Ihm, von Ihm und mit Ihm. Jedoch ist er nicht dasselbe (= nicht mit ihm identisch). Wenn der Wanderer diese Etappe erreicht, geht er völlig in Ihm auf. Er bleibt nicht, und sein Wahrnehmungsvermögen beim Erreichen dieser Etappe wird ausgetilgt. Das einzelne wird zum Ganzen, und die Form wird zum Inhalt. Ohne diese Hilfsmittel kann der Verstand das Eines-Sein mit Gott nicht begreifen. Wer das Geheimnis des Eines-Seins mit Gott gefunden hat, der wendet sich ab vom ganzen Dasein.

Register

ar. = arabisch; A.T. *= Altes Testament; gr. = griechisch; (Gr.) = Gramlich, R.; H. = nach der Heğra; mp. = mittelpersisch; pers. = persisch; phl. = pahlavi (= mittelpersisch); S. d. = Sohn des.*

A

B

C

F

G

Ğ

H

I

J

K

L

M

N

O

P

Q

R

ramʿ Pferdekrankheit: 152.

Ramadān islamischer Fastenmonat: 111.

ramal arab.-pers. Metrum: 206.

ramal e maxbun (... maḫbūn): arab.-pers. Metrum: 206.

Rasā'il ādāb at-taṣawwuf „Abhandlungen über die Verhaltensregeln des Sufismus“: 253.

rāst (hier) Melodienart: 211.

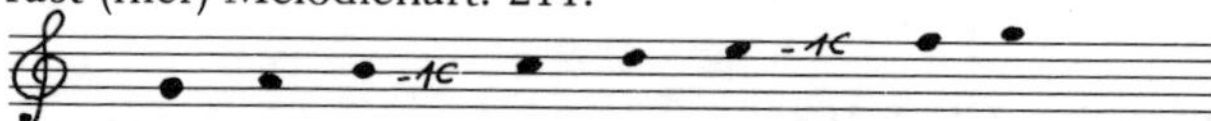

rāsti = Wahrheit, Rechtschaffenheit: 251.

(ar) **Rašid** s. Hārūn ar-Rašīd.

Rašt (= Rescht) Stadt südl. vom Kaspischen Meer: 16.

rawāt indische Kaste (Krieger?): 144.

Raxš Roß des Rostam: 207.

Rebāte Farāwe kleine Stadt vom Bezirk Nisa: 239.

rehsah (? Lesung zweifelhaft) Pferdekrankheit: Abschleifen des Hufes: 152.

Rejhān (Raiḥān): 155.

Riḍā Qulichān Hidājat: 15.

rokuʿ (rukūʿ) islamische Kniebeugung, bestehend im Vornüberbeugen des Rumpfes, bis die Handflächen in Kniehöhe kommen: 70.

Rostam Sohn des Šarwin: 62.

ruhānijjat (rūḥānīyat) der reine Spiritualismus: 259.

Rum Bezeichnung des Byzantinischen (= Oströmischen) Reiches = Byzanz: 17, 88.

S

sabab Ursache: 259.

sababijjat (sababīyat) s. čarāi.

Saʿdi persischer Dichter, gest. 690 n. H. = 1291 n. Chr.: 20 f., 36, 41.

Sāheb S. d. ʿAbbād (Abū l Qāsim Ismāʿīl S. d. Abū l-Ḥasan) geb. in Tāleqān bei Isfahān 326 H. (= 937 n. Chr.) gest. 385 H. (= 995 n. Chr.). Wesir unter zwei Bujiden-Königen, von dem im QN fünf Erzählungen handeln: 93 f., 105, 220, 229.

Sahl e Xoğandi: 230 f.

Salmak Melodienart: 211.

Salmān e Fārsi: 159.

samā^{c}: 1. Musikvortrag, Musikveranstaltung; 2. Musik hören: 255.

Samaniden persische Dynastie von 864—999 n. Chr.: 16, 222.

saratān Pferdekrankheit, Carcinom: 152.

sari^{c} arab.-pers. Metrum: 206.

Sasaniden: 230.

Sāwask alter Name einer Gegend in der Provinz Gorgan: 88.

Se^{c}āl Pferdekrankheit, Husten: 152.

Sejjede (Sayyida) eigentlich arabisch = die Dame; hier gemeint ist die Mutter des Mağd-o-Doule. Sie hieß Širin, Tochter des Espahbad Šarvin: 165.

Selbstheit: 259 f.

sepāhān Melodienart: 211.

setār Musikinstrument: 209.

siahkām Pferdekrankheit, schwarze Färbung des Gaumens: 152.

Sijāsatnāme „Buch der Staatskunst", verf. um 484 H. (= 1091 n. Chr.) von dem Seldschuken-Wesir Nezām-o-l-Molk: 18.

Sokrates (pers. Soqrāt): 86, 163.

Solejmān S. d. Jahjā al čaġāni (Suleymān b. Yaḥyā al čaġānī): 231.

somāqwā Gemüsesuppe: 243.

Sufi (Ṣūfī) mystisch-asketische Richtung, von arab. ṣūf (= Wolle), dem Wollgewand der Asketen, Sufismus genannt: 254, 257.

Sufismus (tasawwof) s. Sufi.

Sultan (Murād): 15.

Š

Šabdiz Roß des Xosrou II: 207.

Šāfe^{c}iten Anhänger der islamischen Rechtsschule des Šāfe^{c}i: 93 f.

šafš (?) Pferdekrankheit: 152.

šahid (šahīd) Märtyrer, oft als Beiname der ermordeten Könige verwendet: 238.

Šahrbānu: 159.

Šamso-l-Ma^{c}āli Qābus (Šams al-Ma^{c}ālī), s. Stammtafel: 16, 62, 118, 131, 157, 242.

šari^{c}at das kanonische Gesetz des Islam, die Gesamtheit von Allahs Geboten: 69, 90, 93 f., 179.

T

W

X

Y

Z